新编应用写作教程

主编　李秋
副主编　王璞
参编人员：林　军　徐建华　黄雅玲

ZHEJIANG UNIVERSITY PRESS
浙江大学出版社

图书在版编目（CIP）数据

新编应用写作教程 / 李秋主编. —杭州：浙江大学出版社，2014.5（2018.9 重印）
ISBN 978-7-308-13134-6

Ⅰ.①新… Ⅱ.①李… Ⅲ.①汉语—应用文—写作—高等学校—教材 Ⅳ.①H152.3

中国版本图书馆 CIP 数据核字（2014）第 080583 号

新编应用写作教程
李　秋　主编

责任编辑　孙秀丽
封面设计　俞亚彤
出版发行　浙江大学出版社
（杭州市天目山路 148 号　邮政编码 310007）
（网址：http://www.zjupress.com）
排　　版　杭州中大图文设计有限公司
印　　刷　临安市曙光印务有限公司
开　　本　710mm×1000mm　1/16
印　　张　22.5
字　　数　441 千
版 印 次　2014 年 5 月第 1 版　2018 年 9 月第 4 次印刷
书　　号　ISBN 978-7-308-13134-6
定　　价　45.00 元

前　言

在信息高度发达、人际交往频繁密切的现代社会，应用写作早已成为人们用来传递信息、实现沟通的重要工具。对当今的大学生来讲，其必备的语文修养中少不了要有较强的应用写作能力，因为应用文突出的工具性质，在今后的工作中占据不可忽视的重要地位。为适应社会对大学生应用写作能力的迫切需求，我们编写了《新编应用写作教程》一书，供高等院校学生使用。

本书基本包括了我们日常生活和工作中可能用到的各种文体，涵盖面广，实用性强，分类清晰，学习方便。尤其是针对培养应用型人才的要求，本书坚持“少而精”的原则，注重观点正确、内容广泛、体系合理、编写方法新颖、文字表述通俗易懂。规范化和实用性是应用写作的主要特点，培养学生的实际运用能力是本教材的重点。所以编写时我们首先注重基本知识的教学，让学生掌握好应用文写作的基本要点和要求，写出符合规范要求的应用文；其次，加强写作训练，特别要让学生能结合自身学习、工作实际练习应用写作，做到学以致用，讲求实效。

本书内容除了使学生全面、系统、准确地掌握各种文体的写作知识与写作能力以外，也兼顾了学生考取秘书资格证书的需要，在文体的分类和文种的设置上基本与秘书证书考试相吻合。

本书的编写者均为多年从事写作教学的一线教师，他们既谙熟写作理论，又具备丰富的教学经验，对应用写作教学中的重、难点问题深有体会，也深知学生的需要，正因为此，我们在编写此书时，增强了本书的针对性和实用性。

本书分为应用文概述、党政机关公文——上下、事务文书、日常公关礼仪文书、经济文书、诉讼文书、新闻文体、申论写作等8大类，内容涉及政治、经济、法律、社交、新闻及日常生活的方方面面。特别是党政机关公文部分，依据中共中央办公厅和国务院办公厅于2012年4月16日印发的《党政机关公文处理工作条例》和中华人民共和国国家质量监督检验检疫总局和中国国家标准化管理委员会2012年6月29日联合发布的《党政机关公文格式》(GB/T9704－2012)及时进行了编写，内容详尽，解读清晰，例文新颖。本书选用的文章紧密结合教材内容和训练实践，文章的体裁和风格具有代表性，尽可能照顾到涉及的各种文体及同一文体的不同类型。

本书由李秋老师主编。编写分工情况如下：

第一、四、五章、第六章第八节、第八章第五节	中国计量学院李秋编写
第二、三、九章	海南琼州学院王璞编写
第六章	浙江工业大学之江学院林军编写
第七章	浙江海洋学院黄雅玲编写
第八章第一至四节	浙江树人大学徐建华编写

本书在撰写过程中，参阅了大量专著、教材，借鉴了专家、学者的科研成果，选入的例文录自报章、杂志、书籍、文件、网络等。凡有出处的，均在文后加注说明，个别篇章由于诸种原因未能注明出处，在此谨向原作者敬致谢意。向为此书提出宝贵建议的浙江大学出版社孙秀丽老师表示衷心感谢。

由于水平有限，不当之处，恳切希望得到专家、学者、广大教师和读者的批评、指正。

编　者

2013 年 10 月，杭州

CONTENTS

目 录

第一章 应用文概述

学生在学习应用文写作的过程中，容易急功近利，总想要在短时间内“立竿见影”，还有的人眼高手低，认为应用文只要了解一些基本格式，随便写写就可以了，其实这些都是错误的认识。应用文作为一种应用广泛的文体，有它自身的写作规律和写作要求，忽略应用写作基本理论的掌握和基础训练是写不好应用文的。因为任何没有理论指导的写作活动是盲目的，往往欲速则不达。所以，我们学习应用文的写作，首先要掌握应用文的基础知识，遵循写作规律，使得写作活动成为高度自觉的活动，方能获得意到笔随的行文自由。

我们知道，要掌握一个事物，首先要认识这一事物的性质、内涵和外延。就像认识一个人，先要对此人的全貌作一个总体了解，才能对他有一个整体印象。那么，要写好应用文，必须要了解什么是应用文，它是如何发展而来的，又具有什么特点和作用等等。下面我们先对应用文这一文体的相关知识进行探讨。

第一节　应用文的含义

应用写作，是研究应用文写作方法与规律的一门实用性的写作学科。

对于应用文这一概念，1979 年上海出版的《辞海》是这样定义的：

应用文是指人们在日常生活，工作和学习中所应用的简易通俗文字，包括书信、公文、契约、单据等。

这个定义虽然简明浅显，但没有概括出应用文的本质特征，尤其把应用文简单的归结为“简易通俗文字”，似乎不是很恰当，也不够全面。因为，有部分应用文是“简易通俗”，而更多的却并非如此。

那么，究竟应该如何为应用文下一个更为合理确切的定义呢？

1987 年国务院办公厅在《国家行政机关公文处理办法》中对公文下的定义是：“国家行政机关的公文（包括电报，同下），是传达贯彻党和国家的方针、政策，发布行政法规和规章，请示和答复问题，指导和商洽工作，报告情况，交流经验的重要工具。"应该说，这个定义是比较科学的。公文是应用文的主体，因此，应用文的定义，应本着公文的定义加以确定，这样才是科学的。

依照这种理解，我们给应用文确定如下定义：**应用文是党政机关、企事业单位、社会团体或人民群众在日常工作、生产和生活中交流思想、处理事务、互通情况时所经常使用的、具有直接实用价值和某种惯用体式的文体。是为了解决实际问题而写作的文章。**

这样，既体现了以公文为主体的实情，又包容了社会所有的"简易通俗文字"。

其实我国很早就有"应用文"的名称叫法，最早正式提出"应用文"这一名称的，是清代学者刘熙载。他在其著作《艺概》一书中指出："辞命体，推之即可为一切应用文字。应用文有上行，有平行，有下行。重其辞乃所以重其实也。"然而，应用文作为一种文体出现，并不是近代才有的，而是古已有之的。在中国文学史上，如果说，神话是中国文学的"祖先"，那么，在中国应用文史上，甲骨文则是应用文的"祖先"了。只是在名称上，历代的说法不同罢了。

在殷商时期刻在甲骨上用于占卜的叫做"卜辞"；而在《尚书》所收录的商周文书则称"诰"、"誓"、"命"；春秋时期，各诸侯国交往频繁，用于外交方面的口语和书面语，称作"辞"，也称作"命"，或称"辞命"或"辞令"，有时也把这一类的文体统称为"书"。《尚书》，尚即上，尚书即上古时期的公文书；尚，也含"尊崇"的意思。秦汉时期，应用文被称作"文书"、"文案"、"文簿"、"牍"等。到后汉时期，才出现了"公文"二字，《后汉书·刘陶传》云："但更相告语，莫肯公文。"这是"公文"这一名称最早的记载。以后一段时期，公文、公牍、官书、文书交替使用。

现在，随着社会的发展，实际的需要，应用文的范围更加扩大，种类也更加繁多，在社会生活中作用也就更大了。

第二节　应用文的历史沿革

应用文在我国已有3500多年的历史，可谓历史悠久。在数千年的衍变中，文章体式日臻完美，已经形成了自己独特的风格。为了继承与发展我国应用文的优良传统，做到古为今用，由此提高当代应用文的写作水平，有必要对应用文发生、发展、变迁的历程作一个简要的回顾。

纵观中国古代应用文发生、发展、变迁的历史，大致可划分以下几个阶段：

一、上古时期

《易·系辞》中说："上古结绳而治，后世圣人易之以书契，百官以治，万民以察，盖取诸夬。"当人类有了一定的社会形态时，就有了以文字去交往、管理、认识、记录的需要。汉文字的产生目前已经追溯到新石器时代，而迄今见到的最早的文章是殷代中期的甲骨文，距今有三千多年的历史。这些刻在龟甲兽骨上的文字，是我国最古老的规范文字，记载的是殷商王室占卜的内容，所以被称为"卜辞"。"卜辞"所记有天文、气象、历法、祭祀、征伐、世系等事项，最长的"卜辞"有一百多字。文字较长者，有一定的写作之规，文辞虽简约，已见出应用文的雏形。

甲骨文后出现的铸在青铜器上的钟鼎文，内容有记载帝王文功武德和征战胜利的，也有记载王者的诰词、训示和命令及贵族间物资交换活动的，在内容完整和条理清楚方面，较甲骨文有了进步。

我国现存最早、保存最完整的文章总集《尚书》，可以说是一部以应用文为主体的文集。此书相传为孔子所编，是上古的历史文献的汇编。后人将其中的文章分为六体：典、谟、训、诰、誓、命。"典"记载了尧舜二帝采纳各方意见后的决策，成为上古的典章制度。"谟"是君臣就国事进行的讨论。"训"为开导、教诲之意，即以言词感化君主。"诰"为告，有宣告的意思，可上行、下行、平行。"誓"是出征时的告诫、宣誓之辞。"命"是用于命官、封爵、赏赐的册封之辞。和今天的应用文相比，这些都某种程度上相当于今天的规章制度、布告、命令、会议纪要等文章，显然是上古时代的应用文。

上古时期的应用文有用于宗教、政治、军事方面的，也有用于司法的，当时司法文书的名称有稽、察、纠、诘、禁、诛、警戒等。私人书信在奴隶社会也已广为使用。

二、秦汉时期

秦汉时期，秦始皇建立了统一的中央集权制国家，在各方面进行了大的变革，应用文也经过了一系列的革命性的演变，形成了较为完整的体制。秦汉时期的应用文如秦始皇的改"命"为"制"，改"令"为"诏"，改"上书"为"奏"，建立谏议制度。汉承秦制建立了策书、敕书、铁券、章表、疏、状、白事、牍、诉状、章程等。许多文体都有翔实的历史文献加以记载，成为我国应用文的辉煌篇章。

秦统一的封建专制主义中央集权国家的建立，促进了应用文体制成熟。

秦王朝为了巩固统治，扩大势力，必然利用应用文作为管理国家的工具之一，这在客观上使得公牍文书进一步规范化。所谓"书同文"，不仅仅是文字的统一，其中也包括应用文在格式和名称等方面的统一。文字的统一，是应用文体渐趋一致的重要条件。1975 年底湖北云梦睡虎地 11 号秦墓出土了 1100 余枚秦始皇时期的竹简。大部分是秦的法律及公文，经过整理，现分为 10 大类，内容丰富，条理严密，文字简约，行文关系也较明确，不仅有下行公文，也有上行公文，由此我们发现，在秦朝基本形成了一套较完整的公文制度。

汉承秦制，应用文体趋于纷繁，文辞宏富。汉代统一的多民族封建制国家的发展，需要与之相适应的公牍文书。汉王朝立国以后，建立了严密的文书书写及管理制度。

汉代文人写作应用文日益增多，当时文学上汉赋盛行，辞赋风格对应用文也有一定影响。私人应用文也沿着清新、健康的道路发展。如以写了《史记》这本“史家之绝唱，无韵之离骚”而著称于世的司马迁，曾写过一篇《报任安书》，把受宫刑之后的难言之隐，倾写已尽，将内心深情描摹得淋漓尽致。汉代文人应用文有很多流传下来，文采斐然，艺术性强，对后世有很大影响。

先秦两汉，文章、文学难以区分。早期的应用文表现出文学化的特征，如李斯的《谏逐客书》，出于实用，但讲求生动形象，善用铺张、排比、对比、比喻等手法。汉代大赋盛行一时，不少奏章书议受赋体影响，通篇对偶押韵，句式整齐，辞藻华丽。这种刻意追求“文采”，不惟实用的应用文往往以文害意，也给应用文的发展带来一些不利的影响。

三、魏晋六朝时期

这是应用文发展进程中的转折期。从这一阶段开始出现的文体有贺表、列辞、签、牍状、告身等。同样，六朝的文风对六朝的应用文也有很大的影响。

蜀汉诸葛亮的作品并不多，仅一篇《出师表》就奠定了他在中国文学史上的地位。究其实，《出师表》是一件公文，是 227 年诸葛亮 47 岁时准备率军北伐时写给后主刘禅的一份奏章。这篇表写得有理、有力、有节、有情，在反复叮咛中责己、谏君，堪称表中经典，文中楷模。文中长句与短句，散句与骈句参差变化，抑扬顿挫，铿锵有力，朗朗上口。

此外，曹操父子、陶渊明、王羲之也有较好的作品出现。

总之，三国、两晋、南北朝时期，在我国历史上是一个战乱纷争的阶段，在长达 360 多年的时间内，应用文虽然也受到六朝文风的影响，但在文体、理论等方面都得到了长足的发展，为应用文成熟期的到来，准备了较好的条件。

四、唐宋时期

唐、宋是我国古代文学辉煌的时期，也是应用文的成熟时期。这时期的应用文，无论是数量，还是质量都达到了历史高峰。从隋唐到宋开始，应用文的主要文种很多，如敕旨、德音、批、判、堂帖、咨极、笺召、关文、诰命、御札、呈状等。这一时期，文献资料十分丰富，文章体制完整，佳作大量涌现。

唐代著名的“古文运动”虽说是对散文创作的一次改革，对应用文写作的内容、技法及文风的影响也是不可低估的。“古文”是与骈文相对立的概念，它的特征是散行单句，不拘形式，自然挥洒，注重内容与形式的统一。经过陈子昂、李华等人的努力，直到韩愈，才把这一革新运动倡导起来。韩愈以身作则，写的应用文很多，都较真率坦直，情辞恳切。

宋代散文家辈出。文坛盟主欧阳修倡导应用文，提出了“信事言文”的主张，要求把文章写的真实可信,平易自然,又有文采。王安石是继欧阳修之后,为应用文的发展做出贡献的另一个卓越人物。他的《答司马谏议书》成为千古名篇,家喻户晓。

总之,唐、宋两代应用文的发展,在内容、表达形式、文字技巧、文体规范及名家、名作的数量等方面,都超越了前代,把我国应用文发展推向一个新的高峰。

五、元明清时期

应用文的发展经历了唐宋的辉煌之后,到了元明清时期,进入了一个相对稳定的发展时期。在应用文体方面出现了许多新的文体,如敕命、下帖、牌面、勘合、照会、揭帖、咨呈、参评、谕、禀、折等。

六、辛亥革命以后的历史时期

辛亥革命结束了帝制,"五四"新文化运动宣传科学民主思想和倡导白话文,使得整个汉语写作进入了崭新时代,现代的写作理论初步建立起来。

就应用文而言,此时,从形式到内容都发生了巨大变化。与旧的政治、经济关系相适应的一大批文体,如制诏策戒、章表奏议、刑律格式都被淘汰,新文体和体式纷纷出现。当时的民国政府确定的新体式有"令"(用于公布法令、任免官吏、卜指示)、"咨"(同级官署间使用)、"呈"(对上陈情、报告时用)、"示"(相当于布告)、"状"(百姓对官署有所陈述时用)等,用语上废除了一些带封建等级色彩的称谓,公文写作使用白话文和新式标点。

中国共产党成立后,在工作中对传统应用文特别是公文进行了改造。抗战时期的公文改革,改变了公文的名称、格式,废除了旧公文的陈词套语,用白话文写作,倡导朴实自然的文风。因此,演讲稿、调查报告、经验介绍、快报书信等出现了许多佳作。

中华人民共和国成立后,应用文的使用更加广泛,作用更为突出。党和政府采取一系列改革措施,对行政公文加以改进和完善,充分发挥公文在施政管理方面的重要作用。与此同时,其他在社会生活中常用的应用文也得到人们的高度重视。

改革开放以来,随着社会转型,社会交往扩大,社会需求细化,应用文在社会生活中的作用愈益突出。例如:随着就业方式的变化,求职信、推荐信、简历写作的要求就提高了;聘任制的实行,使得述职报告的写作必不可少;社会民主化、法制化进程的加快、经济形势迅猛发展,使得公文、法律文书、经济应用文日趋繁荣。应用文的研究和教学因之而得到极大的重视和关注,有关应用写作的专著、期刊和教材纷纷出版,高等院校将应用写作列为公共基础课程,社会上的各种教学班也将应用写作作为必修课程。对现代人来说,应用写作能力是一种必备的技能。重视应用文的写作,已成为全社会的共识。

第三节　应用文体的特征与作用

一、应用文的特征

应用文写作与一般文章的写作，在基本方法上有很多地方是相同的，都要求有正确的观点，真实具体的材料，严密的结构与准确、鲜明、生动的语言。除了共性以外，应用文写作还有其鲜明的个性。概括地说，有如下几个特点：

（一）有广泛的适用范围

应用文是人类社会赖以处理事务、沟通关系的书面工具。在现代社会中，人际联系日益密切，交往日益频繁，在日常工作、生活、学习中，无论是公务活动还是私人活动，几乎随时随地都要使用到它。在各种文体中，应用文可以说是使用范围最广、使用频率最高的一种文体。

（二）有较强的实用性

应用文是为了处理事务、解决实际问题而写的。其最根本的特点当然在于实用性。应用文不同于文学体裁的文章，它每一种、每一篇都有其特定的对象，特定的用途。所有的应用文，都是直接为人们工作、学习生产、生活服务的实用工具。它内容务实，对象具体，要求明确，旨在应用。如，条据、合同是双方约定的凭证；书信、广告用来传递信息；规章制度，用以规范人们的行为，维护正常秩序；调查报告、总结，既反映情况，又交流经验；公文则是传达政策法令、处理公务的依据。

（三）有较强的约束力

文学作品和一般文章，虽然也有鲜明的主题，表示应该怎么做，不应该怎么做，但那只是一种影响、倡导和暗示，对读者没有约束力。而有些应用文，由于其特定的内容，则具有强制性。如，政府文件，公约、条例，规章制度，产销双方签订的合同，尤其是法律方面的诉讼文件，约束力是很强的。

（四）内容必须真实具体

文章是客观现实的反映，一切文章都要具有真实性。但是，实用性的文章，尤其是应用文的真实性，和文学作品的真实性是不同的。前者追求的是艺术真实，后者要达到的是事实真实。鲁迅先生曾说过：艺术的真实非即历史上的真实，我们是听到过的，因为后者须有其事，而创作则可以缀合，抒写，只要逼真，不必实有其事也。他还说，艺术真实“不必是曾有的事实，但必须是会有的实情”。由此可见，文学创作选材是“不必实有其事”，只需符合“会有的实情”；而应用文中的一切材料，都必须“实有其事”，有根有据，符合实际。

应用写作的材料，必须绝对真实，不容许有任何虚构。因为应用写作是为了解决实际问题而写作的，内容稍有失实，即不能达到预期的目的，甚至会给工作造成损失。例如：报告虚假，使得上级了解不到真实情况，决策时就可能会出现失误；总结虚假，对未来工作就起不到指导作用；调查数据虚假，据此会得出错误的结论，因此，应用文所使用的材料，不论是事实材料还是理论材料，不论是现实材料还是历史材料，不论是概况还是细节，都要经过细致的调查核实，务必准确无误，决不容许任何"想当然"。应用写作只能根据需要，围绕中心，客观而又准确的叙述事实，严谨而又简洁地说明道理。内容的真实性，是应用写作的根本原则。

（五）注重时效性

应用文是为解决现实生活中的实际问题而写作的，因此，有较强的时效性。文学作品是在某一个历史时间创作，反映某一个历史时代生活，有鲜明的时代特点，但因为它表达的审美情感具有普遍性，优秀的文学作品便得以超越时空，优秀的文学名著在今天也给我们美好的、不可替代的艺术享受。文学作品可以数年构思，多年修改，刻意推敲，不必急就成篇，它追求价值的永恒。而应用文则不能如此从容，往往是问题刚刚出现，就需要写成文章，甚至紧迫到争分夺秒，丝毫不能延误。否则时过境迁，就失去了应有的作用。

（六）讲究规范性

各类应用文一般都有惯用的格式，这是应用文不同于一般文章的鲜明的外在形式。这种比较固定的格式，有的是约定俗成的，即人们在长期的实际使用中形成的。比如信封的写法，就有惯用的格式。有的应用文格式，则是有关部门为了实际需要而统一规定的，任何人不能随意改动的。如公文的格式，就是由国家行政机关统一制定的。应用文有固定的格式，有利于人们交往和联系，有利于提高办事效率。应用文格式的规范和稳定，正是工作效率和效益的要求。应用文的文体格式，相对一段时期内保持稳定，但并不是永远不变的，随着社会的需要，也必将不断创新，更好地为现实社会服务。

应用文的语言也有规范性的特点，尤其是公文，有着惯用的格式语。在财经类、司法类专用文书中，会大量使用行业性、专业性用语，体现其特有的语体感。此外，应用文的语言，要求准确无误，朴实无华，简洁有力。要注意回避容易产生歧义的词语，修饰语要使用得当，数字要准确。不能像有些文学作品的语言那样，用华丽多彩的形容词去描摹事物，用激昂慷慨的语句来直接抒发感情，它应该是朴素的美。一句话能说清楚的，就不要用两句三句，不要拖泥带水，应做到言简意明。

二、应用文的作用

应用文是人们工作、学习、生产、生活中必不可少的交际工具，使用极其广泛、频繁，几乎无所不在。就应用文的具体作用来说，主要有以下几项：

（一）贯彻政策法令，宣传教育，指导推动作用

在任何社会，国家的各项方针、政策、法令，要向各级组织以及人民群众宣传、贯彻，以便帮助人们认清形势，提高认识，统一思想，协调行动；下级机关要向上级机关请示、汇报工作；上级机关要指导、推动下级机关工作；各级政府要规划、控制、推动企业生产和经营活动，都离不开应用文这一媒介和工具。

（二）联系交往的作用

在现代社会中，人们的交往和联系范围，比过去是大得无法比拟了，地区之内、国家之内、国家之间，甚至全世界范围内，都有了各种各样的交往和联系，其频率也是空前的。在这些交往和联系中，人们不可能都直接见面，往往都要通过各种通信、通讯方式进行，这一切都离不开应用文。

每一个国家都有各种公务活动，任何一个社会都少不了经济活动。在这些活动中，都必然涉及交换情报、交流信息、交流经验等等，而这一切都依赖应用文这一重要工具。及时交流和掌握信息，及时总结，才能发扬成绩，纠正错误，不断改进工作，推动事业发展、社会进步。

（三）维护社会正常秩序，保证社会安定作用

任何社会、任何国家，都是依靠法律手段维护其正常秩序，保证其社会安定。而国家、社会的法律效力和威力，正是以一定种类的应用文为载体，通过应用文体现出来，也是运用特定种类的应用文来贯彻执行的。所以说应用文是维护社会正常秩序，保证社会安定的重要工具和手段。

（四）资料凭证作用

不少应用文，除当时发挥作用外，还被作为资料或档案储存起来，在一定时期或长期发挥作用。这些资料或档案，可供总结工作之用，可作研究资料，可作解决疑难或纠正偏差的凭证，可供制定政策参考或作为依据，可以成为珍贵的文献资料。总而言之，可以帮助实现政策的连续性，可以使得工作、学习、生产、生活持续不断地进行下去，保证社会稳定发展。应用文的资料、档案价值，可以对社会起到承上启下、继往开来的特殊作用。

第四节　应用文体的种类与写作要求

一、应用文的种类

应用文种类繁杂，文体又在不断演变发展，目前已有的分类可谓五花八门，但

基于任何一种标准的分类都难以穷尽，各类文种之间的交叉、包容现象也在所难免。我们根据不同的工作性质和内容的要求，将应用文分为以下八大类：

（一）公务文书

中共中央办公厅和国务院办公厅于 2012 年 4 月 16 日印发《党政机关公文处理工作条例》，2012 年 7 月 1 日起施行。它将原来的中共中央办公厅于 1996 年 5 月 3 日发布的《中国共产党机关公文处理条例》和国务院办公厅于 2000 年 8 月 24 日发布的《国家行政机关公文处理办法》合二为一，其中公文种类主要有：决议、决定、命令（令）、公报、公告、通告、意见、通知、通报、报告、请示、批复、议案、函、纪要，共 15 种。根据《中国人民解放军机关公文处理条例》规定，军队机关公文有 12 类 13 种，即命令、通令、决定、指示、通知、通报、报告、请示、批复、函、通告、布告、会议纪要等。本书中我们主要介绍党政机关的法定公文。

（二）事务文书

广义的事务文书是指党政机关、企事业单位以及社会团体或个人，在日常工作或生活中经常使用的各类文书；狭义的事务文书是指法定公文、日常公关类文书和其他专业文书之外的公务文书，是公务文书的一大类别，本书所说的事务文书是指后者，包括计划、总结、调查报告、简报、规章制度、会议记录等。

（三）日常公关礼仪文书

礼仪是礼节和仪式的总称。人们的社会交往活动和思想感情的交流，有许多都是通过一定的礼仪形式和一定的文化活动方式来进行的。礼仪文书就是人们在各种社交活动的礼节中使用的文体。礼仪文书的种类很多，如请柬、祝词、悼词、贺信、讣告、唁电、碑文、欢迎词、欢送词、借据、欠条、请假条、启事、海报等。此外，我们把日常的专用书信也归为此类，因为它们也多数在社会交往中使用，如申请书、邀请书、聘书、求职信、竞聘词、履历、感谢信、慰问信、介绍信、证明信、倡议书等。

（四）经济文书

经济文书是经济部门用来交流思想、处理事务、沟通信息而使用的一种文体。如经济预测报告、经济活动分析报告、可行性研究报告、经济合同、招标书、投标书、广告、产品说明书、专利申请书等。

（五）法律文书

法律文书是公安、检察、法院、公证、仲裁机关以及律师和诉讼当事人，根据宪法或法律，按照法定程序制作的具有法律效力和法律意义的一种文体。如起诉状、上诉状、申诉状、答辩状、抗诉书、判决书、反诉状、辩护词、申请执行书等。

（六）新闻文体

新闻文体是指对新近发生的、群众所关心的重要变迁事实的报道和评论。如消息、通讯、新闻评论等。

(七)科技文书

科技文书是运用准确、简洁、鲜明、平实的语言剖析事物、阐明事理、描述现实、交流信息的一种文体。如科技建议书、科学考察报告、科技实验报告、科技项目申请书、科技成果鉴定书、科研任务书、科技论文(毕业论文)、实验与实习报告等。

(八)涉外文书

涉外文书是国家之间、国家与国际组织之间、国际组织之间在政治、经济、军事、外交、文化、科技等方面进行交往、互通信息、相互合作时使用的文体。如条约、国际公约、共同宣言、国书、照会、备忘录、联合公报、外交函件等。

根据学生的实际需要,本书主要介绍除科技文书和涉外文书以外的其他文体。

二、应用文写作的基本要求

(一)要符合党和国家的方针政策

机关应用文是国家行政机关传达贯彻党和国家的方针政策,解决日常工作问题所必需的一种重要工具,所以其内容必须符合党和国家的方针政策。特别是机关行政、财政经济、政治法律类的应用文具有强烈的政策性。党的方针政策,关系着国计民生,这往往要通过文件来体现。而文件所载政令的实施,既能兴利除弊,亦能祸国殃民。可见,文件的内容是否正确,是否符合党的方针政策,是相当关键的。否则,文章写得再好,也无法达到写作目的,甚至会给工作造成损失。

(二)要实事求是,讲求实效

应用文的最大特点在于实用,缺乏实际用途的应用文是没有任何意义的。因此,写作时要从实际出发,讲求实效,有一说一,有二说二,反对烦琐不堪、拖拖拉拉、不负责任、贻误工作的官僚主义作风。

(三)要精通业务,具备多种知识

精通业务是写好应用文的前提条件,不少应用文,关系国计民生,如果不精通业务,内容稍有疏忽,就会给国家造成难以估量的损失。同时,写好一篇应用文,也还要具备各种相关知识,如语法、修辞、逻辑等,这些同样是不可缺少的基本条件。另外,有些文件,往往要涉及政治、经济、法律、行政管理等有关方面的知识,对这些方面的情况,如果一知半解,糊里糊涂,要写好应用文,也是不可能的。

(四)内容要真实可靠,明确具体

应用文所记述的事实必须绝对真实可靠,决不允许有半点夸大或缩小,更不能无中生有,主观臆想。内容必须具体明确,不得笼统含糊。引用材料和数据要绝对真实准确,免得在实际应用中产生麻烦。

（五）要注意一定的格式

应用文按其种类的不同，有多种不同的格式。按照惯用格式写作，既便于表达内容，又便于使用，又能保持应用文书的严肃性和权威性，有利于提高工作效率。因此，我们必须懂得并切实掌握各类应用文的格式。

（六）语言要简明、准确、鲜明

应用文语言的表达，直接关系着党和国家方针政策的贯彻和日常具体工作的进行。因此要做到易懂、准确、鲜明，在可能的情况下力求生动。行文时，不宜用夸张、比拟等修辞手法，也不需要描写和抒情的表现手法。书写要端正，字迹要清楚，文面要整洁，正确使用标点符号，不写错别字。

第五节 应用文体的现代发展趋势

随着现代经济和科学技术的发展，应用文已进入了一个崭新的发展阶段，即现代应用文的历史阶段。如果说20世纪以前属萌芽期，20世纪是它的准备期，那么，21世纪将是适应社会的发展变化的现代应用文文种大发展时期，是文体更完善、使用手段现代化的新时期。

根据有关调查，我们可以看到现代应用文区别于古代应用文的几个鲜明的特点：

一、以经济为中心的内容

目前的世界实际上是经济激烈竞争的时代，是经济全球一体化时代。和平与发展是世界各国的共同的历史使命。谁要想摆脱贫困，谁就得创造条件，集中精力发展经济与科学文化事业。谁要想发展，谁就得占有市场。拥有市场，就是拥有财富。目前，在世界各地区不断形成许多贸易区域如欧洲共同市场、北美共同市场、环太平洋经济合作组织、东南亚联盟、地中海沿岸自由贸易区以及世界贸易组织等等。就一个国家而言，再也不是单一的封建宗法制度下的封闭经济，再也不是孤立的小作坊经济，而是组织跨行业、跨地区甚至跨国界的大型、特大型的集团公司，借此参与世界性大市场的竞争。在这种环境下，为了交流信息、沟通信息和相互合作的需要，环绕着重大市场经济出现了许多在国内国际上流行的通用性文体，在经济领域出现许多应时代发展需要的文书，如新型的章程、合约、进出口单证、资产评估书、专利申请书、商贸信函、广告、商用公告、通告、信用状、抵押文书等等。以前行政公文中的公告的法定职能是公布国内外重大事项，但在商业领域里公告被用来公布一个公司里自认为是重大的事项，如开业、开股东大会等等，其职能相当于通知。不仅如此，就是一些传统的文书，也被经济的发展所改造，而成为新的形式了。如书信在贸易中可以与合约连用，请柬可以改造为中英对照、加回条、加附录等形式。经济生活支配了世界、支配了国家、支配了个人，自然也支配了人与人交往媒介的应用文。

二、适用范围向国际化扩展

由于以经济为中心，以国际市场为主轴，因此经济区域之间、国家之间、集团之间、企业之间的交往不断扩大。而这些国家、区域、集团之间往往都要有彼此约束、共同信守的文件与规定。所以，应用文出现国际化、标准化。比如广告文案，虽然中美英日德法的文化背景有所不同，理念有差别，但制作方法却都差不多，只有水平的高低不同。进出口单证、各种条例、申请、邀请书、信用证、保险书章程、办法、说明形式等等，为了在合作和交往中便利，不至于产生不必要的麻烦，在世界范围内也日益趋于通用化。

三、多种语言的表达方式

传统的应用文，用的是汉语文言文，现代应用文往往在采用汉语白话文的同时，采用英文书写。英语是国际通用的语言，汉语是我国包括台、港、澳及华语地区的法定语。双语并用可以扩大影响。在中国的土地上通行汉语很自然，在中国的土地上办独资、合资、合作的外国企业日益增多。这些企业如果只用汉语起草文件，他们自己就看不动，如果只用英文或其本国语言起草文件，要给中国老百姓看，又有困难，采用多种文字，既方便他们，又方便中国老百姓。中国人在美国、加拿大、澳大利亚等其他国家开公司也同样。可见，应用文的语言多样化，也同样是现实的需要，历史的必然，这也是现代应用文的一个代标志性的特点。

四、书写技术现代化

随着现代科学技术的发展，特别是电子通信技术的发展，使应用文的书写技术和操作系统的现代化程度也日益提高。多功能全自动的复印机、缩微机、图文传真机、电脑、电子信函、电子邮件、电子信箱话音邮件、信息高速公路的出现，极大提高了现代通信的能力。国与国之间、区域与区域之间、集团与集团之间进行商业交往与联系，使用图文传真、电子邮件，电子信箱和电脑全球性联网，顷刻之间即可将自己的函件与文件传达到对方手里，并通过自动打印、自动复印机，迅速地将这些文件复制成册分送到所需送达的单位，大大提高了工作效率。

总之，现代应用文以其内容的经济化、使用范围的国际化、表达语言的多样化、书写技术的现代化成为一种普遍的现实。

综上，纵观我国应用文发展的历史，可以清晰地看到：一类文体，经历了数千年，而能历久不衰，并还在以很强的势头向前发展，正是因为它适应了社会发展的需要，才获得了顽强的生命力。应用文正是由于其实用性，而被历代统治者、权臣谋士及人民所重视，少受改朝换代、社会变革的影响，而波浪起伏地向前发展。为了更好地达到实用目的，人们又在不断研究其文体形式和表达方法，这不仅提高了应用文的写作水平，而且那些艺术性很强的作品，当失去实效以后，又以其艺术性流传下来，成为欣赏价值很高的不朽之作。21 世纪是信息剧增的时代，应用文作为传导系统和信息流的一个重要手段，在国家建设中必将起着指导、通报、推动和宣传的更大作用。

第二章 党政公文(上)

第一节　党政机关公文的含义、特点、作用

一、党政机关公文的含义

公文,是公务文书的简称。由中共中央办公厅和国务院办公厅于2012年4月16日印发的《党政机关公文处理工作条例》(以下简称新《条例》)的第三条明确规定:"党政机关公文是党政机关实施领导、履行职能、处理公务的具有特定效力和规范体式的文书,是传达贯彻党和国家的方针政策,公布法规和规章,指导、布置和商洽工作,请示和答复问题,报告、通报和交流情况等的重要工具。"

党政机关公文这一定义包含了以下几层意思:

(一)党政公文的形成本质

党政公文形成于"党政机关实施领导、履行职能、处理公务"的过程之中,这就是说,党政公文源于党和国家的管理活动,服务于党和国家的管理活动,体现党和国家的管理活动,体现党和国家的意志,在各级党政机关的公务活动中产生并发展、完善,又在党和国家的各项公务活动中产生效力和作用。

(二)基本特征

"特定效力"和"规范体式"是整个定义中的关键词语,它从根本上揭示了党政机关公文的基本特征。党政公文的"特定效力",表现为作者的特定性和内容的规定性。党政公文的作者是法定作者,即指依法成立并能以自己的名义行使权力或承担义务的组织或个人,这些作者是在宪法和法律规定的范围内活动,其所制发的公文,即使是以个人名义制发,也是代表着党和国家的利益,体现党和国家的意志,是受宪法和法律保护的。各级党政机关制发的公文不仅具有领导和指挥的权力,其中某些内容还规范着各级党政机关和社会公众的行为,从这个意义上讲,党政公文具有极强的法定效力。党政公文的"规范体式",是指党的各级领导机关以及各

级国家行政机关所制发的公文,从文种的确立和使用、格式与标准、行文的方式和方向、处理程序以及语言文字等都要按照国家的统一规定进行,具有完整的规范标准。具体到每一篇党政公文而言,它应当载有哪些内容,都有特定的范围限制,任何人都不能随心所欲。同时,对于这些特定内容,又应如何恰当、合理地加以表述,通过怎样的结构形式反映出来,也都具有特定的制作规范和严格的统一的要求。在这方面,党政公文既不同于普通的文字材料,也不同于公务活动中使用的图片材料、声像材料和电讯材料等其他材料,表现出很强的程式化特性。

(三)基本功能

党政公文的基本功能有传达贯彻党和国家的方针政策;公布法规和规章;指导、布置和商洽工作;请示和答复问题;报告、通报和交流情况。在行使上述诸种职能时,党政公文体现出明显的工具性特性,亦即工具性是党政公文的本质属性。

总之,新《条例》对党政机关公文这一概念的内涵与外延作了严密、科学的界定。准确地理解和把握这个定义,是学好公文写作的一把钥匙。

公文有广义和狭义之分。广义的公务文书,既包括新《条例》中所规定的15种公文,又泛指党政机关常用的应用文,一般称“事务文书”,或称“准公文”。狭义的公务文书则专指新《条例》中规定的15个正式文种。

二、党政机关公文的特点

党政公文的主要特点可归纳为五个方面,即法定作者、特定读者、法定效力、严密的程式性和处理的程序性。

(一)法定作者

按宪法的规定,我国所有公民都享有言论出版自由,但是制作和发布党政公文则有严格的限制,它只能由法定作者制作,而且必须签署法定作者的名称。所谓法定作者,就是依法成立并能以自己的名义行使权利、承担义务的党政机关及其领导人。由于各级党政机关是根据《中华人民共和国宪法》等法律规定设立的,法律赋予其特定的职能及发布公文的权限,例如国务院是国家最高行政机关,有权根据《宪法》、法律和法令规定制定行政法规,发布命令(令)和决定;各级人民团体和企事业单位都是由一定的领导机关根据法律、法令和行政法规的有关规定正式批准而建立的,因此,它们也可以根据职权制定并发布所需要的公文。

党政公文大多是以机关的名义制发的,但有时也用领导人的名义制发,如国务院、国务院各部委及省、市人民政府发布命令,都在文件上签署个人的职务和姓名。领导人是由法定组织通过选举、任命等法定程序产生的,以领导人名义发布公文,并非以其私人身份行事,而是代表其所在机关依法行使职权,所以他们也是公文的法定作者。

公文的撰拟，一般由文秘人员或业务部门的工作人员负责起草，有时也组织写作班子分头执笔。这些草拟公文的人员，都不能视为公文的法定作者，而是一级领导机关或个人授权其代拟公文，因此他们必须忠实地反映和体现机关领导的意图，不能自作主张，随意更变领导旨意，也不能把自己执笔完成的文稿署上自己的姓名拿到报刊上去发表。

党政公文所具有的法定作者这一特点，体现了公文高度的严肃性。任何未经法定程序核准的组织不得制发公文，更不允许任何人假冒法定组织伪造或变造公文。《中华人民共和国刑法》第 280 条中明确规定，伪造、变造、买卖或盗窃、抢夺、毁灭国家机关公文的，将按扰乱公共秩序罪依法惩处。

（二）特定读者

党政公文的读者（即行文对象）也是特定的，具有显在性和明确的指向性。从起草开始就明确了阅者是谁，这种特定性也是其他文体所不具备的。党政公文写作时一般要具体写明“主送机关”、“抄送机关”或在附注中标明阅读对象。诸如上行文的读者是上级机关，下行文的读者是隶属的下级机关，平行文的读者是同一组织系统的同级机关单位或不相隶属的机关单位。党政公文写作这种行文对象的定向性是由公文的工具性功能所决定的。正因为如此，在写作时就要考虑到不同的阅读对象，选择不同的公文文种，运用不同的表达方式，考虑不同的语气措辞。党政公文这种读者的特定性，避免了公文传递的主观随意性和非程序性，确保其有条不紊地运转并切实发挥作用。

（三）法定效力

党政公文是处理公务的工具，是党政机关行使法定职权的重要方式和途径，它以传递治理党和国家的方针政策为基本职能，担负着其他任何文体都不能担负而且不允许担负的特殊使命。这种独特的使用功能使之具有法定的权威性和效力。党政公文是推动公务管理协调运转的工具，代表党和国家的权力和意志，传达发文机关的决策和意图，一经制发，即具有法定的权威性和效力，对受文单位在法定的时间和空间范围内产生强制作用，具有较强的约束力，有关的组织和个人必须认真遵循、执行和参照处理，任何组织和个人都不得违反，否则就意味着失职甚至渎职，就要受到批评、制止，情节严重者还要受到查处，这是由国家法律和有关组织纪律加以保证的。

党政公文的法定权威性要受诸多因素的影响和制约，主要有制发机关的职权、公文生效和执行的时间以及公文的内容和形式等等，正因为如此，使得党政公文在不同的范围内发挥相应的管理效用。

（四）严密的程式性

程式性是指党政公文所具有的特定格式、写作层次与转述来文的方式。特定格式即指具有特定的拟制格式，这种格式是由国家明文规定的，主要见于新《条例》以及新《党政机关公文格式》(GB/T9704—2012，2012 年 6 月 29 日由中华人民共和国国家质量监督检验检疫总局和中国国家标准化管理委员会联合发布，以下简称新《格式》)。制发党政公文必须严格依照规定的格式进行，任何机关和单位不能违反国家的统一规定而自行其是，以确保公文的正确性、完整性和有效性。写作层次，主要是指党政公文在篇章结构上的一系列技术性要求，如标题结构、开头写法、段头显旨、分项标号、分层列段等。转述来文的方式，是指在转述党政公文时，要采用复体行文的形式，被转述的文件列为"附件"。明确规定下级转述上级的来文称作"转发"，上级转述下级的来文称作"批转"，不相隶属机关之间相互转述来文也称"转发"。

严密程式是其他文字形式都不具有的特性，它体现政治集团的权限和从属关系。一般文章和文学作品的写作讲究"大体须有，定体则无"、"文无定体"。一部作品，究竟要采用何种结构形式加以体现，无固定限制，可谓多姿多彩。而党政公文则不同，它讲究的是"文有定体"。其在行款规格、内容项目的排列乃至用纸幅面规格以及印制装订等方面均有固定的格式规定。这是使党政公文办理趋于准确、迅速、及时、有效，也是党政公文的规范化、科学化建设所必需。

(五)处理的程序性

党政公文的处理(包括拟制、办理、管理等环节)是一项前后关联、衔接有序的系统流程，它有利于维护党政公文的权威性和严肃性，促进党政公文处理工作的规范化、制度化和科学化。新《条例》对此做了明确的规定，无论是拟制还是办理、管理都要依循规定程序进行。其中公文拟制必须经过起草、审核、签发等程序(见新《条例》第十八条)；收文办理必须经过签收、登记、初审、承办、传阅、催办、答复等程序(见新《条例》第二十四条)；发文办理则必须经过复核、登记、印制、核发等程序(见新《条例》第二十五条)。几个机关联合行文必须履行完备的会签程序；重要的规范性文件需要报请上级机关审批或由主管部门批准。任何机关或个人都不得违反上述特定程序擅自处理公文，这也是党政公文区别于其他文体的重要特征。

随着办公自动化的逐步推广与普及，公文处理正在向标准化、现代化的方向发展，公文体式的规范化要求将越来越高。在这方面，尚有许多新的课题有待于我们去探索研究。

在以上党政公文的主要特点中，法定效力是最根本的，法定作者、特定读者是法定效力的前提与条件，而规定体式及处理程序则是根据法定效力这一根本性质的要求而产生的。懂得这一点，可以使我们进一步提高实现公文处理规范化、制度化、科学化的自觉性，以确保党政公文在各级机关的管理职能中发挥其应有的效力。

三、党政机关公文的作用

党政公文作为各级党政机关行使职权、实施管理、处理公务的重要工具，具有多方面的功能和作用。概括起来，主要体现在：

（一）领导指导作用

这是党政公文作用的最集中体现。各级党政机关都在特定范围内担负着组织、指挥和管理的职责，实施这些职责的基本工具就是公文。各级党政机关要经常通过制定和发布公文的形式来实施各项方针、政策、指示、决定，对下级机关的工作进行领导和指导，做出工作安排和部署。这些公文一经制发，下级机关必须执行。就一般情况而言，党政公文的领导作用主要体现在对下级机关工作的规范性方面，指导作用则主要体现为对下级机关工作的原则性要求方面。

（二）联系沟通作用

党政机关或部门为了正常有序地开展工作，经常通过公文与上下左右进行联系和沟通。例如，上级机关通过下行公文指示下属机关如何开展某项工作；下级机关通过上行公文汇报工作情况，反映动态，提出请求批准解决的事项；同级或不相隶属机关之间通过平行公文传递消息，交流经验，询答问题，商洽工作。公文作为公务联系的纽带，使下情上知，上情下达，左右联系，并促进各项管理工作的公共合作，密切配合，步调一致，从而实现共同的目标。随着社会主义市场经济体系的建立，社会组织机构之间的交往日趋频繁，社会信息不断扩大，公文的公务联系作用将表现得更为突出。当然，党政机关之间的联系沟通不必要也不应该全都采用公文的形式，有些事可以通过会议或者通信手段来解决。事无巨细都制发公文，必然导致公文泛滥成灾。

（三）宣传教育作用

党和国家的方针政策要传达贯彻，各级机关的政治意图或业务宗旨要落到实处，具有法定效力的公文是一种极为重要的宣传工具，它所起到的宣传教育作用，是其他舆论工具所不可替代的。直接阐释方针政策的领导指导性公文，不仅是各种舆论宣传工作的基本依据，同时其本身就是很好的教材，起到讲道理、提高觉悟、统一思想的认识作用。命令、决定、通报等公文常常运用正面和反面的典型，表彰先进，鞭策后进，批评错误，这也是行之有效的宣传教育手段。

公文进行宣传教育有一个鲜明的特点，这就是议事说理简明扼要，不作长篇大论。多数公文在宣布决定、说明事项之前要适当地交代背景、依据、目的、意义，让上下级或有关干部群众知其然，又知其所以然。说理成分的多少又随文种的不同而不同，如意见、通报等议论色彩较浓，而命令大多只宣布强制性的规定，一般不作分析议论。

(四)凭据记载作用

公文是处理公务的凭证和依据,应成为公务活动的真实记载。公文内容是发文机关的意图的体现,受文机关可以据此安排工作,制定措施。有了公文这种书面材料,各项工作的进行才能做到有据可查,有案可考,才能避免不讲政策,不讲根据的非正规化的游击习气,也才能防止在工作中犯错误、走弯路。人们常说"以红头文件为准",就是指公文在开展工作、检查评估、处理矛盾、协调关系中起的依据和凭证作用。下级根据上级的政策法规性公文规范行动,落实各项任务;上级根据下级的请示、报告、有针对性地做出处理和答复;平行机关依据来文解决问题或答复交代。一旦产生矛盾,需要判明是非曲直时,公文的凭据作用尤为显著。俗话说"口说无凭,立字为据",公文正是作为一种文字凭证,使每项工作做到有据可查,从而使公务活动正常有序地进行。

公文的记载作用与凭据作用是密切相关的。公文真实记载了各个时期、各个阶段的公务活动的情况,当它发挥了现实执行效用之后,经过系统整理,便转化为档案,可备日后查找利用。例如,制定一项新的政策,为了保持政策的连续性,还需查阅以前制发的文件档案资料。某些重要的文件,将作为珍贵的历史记录,永久保存。

公文的上述作用是从总体上来分析的,就某一具体的公文而言,有的可能仅仅具有其中的若干作用,不一定全都具备。多数公文具有联系沟通作用,而凭证记载则是所有公文共有的功能。

第二节　党政机关公文的种类

党政机关公文分类的方法较多,在公文处理的实践中,为了适应实际工作需要,通常对公文从其来源、行文方向、机密程度、紧急程度、载体形态和文种适用范围等方面进行分类,以求准确地认识和使用不同类型的公文,达到公文处理的规范化。具体形式如下:

一、按来源,分为收文和发文

收文,是指本机关收到的上级、下级及不相隶属机关单位所制发的文件。发文,是指本机关拟制并向外发送的文件。这种划分并非是绝对的,就具体公文而言,往往有兼类或相互转化的现象。例如,收到的上级机关文件有时需向本机关的下属机关转发,收文就转化为发文。

按来源划分公文种类,是党政机关公文处理最基础的工作。掌握这一分类方法,可按不同的目的要求、不同的处理程序来办理公文。

二、按行文方向，分为上行文、下行文、平行文、多行文

上行文，是指下级机关向上级机关的行文，主要包括报告和请示。下行文，是指上级机关向下级机关的行文。属于这一类的文种最多，主要包括命令(令)、决定、决议、通知、公报、公告、通告、通报、批复、意见、纪要。平行文，是指向平级机关或不相隶属机的行文，主要是指函。议案是各级人民政府向同级人民代表大会或人民代表大会常务委员会提请审议事项的，通常也把它划归平行文一类。

行文方向是行文关系的反映，所谓行文关系，就是党政机关之间公文的授受关系，它是依据党政机关组织体系和职权范围来确定的。行文关系规定并制约着党政机关公文按一定的方向运行：同一系统上下级之间存在隶属关系，对下级实施指挥应使用下行文，向上级汇报工作或请示指示或批准应使用上行文。上级主管业务部门与下级部门之间存在着业务指导关系，它们相互之间也通过下行文和上行文来体现指导与被指导关系。而平级机关、不隶属机关之间，应使用平行文，体现平等商洽关系。

从绝大多数文种看，行文方向都是固定的，如请示、报告只用于上行，决定、决议、通报、批复等只用于下行。因此，拟稿时必须按行文关系正确选用文种，不能互相混淆。

不过，在公文实际运行中，有几个文种的行文方向不确定，有一定的灵活性，既可以向上，又可以向下，还可以平行的行文，称为多行文。例如意见既可作下行文，也可作上行文和平行文；通知以下行为主，但知照性通知有时也作为平行文发送不相隶属机关；纪要除了下行外，也可以上行请求批转或平行送不相隶属机关起知照作用。

三、按机密程度，分为绝密件、机密件、秘密件三种

保密公文，是指涉及党和国家机密内容，需要控制知密范围、知密对象的文件。按照党政公文所涉及内容的重要程度进行划分，分为绝密件、机密件、秘密件三种。绝密级公文是最重要的国家秘密，一旦泄露会使党和国家的安全和利益遭受特别严重的损害；机密级公文是指涉及党和国家重要的国家秘密，一旦泄露会使党和国家的安全和利益遭受严重的损害；秘密级公文是指涉及党和国家一般的秘密，一旦泄露会使党和国家的安全和利益遭受损害。随着时间的推移、形势的发展和工作的需要，文件的保密性质会有变化，有些文件可能成为普通文件。

四、按送达和办文时限，分为特急件、加急件

依照党政公文送达和办理的时限要求进行分类，包括两种情况：

1. 特急件　即特别紧急，一般是指需要 24 小时之内送达和办结的公文。

2. 加急件　一般是指需要在72小时之内送达和办结的公文。

如系以电报形式发文，则其紧急程度分为特提、特急、加急、平急四个等级。

五、按载体形态，分为纸质公文、磁介质公文、光介质公文

随着时代的发展，按照承载党政公文内容的物质形式进行分类，包括三种情况：

1. 纸质公文　纸质公文是指以纸张为物质载体的公文，是使用最为普遍的公文载体材料。

2. 磁介质公文　磁介质公文是指以磁带、磁盘、磁鼓等磁性材料为物质载体的公文，诸如录音文件、录像文件、计算机文件等。

3. 光介质公文　光介质公文是指以感光材料如胶片等为物质载体的公文，诸如照片公文、缩微胶片公文、光盘公文等等。

六、按适用范围，分为15种公文

根据新《条例》的规定，党政机关公文分为15种，即：决议、决定、命令(令)、公报、公告、通告、意见、通知、通报、报告、请示、批复、议案、函、纪要。新《条例》对每种公文的适用范围也做出了明确规定，具体表现为：

决议：适用于会议讨论通过的重大决策事项。

决定：适用于对重要事项做出决策和部署、奖惩有关单位和人员、变更或者撤销下级机关不适当的决定事项。

命令(令)：适用于公布行政法规和规章、宣布实施重大强制性措施、批准授予和晋升衔级、嘉奖有关单位和人员。

公报：适用于公布重要决定或者重大事项。

公告：适用于向国内外宣布重要事项或者法定事项。

通告：适用于在一定范围内公布应当遵守或者周知事项。

意见：适用于对重要问题提出见解和处理办法。

通知：适用于发布、传达要求下级机关执行和有关单位周知或执行的事项，批转、转发公文。

通报：适用于表彰先进、批评错误、传达重要精神和告知重要情况。

报告：适用于向上级机关汇报工作、反映情况，回复上级机关的询问。

请示：适用于向上级机关请求指示、批准。

批复：适用于答复下级机关请示事项。

议案：适用于各级人民政府按照法律程序向同级人民代表大会或者人民代表大会常务委员会提请审议事项。

函：适用于不相隶属机关之间商洽工作、询问和答复问题、请求批准和答复审

批事项。

纪要：适用于记载会议主要情况和议定事项。

了解并掌握党政机关公文的分类知识，对于做好党政机关公文处理工作，提高党政机关工作效率具有重要意义。从撰拟方面说，有利于正确选择和使用文种，防止错用和混用；从办文方面说，有利于及时、准确、安全地处理文书，提高办文质量和办文效率；从存档方面说，有利于按统一标准将公文立卷归档，以便查阅利用。

第三节　党政机关公文的格式

党政公文的格式是指其外形结构的组织与安排，即包括哪些要素，以及这些要素在页面上的标识构成。格式是党政公文具有法定的权威性和组织约束力的形式上表现，是区别党政公文与一般文章的重要标志，也是保证党政公文的质量和提高办文效率的重要手段。

依据2012年6月29日发布的新《格式》(GB/T9704—2012)，该标准于2012年7月1日实施，它规定了党政机关公文通用的纸张要求、排版和印制装订要求、公文格式各要素的编排规则，并给出了公文的式样。党政机关公文格式通过国家标准予以规范，这是党政机关公文法定权威和法定效力在形式上的体现。

公文格式包含两方面的内容，一是公文内部的基本构成，即公文内部各要素的编排规则；二是外观的规格样式，包括用纸要求和印装要求。

一、公文内部的基本构成

依据新《条例》第九条的规定，公文内部的基本构成“一般由份号、密级和保密期限、紧急程度、发文机关标志、发文字号、签发人、标题、主送机关、正文、附件说明、发文机关署名、成文日期、印章、附注、附件、抄送机关、印发机关和印发日期、页码等组成”。而依据新《格式》又将党政公文的格式要素划分为三部分：版头、主体、版记。在这三部分中，每一部分分别包括若干具体格式要素，现分述如下：

（一）版头部分

是指位于公文首页红色分隔线（包含红色分隔线）以上的部分。版头部分由份号、密级和保密期限、紧急程度、发文机关标志、发文字号、签发人等6个项目组成。为了庄重醒目，增强公文的严肃性，发文机关标志和红色分隔线均套红印刷。

1.份号　份号即公文印制份数的顺序号，系指将同一篇文稿印制若干份时，每份公文的顺序编号。凡属涉密公文应当标注份号，不涉密的公文可以标也可不标。标注份号用6位3号阿拉伯数字顶格编排在公文版心左上角第一行。数字前面可编虚位（如000001）。

2.密级和保密期限　密级是指公文的秘密等级，是根据公文内容的重要程度而划分的等级。根据新《条例》第九条第（二）项规定，涉密公文应当根据涉密程度分别标注“绝密”“机密”“秘密”和保密期限。新《格式》7.2.2 规定，如需标注密级和保密期限，一般用 3 号黑体字，顶格编排在公文版心左上角第二行，保密期限中的数字用阿拉伯数字标注。

保密期限标注于秘密等级之后，密级和保密期限之间就用“★”隔开，如“机密★1 年”。

3.紧急程度　紧急程度是公文送达和办理的时限要求。根据紧急程度，紧急公文应当分别标注“特急”、“加急”，电报应当分别标注“特提”、“特急”、“加急”、“平急”。

如需标注紧急程度，一般用 3 号黑体字，顶格编排在公文版心左上角；如需同时标注份号、密级和保密期限、紧急程度，则应按照份号、密级和保密期限、紧急程度的顺序自上而下分行排列。

值得注意的是，有的文件在标题中对紧急性质已做了表示，如《国务院办公厅关于近期发生多起中小学生溺水事故的紧急通知》，就不再另外加注紧急程度标志。

要注意原来行政公文紧急程度的划分只有“特急”和“急件”两种，新《条例》中的表述有了变化，标识时一定要准确规范，不可将“加急”写为“紧急”、“急件”或“急”等。

4.发文机关标志　发文机关标志一般由发文机关全称或规范化简称后加“文件”两字组成，也可以使用发文机关全称或规范化简称。联合发文时，发文机关标志可以用联合发文机关名称，也可以单独用主办机关名称。

在具体布局上，发文机关标志要居中排布，上边缘至版心上边缘为 35mm，上行文、下行文及平行文一致。发文机关标志推荐使用小标初号宋体字，用红色标识，一般最大不能等于或大于 22mm×15mm，以醒目、美观、庄重为原则。

联合行文时，如需同时标注联署发文机关名称，一般应当将主办机关应排列在前；如有“文件”二字，应当置于发文机关名称右侧，以联署发文机关名称为准上下居中排布。联合行文机关较多时，应保证首页显示正文。

5.发文字号　发文字号又称发文号、发文编号，是制发机关向外发文时按同一年度公文排列顺序编制的公文代号，主要是为了便于文件的发出、查询、引用和保管。

编制发文字号的方法是：发文字号由发文机关代字、年份、发文顺序序号三部分组成。如“国发〔2012〕30 号”，“国发”是国务院的机关代字，“〔2012〕”是发文年份，“30 号”是发文顺序号。

几个单位联合行文时，不应一文多号，应只标主办机关的发文字号。

发文字号的位置，应当编排在发文机关标志下空2行位置红色分隔线之上，居中排布。上行文的发文字号居左空一字编排，与最后一个签发人姓名处在同一行。

发文字号一般用3号仿宋体字标识。

编制发文字号应注意以下几点：一是机关代字要规范，尽量选用能反映职能特征，且与本地区其他机关不相重复的代字，长期固定使用，字数不宜过多；二是机关代字、年份、序号三者顺序不可随意更换；三是年份不能省略书写，六角括号不要写成圆或者中括号。年份、顺序号应使用阿拉伯数字，序号不编虚位（即1不编为01），不加"第"字。如〔2012〕人46号、"浙教字(12)第05号"都与上述规范要求不相符合。

6. 签发人　签发人是指审阅核准并签发公文的机关负责人。公文上标注签发人的姓名，是为了督促各级领导严肃地履行职责，有利于进一步增强公文签发者的责任感。确保公文质量，同时也为直接联系工作，迅速有效地回答问题提供方便。

值得注意的是，只有上行文才需要标注签发人。其位置必须与发文字号同处一行。

在具体标注上，"签发人"三个字用3号仿宋体字，后标全角冒号，冒号后用3号楷体字标识签发人姓名（后空一字）。

如果是联合发文，需标注会签人姓名，则应将主办机关签发人置于最上，再按发文机关标志顺序依次向下排列会签人，最后一个会签人姓名与发文字号同处一行。

（二）主体部分

主体部分是指公文首页红色分隔线（不含）以下、公文末页首条分隔线（不含）以上的部分，又称内文，是党政公文的实质性内容，其基本构成包括标题、主送机关、正文、附件说明、发文机关署名、成文日期、印章、附注、附件等要素。

1. 标题　标题是党政公文的名称，是一篇公文内容的集中体现和高度浓缩，应当准确简要地概括公文的主要内容并标明公文种类。按照新《条例》的规定，公文标题一般由发文机关名称、事由和文种三部分组成。例如《浙江省人民政府关于加强城市规划工作的通知》，发文机关是"浙江省人民政府"，发文事由是"加强城市规划工作"，文种是"通知"。这里，"发文机关名称"和"事由"之间需用介词"关于"衔接，"事由"和"文种"之间要有结构助词"的"相连，构成公文标题的特定语法结构模式。

拟制公文标题，其基本要求是要做到准确、简洁、齐全和美观。其中准确是指事由部分对公文内容的概括要准确，文种的使用也要准确。简洁是指要用尽可能简要的文字概括出公文的基本内容，为此，即应竭力压缩事由部分的用字，并要尽可能地避免诸如"的通知的通知的通知"之类的文种重叠使用的情况。齐全是指发文机关名称、事由和文种三个要素，一般不宜随意省略，特殊情况可以省略一个部分，但惟有文种不可省略。美观是指要在文面上将拟制出来的标题合理加以排列设置，使之清晰整洁，醒目匀称，给人以美感。

按照新《格式》的规定，公文标题“一般用 2 号小标宋体字，编排于红色分隔线下空二行位置，分一行或多行居中排布；回行时，要做到词意完整，排列对称，长短适宜，间距恰当，标题排列应当使用梯形或菱形”。具体地说，可以将公文标题的排列形式分为三大类 13 种，即单行标题、双行标题(上下等长、上长下短、上短下长)、多行标题(正梯形、倒梯形、上下短中间长、上下长中间短、上短中下等长、下短上中等长、上长中下等长、下长上中等长、上中下等长)。在排列时，应视具体情况灵活运用，做到既美观醒目，又合理得体，能给阅者以形态上的美感。

党政机关公文标题中除法规、规章名称加书名号外，一般不用标点符号。

2. 主送机关　主送机关，俗称“抬头”、“上款”，指党政公文的主要受理机关，它负有办文的责任，要对公文所涉及的内容进行办理和答复。对于主送机关的确立和标识，应当把握如下几点：

在一般情况下，一篇公文只有一个主送机关，特别是上行文的请示，更应如此，否则容易造成受文机关责任不明，互相推诿，或者多方处理，意见分歧，以致延时误事。

上行文的“报告”，其主送机关可能不是一个(如受双重领导的机关向上级行文报告即是如此)，在这种情况下，即应根据报告所涉及内容的管理和分工的不同，将其中负有主责的上级机关名称写在前面，并用“并报”联结另一个上级机关名称。

下行文(普发性和周知性公文)的主送机关如果不止一个，要注意其排列的次序。一般按等级高低顺序排列，即将等级高的机关名称写在前面，等级低的机关名称写在后面。

主送机关名称应当使用全称、规范化简称或者同类型机关统称，切忌随意简写。

主送机关一般使用 3 号仿宋体字，编排在标题下空一行的位置，居左顶格，如果主送机关名称过多需要回行时，仍需顶格，在最后一个机关名称后标全角冒号。如主送机关名称过多导致公文首页不能显示正文时，应当将主送机关名称移置版记。

如果主送机关不止一个，要注意其相互之间标点符号的使用。一般是在不同的系统和级别之间用逗号隔开，同一系统内部的各单位之间用顿号隔开；

一些行文方向不定，没有特指主送机关的公布性公文，如公告、通告及一部分通报，则不写主送机关。

3. 正文　是党政公文的主体，用来表述公文的内容，是一篇公文的关键所在。

按新《格式》的规定，公文首页必须显示正文。正文部分一般用 3 号仿宋体字，一般每面排 22 行，每行排 28 个字，并撑满版心。特殊情况可以作适当调整。

正文的具体位置应编排于主送机关名称下一行，每个自然段左空二字，回行顶格。

正文的结构通常由开头、主体、结语三部分组成：

开头部分，或称"凭"，即凭什么发文，主要是阐明发文的依据和理由。其内容或交代引据，或讲明背景、原委，或概述情况，或篇前提要，或明了目的，应根据不同的发文意图、行文对象和文种等酌情确定。

主体部分，或称"事"，即什么事情或什么事项。内容或针对问题进行分析，在分析问题、讲明道理的基础上提出解决问题的办法；或直陈要求、意见；或提出主张、措施、办法。内容复杂的公文，由于其所涉及的事项很多，因此要特别注意各事项之间的逻辑顺序和层次安排。

结尾部分，或称"断"，即论断、判断，是正文的结论，多数为提出意见、措施、办法和要求等。这部分的用语要适应不同文种的需要而异，切不可千篇一律。

常用的尾语有以下几种：一是指令性尾语。如"此令"、"请认真贯彻执行"、"望遵照办理"、"请结合实际组织实施"等。二是知照性尾语。如"特此通告"、"现予公告"等。三是呈告性尾语，如"以上报告如有不妥请指正"、"以上报告请审阅"等。四是期复性尾语，如"请批复"、"敬请函批"等。五是回复性尾语。如"此复"、"特此函复"等。

拟写正文还应符合下列要求：

文中结构层次序数第一层为"一、"，第二层为"(一)"，第三层为"1."，第四层为"(1)"。一般第一层用黑体字，第二层用楷体字，第三层和第四层用仿宋体字标注。

引用公文应先引标题，后加括号引发文字号。引用外文，应当括注中文含义。

文中日期应写具体的年月日，尽量避免使用"今年"、"上月"等时间代词，年份一律使用公历年份全称，如"2013 年"不能写成"13 年"。

使用非规范化简称应先用全称，并括注简称。使用国际组织外文名或其缩写形式，应在第一次出现时注明准确的中文译名。

文中数字除部分结构层次序数和在词、词组、惯用语、缩写语、具有修饰色彩语句中作为字素的数字必须使用汉字外，应当使用阿拉伯数字。

正文中适当使用文言词语可使公文语言风格更为庄重、典雅和简洁。

用字用词要准确、规范，不要用繁体字和不规范的简化字，不要生造词语。

4.附件说明　附件说明应当标注公文附件的顺序号和名称。公文如有附件，其位置在正文下空一行左空二字用 3 号仿宋体字标识"附件"二字，后标全角冒号和附件名称，附件名称后不加标点符号。不得使用"附件列后"、"附件四份"之类笼统的标注方法。如有多个附件，使用阿拉伯数字标注附件顺序号(如"附件：1. ××××")，附件名称较长需要回行时，应当与上一行附件名称的首字对齐。

必须注意，有的公文是专为报送一份材料或专为批转、转发、印发某个文件而拟制的，属复体性公文，被批转、转发、印发的文件是公文的主体，公文正文只起按语或说明批准、发布的作用，正文内本已写清这些文件、材料，因此不必再写"附件说明"。

5. 发文机关署名　俗称落款，是党政公文的一个重要格式项目，指承担公文的制发者和责任者。根据新《条例》和新《格式》的规定，发文机关署名应当"署发文机关全称或规范化简称"。联合行文时，主办机关署名排列在前，其余发文机关署名依次向下编排。有的公文以机关领导人名义制发，则要签署领导人姓名，但在姓名之前，必须标明领导人的职务名称，表明公文是领导人以法定机关负责人的身份而不是以私人身份制发的，是领导人所在机关意图的反映。

6. 成文日期　成文日期指成文的具体年月日，是公文的生效日期，也是党政公文格式的一个重要组成部分。成文日期确定的原则是：经会议通过的决定等以会议正式通过的日期为准；经领导人签发的公文以领导人签发的日期为准；联合行文的，以最后签发机关负责人的签发日期为准；法规性文件以依法批准日期为准；一般电报、信函等则以实际发出日期为准。应注意，不要把拟稿或印发的日期作为成文日期。

成文日期的位置有两种安排方式：一是在标题之下正中处，年月日用括号括起来，通常称之为"题注"，适用于经会议集体讨论通过批准而又不以"红头文件"(即带有红色版头的文件)形式发出且无主送标识的公文。二是在发文机关署名下方。根据新《格式》的规定，成文日期一般右空四字"用阿拉伯数字将年、月、日标全，年份应标全称，月、日不编虚位(即 1 不编为 01)"。不能采用"12 年 10 月 30 日"和"12·10·30"之类的简化形式。

7. 印章　印章是机关职权的象征，是公文生效的标志，也是党政公文格式的一个重要组成部分。根据新《条例》的规定，"公文中有发文机关署名的，应当加盖发文机关的印章，并与署名机关相符。有特定发文机关标志的普发性公文和电报可以不加盖印章"。

公文用印的依据是领导人的签发字样，未经领导人签发的公文不得用印。用印要注意清晰、端正，位置准确。在具体标识上，成文日期一般右空四字编排，印章用红色，不得出现空白印章。

单一机关行文时，一般在成文日期之上、以成文日期为准居中编排发文机关署名，印章端正，居中下压发文机关署名和成文日期，使发文机关署名和成文日期居印章中心偏下位置，印章顶端应当上距正文(或附件说明)一行之内。

联合行文时，一般将各发文机关署名按照发文机关顺序整齐排列在相应位置，并将印章一一对应、端正、居中下压发文机关署名，最后一个印章端正、居中下压发文机关署名和成文日期，印章之间排列整齐、互不相交或相切，每排印章两端不得超过版心，首排印章顶端应当上距正文(或附件说明)一行之内。

对于不加盖印章的公文，单一机关行文时，在正文(或附件说明)下空一行右空二字编排发文机关署名，在发文机关署名下一行编排成文日期，首字比发文机关署名首字右移二字，如成文日期长于发文机关署名，应当使成文日期右空二字编排，并相应增加发文机关署名右空字数。联合行文时，应当先编排主办机关署名，其余发文机关署名依次向下编排。

加盖签发人签名章的公文：单一机关制发的公文加盖签发人名单时，在下文(或附件说明)下空二行右空四字加盖签发人签名章，签名章左空二字标注签发人职务，以签名章为准上下居中排布。在签发人签名章下空一行右空四字编排成文日期。联合行文是，应当先编排主办机关签发人职务、签名章，其余机关签发人职务、签名章依次向下编排，与主办机关签发人职务、签名章上下对齐；每行只编排一个机关的签发人职务、签名章；签发人职务应当标注全称。

加盖印章有两种方式：凡印章下弧没有文字，采用下套式，即以印章下部边缘骑年盖月；印章下弧有文字的，采用中套式，即以印章的中心线压在成文日期上。印章要盖端正，印文要清晰。

当公文排版后所剩空白处不能容下印章位置时，应采取调整字距、行距的措施加以解决，务必使印章与正文同处一页，不得采取标识“此页无正文”的方法解决。

8. 附注　附注即指公文的印发传达范围(阅读范围)等需要说明的事项。例如：(此件公开发布)。

确定公文的阅读范围，要依据工作的需要和安全保密的要求进行。需要限定阅读范围的，一般属于机密文件，不是机密文件没有确定阅读范围的必要。公文如有附注，应当居左空二字加圆括号编排在成文日期下一行，采用 3 号仿宋体字。

请示和上行的意见应在附注中标明联系人的姓名和电话。

对公文中名词术语的注释，一般采用句内括注或句外括注的办法解决，不作为附注。

9. 附件　附件是附属于正文的说明、补充或者参考资料。附件不是每份公文都有，只有内容需要，又不便于写入正文的材料才用附件来处理。

常见的附件有两类：一是用于补充说明或证实文件正文的附件，包括各种形式的说明材料、参考材料、图表、凭据等；二是用于向上级机关报送或向下级机关批转(转发、印发)的附件。前一类是真正意义上的附件；后一类附件实际上是主件，而文件正文实际只起按语的作用，说明报送、发布、转发(批转)的内容和要求。

附件应当另面编排，并在版记之前，与公文正文一起装订。“附件”二字及附件顺序号用 3 号黑体字顶格编排在版心左上角第一行。附件标题居中编排在版心第三行。附件顺序号和附件标题应当与附件说明的表述一致。附件格式要求同正文。

如附件与正文不能一起装订，应当在附件左上角第一行顶格编排公文的发文字号并在其后标注“附件”二字及附件顺序号。

(三)版记部分

版记部分又称文尾，位于公文末页下部，以分隔线相夹，分隔线与版心等宽，首条分隔线和末条分隔线用粗线(推荐高度为 0.35mm)，中间的分隔线用细线(推荐高度为 0.25mm)。首条分隔线位于版记中第一个要素之上，末条分隔线与公文最后一面的版心下边缘重合。版记部分主要由抄送机关、印发机关和印发日期两个要素组成。

1. 抄送机关　抄送机关与主送机关相对应，两者合称党政公文的受文机关。它是指除主送机关外需要执行或知晓公文内容的其他机关，应当使用机关全称或规范化简称或者同类型机关统称。

对于抄送机关的确立，应当注意无论是上级、下级或是不相隶属的机关，一律统称“抄送”，不要出现“抄报”、“抄发”之类的写法。

确定抄送机关，要从工作的实际需要出发，而不能乱抄乱送，免得给自己和对方增加不必要的工作负担。

如有抄送机关，一般用 4 号仿宋体字，在印发机关和印发日期之上一行、左右各空一字编排。“抄送”二字后加全角冒号和抄送机关名称，回行时与冒号后的首字对齐，最后一个抄送机关名称后标句号。

如需把主送机关移至版记，除将“抄送”二字改为“主送”外，编排方法同抄送机关。既有主送机关又有抄送机关时，应当将主送机关置于抄送机关之上一行，之间不加分隔线。

2. 印发机关与印发日期　印发机关指制发或翻印文件的机关或部门，一般是发文机关的办公部门，用 4 号仿宋体字，编排在末条分隔线之上，印发机关左空一字。印发日期以付印日期为准，右空一字，用阿拉伯数字将年月日标全，年份应标全称，月、日不编虚位，后加“印发”二字。

版记中如有其他要素，应当将其与印发机关和印发日期用一条细分隔线隔开。

3. 页码　页码是公文页数顺序号，一般用 4 号半角宋体阿拉伯数字，编排在公文版心下边缘之下，数字左右各放一条一字线；一字线上距版心下边缘 7mm。单页码居右空一字，双页码居左空一字。公文的版记页前有空白页的，空白页和版记页均不编排页码。公文的附件和正文一起装订时，页码应当连续编排。

【式样一】下行文

000001
机密★1年
特急

浙江省人民政府文件

浙政发〔2013〕×号

浙江省人民政府
关于××××××的通知

各市、县(市、区)人民政府,省政府直属各单位:

××××××××××××,××××××××××××××××××××××××:

一、×××××××××××

××××××××××××××××××××××××××××。

二、×××××××××

××××××××××××××××××××××××××××。

三、×××××××××

××××××××××××××××××××××××××××。

附件:1.×××××××××××
2.×××××××××××

浙江省人民政府(印章)
2013年×月×日

(××××××)

抄送:省委各部门,省军区,省人大常委会,省政协办公厅,省法院,省检察院。

浙江省人民政府办公厅　　2013年×月×日印发

【式样二】上行文

000001
机 密
特 急

浙江省人事厅文件

签发人:张三 李四
王五

浙人发〔2013〕×号

浙江省人事厅
关于××××××××××××的请示

省人民政府:

××××××××××××××××××××××××××××××××××:

×××××××××××××××××××××,×××××××××××××××××××××××。

××××××××××××××××××××××××××××××××××。

××××,×××。

浙江省人事厅(印章)
2013年×月×日

(××××××)

抄送:人事部,省委办公厅。

浙江省人事厅办公室 2013年×月×日印发

二、党政公文外观的规格样式

(一)用纸格式

关于党政公文用纸的幅面规格,新《条例》中规定应当采用国际标准 A4 型(210mm×297mm)。并进一步规定,特殊形式的公文用纸幅面,根据实际需要确定,如公告、通告等。

(二)印装格式

即党政公文的印制和装订格式。

在新《格式》中明确规定公文应当"双面印制,页码套正,两面误差不超过 2mm"。版心尺寸为 225mm×156mm(不含页码),每页 22 行,每行 28 个字,行间距用固定值 28.8 磅,眉边留空要恰当,版面上空约 37mm,下空约 33mm。为方便印制,每页行数可视情增加或减少 1～2 行。增减行数时适当调整行间距,保持版心高度不变。公文排印,一律从左至右书写、排版。少数民族按其习惯书写和排印。

公文一律左侧装订,不掉页,两页页码之间误差不超过 4mm。

新《条例》规定:"公文使用的汉字、数字、外文字符、计量单位和标点符号等,按照有关国家标准和规定执行。民族自治地方的公文,可以并用汉字和当地通用的少数民族文字。"

三、党政公文的特定格式

所谓"特定格式"系指文件标准格式以外的公文格式,包括信函格式、命令格式、纪要格式三种。这些在公文处理实践中普遍使用的公文格式,有其特定的作用。如信函格式是针对非普发性公文所采用的一种格式,通常用于答复、解释或说明某一具体事项;命令格式则体现出了国家政令的权威性和统一性;纪要格式则是专门记载会议议定事项的一种固定格式。采用上述特定格式印制的公文与通常文件格式印制的公文其作用与效力是相同的,只是表现形式有所不同。

(一)信函格式

"信函格式"是公文格式中区别于"文件格式"的一种。按照规定在行文时应注意选择使用与行文方向一致、与公文内容相符的文种。发文机关标志使用发文机关全称或者规范化简称,居中排布,上边缘至上页边为 30mm,推荐使用红色小标宋体字。联合行文时,使用主办机关标志。

发文机关名称上边缘至上页边为 30mm,推荐使用小标宋体字,字号由发文机关酌定(但不能超过 22mm×15mm),用红色标识。发文机关标志下 4mm 处印一条红色双线(上粗下细),距下页边 20mm 处印一条红色双线(上细下粗),线长均为 170mm，居中排布。

如需标注份号、密级和保密期限、紧急程度，应当顶格居版心左边缘编排在第一条红色双线下，按照份号、密级和保密期限、紧急程度的顺序自上而下分行排列，第一个要素与该线的距离为 3 号汉字高度的 7/8。

发文字号顶格居版心右边缘编排在第一条红色双线下，与该线的距离为 3 号汉字高度的 7/8。

标题居中编排，与其上最后一个要素相距二行。

第二条红色双线上一行如有文字，与该线的距离为 3 号汉字高度的 7/8。

首页不显示页码。

版记不加印发机关和印发日期、分隔线，位于公文最后一面版心内最下方。

(二)命令格式

发文机关标志由发文机关全称加“命令”或“令”字组成，居中排布，上边缘至版心上边缘为 20mm，推荐使用红色小标宋体字。

发文机关标志下空二行居中编排令号，令号下空二行编排正文。

单一机关制发的公文加盖签发人签名章时，在正文(或附件说明)下空二行右空四字加盖签发人签名章，签名章左空二字标注签发人职务，以签名章为准上下居中排布。在签发人签名章下空一行右空四字编排成文日期。

联合行文时，应当先编排主办机关签发人职务、签名章，其余机关签发人职务、签名章依次向下编排，与主办机关签发人职务、签名章上下对齐；每行只编排一个机关的签发人职务、签名章；签发人职务应当标注全称。签名章一般用红色。

(三)纪要格式

纪要标志由“××××纪要”组成，居中排布，上边缘至版心上边缘为 35mm，推荐使用红色小标宋体字。

标注出席人员名单，一般用 3 号黑体字，在正文或附件说明下空一行左空二字编排“出席”二字，后标全角冒号，冒号后用 3 号仿宋体字标注出席人单位、姓名，回行时与冒号后的首字对齐。

标注请假和列席人员名单，除依次另起一行并将“出席”二字改为“请假”或“列席”外，编排方法同出席人员名单。

纪要格式可以根据实际制定。

【式样一】信函格式首页

××省人民政府

×政函〔2013〕××号

×××省人民政府
关于××××××问题的函

××部：

×××××××××××××××××××，×××××××××××××××××××××××，××××××××××××××，×××××××××。

××××××××××××××××××××，××××××××××××××××××××××，×××××××××××××××××××××××××××。

妥否，请函复。

××省人民政府（印章）
2013年×月×日

【式样二】命令格式首页

中华人民共和国国务院令

第××号

《××××××××××××条例》已经2013年×月××日国务院第××次常务会议通过，现予公布，自2013年×月×日起施行。

总理　×××
2013年×月×日

【式样三】纪要格式

××省人民政府
省长办公会议纪要

第××期

××省人民政府办公厅　　　　　　　　　　2013年×月××日

2013年×月××日，×××省长在省政府办公楼5楼会议室主持召开办公会议，研究×××××××问题。×××××××××××。议定如下：

一、××××××××××××××××××××××××××××。

二、×××××××××××××××××××××。

三、×××××××××××××××××××××××××××××××××××。××××××××××××××××××××××××××××。

四、×××××××××××××××××××××××××××××××××××。××××××××××××××××××××××××××××。

五、×××××××××××××××××××××××××××××××

××××。×××××××××××××××××××××××××××××。

出席：省政府副省长×××、×××，省政府副秘书长×××，×××、×××，省×××厅×××，省×××厅×××，省×××局×××，××市政府×××、×××。

分送：省委常委，省人大党委会主任、副主任，省政府省长、副省长，省政协主席、副主席，省纪委书记，省委办公厅，省人大办公厅，省政协办公厅，参加会议单位。

（共印××份）

第四节　党政公文的行文规则

行文是公文制发全过程中的重要一环，指的是一个机关给内部机构或者另一个机关发文，这一发一收之间必然构成一对行文关系。行文关系是各级党政机关、各个部门和单位之间的组织关系和业务关系在公文运行中的体现。一般可分为上下级关系、平级关系、业务指导关系等几种情况。行文必须以这种隶属和相互关系为基本原则进行，不可超越这个原则。

一、行文总规则

1.行文应当确有必要,讲求实效,注重针对性和可操作性。

2.行文关系根据隶属关系和职权范围确定。一般不得越级行文,特殊情况需要越级行文的,应当同时抄送被越过的机关。

3.越级行文的特殊情况:一是遇有重大突发事件,包括重大自然灾害、重大事故灾难、重大公共卫生事件和社会治安事件等,主要是为了抢时间,不误事。二是直接上级机关乱作为,或者违法违纪的,对处分决定不服的,可以越级行文。

4.部门内设机构除办公厅(室)外不得对外正式行文。

二、上行文的行文规则

上行文是下级机关向上级领导机关(包括有业务指导关系的上级机关在内)的行文。在上行文的行文关系上,应注意把握以下几点:

1.原则上主送一个上级机关,根据需要同时抄送相关上级机关和同级机关,不抄送下级机关。

2.党委、政府的部门向上级主管部门请示、报告重大事项,应当经本级党委、政府同意或者授权;属于部门职权范围内的事项应当直接报送上级主管部门。

3.下级机关的请示事项,如需以本机关名义向上级机关请示,应当提出倾向性意见后上报,不得原文转报上级机关。

4.请示应当一文一事。不得在报告等非请示性公文中夹带请示事项。

5.除上级机关负责人直接交办事项外,不得以本机关名义向上级机关负责人报送公文,不得以本机关负责人名义向上级机关报送公文。

6.受双重领导的机关向一个上级机关行文,必要时抄送另一个上级机关。

三、下行文的行文规则

下行文是上级领导机关对所属下级机关的行文。在下行文的行文关系上,应注意处理好以下几点:

1.主送受理机关,根据需要抄送相关机关。重要行文应当同时抄送发文机关的直接上级机关。

2.党委、政府的办公厅(室)根据本级党委、政府授权,可以向下级党委、政府行文,其他部门和单位不得向下级党委、政府发布指令性公文或者在公文中向下级党委、政府提出指令性要求。需经政府审批的具体事项,经政府同意后,可以由政府职能部门行文,文中须注明已经政府同意。

3.党委、政府的部门在各自职权范围内可以向下级党委、政府的相关部门行文。

4.涉及多个部门职权范围内的事务,部门之间未协商一致的,不得向下行文;

擅自行文的，上级机关应当责令其纠正或者撤销。

5. 上级机关向受双重领导的下级机关行文，必要时抄送该下级机关的另一个上级机关。

四、平行文的行文规则

平行文是平行机关或不相隶属机关之间的行文。在平行文的行文关系上，应注意以下几点：

1. 要选准文种　用于平行文的文种相对较少，主要有函、周知性的通知以及告知性的意见。

2. 要注意联合行文的条件　根据新《条例》第十七条的规定："同级党政机关、党政机关与其他同级机关必要时可以联合行文。属于党委、政府各自职权范围内的工作，不得联合行文。""党委、政府的部门依据职权可以相互行文。"

联合行文时应注意：注意联合行文时各联署机关行政层级应相当。层级指同一管理层级，如国家层面、省级层面为同一层级。有共同管理的事项或者有关联的事项。联合行文应当确有必要，联署单位不宜过多。联合行文应当明确主办机关。联合行文，主办机关一般排列在前。

3. 要注意行文的态度和语气　在写法上，由于平行文的各机关或部门之间是对等关系，因此要做到态度谦和，语气平缓，不能唯我独尊，强加于人，更不能用指示性的口吻。

4. 不相隶属机关之间一般用函行文。

第五节　党政公文的拟制与办理

一、公文拟制

公文拟制包括公文起草、公文审核、公文签发等程序。

（一）公文起草

草拟是文件形成的首要环节，它直接关系到文件质量的高低。公文起草的要求有：

1. 公文起草的内容要求　符合国家法律法规和党的路线方针政策，完整准确体现发文机关意图，并同现行有关公文相衔接；一切从实际出发，分析问题实事求是，所提政策措施和办法切实可行。

2. 公文起草的文风要求　内容简洁，主题突出，观点鲜明，结构严谨，表述准确，文字精练；文种正确，格式规范。

3.公文起草的方法要求　深入调查研究，充分进行论证，广泛听取意见；公文涉及其他地区或者部门职权范围内的事项，起草单位必须征求相关地区或者部门意见，力求达成一致；机关负责人应当主持、指导重要公文起草工作。

(二)公文审核

审核又称核稿，指草拟完毕送领导人签发前对文稿的全面审阅核定，这项工作一般由发文机关办公厅(室)承担，其基本任务是协助机关领导把关，保证公文的质量。

审核重点是：

1.行文理由是否充分，行文依据是否准确。

2.内容是否符合国家法律法规和党的路线方针政策；是否完整准确体现发文机关意图；是否同现行有关公文相衔接；所提政策措施和办法是否切实可行。

3.涉及有关地区或者部门职权范围内的事项是否经过充分协商并达成一致意见。

4.文种是否正确，格式是否规范；人名、地名、时间、数字、段落顺序、引文等是否准确；文字、数字、计量单位和标点符号等用法是否规范。

5.其他内容是否符合公文起草的有关要求。

需要发文机关审议的重要公文文稿，审议前由发文机关办公厅(室)进行初审。

经审核不宜发文的公文文稿，应当退回起草单位并说明理由；符合发文条件但内容需作进一步研究和修改的，由起草单位修改后重新报送。

(三)公文签发

公文应当经本机关负责人审批签发。重要公文和上行文由机关主要负责人签发。

党委、政府的办公厅(室)根据党委、政府授权制发的公文，由授权机关主要负责人签发或者按照有关规定签发。

签发人签发公文，应当签署意见、姓名和完整日期；圈阅或者签名的，视为同意。联合发文由所有联署机关的负责人会签。

二、公文办理

公文办理包括收文办理、发文办理和整理归档。公文传递传输也是公文办理的重要环节。做好公文办理工作，一定要牢固树立程序、时效、跟踪、回复、主动服务、严谨细致、记录备忘、原则性与灵活性相结合的理念。新《条例》主要从运转角度，以流程为主线阐述公文办理相关内容。

(一)收文办理

收文办理指对收到的公文的办理过程。收文可分为阅知性公文(以下简称阅件)和批办性公文(以下简称办件)两大类。收文办理主要程序包括签收、登记、初审、承办、传阅、催办、答复。

1.签收　对收到的公文应当逐件清点,核对无误后签字或者盖章,并注明签收时间。具体应注意两点:一是要清点信封或文件包数量,检查密封是否完好,核对信件实际件数、信封编号与签收单上的记载是否相符。二是要逐份清点核对所收文件的编号、份数与签收单上的记载是否相符。核对无误后,要签名或盖收文章收件。

2.登记　对公文的主要信息和办理情况应当详细记载。公文登记的内容主要包括:编号、收文时间、来文单位、来文号、标题、密级、紧急程度、主送单位等。登记公文时应注意要详细记载收文的经办过程,便于工作中查询。登记不是一次完成,边办边登,多环节登记。

3.初审　对收到的公文应当进行初审。初审的重点是:

是否应当由本机关办理,是否符合行文规则。常见问题有:请示中一文多事,报告中夹带请示事项,将下级机关的请示事项原文转报上级机关,党委、政府办公厅(室)之外的业务部门擅自向下级党委、政府发布指令性公文。

文种、格式是否符合要求。常见问题有:该用"请示"的用了"报告";主送、抄送机关标注不规范;上行文未标注"签发人";主附件分离,附件不全;缺页、错页、中间有空白页;印制歪斜,等等。

涉及其他地区或者部门职权范围内的事项是否已经协商、会签。常见问题有:未经协商就报文;已协商未达成一致意见且没有说明情况就报文;多个机关联合行文未会签完毕就报文等。

是否符合公文起草的其他要求。经初审不符合规定的公文,要及时退回来文单位并说明理由,可以在退文时附退文单注明退文原因,或者将退文原因电话告知来文单位。初审合格的公文,进入承办程序。

4.承办

承办阅件:阅件应合理确定分送范围并分送。在分送范围的确定上,应当根据公文内容、要求和工作需要等确定范围。

承办办件:经审核,对符合本办法规定的公文,文秘部门应当及时提出拟办意见报本机关负责人批示或者转有关部门办理;需要两个以上部门办理的,应当明确主办部门。

紧急公文应当明确办理时限。承办部门对交办的公文应当及时办理,不得延误、推诿,有明确办理时限要求的应当在规定时限内办理完毕。确有困难的,应当及时予以说明。对不属于本单位职权范围或者不宜由本单位办理的,应当及时退回交办的文秘部门并说明理由。

5.传阅　根据领导批示和工作需要将公文及时送传阅对象阅知或者批示。按顺序传批。适用于只有一份文件且需多人阅批的公文传阅。

(1)正传。按阅批人排序由前往后依次传阅，一般多用于阅知类公文。

(2)倒传。按阅批人排序由后往前依次传阅，一般多用于请示类公文。

(3)专传。对于绝密公文或特急公文，可以采用专传的方式，即指定专人负责将公文在规定时间内送机关有关负责人阅批完毕。

传阅工作中的注意事项：一要随时掌握公文传阅去向和进度，不得漏传、误传、延误；二要控制公文传阅周期(时间)；三要严格公文传阅范围；四要减轻机关负责人阅文负担(先摘编)；五要确保传阅安全保密；六要适时将已传阅完毕的文件收回归档。

6.催办　及时了解掌握公文的办理进展情况，督促承办部门按期办结。紧急公文或者重要公文应当由专人负责催办。具体应区分情况采取适时催办，做到紧急公文跟踪催办，重要公文重点催办，一般公文定期催办。

7.答复　公文的办理结果应当及时答复来文单位，并根据需要告知相关单位。具体答复方式有书面答复、口头答复、电话答复、面谈答复。

书面答复的具体方式有：

(1)制发答复公文。

(2)印送批件：将机关负责人在办件上的批示复印或抄清后交来文单位和相关单位。

(3)发《办文通知》。

(二)发文办理

发文办理主要程序包括复核、登记、印制和核发。

1.复核　已经发文机关负责人签批的公文，印发前应当进行复核。具体复核内容包括：

(1)是否经过发文机关办公室审核。

(2)公文审批手续是否完备。审批手续包括两个方面：一是审批权限是否准确。二是审批的机关负责人有无遗漏。

(3)内容、文种、格式是否准确规范。

(4)需作实质性修改的，应当报原签批人复审。

2.登记　基本要求：复核后的公文，应在发文登记本或计算机系统中认真详细记载发文登记的内容，包括发文字号、标题、密级、紧急程度、签发人、主送单位、成文日期、分送范围、印发日期、印制份数等。

3.印制　公文的印制必须确保质量，公文印制必须以经过机关负责人签发的定稿为依据；确保时效，尤其是对于标注特急或要求限时发出的公文，要严格按照时限印制完毕，不得延误；确保安全保密，涉密公文应当在符合保密要求的场所印制。

4. 核发　公文印制完毕，应当对公文的文字、格式和印刷质量进行检查后分发。

发文程序是环环相扣的，它反映了公文运行的共同规律，任何单位都应严格遵循，不得任意减少或颠倒办公程序，特别是“先核后签”这一原则不可动摇和变更。凡是未经办公部门审核而直接进入领导人签发的文稿，人们称之为“帐外文件”，此类文件造成了文件倒流现象，严重影响公文质量和办公效率，应予注意和避免。

（三）公文整理归档

新《条例》规定：“需要归档的公文及有关材料，应当根据有关档案法律法规以及机关档案管理规定，及时收集齐全、整理归档。”具体包括：

1. 收集齐全　收集材料归档范围是：①反映本机关主要职能活动和基本历史面貌，对本机关工作、国家建设和历史研究具有利用价值的公文材料；②机关工作活动中形成的在维护国家、集体和公民权益等方面具有凭证价值的公文材料；③本机关需要贯彻执行的上级机关、同级机关的公文材料，下级机关报送的重要公文材料；④其他对本机关工作具有查考价值的公文材料。

在准确掌握归档范围的同时，还要准确掌握不需要归档的范围。

新《条例》还规定：“两个以上机关联合办理的公文，原件由主办机关归档，相关机关保存复制件。机关负责人兼任其他机关职务的，在履行所兼任职务过程中形成的公文，由其兼职机关归档。”

2. 系统整理　整理的方法有装订、分类、排列、编号、编目、装盒。

3. 移交归档　在移交之前，拟移交案卷的质量要经过档案部门检查验收。完成了移交工作，公文就正式转化为档案。

第三章 党政公文(下)

第一节 命令(令) 决定 决议

一、命令(令)

(一)命令(令)的适用范围

命令(令)是法定的领导机关或领导人对下级发布一种具有强制执行效力的指挥性公文,按照新《条例》的规定,它适用于公布行政法规和规章、宣布施行重大强制性措施、批准授予和晋升衔级、嘉奖有关单位和人员。按照使用习惯,有时命令简称为"令",例如通缉令、嘉奖令、戒严令等。

(二)命令(令)的主要特点

1.制发机关的规定性　不是所有上级机关或领导都可以对下级机关或个人发布命令(军事部门例外),命令的发布权限是有严格规定的,根据《中华人民共和宪法》的规定,国家主席、全国人大常委会和委员长、国务院总理和所属各部部长、各委员会主任、县级以上地方人民政府和领导人及其他法定机关和人员,才可以在法定权限内发布命令。法定作者的严格限定,使命令成为所有公文中最具权威性的文种。

2.执行的强制性　命令的强制性大大高于其他下行公文。由于各种法律、规章大都通过命令的形式发布,受令单位和有关人员必须绝对服从,坚决执行,不能有丝毫偏差,没有商洽变通的余地,更不允许抵制和违反,否则将受到惩处。俗话说"令行禁止"、"军令如山",充分反映了命令的强制性特征。

3.行文的严肃性　古人有言:"慎乃出令,令出准行。"由于命令的高度权威性和强制性,因此,使用命令必须严肃慎重,不可轻发,不能滥用,更不能朝令夕改。否则,命令将严重贬值,失去"令行禁止"的威慑力。

（三）命令（令）的主要类型

1. 公布令　用于公布行政法规和规章。如《女职工劳动保护特别规定》由中华人民共和国国务院令（第 619 号）予以公布施行。

2. 行政令　用于宣布施行重大强制性行政措施。如《国务院关于发布新版人民币的命令》。

3. 嘉奖令　用于表彰有关单位及人员。如《国务院中央军委关于授予钱学森同志“国家杰出贡献科学家”荣誉称号的命令》。使用命令的形式奖励有功人员，仅见于中央机关行文。中央各部门和地方行政表彰奖励有关单位及人员一般使用决定和通报。

4. 任免令　用于公布经全国人大批准的国务院组成人员任免名单。一般机关、团体、企事业的人事任免不用命令，而使用任免通知。

此外，还有戒严令、特赦令和宣布战争状态的动员令等，这三种只有国家主席和政府首脑才有权发布。

（四）命令（令）的结构和写法

命令（令）的结构通常由标题、编号、受令机关、正文、署名、日期等几部分组成。

1. 标题　命令的标题有多种形式：一是“发文机关＋事由＋文种”三者齐全的完备式标题，如《国务院　中央军委关于给武警部队抗洪抢险先进单位及个人授予荣誉称号和记功的命令》。行政令和嘉奖令的标题常采用这种写法。二是“发文机关（或机关首长）＋文种”组成，如《中华人民共和国国务院令》、《中华人民共和国主席令》，这种标题的写法多适用于公布令和任免令。“命令”与“令”并无区别，标题中用哪一个，可根据习惯和表达上的需要来确定。三是“事由＋文种”组成，如《戒严令》、《向全国进军的命令》。

2. 编号　命令的编号有两种方法：一是当用领导人名义签署命令时，不按年度编号，而是采用流水号，即从该届政府或领导人任职时开始编排，直到任职期满为止。下届新的领导人任职开始，重新编号。国家机关令文的编号同样如此。如“第×号”。公布令、任免令常采用这种方法。二是采用公文发文字号来编号。如《国务院　中央军委关于给武警水电三峡工程指挥部记二等功的命令》的发文字号是国函〔2003〕138 号。嘉奖令和有些行政令常采用这种方法。

3. 受令机关　当命令限定发给某些单位时，要在正文前顶格标明受令机关。属于普发性命令则不需要标明受令机关。

4. 正文　命令正文的写法，因种类不同而有所差异。

（1）公布令。采用篇段合一式，通篇只有一个段落，一般包括公布对象（法规文件名称）、公布依据、公布决定和施行日期四部分，如“《×××》业经××会议通过，现予发布，自×年×月×日起施行”。

(2)任免令。由任免依据和任免名单两部分组成,如“根据××会议的决定,任命××为××”。

(3)行政令。正文通常包含行令缘由、行令事项和执行要求三项内容。缘由部分主要是说明发布该命令(令)的原因、目的和依据。这部分写完后,一般用过渡语衔接下文。如:“为此,发布命令如下”、“为此,现发布如下命令”、“为……特命令”等。行令事项是正文的主体部分,一般都分条列项。要求内容陈述得当,条理清晰,语言简洁,用词准确,语气肯定,绝不能含糊其辞,模棱两可。执行要求是正文的结尾部分,主要说明执行的办法、措施等。

(4)嘉奖令。大多先写明嘉奖的理由,即嘉奖对象的功勋业绩,交代时间、地点、事件、原因、过程、结果等要素,使人们了解有关事迹的基本情况,知道为什么要嘉奖。第二段写嘉奖目的与嘉奖内容,可以授予荣誉称号,也可以记功、晋级或给予奖金等,既重视精神鼓励,也不忽视物质奖励。第三段写明希望和号召,对受嘉奖者给予勉励,同时更注意号召人们向受奖人员学习。

总之,命令正文中,缘由和事项是最基本的要素。行文时要特别注意做到风格威严庄重,语言高度精练,确指性强,不容有歧义。除嘉奖令外,一般只作出硬性规定,不展开分析评论。

5.署名　命令(令)一般以发令机关的最高领导人的名义发布。在正文右下方落款时,要签署发令机关领导人的职务和姓名。行政令既可署机关名称,也可署首长姓名。

6.日期　在署名之下,写明制发命令的年、月、日。命令(令)的签发日期即为生效日期。有些公布令,如果签发日期、通过日期与生效日期不一致,应分别标明。如《中华人民共和国国务院令》第610号发布的《中华人民共和国船舶吨税暂行条例》,是经2011年11月23日国务院第182次常务会议通过的,签发日期是2011年12月5日,生效日期为2012年1月1日。

7.附件　公布令是带有附件的,即要公布实施的法规、规章全文。公布令的附件,不必在正文下另起一行标注附件说明。

(五)撰写命令应注意的几个问题

第一,命令是具有最高权威性和强制力的文种,必须严格按照法定权限制发文件,不能越权行文。

第二,命令所针对的事项必须是重要问题或重大事件,一旦发布,就要求不折不扣地执行,没有商量的余地。因此,撰写命令时,要斟酌是否确需发布命令,防止小题大做,更不能随意发号施令。

第三,命令正文的写作,要求表意必须十分准确,切忌模棱两可;语言庄重严肃,简洁精练;语气斩钉截铁,坚决肯定;正确运用禁令语言。令行与禁止相辅相成,前者规定应该做什么和怎样做,后者规定不准做什么和不准怎样做。有的命令则是禁语较多,寓令于禁。

第四,命令属于公开发布的公文,要避免“无意”中泄露国家机密事项。

第五,要明确规定命令的生效施行日期,确保行文时效。

例文1:

中华人民共和国国务院令

第619号

《女职工劳动保护特别规定》已经2012年4月18日国务院第200次常务会议通过,现予公布,自公布之日起施行。

总　理　温家宝

二○一二年四月二十八日

例文2:

中华人民共和国主席令

第一号

根据中华人民共和国第十一届全国人民代表大会第一次会议的决定,任命温家宝为中华人民共和国国务院总理。

中华人民共和国主席　胡锦涛

二○○八年三月十六日

例文3:

国务院关于执行中美两国政府解决资产要求的协议的命令

为执行中美两国政府于今年五月十一日签订的关于解决资产要求的协议,保障我国有关单位和个人的合法权益,现发布命令如下:

一、凡属国家机关、国有企业、事业单位,包括团体、学校等被美国政府冻结的资产,国务院授权中国银行代表他们,在美国政府按照中美两国政府的协议宣布解冻后,向美方债务人办理有关被美国政府冻结资产的收回或提取事项。

二、原私营工商企业和公私合营的工商企业,经过多年的社会主义改造,已经按不同行业,分别改组或合并为国营工商企业,国务院决定,授权中国银行全权代表他们办理有关被美国政府冻结资产的收回或提取事项。上述被冻结资产收回或提取后,由中国银行按照我国有关法令,同有关单位进行结算。

三、对于被冻结的我国国民的个人资产,为了便于同美方债务人进行联系,保障其合法权益,国务院授权中国银行对外办理收回或提取手续。此项被冻结的个人资产收回或提取后,由中国银行按我国有关法令进行支付。

四、自本命令发布之日起,任何单位或个人未经中国银行同意,不得提取、出售或转移其被美国政府冻结的一切资产。

××××年××月××日

例文 4:

国务院　中央军委关于授予金春明同志“雷锋式消防战士”荣誉称号的命令

公安部:

国务院、中央军委决定:授予辽宁省公安消防总队本溪市支队明山区大队特勤中队一班班长金春明“雷锋式消防战士”荣誉称号。

金春明,男,朝鲜族,1977 年 12 月出生,黑龙江省尚志市人,中共党员。金春明同志 1995 年 12 月入伍以来,始终以雷锋同志为榜样,视人民群众的利益高于一切,在平凡的岗位上作出了不平凡的业绩。他忠于职守,英勇顽强,不畏艰险,冲锋在前,共参加灭火救援战斗 1500 多次,抢救遇险群众 65 人,先后 11 次立功,7 次被评为优秀士兵,被本溪市公安局授予“忠诚卫士”荣誉称号,被公安部授予“模范消防战士”荣誉称号。他胸怀报效祖国和人民的志向,勤学苦练,奋发有为,练就了过硬本领,曾连续三年获得本溪市公安消防支队技能大比武冠军,先后被评为辽宁省公安消防部队“十大杰出官兵”、“十佳战斗班班长”和全国公安消防部队执勤岗位练兵“十佳技术能手”。他牢记为人民服务的宗旨,心系群众,爱民为民,以弘扬雷锋精神为己任,长期照顾孤寡老人,全力资助贫困学生,深受驻地人民群众的好评,曾先后 8 次被评为优秀共产党员,分别被共青团本溪市委员会和本溪市委精神文明建设指导委员会办公室授予“希望工程特殊贡献奖”和“学雷锋标兵”荣誉称号,先后荣获“辽宁省雷锋奖章”、“辽宁省青年五四奖章”和“中国青年五四奖章”,并被评为全国民族团结进步模范个人、军民共建社会主义精神文明先进个人。

金春明同志忠于党的事业,在生与死的考验中,敢于赴汤蹈火、冲锋陷阵,为保卫人民群众生命财产安全作出了突出贡献。他爱岗敬业,爱警习武,苦练本领,勇攀高峰,是新时期消防官兵的杰出代表。他自觉传承、大力弘扬雷锋精神,从警为民,乐于奉献,为人民抛洒一片爱心,是新时期青年的楷模。金春明同志以朴实无华、一心为民的高尚情操、勇攀高峰的进取精神、精湛过人的专业技能、冲锋在前的英雄气概、无私奉献的优秀品德，忠实地践行了“三个代表”重要思想和全心全意为人民服务的宗旨，用雷锋精神抒写了新时期革命军人爱民为民的壮丽诗篇。

国务院、中央军委号召全体公安民警、武警官兵和全军指战员以金春明同志为榜样，认真学习邓小平理论和“三个代表”重要思想，牢固树立和落实科学发展观，继承和发扬我党、我军优良传统，不断提高队伍的整体素质和战斗力，全心全意为人民服务，努力完成党和人民赋予的各项任务，为保障人民安居乐业和全面建设小康社会作出新贡献。

国务院总理　温家宝
中央军委主席　胡锦涛
二〇〇六年五月二日

二、决定

（一）决定的适用范围

按照新《条例》的规定，决定适用于对重要事项作出决策和部署、奖惩有关单位及人员、变更或者撤销下级机关不适当的决定事项。它需要所属部门贯彻执行，是具有规范性和约束力的公文文种。它的适用范围很广泛，各级党政机关、企事业单位和人民团体均可使用，体现了发文机关对某些重大问题或事项的认定、判断和决策。

（二）决定的主要特点

1. 重大性　从总体上看，除部分带知照性质的以外，决定大多用于对重要事项、重大问题作出决策和部署。所以，属于一般性的问题、事项与活动不宜使用决定这一文种。

2. 指挥性　决定属于指挥性公文，由领导机关制发，要求下级机关贯彻执行。决定的指挥性主要表现在领导性、指挥性和权威性上，其权威性仅次于命令（令）。一经决定了的事项，相关机关与人员都必须严格贯彻执行。决定的这一特点，要求在行文时语气非常严肃决断。

3. 决断性　“决”就是拿主意、拍板，“定”就是不能再改变，从中可见决定的决断性很强。发文机关根据有关方针政策及形势需要，在法定的范围内，有权对有关事项、问题、行动作出决策和安排，不受其他因素、条件的限制。

（三）决定的主要类型

1. 政策性决定　用于对重要问题进行政策交代或政策引导，或直接规定重大方针政策，对全局工作具有重要而深远的影响，其内容侧重于统一思想认识和确定某一方面的方针政策，带有方向性、纲领性和法规性。如国务院关于知识产权保护、农村金融体制改革、科技体制改革、做好减轻农民负担工作、全面推进依法行政等方面的决定。

2. 部署性决定　用于制定重大决策或部署重要工作。与政策性决定相比，其内容相对来说较微观，而有关原则、步骤与方法则交代得较详尽具体。如《国务院关于坚决打击骗取出口退税严厉惩治金融和财税领域违法乱纪行为的决定》、《中共中央　国务院关于治理向企业乱收费乱罚款和各种摊派等问题的决定》等。

3. 知照性决定　这类决定不要求收文机关办什么事，只需知晓、了解有关事项。如《国务院关于授予巴金"人民作家"荣誉称号的决定》。

4. 奖惩性决定　这一类决定多用于表彰先进集体和个人、授予荣誉称号、批评处分违法乱纪人员和处理重大事故等。如《浙江省人民政府关于表彰浙江省科技进步重大贡献奖集体和个人的决定》、《国务院关于处理"渤海二号"事故的决定》。

（四）决定的结构和写法

1. 标题　标题有两种写法：

(1)发文机关＋事由＋文种，如《国务院关于对外活动中不赠礼、不受礼的决定》。

(2)事由＋文种。如《关于给予杨××同学警告处分的决定》。

2. 主送机关　决定的主送机关表现为两种情况：

(1)标明主送机关。决定属于重要的下行文种，如果是具有特定主办、执行规定的部门的决定，都必须在正文之前的抬头位置标明主送机关。

(2)省略主送机关。如是公开发布的周知性决定和标有发至范围的普发性决定，都可以在正文的抬头部分省略主送机关。

3. 正文　决定的正文，一般包括决定依据、决定事项和执行要求三部分。不同类型的决定在正文上的写法略有不同。

(1)部署性决定。部署某项重大工作的决定，其篇幅通常长于其他类别的决定。其结构包括三部分：

a. 简要说明作出决定的意义、目的、背景和根据等。若是部署一项新工作，一定要说明开展该项工作的意义、目的，以体现决定的必要性；若是对一项重要的常规工作再作部署，通常应对一个时期以来该项工作的情况作一简要评价，一般是在肯定成绩的前提下指出差距和问题，为消除差距、解决问题，进一步做好该项工作而"特作如下决定"。

b. 决定的内容、事项。对某项工作的安排部署尽在其中，篇幅也就长在这里。可以把这项工作的组成部分及相关内容分成若干小部分来写。写作中，要排列好各小部分的逻辑顺序，利用好小标题及中心句以突出重点。

c. 决定的结尾。通常利用最后的自然段强调这项工作的重要性、艰巨性或各有关单位的相关责任，同时对各有关方面提出执行要求。

(2)知照性决定。知照性决定以发布信息、告知事项为行文目的，内容单一，篇幅不长。正文有两种写法：①开门见山宣布决定的内容；②先写决定的理由、根据、目的，再写决定的事项。

(3)表彰处分性决定。这种决定包含两类：

a.奖励决定，正文包括三层：一是表彰奖励的根据、目的。如被表彰的是某一对象或相关联的几个对象，通常需要介绍其身份、先进事迹并给以评价；如被表彰的是数个对象，可以直接写明表彰的目的。二是表彰奖励的决定，要写明给予被表彰对象何种名目、何种等级的奖励。三是结尾，通常是对被表彰者再接再厉的希望以及对广大群众学习先进的号召。

b.处分决定，正文一般有如下三层次：一是惩戒处理的根据、原因及目的，通常要简要介绍事故或错误事实，并分析其原因、后果和危害，而后要交代被处理人对所犯错误有无认识和悔改表现。二是处分决定，要写明处分、处分的名称。三是结尾，最后还要指出教训、提出希望，起到警诫作用。

4.落款　一般的决定在落款处注明发文机关和成文日期。

经会议讨论通过的决定，发文机关和成文日期均采用“题注”的形式放于标题下方居中的括号内，并标明通过决定的会议名称和日期，正文写完后，结尾不再标成文日期。如：《全国人民代表大会常务委员会关于教师节的决定》，标题上居中写着“1985 年 1 月 21 日第六届全国人民代表大会常务委员会第九次会议通过”。有的决定，会议通过的日期与发布的日期不一致，在括号内还要写上何时发布。有的为了给执行决定留一段准备时间，同时还要写上决定的生效时间。如：1985 年 4 月 10 日第六届全国人民代表大会第三次会议通过、1985 年 4 月 10 日中华人民共和国主席令第二十四号公布、1985 年 10 月 1 日起施行。当然还有一种情况就是有的决定把施行日期作为决定事项的一项内容，写在正文最后的条文里，如“本法自 1985 年 10 月 1 日起施行”。如决定生效日期与公布日期一致，便通常在末尾写“本决定自公布之日起施行”。

如果决定并非正式会议通过或批准的，但其正文之前的抬头位置没有标注主送机关，且制发决定的机关名称在标题中已标明，也可把成文日期放在标题下方居中位置，前后加圆括号。

(五)撰写决定的要求

1.决定的内容要与“决定”文种相符，不能滥发决定　在工作中，只有对重要事项或重大行动做出安排，才用“决定”行文，一般事项或行动安排用“通知”行文即可。

2.要有政策和法律依据，同时结合实际　对所决定的事项，要有充分的依据、理由，即贯彻落实党和国家的路线、方针、政策和法律、法规，同时结合本地区、本系统、本单位实际情况，确保决断的正确性、立论的可靠性、安排部署的可行性。

3. 决定事项要明确突出 决定的内容，主要是陈述决定的事项、落实的措施、解决的办法、提出的要求等，表达一定要完整、周密，尤其是所决定的事项，一定要具体、明确、突出，以利于贯彻执行。

4. 表达要准确、严肃、果断 决定的语言一定要郑重、严肃、果断，具有决断性，不能模棱两可，含混不清，只有这样，才有利于下级领会决定精神实质，并贯彻执行。

例文1：

全国人民代表大会常务委员会关于加强网络信息保护的决定

（2012年12月28日第十一届全国人民代表大会常务委员会第三十次会议通过）

为了保护网络信息安全，保障公民、法人和其他组织的合法权益，维护国家安全和社会公共利益，特作如下决定：

一、国家保护能够识别公民个人身份和涉及公民个人隐私的电子信息。任何组织和个人不得窃取或者以其他非法方式获取公民个人电子信息，不得出售或者非法向他人提供公民个人电子信息。

二、网络服务提供者和其他企业事业单位在业务活动中收集、使用公民个人电子信息，应当遵循合法、正当、必要的原则，明示收集、使用信息的目的、方式和范围，并经被收集者同意，不得违反法律、法规的规定和双方的约定收集、使用信息。

网络服务提供者和其他企业事业单位收集、使用公民个人电子信息，应当公开其收集、使用规则。

三、网络服务提供者和其他企业事业单位及其工作人员对在业务活动中收集的公民个人电子信息必须严格保密，不得泄露、篡改、毁损，不得出售或者非法向他人提供。

四、网络服务提供者和其他企业事业单位应当采取技术措施和其他必要措施，确保信息安全，防止在业务活动中收集的公民个人电子信息泄露、毁损、丢失。在发生或者可能发生信息泄露、毁损、丢失的情况时，应当立即采取补救措施。

五、网络服务提供者应当加强对其用户发布的信息的管理，发现法律、法规禁止发布或者传输的信息的，应当立即停止传输该信息，采取消除等处置措施，保存有关记录，并向有关主管部门报告。

六、网络服务提供者为用户办理网站接入服务，办理固定电话、移动电话等入网手续，或者为用户提供信息发布服务，应当在与用户签订协议或者确认提供服务时，要求用户提供真实身份信息。

七、任何组织和个人未经电子信息接收者同意或者请求，或者电子信息接收者明确表示拒绝的，不得向其固定电话、移动电话或者个人电子邮箱发送商业性电子信息。

八、公民发现泄露个人身份、散布个人隐私等侵害其合法权益的网络信息，或者受到商业性电子信息侵扰的，有权要求网络服务提供者删除有关信息或者采取其他必要措施予以制止。

九、任何组织和个人对窃取或者以其他非法方式获取、出售或者非法向他人提供公民个人电子信息的违法犯罪行为以及其他网络信息违法犯罪行为，有权向有关主管部门举报、控告；接到举报、控告的部门应当依法及时处理。被侵权人可以依法提起诉讼。

十、有关主管部门应当在各自职权范围内依法履行职责，采取技术措施和其他必要措施，防范、制止和查处窃取或者以其他非法方式获取、出售或者非法向他人提供公民个人电子信息的违法犯罪行为以及其他网络信息违法犯罪行为。有关主管部门依法履行职责时，网络服务提供者应当予以配合，提供技术支持。

国家机关及其工作人员对在履行职责中知悉的公民个人电子信息应当予以保密，不得泄露、篡改、毁损，不得出售或者非法向他人提供。

十一、对有违反本决定行为的，依法给予警告、罚款、没收违法所得、吊销许可证或者取消备案、关闭网站、禁止有关责任人员从事网络服务业务等处罚，记入社会信用档案并予以公布；构成违反治安管理行为的，依法给予治安管理处罚。构成犯罪的，依法追究刑事责任。侵害他人民事权益的，依法承担民事责任。

十二、本决定自公布之日起施行。

例文2：

国务院关于2010年度国家科学技术奖励的决定

各省、自治区、直辖市人民政府，国务院各部委、各直属机构：

为全面贯彻党的十七大和十七届五中全会精神，深入贯彻落实科学发展观，大力实施科教兴国战略和人才强国战略，推进科技进步和自主创新，国务院决定，对为我国科学技术进步、经济社会发展、国防现代化建设作出突出贡献的科学技术人员和组织给予奖励。

根据《国家科学技术奖励条例》的规定，经国家科学技术奖励评审委员会、国家科学技术奖励委员会审定和科技部审核，国务院批准并报请国家主席胡锦涛签署，授予师昌绪院士、王振义院士2010年度国家最高科学技术奖；国务院批准，授予“基于模拟关系的计算力学辛理论体系和数值方法”等30项成果国家自然科学奖二等奖，授予“钞票对印技术”等2项成果国家技术发明奖一等奖，授予“催化氧化新材料——空心钛硅分子筛”等44项成果国家技术发明奖二等奖，授予“大庆油田高含水后期4000万吨以上持续稳产高效勘探开发技术"等3项成果国家科学技术进步奖特等奖，授予"三峡输电系统工程"等31项成果国家科学技术进步奖一等奖，授予"水稻重要种质创新及其应用"等239项成果国家科学技术进步奖二等奖，授予德国环境规划专家克劳斯·托普弗等5名外国专家中华人民共和国国际科学技术合作奖。

全国科学技术工作者要向师昌绪院士、王振义院士及全体获奖者学习，继续发扬求真务实、勇于创新的科学精神，以科教兴国为己任，为建设创新型国家、加快转变经济发展方式、实现全面建设小康社会奋斗目标作出新的更大贡献。

国务院(印章)

二〇一〇年十二月二十日

(六)决定与命令、通报的区别

嘉奖令、奖励性决定和表彰性通报都可用于表彰奖励，三者之间的区别在于：

1.从发文机关看　嘉奖令只有具备发布命令权限的机关方可使用，其他无权使用命令的机关只能选择决定与通报。

2.从行文目的看　嘉奖令和奖励决定侧重于下组织结论，即对单位或个人的事迹予以肯定和赞扬，作出组织决定；表彰通报则侧重于树立典型，宣传好人好事，起教育群众、推动工作的作用。

3.从奖励级别看　对事迹特别突出、贡献特别卓越的单位或个人给予奖励(如授予国家级荣誉称号)，或者对级别较高单位的集体奖励，用命令；对业绩显著、贡献突出的给予奖励(如授予荣誉称号等)，用决定；对事迹先进，但还够不上嘉奖、记功等的奖励而给予表扬，用通报。此外，使用决定进行的表彰，是精神奖励与物质奖励并重；而使用通报的，是以精神奖励为主，一般不给予物质奖励。

各级党政机关实行奖励，应该依据法律的规定和职权，根据奖励的性质、级别和公示范围等实际情况，选择相应的文种。

三、决议

(一)决议适用范围

按照新《条例》的规定，决议适用于会议讨论通过的重大决策事项。

(二)决议的基本特征

决议属于决策性文件，与决定所反映的内容基本相同，都是对某些重要事项、重大问题的处理或重要工作的安排，都要求下级机关贯彻执行。但是，两者的区别也比较明显。

1.在形成过程上　决议必须产生于会议，它所要贯彻的决策事项，是会议集体讨论通过；而决定则不然，有的产生于会议，是会议集体讨论并按照法定程序表决的结果，有的则由领导机关直接做出。

2. 在发布名义上　决议必须以会议名义发布，即通过决议的会议是决议的法定作者；决定则主要以机关名义发布。

3. 在内容安排上　决议多为宏观性、原则性和关系全局的重大问题，大多旨在肯定会议成果，统一思想认识；决定多数涉及重大事件、法定事件或较具体的工作事项，侧重于贯彻执行。

从实质上讲，决议主要起着一种动员令的作用，能够较快地统一大家的思想和行动，使各方面的力量有机地协调起来，为一个总目标而奋斗。

（三）决议的类别

根据决议内容与性能的区别，一般划分为以下三类：

1. 审议批准性决议　主要反映有关会议审议批准文件、机构设置、财务预决算等事项的情况，如《中国共产党第十七次全国代表大会关于十六届中央委员会报告的决议》。

2. 方针政策性决议　着眼于从宏观角度反映会议结果，特别要反映在路线、方针、政策上统一思想认识以确定大政方针的重要事项，如党的十一届六中全会通过的《中国共产党中央委员会关于建国以来党的若干历史问题的决议》。

3. 专门事项性决议　主要反映会议针对有关专门问题讨论后形成的决策事项，如《中国共产党第十五届中央委员会第六次全体会议关于召开党的第十六次全国代表大会的决议》。

（四）决议的结构和写法

决议的结构一般由标题、题注、正文等几个部分组成。

1. 标题　一般为完全式标题，三要素齐备，即由发文机关＋事由＋文种组成。例如《中国共产党第十七次全国代表大会关于〈中国共产党章程（修正案）〉的决议》。决议的标题一般以会议名称作为标题结构要素中的“发文机关”，这是决议与其他文种的显著不同之处。

2. 题注　即在标题之下的圆括号内注明通过决议的会议名称和日期，相当于一般文件的发文机关和发文时间。

普通公文的生效标识（即发文机关署名或印章）和成文日期位于正文之下右侧。决议将生效标识（决议不用盖印）和成文日期安排在标题之下，说明决议是在何年何月何日的什么会议上讨论通过，并用括号注明。这种做法称为“题注”形式。

3. 正文　决议的正文一般由以下三个部分组成：

首先，简要说明会议对公文进行审议以及获得批准的情况，这是决议具有权威性的决定性条件。有时，还可对此次会议的主要议程给予概括说明。

其次，分层说明决议内容。由于会议内容有多面性，与会者讨论的问题比较广泛，所以，会议决议必须要更加注重结构严谨、条理清晰。要恰当运用习惯用语区分决议的不同段落层次，阐明决议的事项或对于有关事项的贯彻执行要求。常用的习惯用语有“会议决定”、“会议同意”、“会议要求”、“大会指出”等，这向人们表明了与会者的立场观点，表示会议的决定事项是与会者集体讨论的成果。

最后，以“会议号召”的方式，作为决议的结束语，增强决议的感召力。以会议名义发出号召，这是大多数决议的结尾形式。

（五）撰写决议的注意事项

1. 要把握会议的中心　决议是会议产生的成果之一，体现着会议的中心思想及结论性意见，代表了与会者的群体态度。因此，要写好决议，首先要吃透会议精神，了解会议的背景、形势及目的；理解会议的主旨，掌握会议的肯定性意见和其他不同意见及要求，知晓会议的多种状态及其中的最佳方案。

2. 要注意成文的时效性　有的决议时限性很强，即使有些大型会议事先可以拟出提交会议进行讨论的决议稿，但也要在会议进行期间不断进行修改、补充和调整，以便按时提交会议讨论和通过，所以，要求成文迅速、及时。

3. 要注意做到叙议结合　在写法上要注意做到叙议结合，定性准确，评价恰当，切忌纠缠细节。行文要富有逻辑力量，激发人们执行决议的积极性和自觉性。

例文 1：

十一届全国人大四次会议
关于国民经济和社会发展第十二个五年规划纲要的决议

（2011 年 3 月 14 日第十一届全国人民代表大会第四次会议通过）

第十一届全国人民代表大会第四次会议审查了国务院提出的《中华人民共和国国民经济和社会发展第十二个五年规划纲要（草案）》，会议同意全国人民代表大会财政经济委员会的审查结果报告，决定批准这个规划纲要。

会议要求，要认真实施“十二五”规划纲要，高举中国特色社会主义伟大旗帜，以邓小平理论和“三个代表”重要思想为指导，深入贯彻落实科学发展观，适应国内外形势新变化，顺应各族人民过上更好生活新期待，以科学发展为主题，以加快转变经济发展方式为主线，深化改革开放，保障和改善民生，巩固和扩大应对国际金融危机冲击成果，促进经济长期平稳较快发展和社会和谐稳定，为全面建成小康社会打下具有决定性意义的基础。

例文2:

中国共产党第十八次全国代表大会
关于中央纪律检查委员会工作报告的决议

(2012年11月14日中国共产党第十八次全国代表大会通过)

中国共产党第十八次全国代表大会审查、批准中央纪律检查委员会的工作报告。大会充分肯定了十七届中央纪律检查委员会的工作。

大会认为,党的十七大以来,在党中央坚强有力的领导下,经过全党全社会的共同努力,党风廉政建设和反腐败工作取得新的明显成效,为党和国家事业发展提供了有力保障。

大会要求,中央和地方各级纪律检查委员会,要高举中国特色社会主义伟大旗帜,以邓小平理论、"三个代表"重要思想、科学发展观为指导,全面履行党章赋予的职责,坚持围绕中心、服务大局,坚持标本兼治、综合治理、惩防并举、注重预防方针,紧紧围绕党的先进性和纯洁性建设,认真做好惩治和预防腐败各项工作,深入推进党风廉政建设和反腐败斗争。各级党委要继续加强对纪律检查工作的领导,把党风廉政建设和反腐败工作放在更加突出的位置,着力加强以保持党同人民群众血肉联系为重点的作风建设,深入推进以完善惩治和预防腐败体系为重点的反腐倡廉建设,认真解决反腐倡廉建设中人民群众反映强烈的突出问题,进一步提高反腐倡廉建设科学化水平,做到干部清正、政府清廉、政治清明,为落实党的十八大作出的各项重大决策和战略部署提供有力保证。

第二节 公告 通告 公报

一、公告

(一)公告的适用范围

按照新《条例》的规定,公告适用于向国内外宣布重要事项或者法定事项。

公告是一种典型的告知性公文。所谓"重要事项",是指国内外关注的大事,诸如国家权力机关的重要决策、国内外需要周知的事项、对国内外有重大影响的活动等;所谓"法定事项",是指国家机关包括立法、行政、司法、检察、海关、航空运输、邮政、银行等特殊部门向国内外宣布有关重要事项。

(二)公告的主要特点

公告与公报、通告等共同组成公布体公文。就总体来看,此类公文具有公开

性、庄重性和告知性,但相比之下,公告又具有以下明显特点:

1. 作者级别高 在我国,可以使用公告这一文种来宣布重大事项或法定事项的机构都是层次级别较高尤其是最高层的国家机关及其职能部门。具体来说,国家及省一级的国家权力机关(人大及其常委会)、国家行政机关(国务院及其组成部门或被其授权的机构,各省、自治区、直辖市人民政府)、国家司法机关(人民法院、人民检察院)都具有发布公告的权力。层次级别较低的国家机关,由于不具有影响国内外的重大事项和法定事项的决策权,通常也就没有制发公告的权力。一般的社会团体、企事业单位不能制发公告。因此说,公告具有严格的制发权限要求。

2. 告知范围广 在行政公文中,公告是告知范围最广的文种。其行文方式不例行一般公文的发送程序,而多是通过新闻媒介诸如报纸、广播电台、电视台以及网络公开发布,其告知范围要比通告、通知、通报等文种广泛得多,既可面向国内,也可面向国外。如"新华社授权公告"。

3. 内容影响大 公告所发布的事项,必须是对国内外普遍关注而且会产生重大影响的"重要事项"或者"法定事项"。这种事项一经公布,必然在国际国内引起不同程度的反响。因此,不属于这类性质的事项,就不可使用公告来发布。

(三)公告的主要类型

根据公告的适用范围和特性,可将其分为重要事项性公告和法定事项性公告两类。

1. 重要事项性公告 这类公告所宣布的重要事项主要包括:国家领导人的选举结果、国家领导人的出访、外国领导人的来访、答谢外国政府对我国重大庆典活动的祝贺及对我国领导人逝世的吊唁、国家重要统计数据等。新华社公告卫星发射成功等消息亦属此类。人大颁布法规、宣布选举结果及其他重要事项时,一般也使用公告。

2. 法定事项性公布 是指按照有关法律、法规的规定应该用公告形式和向外发布的事项。如专利公告、商标公告、破产公告、企业法人登记公告、房屋拆迁公告等。招考事宜通常是使用启事的,但也有例外,按《国家公务员暂行条例》第十六条的规定,录用公务员应发布公务员招考公告。此外,按我国《民事诉讼法》规定发布的一系列法院公告也属此类。

(四)公告的结构和写法

公告一般由标题、发文字号、正文、尾语、署名和日期等几部分组成。

1. 标题 公告的标题有两种写法:

(1)发文机关+事由+文种。如《中国人民银行关于国家货币出入境限额的公告》。这种标题多用于正文稍长、事由相对复杂的公告。

(2)发文机关+文种。如《国务院办公厅公告》,由于公告的正文一般较为简短，因此这种形式的标题最为常用。

2. 发文字号　发文字号不是公告的必备要素。如果针对同一件事只发一次公告，则不用标注文号；如果同一发文机关在短时间内发布多份公告，为清楚起见，即应标注文号。

公告不属于常规的带有固定版头的文件，因此其发文字号不必标注机关代字等要素，只在标题下方居中标注序号"第×号"即可。例如十一届全国人大第一次会议主席团为向国内外宣布最高国家机关领导人的当选情况，于 2008 年 3 月 16 日、17 日两天连续发布数份公告，并分别标注文号：第一号、第二号……

此外，由于公告是公开发布的周知性文件，因而都省略主送机关。

3. 正文　公告的正文一般包括两层内容：

(1)发布公告的缘由。可以有选择地交代公告发布的背景、根据、目的等，要写得简明扼要。如《中华人民共和国财政部公告》(2009 年第 12 号)，其正文开头即交代出了发布公告的依据："根据 2009 年地方政府债券发行安排，经与河南省政府协商，财政部决定代理发行 2009 年河南省政府债券(一期)(以下简称本期债券)"，并用过渡句"现将有关事项公告如下"引出公告事项部分。

有的公告事项内容比较简单，可以直陈其事，不必说明依据和理由。

(2)发布的事项。这是公告的核心部分，必须用精练、准确、得体的语言把需要公布的事项表述清楚。如果这部分内容稍多，可以分段列项来写。如《中华人民共和国财政部公告》(2009 年第 12 号)的事项部分从发行债券的方式、数额、期限等五个方面明确清晰地说明了公告的事项，每条分别为一个单独自然段，层次清楚，重点分明。

4. 尾语　有几种情况：如果需要提出要求或者说明事项，可以写一个要求式或说明式尾语；如果公告篇幅较短，内容简约，就应另起一行、前空两格以"现予公告"、"特此公告"等专用尾语作结；如果公告篇幅稍长，内容较多已无专写尾语的必要或加上专用尾语有画蛇添足之嫌，可以不用尾语。

5. 署名和日期　对外张贴的公告，在落款处要署发文机关的全称和公告的日期年、月、日，加盖发文机关的印章，以示庄重；也可以由签发文件的领导人在落款处署姓名或代签名章。

(五)公告的写作要求

公告的写作要求是：行文庄重、内涵清晰、文字简短。此外还应注意：

1. 应注意公告的发文权限　原则上只有党和国家的高级机关才能使用公告，用来向国内外公布重大事宜，基层单位和业务部门及企事业单位不能滥用这个文种，以维护公告文种的严肃性。但从实践来看，常见一些机关单位，不够发公告级别，也未经有关部门授权，许多依照内容和性质应用"通告"或者"启事"行文的也使用了公告，这是一种既失规范又不严肃的做法，必须加以注意。

2. 力求篇幅简短,谨防歧义　要做到文字简要,一是要直陈其事,行文一般不必专门讲什么道理,不绕弯子;二是可说可不说的不说,可少说的不多说。语言要明确肯定,语义要单一,力戒含糊其辞,出现歧义。要通过文字表达的高质量,维护公告简洁凝练、严肃庄重的特点。

例文 1:

中华人民共和国财政部　香港特别行政区政府
关于中央政府在香港发行人民币国债的联合公告

中华人民共和国财政部和香港特别行政区政府今日(九月八日)公告,中央政府将于二〇〇九年九月二十八日在香港发行60亿元人民币国债。

中央政府在香港发行人民币国债,是中央政府支持香港作为国际金融中心进一步发展人民币业务,促进香港经济社会繁荣发展的重要举措之一,亦是香港人民币业务发展的一个新的里程碑,对拓宽香港债券市场的深度与广度,以及巩固香港作为国际金融中心的地位具有重要意义。发行人民币国债将会加强内地与香港的金融合作,亦为投资者提供安全稳健的投资选择。

中华人民共和国财政部
中华人民共和国香港特别行政区
二〇〇九年九月八日

例文 2:

中华人民共和国海关总署公告

第 54 号

为进一步增强海关执法透明度,方便旅客进出境,明确进境旅客行李物品征免税规定,规范和统一海关验放标准,现就有关事项公告如下:

一、进境居民旅客携带在境外获取的个人自用进境物品,总值在 5000 元人民币以内(含 5000 元)的;非居民旅客携带拟留在中国境内的个人自用进境物品,总值在 2000 元人民币以内(含 2000 元)的,海关予以免税放行,单一品种限自用、合理数量,但烟草制品、酒精制品以及国家规定应当征税的 20 种商品等另按有关规定办理。

二、进境居民旅客携带超出 5000 元人民币的个人自用进境物品,经海关审核确属自用的;进境非居民旅客携带拟留在中国境内的个人自用进境物品,超出人民币 2000 元的，海关仅对超出部分的个人自用进境物品征税，对不可分割的单件物品，全额征税。

三、有关短期内多次来往旅客行李物品征免税规定、验放标准等事项另行规定。

特此公告。

海关总署
二〇一〇年八月十九日

例文 3：

中华人民共和国财政部公告
第 62 号

根据国家国债发行的有关规定，财政部决定发行 2013 年记账式附息(十九期)国债(以下简称本期国债)，已完成招标工作。现将有关事项公告如下：

一、本期国债计划发行 260 亿元，实际发行面值金额 260 亿元。

二、本期国债期限 30 年，经招标确定的票面年利率为 4.76%，2013 年 9 月 16 日开始计息，9 月 16 日至 9 月 18 日进行分销，9 月 23 日起上市交易。

三、本期国债为固定利率附息债，利息按半年支付，利息支付日为每年的 3 月 16 日、9 月 16 日(节假日顺延，下同)，2043 年 9 月 16 日偿还本金并支付最后一次利息。

其他事宜按《中华人民共和国财政部公告》(2013 年第 1 号)规定执行。

特此公告。

中华人民共和国财政部
2013 年 9 月 13 日

二、通告

(一)通告的适用范围

按照新《条例》的规定，通告适用于在一定范围内公布应当遵守或者周知的事项。

通告具有行政约束力和法律效力，其适用范围内的社会各有关方面均应遵守或广泛知晓，如果违反将被追究责任。因此，通告要注明发文机关、执行机关和通告规定条款生效的时间。由于通告是直接面对广大公众的公文，需要其适用范围内的所有人员能及时了解、掌握，所以发布时可以采用张贴、登报、广播、电视等方式，以使大家周知。

(二)通告的主要特点

1.广泛性　主要表现在三个方面：一是使用面广，各级行政机关、团体和企事业单位均可使用；二是涉及内容广，政治、经济、文化各个领域，各行各业，凡需要社会公众遵守和周知的事项均可在通告中发布。三是公布形式多样，无论是政府公报，还是采取张贴、登报或广播、电视等方式，都可发布，有时也可采用内部行文的方式。

2.强制性　通告的政策法规效力和制约性很强。它常常对某些事项作出严格规定，适用范围内的人们除周知外必须遵守和执行，不得违反，否则将予以教育、处理以至法律制裁。仅令要求阅文者周知的通告少之又少。

3.专业性　通告内容通常是重要事项或法定事项，通告内容的重要程度比不上公告，且多是业务工作方面，涉及公安、交通、邮电、税务、市政建设、工商管理等公务活动，带有专门性质，故行文中常常使用一些行业术语。如税务局发布与征税有关的通告。公安局发布收缴非法枪支的通告。

(三)通告的主要类型

根据通告的内容特点及实际使用情况，可将其分为规定性通告和事项性通告。

1.规定性通告　用于公布在一定范围内要求有关单位或人员应当遵守和执行事项的通告，此类通告是为了贯彻落实法律、法规而采取的具有强制性的特别措施，故往往具有与法规等同的约束效力。如《××市人民政府关于严厉查禁赌博活动的通告》等。

2.事项性通告　用于在一定范围内公布需周知的具体事项，诸如自来水降压、停电，临时施工封锁交通、更换机动车辆牌照等，如《××市供电局通告》、《××建设局关于对建筑企业进行资格年审的通告》、《××省人民政府关于××大桥收取机动车辆过桥费的通告》。

从制发机关和效用上看，规定性通告通常由国家行政机关发布，而事项性通告不受此限；同时，规定性通告对人们的行为具有法律约束作用，而事项性通告接近于通知，具有传达与告知作用。

(四)通告的结构和写法

通告和公告一样，也由标题、发文字号、正文、结尾、署名与日期等组成。

1.标题　通告的标题有两种写法：

(1)发文机关＋事由＋文种，如《北京市人民政府关于北京奥运期间进一步加强部分化学品管理的通告》。

(2)发文机关＋文种，如《中华人民共和国公安部通告》。

(3)事由＋文种，如《关于严厉查禁赌博活动的通告》。

2. 发文字号　采用文件形式印发的通告，一般应注明发文字号。采用登报、广播电视或张贴等方式发布的通告，如果针对同一件事只发一次通告，则不用标注文号；如果同一发文机关在短时间内发布多份通告，为清楚起见，应标注文号，但其发文字号不必标注机关代字等要素，只在标题下方居中标注序号“第×号”即可。

此外，由于通告是公开发布的周知性文件，因而都省略主送机关。

3. 正文　通告的正文在结构上与公告相似，但在内容上一般更为具体、充实，篇幅也略长，主要包括以下两部分内容：

(1)通告缘由。主要写明发布通告的目的、原因、根据、背景等，这一部分多用第一自然段，并常用公文的特定承启句式“为……，特通告如下”或者“根据……，决定……，现将有关事宜通告如下”引出通告的事项。

(2)通告事项。这是通告全文的核心。撰写这部分，必须做到条理清楚。如果内容简单，则可采用篇段合一的形式；如果内容较多，应该分段列项，按照一定的逻辑顺序加以排列。其次，内容必须明确具体。绝大多数通告是要求有关人员周知且遵守的，因此通告内容必须使人便于理解、易于执行。再次，措施务必全面周详。如向群众公布某项工作的新规定，既要说明执法者如何操作，又要把对违反通告者的处罚办法公之于众。

4. 结尾　也叫结语，以示强调，提起注意，常用“特此通告”等习惯语作结；也可以提出贯彻通告的明确要求，如使用“请认真遵照执行”；也可明确执行时间、执行范围和有效期限，例如“本通告自发布之日起实施”等。

5. 署名与日期　在正文的右下方写明发文机关，并标明发文的时间年、月、日，加盖印章。

(五)通告的写作要求

1. 通告具有法定的约束力　对于“允许做什么”、“禁止做什么”、“做了以后怎么惩处”等内容要明确规定。有些通告以规定禁止事项为主，要求人们不得违反，因此必须仔细斟酌，避免出现不妥之处而造成发文单位的被动。

2. 通告事项要符合政策规定　尽管通告的约束力很强，但是它毕竟不是单独立法，要注意在事项上、处罚规定上不能与现行法律规章相抵触，只有这样，才能保证通告的权威性。

3. 通告的内容要求一文一事，主旨要明确　通篇围绕一个中心写出通告事项，使主题突出集中，凡与通告的事项关系不大，或虽有一定联系但是对通告对象不会造成什么影响的，都不应写进通告之中。

4. 通告的语言要求通俗易懂，便于公众理解　因为通告专业性较强，在写作时可以使用一定的专业术语，但要考虑被告知对象的接受能力，必要时应作出注释，以便能够为公众所理解，有利于贯彻执行。

(六)通告与公告的区别

通告与公告均具有公布性和知照性特点,但是使用时要特别注意两者的区别,不能混淆。

1.发布范围不同　公告是告知中外的公文,其所涉及的内容事项往往是知道的人越多越好,发布范围最为广泛;通告只是在国内一定区域或业务范围内发布。例如国庆期间天安门广场实施交通管制的通告,只针对天安门广场范围,只在国庆期间生效。为了加强管理,或者为了某种临时需要,均可发布通告,用以提醒人们必须遵守或需要周知某些事项。

2.发文内容不同　公告内容属重要事项或法定事项,重在知照性;通告内容专业性较强,或宣布行政措施,或告知具体事务,兼有知照约束的性质。通告的使用频率也比公告高。

3.制发单位级别不同　公告的发文机关级别高,只限于国家权力机关、较高级别的国家行政机关以及按法规文件规定可以发布公告的部门;通告的发文机关级别较低,多由业务主管部门发布。一般来说,法规性通告多由政府机关发布,知照性通告则任何机关、团体、单位均可发布。

4.作用性能不同　公告以宣布重大消息为主要目的,一般对告知对象没有直接的强制力或约束力;通告不仅要告知消息,而且对适用范围内的所有单位和人员都具有明显的强制力和约束力。

例文 1:

海口市人民政府办公厅关于海口市 2013 年度新建商品住房价格控制目标的通告

经市政府研究决定,我市 2013 年度新建商品住房(不含保障性住房)价格控制目标为:坚决贯彻落实《国务院办公厅关于继续做好房地产市场调控工作的通知》(国办发〔2013〕17 号)精神,保持我市房价基本稳定,2013 年新建商品住房价格增幅不高于我市城镇居民人均可支配收入的实际增幅。

特此通告。

海口市人民政府办公厅(印章)
2013 年 3 月 31 日

例文 2：

关于清理北京市社区街巷长期停放废旧汽车的通告

目前，北京市部分废旧汽车在社区、街巷胡同长期停放，不仅占用了公共资源，影响了道路畅通和城市环境，更是存在很多安全隐患。为了给市民群众提供更加便利和舒适的生活环境，依据《中华人民共和国道路交通安全法》、《报废汽车回收管理办法》、《物业管理条例》、《北京市市容环境卫生条例》和北京市居住小区机动车停车管理相关规定，现就有关事项通告如下：

一、请车辆停放人在本通告发布之日起 7 日内，自行清理长期停放于社区、街巷两侧的废旧汽车；逾期不清理的，城管执法机关将会同有关部门对相关车辆实施集中存放。

废旧汽车集中存放场所和车辆清单（http://www.bjcg.gov.cn/zt/fjqc/t20090602_259164.htm）详见首都之窗网站公告栏目。

二、已被通告的车辆，在通告期间，车辆停放人持有车辆权属证明等有效材料接受调查的，经属地城管执法机关会同有关部门核准后，不予集中存放。

相关车辆达到国家规定报废标准的，不得上道路行驶。车辆所有人应当及时将车辆交售给机动车回收企业，由机动车回收企业将报废的机动车登记证书、号牌、行驶证交公安机关交通管理部门注销。车辆所有人名下如果存在报废车辆，在未完成报废手续前，公安机关交通管理部门不予办理新购机动车注册登记。

三、通告期间届满，对已实施集中存放、无人认领的废旧汽车，城管执法机关在会同有关部门对车辆所有人和车辆基本情况核查后另行处理。其中，对涉及走私、盗抢、套牌、欠缴养路费的车辆，由有关部门严厉查处。

四、各有关单位和个人应当顾全大局、严格自律，积极配合政府部门做好社区、街巷长期停放废旧汽车的清理工作。

本通告自发布之日起施行。

北京市城市管理综合行政执法局
北京市公安局公安交通管理局
北京市住房和城乡建设委员会
二〇〇九年六月三日（印章）

三、公报

（一）公报的适用范围

根据新《条例》的规定，公报适用于“公布重要决定或者重大事项”。与公告相比，公报的内容通常更为详细具体。相对于通告而言，公报的公开程度更高，而且涉及内容的重要性一般来说也更强。

(二)公报的特征

公报作为党政机关使用的一种重要的公布体公文，具有以下几个突出特点：

1. 内容上的庄严性　从公报文种的适用范围来看，它所涉及的内容有两项：一是重要决定、重大决策；二是重大事件。由于它的使用者是党和国家高级管理机关，而且内容重大，因此就使得这一文种具有很强的庄重性和严肃性，一经发布，即在国内外引起强烈反响。

2. 形式上的多样性　从实践来看，公报的发布往往既不同于一般的例行公文，也不同于用于张贴的布告，而多是通过新闻渠道刊登和播发。在这一过程中，如果以新闻形式发布，则称"新闻公报"；以党和国家机关名义直接发布重要决定或重大决策的，称为"发布公报"；两个或两个以上的政党、国家、社会团体的代表将会谈达成的协议通过正式文件公之于世，则称为"联合公报"。正因如此，就使得公报在发布形式上呈现出一种多样化的特征。

3. 使用上的习惯性　从文种的适用范围上看，公报与公告极其相近，其所涉及的内容均为党和国家的重要事项，而且辐射范围也相同，均是面向国内外发布。但从实际情况看，两者仍然存在差别，其中在很大程度上取决于使用上的习惯性。诸如公布重要会议情况，多用"公报"，公布党和国家领导人的重要出访活动及人事变动，多用"公告"；公布重大事件，多用"公报"，而公布重要消息，则多用"公告"；公布有关人口普查、经济发展和国家计划执行情况，多用"公报"，公布重要事项，则多用"公告"。

(三)公报的类型

1. 会议公报　会议公报是党政机关、人民团体或单位在召开重要会议后公开发表的一种文件。会议公报是公报的一种，应用范围比较专一。

2. 新闻公报　新闻公报是以新闻的形式将重大事件向党内外、国内外公布的文件。新闻公报往往由新闻机关在媒介上公之于众，它的阅知范围没有限制，要求具有新闻的及时性和真实性，所以，有人认为，它是一种新闻性公文。如国务院办公厅编辑出版的《国务院公报》。

3. 统计公报　统计公报是用于国家和政府统计机关发布国民经济、社会发展方面情况的一种公文。我国统计部门发表这类公报时通常以年度(或半年度)为计数时的时间单位。地方的统计公报一般不对外，只在地方报刊发表。

(四)公报的结构和写法

公报的内容结构一般由标题、正文组成。

1. 标题　通常有三种写法：一是由"会议名称"与"文种"组成，并在其下用括号标明会议通过的日期，如《中国共产党第十七届中央委员会第四次全体会议公报》(2009年9月18日中国共产党第十七届中央委员会第四次全体会议通过)；二是直接点明公报的"发布形式"与"文种"，如《新闻公报》、《联合公报》；三是由公报的"发布机关"、"内容"与"文种"组成，如《中华人民共和国国家统计局关于国家经济及社会发展第×个五年计划执行情况的公报》等。

2. 正文　由于公报内容及发布形式的不同，各种公报正文的写法也不尽一样。

一是发布会议情况的"公报"。其正文主要是由"引言"(即会议召开的时间、地点等)、"基本情况"(即出席会议的人员、议题及主要活动内容)、"决定事项"与"会议的号召与要求"四方面内容组成。

由于是会议公报，涉及的是对会议全部内容的反映，代表全体与会人员的意志，因此文中通常使用"全会听取"、"全会指出"、"全会强调"、"会议审议"、"会议决定"、"全会号召"等标志性语句，并以之提领一项议题内容，这是会议公报常用的一种表达方式。如例文《中国共产党第十七届中央委员会第四次全体会议公报》就是如此，第一自然段为引言，交代了召开会议的时间、地点，紧接着陈述会议的基本情况，交代了出席会议的人员以及会议的主要议题，然后集中反映会议的决定事项，并用"全会指出"、"全会认为"、"全会提出"、"全会强调"等语句提领，全面反映出会议的议定事项和主要精神，并在结尾段发出号召，撼人心魄，催人奋进。

二是新闻公报。一般都非常简明扼要、精炼概括，包括"导语"、"主体"与"结尾"三方面内容。例如《中华人民共和国与秘鲁共和国联合新闻公报》。新闻公报具有新闻报道的性质，必须遵循新闻的写作原则，做到内容新、速度快、让事实说话。其写法类似动态消息。

三是统计公报。统计公报的正文及写法与会议公报的写法大不相同，往往篇幅较长、内容全面。正文一般分为前言、主体两部分。前言部分可说明公报的依据和主要内容。主体部分是公报的主要内容，要着力写好。一般采用分项列述的方法。例如2009年7月1日中共中央组织部发布的《2008年中国共产党党内统计公报》，开头部分先交代了党员队伍和党组织建设的基本情况，作为前言；主体部分从党员队伍结构情况、发展党员情况、党内表彰情况、申请入党人情况、党组织情况以及建制村党组织、村委会情况等六大部分公布了统计的结果，条理清楚，内容全面、具体。

四是联合公报。先看下面例文：

例文：

上海合作组织成员国元首理事会会议联合公报

2009年6月15日至16日，上海合作组织(以下简称"本组织")成员国元首理事会例行会议在叶卡捷琳堡举行。哈萨克斯坦共和国总统纳扎尔巴耶夫、中华人民共和国主席胡锦涛、吉尔吉斯共和国总统巴基耶夫、俄罗斯联邦总统梅德韦杰夫、塔吉克斯坦共和国总统拉赫蒙、乌兹别克斯坦共和国总统卡里莫夫与会。

会议由俄罗斯联邦总统梅德韦杰夫主持。

……

元首们就国际和地区形势深入交换了意见。在保障安全和金融稳定的传统国际体系发生危机的情况下,本组织成员国对构建更加公正合理的国际关系架构持相同立场。这在本组织成员国元首签署的《叶卡捷琳堡宣言》中得到体现。《宣言》还确定了本组织框架内的优先合作方向。

……

会议期间,元首们在坦诚、友好的气氛中总结了2008年杜尚别峰会以来本组织的主要工作成果,并确定了各领域合作首要及长期的工作方向。

元首们满意地指出,自去年峰会以来,为推动和加强本组织活动、巩固其国际地位,各方采取了有针对性的措施。

元首们批准了本组织秘书长关于本组织过去一年工作的报告和地区反恐怖机构理事会关于地区反恐怖机构2008年工作的报告。

元首们强调,在国际金融危机的背景下,维护本组织所在地区的安全与稳定具有头等重要意义。

元首们指出,为讨论共同打击恐怖主义、毒品走私和有组织犯罪问题召开的本组织阿富汗问题特别国际会议(2009年3月27日,莫斯科)富有成果。

……

元首们指出,落实本组织成员国第四次紧急救灾部门领导人会议(2009年6月5日,哈萨克斯坦共和国阿克套)批准的《上海合作组织框架内实施救灾互助合作2009—2010年活动计划》具有重要意义。

……

元首们认为,应采取有效措施,减少国际金融危机影响,推动本组织所在地区更加紧密的经贸和投资合作。

元首们认为,本组织实业家委员会和银联体应发挥更加重要的作用,努力实现从双边合作为主向落实多边项目过渡。

元首们认为,深化本组织框架内的人文合作、促进人民间的友谊和相互理解具有重要意义。

元首们高度评价俄罗斯联邦在担任本组织主席国期间所做的工作,对俄方在叶卡捷琳堡峰会期间给予的热情接待表示感谢。

本组织成员国元首理事会下次会议将于2010年在塔什干举行。根据《上海合作组织宪章》,本组织下任主席国由乌兹别克斯坦共和国担任。

该文写得内容完整，语言简练，层次清晰。标题直接点明公报的发布形式和文种名称，十分显豁、突出；正文部分首先交代了发布公报的背景情况，紧接着用“元首们强调”、“元首们指出”、“元首们认为”等作提领语句，将元首们在一些重大国际和地区问题上的态度和立场做出了明确、具体的阐述。由于联合公报事关重大，故而在用语上极其讲究准确精练，恰当得体，这是写好此类公报的重要一环。

（五）撰写公报的注意事项

1. 要注意严把“内容关”，做到当“公”则“公”，当“报”则“报”　公报要公之于世，这是就空间来讲的；它又是一种历史性文件，这是就时间来讲的。正是因为这种时空特性，要求我们对写入公报中的内容必须认真筛选，严格把关。它应是党和国家的高级机关用来公布重大事件、重要会议、重要消息和重要决策的，或是国家统计部门用以公布社会发展和国民经济的重要情况的，除此之外，一般不能使用公报。

2. 要做到重点明确，主旨突出　有些公报，特别是会议公报和涉及统计情况的公报，内容往往比较繁杂，因此，在撰写时必须抓住重点，突出行文的主旨。要把写作重点放在对事件的陈述和观点的阐述上，而且要紧扣全文的核心内容来写，切忌杂芜并陈，令人难得要领。

3. 要注意用语的准确性和概括性　公报作为党和国家高级管理机关使用的公文，用以公布重大事件或重要决策，因此它十分讲究用语的准确性和概括性。是什么，不是什么；应当怎样做，不应怎样做，必须确切无误地传输给读者，而且要最大限度地使用低密度的语言，用较少的文字涵盖丰富的内容，做到言简意赅。只要认真品味党的十五届六中全会公报和中美上海联合公报中的语言，我们就不难体会和理解公报文体的语言特性和要求。

4. 要严格区别“公报”与“公告”，切忌混用或错用　公报与公告两个文种所涉及的内容事项及辐射范围基本相同，并且存在使用上的习惯性问题，因此极易导致错用或混用。要注意它们之间的细微差别，不可随意而为。否则，就会有损于公报文体的严肃性。

例文：

中国共产党第十八届中央纪律检查委员会第二次全体会议公报

（2013年1月22日中国共产党第十八届中央纪律检查委员会第二次全体会议通过）

中国共产党第十八届中央纪律检查委员会第二次全体会议，于2013年1月21日至22日在北京举行。出席会议的中央纪委委员129人，列席295人。

中央纪律检查委员会常务委员会主持了会议。全会深入贯彻党的十八大精神，高举中国特色社会主义伟大旗帜，以邓小平理论、“三个代表”重要思想、科学发展观为指导，分析了当前反腐倡廉形势，研究部署了2013年党风廉政建设和反腐败工作。全会审议通过了王岐山同志代表中央纪委常委会所作的《深入学习贯彻党的十八大精神，努力开创党风廉政建设和反腐败斗争新局面》的工作报告。

中共中央总书记、中央军委主席习近平出席全会第二次大会并发表重要讲话。李克强、张德江、俞正声、刘云山、王岐山、张高丽等党和国家领导人出席会议。有关方面负责同志参加了会议。

全会认真学习了习近平同志的重要讲话，一致认为，讲话从党和国家事业发展全局和战略的高度，强调要认真学习贯彻党的十八大精神，以邓小平理论、“三个代表”重要思想、科学发展观为指导，深入推进党风廉政建设和反腐败斗争；要严明政治纪律，自觉维护党的团结统一，党的各级纪检机关要把维护党的政治纪律放在首位，加强对政治纪律执行情况的监督检查；要抓好“八项规定”落实，下大气力改进作风，密切联系群众，坚决抵制享乐主义和奢靡之风，各级纪检监察机关要执好纪、问好责、把好关；要依纪依法严惩腐败，继续全面加强惩治和预防腐败体系建设，着力解决群众反映强烈的突出问题，反对特权思想、特权现象。讲话充分肯定了广大纪检监察干部为加强党风廉政建设作出的重要贡献，强调“打铁还需自身硬”，要加强干部队伍建设，提高履行职责能力和水平，做严守纪律、改进作风、拒腐防变的表率，维护纪检监察干部可亲、可信、可敬的良好形象。习近平同志的重要讲话，对加强党的纪律建设、作风建设和反腐倡廉建设，全面提高党的建设科学化水平，具有重大而深远的意义。全党同志特别是广大纪检监察干部一定要认真学习领会，坚决贯彻落实。

全会指出，党的十八大对当前和今后一个时期党风廉政建设和反腐败工作作出新的部署，十八届一中全会以来习近平同志一系列重要讲话对加强反腐倡廉提出明确要求。全党必须增强忧患意识、风险意识、责任意识，既要坚定果断刹风整纪，坚决遏制腐败现象蔓延势头；又要树立长期作战思想，逐步铲除滋生腐败的土壤和条件，不断以反腐倡廉实际成效推进廉洁政治建设。

全会强调，2013年是全面贯彻落实党的十八大精神的开局之年，做好党风廉政建设和反腐败工作意义重大。要按照党的十八大部署和要求，坚持党要管党、从严治党，坚持标本兼治、综合治理、惩防并举、注重预防，着力严明党的纪律特别是政治纪律，切实转变领导机关和领导干部工作作风，认真解决反腐倡廉中的突出问题，明确重点、狠抓落实，改革创新、攻坚克难，推动党风廉政建设和反腐败斗争向纵深发展。

第一，坚决维护党章的权威性和严肃性。广大党员特别是党员领导干部要认真学习党章、严格遵守党章。党的纪律检查机关要切实维护党章和其他党内法规，加强对党的纪律执行情况的督促检查。要把维护政治纪律放在首位，深入开展政治纪律教育，严肃查处违反政治纪律行为，保证党的集中统一。严肃组织人事工作纪律特别是换届纪律，确保换届风清气正。围绕科学发展这个主题和加快转变经济发展方式这条主线，检查党的路线方针政策和决策部署执行情况，保证中央政令畅通。

第二，不折不扣落实中央关于改进工作作风、密切联系群众的“八项规定”。反对形式主义、官僚主义，督促各级领导机关和领导干部改进调查研究、会风文风。厉行勤俭节约，制止奢侈浪费，严肃整治公款大吃大喝和公款旅游行为，继续从严控制党政机关办公楼、接待场所等楼堂馆所建设，规范公务用车管理和领导干部出访活动。严格执行廉洁从政有关规定，纠正以权谋私行为。认真执行领导干部报告个人有关事项制度，并开展抽查核实工作。纪检监察机关要把监督“八项规定”贯彻落实作为一项经常性工作，制定监督检查办法和纪律处分规定，认真受理群众举报，强化日常监督，保证各项要求落到实处。加强基层党风廉政建设，认真解决发生在群众身边的不正之风和腐败问题。

第三，坚持惩治和预防腐败两手抓、两手都要硬。全面推进惩治和预防腐败体系建设，制订《建立健全惩治和预防腐败体系 2013—2017 年工作规划》并抓好落实。保持惩治腐败高压态势，坚持有案必查、有腐必惩，严肃查办发生在领导机关和领导干部中滥用职权、玩忽职守、贪污贿赂、腐化堕落案件，严肃查办发生在重点领域和关键环节的腐败案件，严肃查办商业贿赂案件。深入开展纠风和专项治理，重点纠正金融、电信等公共服务行业和教育、医疗、涉农、征地拆迁、涉法涉诉等领域损害群众利益的不正之风和突出问题，深化工程建设领域突出问题专项治理，开展市场中介领域突出问题专项治理。加大预防腐败工作力度，加强反腐倡廉教育和廉政文化建设，强化对权力运行的制约和监督，研究并实施体制机制制度创新，推进反腐倡廉法规制度建设。

第四，用铁的纪律打造人民满意的纪检监察干部队伍。信任不能代替监督。各级纪检监察机关要完善监督制约机制，严格执行各项纪律，自觉接受党组织、人民群众和新闻舆论的监督，建设一支忠诚可靠、服务人民、刚正不阿、秉公执纪的纪检监察干部队伍。

全会强调，坚决惩治和有效预防腐败，是全党全社会的共同任务。各级党委要严格执行党风廉政建设责任制，担负起反腐倡廉的政治责任。坚持和完善反腐败领导体制和工作机制，形成全党全社会推进反腐倡廉工作的强大合力。

全会号召，全党要紧密团结在以习近平同志为总书记的党中央周围，统一思想、坚定信心，开拓进取、扎实工作，努力开创党风廉政建设和反腐败斗争新局面，为完成党的十八大各项战略决策部署、实现全面建成小康社会奋斗目标作出新的更大贡献！

第三节　通知　通报

一、通知

(一)通知的适用范围

通知是党政公文中应用范围最广,使用频率最高的一个文种,占各级党政机关收发文总数的半数以上,故通知有"公文轻骑兵"之称。按照新《条例》的规定,通知适用于发布、传达要求下级机关执行和有关单位周知或者执行的事项,批转、转发公文。

(二)通知的主要特点

1.使用范围广　通知不受发文机关性质与级别高低的限制,各级党政机关、团体和企业单位均可使用;对通知的行文方向限制不严,主要用作下行文,但平行机关之间、不相隶属机关之间,有时也可使用通知知照有关事项;通知写作比较灵活,使用比较方便。

2.指导性　上级机关和组织向下级机关、组织用通知行文,都明显体现出指导性。特别是部署和布置工作、批转和转发文件等,都需明确阐述处理某些问题的原则和方法,说明需要做什么,怎样做,达到什么要求等。一部分通知对下级或有关人员有约束力,起指挥、指导作用;另一部分通知则主要起知照作用。

3.中转性　即指用于批转下级机关的公文,转发上级机关、平级机关和不相隶属机关的公文。具体分为三种情形:一是"上转下",即将某一下级机关的公文批转给所属下级机关;二是"下转上",即将上级机关的来文转发给所属下级机关;三是"平转平",即将平级机关或不相隶属机关的来文转发给所属下级机关。其中"上转下"称为"批转性通知","下转上"和"平转平"统称为"转发性通知"。

4.发布性　即指用通知来发布有关法规和规章,它一般用于机关内部行文,此种通知称为"发布性通知"例如《中共中央关于印发〈建立健全教育、制度、监督并重的惩治和预防腐败体系实施纲要〉的通知》。值得注意的是,新《条例》和旧《办法》(指《国家行政机关公文处理办法》)一样,删掉了通知原有的"发布规章"的功用表述,从表面上看似乎只能用命令(令)来发布行政法规和规章,但实际上命令(令)的使用主体级别和所涉及的内容范围有很大的局限性。因此,删掉并不等于不用。所以,对于公文法规中的规定,不能机械地咬文嚼字,过于绝对化。

5.时效性　通知事项一般是要求立即办理、执行或知晓的,不容拖延。有的通知如会议通知,只在指定的一段时间内有效。

(三)通知的主要类型

根据内容和作用,通知可分为以下几种类型:

1.发布(印发)性通知　这类通知,用于发布行政法规和规章,印发带有规章制度性质的文件及领导讲话等。这是“复体行文”的方式,通知这个主件只起将有关发布或印发对象运载出来的作用,而被发布或印发的对象实质上是主件,是行文的目的所在。其标题的事由部分,当公布重要规范性文件时多用“发布”、“颁布”或“颁发”,而公布一般规范性文件常用“印发”。此外,“印发”的使用范围比“发布”广,一些不属于规范性文件的文书,如领导讲话、会议纪要、工作要点、规划纲要等需下发时,常用“印发”。如《浙江省人民政府办公厅关于印发浙江省残疾人事业“十五”计划的通知》。

2.指示性通知　用于传达领导机关的重要指示精神,部署工作任务以及要求下级机关执行某些事项。这是通知中最为重要的一类,具有强制性和行政约束力。如《××市人民政府关于做好春季植树造林工作的通知》。

3.批转、转发性通知　用于批转下级机关的公文,转发上级机关或不相隶属机关公文。如《国务院批转国家计委、财政部、水利部、建设部关于加强公益性水利工程建设管理若干意见的通知》。办公部门受权批转的,应用“转发”,如《国务院办公厅转发国家经贸委关于鼓励和促进中小企业发展若干政策意见的通知》,此类通知也采用复体行文的方式,其后均有被批转、转发的原文作为附件。

4.知照性通知　用于传达、安排事务性工作的一类通知,如召开会议、节假日安排、人事任免与聘用、机构设置或调整、迁址办公、更改名称、印章启用或更换等,主要起交流情况、传递信息的作用,一般无执行效用,所以除下行外,也可以发给平行机关。如《××县工业局关于召开局系统2012年生产会议的通知》。

(四)通知的结构和写法

1.标题　大多数通知的标题有完全式和省略式两种,完备式即发文机关+事由+文种;省略式即事由+文种,但如果是两个单位以上联合行文,不能省略发文机关。特殊紧急情况下的发文,可以在标题中体现紧急程度。

特别要注意的是:凡属发布性和批转、转发性通知的标题中应写明“批转”、“转发”、“发布”、“印发”等字样,由“发文机关+发布(印发、批转、转发)+被发布文件名称+通知”构成,如《国务院批转国家体改委关于在治理整顿中深化企业改革强化企业管理的意见的通知》。在实际写作中,由于批转、转发性通知都要涉及对原标题的引用,因而就容易使其标题字数较多,排列起来较长。在这种情况下,如不妥善处理,就会导致整个标题繁杂冗长,烦琐累赘,不利于公文写作的规范化。解决的办法通常是:其一,压缩介词“关于”,就是在整个标题中只保留一个“关于”。其二,压缩相同且又重叠的文种。其三,减少中间环节,不要层层转发,直转即可。

例如《××县人民政府转发××市人民政府关于转发人事部关于×××同志恢复名誉后享受××级待遇的通知的通知》，这个标题可简化为《××县人民政府转发人事部关于×××同志恢复名誉后享受××级待遇的通知》，明了又清晰。

2. 主送机关　通知大都用于下行文，因此，主送机关往往不止一个，一般采取统称的方式标明下级机关的名称，如国务院发文，经常采用“各省、自治区、直辖市人民政府，国务院各部委，各直属机构”这样的方式，其中同一性质的主送机关之间用顿号，否则用逗号隔开。普发性、周知性强的通知，可不写主送机关。

3. 正文　通知的正文主要包括通知的缘由、通知事项、通知的执行要求或希望三部分。一般来说，通知的事项应分条列项表达，不同类别的通知，正文写法差别很大，要根据实际情况而定。

(1)发布性通知。发布性通知的正文结构简单，篇幅甚短，一般只需写明发布对象名称及执行要求即可，如“现发布《××××××》，自×年×月×日起施行”或“现将《××××××》印发给你们，请认真贯彻执行”。正文后直接附以印发和发布对象，不必标注“附件说明”。

(2)指示性通知。开头要明确交代制发通知的政策法规依据或事实依据，以概括简练的语言，说明行为的必要性。中间部分写指导思想、任务、要求、方法和步骤等，一般采用并列式结构，分条列项写，可以列小标题，也可用每段第一句作为中心句，概括该项的内容。末尾对通知精神加以强调，提出贯彻实施要求。

(3)批转、转发性通知。这类通知的正文，实际上是针对被批转、转发公文所加的按语。其结构有两种形式：一种与发布性通知相似，只需写明被转文件名称和执行要求即可，如“现将……转发给你们，请结合实际情况，认真贯彻执行”。另一种篇幅稍长些，除上述内容外，还要再加上转发批示，批示要紧扣被转文件内容，作出分析评价，强调意义，提出执行要求和注意事项。授权办公部门批转的，前面还应加上“经××同意”或“经×××批准”，以说明转发依据。此类通知的附件是实际上的正件，通知是为它而发的，所以在正文不必标注“附件说明”。

(4)知照性通知。这类通知内容单一，篇幅简短，在说明依据、告知事项后，一般以“特此通知”作结，不作说理分析，也不必提执行要求。

(5)会议通知的写法稍有不同，要写得详细些，有时还提出来一些具体要求。除了会议背景和意义宜作适当阐述外，对议题、与会范围、会议时间地点、报到时间地点、准备材料及人数、联系人姓名及电话号码等都应该交代清楚，而且要做到言之有序。

正文的结尾一般提出贯彻执行要求，如“请遵照执行”，“请认真贯彻执行”，“以上通知，请结合实际贯彻执行”，或“特此通知”，也有的结尾不写习惯用语，自然结束。

4. 署名和日期　在正文的右下方准确标明发文机关名称和成文日期，并加盖印章。

（五）通知的写作要求

1. 要讲求实效，切忌滥发通知　由于发布通知是要求所属机关单位贯彻执行或周知的，其目的在于指导和推动工作的深入开展，因此，要特别注意发布的必要性，讲求实效，严禁随意滥发。要严格控制发文的数量，做到量度适中。实践中，有些机关不分巨细，逢事必发“通知”，以致过多过滥，有损通知的严肃性，必须加以纠正。

2. 要把握内涵，切忌越俎代庖　由于通知具有多功能的特性，因而在实践中往往倍受“偏爱”。有些公文，按其内容性质及发文的目的要求本来应当用“函”、“意见”或“通告”，却往往被“通知”代替。甚至有些本来应用“启事”、“声明”之类的日常应用文也随意用“通知”行文，既失严肃，又有悖法规规定，应当引起高度注意。

3. 要明确无疑，切忌主旨含混　发布通知是为了解决实际问题并且需要贯彻执行的，因此，在写作时必须做到主旨明确，结构严谨，用语通畅，令人一目了然。同时，在内容上必须符合党和国家的方针政策以及上级机关的文件指示精神，还要合乎本地区、本部门的实际情况。否则，就会从根本上损害通知的质量和效用。

4. 注意写好不同类型通知的习惯性结尾用语　无论哪种类型的通知，其结尾部分往往都要使用较为固定的习惯性用语，诸如“请遵照执行”、“请认真贯彻执行”、“请参照执行”、“请认真贯彻落实”、“请研究试行”，等等。撰写时要注意根据不同的行文目的和内容，选择使用恰当的结尾用语。一般而言，如果通知的内容涉及全局性的重大方针政策、规定或准则等，必须令行禁止、照章办事，结尾用语一般写为“请认真贯彻执行”、“请依照执行”、“请遵照办理”、“请立即贯彻执行”等；通知内容虽然提出了政策性的要求，但又允许下级机关结合本地区、本单位的实际情况办理的，结尾用语一般写为“请研究试行”；如果通知中的内容属于探索性的，或是一些政策性的问题，其法律手续尚不完备，需要下级机关边执行边修改的，结尾用语一般写为“请研究试行”；如果通知中的要求只是根据一定地区的特点，或是批转下级机关的报告，具有参考价值的意见、建议等，结尾用语一般写为“请参照执行”。

例文 1：

国务院办公厅关于做好当前高温干旱防御应对工作的通知

上海、江苏、浙江、安徽、福建、江西、河南、湖北、湖南、广东、广西、重庆、四川、贵州等省（自治区、直辖市）人民政府，国务院有关部门：

7 月以来，南方地区出现大范围持续性高温晴热天气，多地气温突破当地历史记录，长江中下游和西南东部部分地区旱情迅速发展。高温干旱给部分地区农业生产和群众生活带来严重影响,造成局部地块粮食减产甚至绝收,特别是旱区部分群众出现饮水困难。据气象部门预测,江南地区和西南地区东部的高温少雨天气将持续到8月中旬,局地最高气温仍将达到40～41℃,高温热害及干旱的影响将进一步加剧。

对此,党中央、国务院高度重视,习近平总书记、李克强总理、张高丽副总理、汪洋副总理和杨晶、王勇国务委员等中央领导同志多次作出重要批示,对南方地区高温防护和抗旱工作提出明确要求。为进一步做好当前高温干旱防御应对工作,最大限度地减轻影响和损失,保障受灾地区正常生产生活秩序,根据国务院领导同志指示精神,现就有关事项通知如下:

一、高度重视当前高温干旱防御应对工作。各有关地区和部门要充分认识当前高温防护和抗旱救灾工作的重要性,准确把握旱情发展形势,进一步强化组织领导,及时采取有针对性的应对措施,将各项工作部署落到实处。要进一步强化地方抗旱责任制落实,充分依靠村级基层组织,克服麻痹侥幸、靠天等雨思想和畏难情绪,立足于抗大旱、抗长旱,及早动手、发动群众、综合施策,切实做到领导到位、责任到位、措施到位。

二、全力保障正常生产生活秩序和饮水安全。要全力做好水电供应和调度、高温中暑防御、卫生防疫以及交通安全管理、城市和林区防火等工作,减少或尽量避免高温时段的户外作业,保障受旱地区正常生产生活秩序和群众身体健康。要把确保城乡居民饮水安全放在抗旱工作的首位,对旱区缺水状况进行全面摸底排查,针对不同缺水类型,细化人饮解困方案,采取打井取水、应急调水、拉水送水、对口帮扶等措施,保障群众基本生活用水。

三、切实强化旱情监测和水源科学调度。要加强雨情、水情、墒情的监测预报,科学研判旱情发展趋势,为抗旱指挥决策提供支持。要充分利用手机短信、广播电视、网络等多种途径,及时发布灾害预警信息,提醒农民群众采取各种措施,减少农业生产因旱损失。要充分考虑当前和后期抗旱用水需求,合理使用和调配好现有抗旱水源,加强计划用水和节约用水,统筹安排好城乡居民生活、工农业生产和生态用水,使有限的水源发挥最大的效益。要抓住降雨的有利时机,充分利用水利工程拦蓄雨洪资源,努力增加库塘蓄水。有降雨条件的地区,要适时开展人工增雨作业,改善旱区土壤墒情。

四、全面加强技术指导和物资资金支持。各地区要强化抗旱技术指导和服务,组织水利、农业技术人员深入抗旱一线,帮助群众落实抗旱田管措施,及时改种补种,积极开展生产自救。要充分发挥抗旱服务队的作用,开展应急打井、拉水送水和流动扩浇等服务。要多渠道筹措资金,加大抗旱投入。要多方调集抗旱机具设备,努力满足抗旱需求。

五、切实提高抗旱减灾基础能力。针对抗旱中暴露的问题和薄弱环节,各地区特别是出现干旱常态化的地区，要把增强抗旱供水保障能力摆在更加突出的位置，统筹规划，因地制宜，以建设抗旱应急备用水源工程、提高旱情监测能力和管理服务水平为重点，完善抗旱减灾体系，加强基础设施和基本农田水利建设，从根本上增强抗御严重和特大干旱灾害的能力。要引导农民积极参加农业保险，督促保险公司加强理赔服务，多途径提高农业灾害防范水平。

六、进一步强化统一指挥和协调配合。各级人民政府要强化抗旱工作的统一指挥，组织有关部门解决抗旱中的突出问题和困难。国家防总要加强综合协调，组织指导各地各部门做好抗旱工作，及时调拨抗旱物资。发改、财政等部门要多渠道筹集抗旱资金；水利部门要加强水利工程的调度管理，努力增加抗旱水源；农业部门要保障农资供应，指导农民做好田间管理和绝收地块的补种；民政部门要及时救助生活困难群众，组织发放救灾款物，落实各项救灾应急措施；气象部门要加强旱区天气监测和预报，及时开展人工增雨；新闻媒体要把握宣传导向，客观报道灾情，正确引导社会舆情，努力营造良好的舆论氛围。要密切与解放军和武警部队的联系，充分发挥其抗旱突击队作用。

七、防止旱涝急转，切实抓好防汛抗洪工作。当前全国正处在“七下八上”防汛主汛期，要在抓好抗旱工作的同时，继续统筹抓好局地强降雨和台风等灾害防御。要早作打算，提前安排，做好防汛组织动员和检查准备工作，加强雨水情监测预报和预警，备足抢险物料，强化山洪灾害防御，保障大江大河、大中型水库、重点防洪地区以及中小河流、小水库等防洪薄弱环节的度汛安全。

请各有关地区将高温干旱防御应对工作落实情况于8月7日前报国家防总办公室。

国务院办公厅(印章)
2013年8月4日

例文2：

国务院关于印发大气污染防治行动计划的通知

各省、自治区、直辖市人民政府，国务院各部委、各直属机构：

现将《大气污染防治行动计划》印发给你们，请认真贯彻执行。

国务院(印章)
2013年9月10日

例文 3:

国务院办公厅转发教育部等部门关于实施教育扶贫工程意见的通知

各省、自治区、直辖市人民政府,国务院各部委、各直属机构:

教育部、发展改革委、财政部、扶贫办、人力资源社会保障部、公安部、农业部《关于实施教育扶贫工程的意见》已经国务院同意,现转发给你们,请认真贯彻执行。

国务院办公厅(印章)
2013 年 7 月 29 日

例文 4:

国家发展改革委关于提高国内成品油价格的通知

各省、自治区、直辖市、新疆生产建设兵团发展改革委、物价局,中国石油天然气集团公司、中国石油化工集团公司、中国海洋石油总公司:

根据近期国际市场油价变化情况,按照现行成品油价格形成机制,决定提高成品油价格。现就有关事项通知如下:

一、成品油生产经营企业供军队及新疆生产建设兵团、国家储备用汽、柴油(标准品,下同)供应价格每吨分别提高 90 元和 85 元,调整后的汽、柴油供应价格分别为每吨 8795 和 7955 元。其他成品油价格相应调整。调整后的成品油标准品价格见附件 1。

二、供交通、民航等专项用户汽、柴油最高供应价格等额调整。调整后的汽、柴油标准品最高供应价格每吨分别为 9195 元和 8355 元。其中,供渔业、林业、农垦用汽、柴油供应价格暂按供军队用油价格执行。

三、各地汽、柴油最高零售价格和批发价格等额调整。调整后各省(区、市)和中心城市汽、柴油最高零售价格水平见附件 2。

四、其他相关价格政策按《石油价格管理办法(试行)》规定执行。

五、液化气最高出厂价格按照与供军队等部门用 90 号汽油供应价格保持 0.92∶1 的比价关系确定,供需双方可在不超过最高出厂价格的前提下协商确定具体价格。

六、调价执行时间为 2013 年 9 月 13 日 24 时。

七、相关价格联动及补贴政策按现行规定执行。

八、中石油、中石化、中海油公司要组织好成品油生产和调运，保障成品油市场稳定供应；并督促所属企业严格执行国家价格政策，自觉维护市场价格秩序。

九、各级价格主管部门要加强价格监督检查，严厉打击各种价格违法行为，切实维护成品油市场的稳定。同时要加强成品油市场动态和价格监测，出现异常情况，及时报告并配合有关部门采取应对措施。

附件：1. 成品油供应价格调整表

2. 各省区市和中心城市汽、柴油最高零售价格表

国家发展改革委(印章)

2013 年 9 月 13 日

例文 5：

关于召开全省高等教育工作会议的通知

各市人民政府、行署，省直有关部门，各普通高校、省属成人高校及高级技工学校：

经省委、省政府同意，定于十二月二十日至二十一日在××召开全省高等教育工作会议，贯彻全国普通高等教育工作会议精神，研究部署今后一个时期的高教工作。现将有关事项通知如下：

一、参加会议人员：各地市分管教育工作的副市长、副专员，教育局长(教委主任)，省直有关部门负责人，各普通高校党委书记、校长，省属成人高校、高级技工学校主要负责人。

邀请省委办公厅、宣传部、研究室、高校工委，省人大教科文卫委，省政协文教卫生委及驻×新闻单位的负责同志出席会议。

二、请与会人员于十二月十九日到××饭店报到。需接站者，请提前告知××省教育委员会办公室，联系电话：××××

三、请各市通知驻地高校。

附件：与会单位名单

××省人民政府办公厅(印章)

二〇〇九年××月××日

二、通报

(一)通报的适用范围

按照新《条例》的规定，通报适用于表彰先进、批评错误、传达重要精神和告知

重要情况。由此可见,通报这一文体肩负着特殊的使命,具有其他文种所不能代替的功用。主要体现为三个方面:一是提倡和褒奖作用。即通过表彰先进,弘扬正气、树立典型,使有关单位和广大干部群众见贤思齐,从而尽心竭力地做好本职工作。二是告诫和教育作用。即通过批评错误行为和告知典型事故,使有关单位和人员吸取教训,引以为戒,从而尽力避免类似问题的再次发生。三是提醒和启示作用。即通过传达重要精神或情况,使有关单位或组织了解和把握工作进程、工作重点和必须予以关注的问题,从而树立整体观念和全局思想,妥善周密地安排和布置自己的工作。

(二)通报的主要特点

从通报的功能与用途上看,其具有如下特点:

1. 真实典型　通报的内容均是现实中已经发生的真实情况,具有事实上的绝对准确性,并非防范性的政治说教。这是起到广泛教育推动作用的基础。同时,无论是表彰、批评的事实或所告知的情况都应当有代表性,写通报必须选准富于教育意义的典型材料。

2. 寓理于事　通报不像通知、通告、决定等文种那样以说理为主来直陈要求,而是重在叙事说理,寓理于事,以事明理,通过对正反两方面事实的叙述,对人们起到指导、示范、教育、督促、警戒作用。

(三)通报的主要类型

通报按内容分为以下三类:

1. 表彰性通报　这类通报用于在一定范围内表扬好人好事,介绍先进典型,总结主要经验,号召人们学习。如《××市人民政府关于表彰计划生育先进集体和先进工作者的通报》。

2. 批评性通报　这类通报用于在一定范围内批评错误行为或重大事故,纠正不良倾向,目的在于告诫和教育人们吸取教训引以为戒,防止类似问题再次发生。如《××市人民政府关于对××局×××同志违反财经纪律的通报》。

3. 情况通报　这类通报主要用于对某些特殊社会动态、人的思想状况以及一定时期或某方面工作进展情况以及重要信息进行交流沟通,引起广泛关注;或用于传达领导机关的指示意图,以便统一认识,统一行动,共同完成任务;也用于为领导决策提供重要情况。如《××市建设局关于城管行政执法监督检查情况的通报》。情况通报多作下行文,也兼作平行文。

通报按形式分为以下两类:

1. 直述式通报　这类通报由发文机关直接叙述通报事实并加以评述,提出要求,不带附件。如《××研究所关于授予×××"勤政爱民好干部"荣誉称号的通报》。

2. 转述式通报　这类通报由发文机关将下级机关的报告、总结、计划、简报、经验介绍等以通报的名义加以批转，是复体行文，通报为主件，重在分析评论和提出要求。下级机关的来文作为附件随文下发。如《××市人民政府关于××县抗洪救灾捐款使用情况的通报》，转发的附件是《××县人民政府关于抗洪救灾捐款使用情况的报告》。

（四）通报的结构和写法

通报一般由标题、主送机关、正文、落款组成。

1.标题　通报的标题通常由发文机关、事由和文种组成，有时可省略发文机关。

通报的标题要能突出所传达的信息，通报事项概括要准确，使人一目了然。其中，特别要准确揭示事实的性质。撰写表彰性通报，常用“授予××××××称号”或“表彰”等一类词语表明发文机关的立场。拟写批评性通报，可用“给予××××××处分”这样的词语，表明态度。

2.主送机关　属于向指定范围发出的通报，要写明受文单位名称；向所有下属机关发出的通报，采用统称的方法，标明收文机关名称。

3.正文　正文是通报的核心部分，不同类别的通报具有不同的写法：

（1）表彰性通报正文的写法。①叙述先进事迹，包括时间、地点、任务、事迹、怎么做、结果等；②对上述事件进行分析、评议，指出其典型意义，或概括其主要经验。语言要简明概括；③提出表彰并发出号召。

如果是转发式表彰性通报，正文部分先对下级机关的材料进行评价，加上按语，即对被表彰者进行评议等，再发出号召或提出要求。

（2）批评性通报正文的一般写法。①通报缘由，即将事故或错误事实的经过情况、时间、地点、事故、后果等交代清楚；②对事故进行分析评议，重点分析事故发生的原因，指出事故的性质及其危害，并提出处分决定；③写明防止此类事故的措施，要对症下药，提出告诫，或重申有关纪律。

（3）情况通报正文的一般写法。①叙述情况；②分析情况，阐明意义；③提出指导性意见。

4.落款　在正文的右下方标明发文机关和成文日期，并加盖印章。

（五）通报的写作要求

1.注意时效性　通报要及时将先进典型和经验向社会宣传推广，对反面典型予以揭露，引起警戒，或对某些重大事项和重要情况，及时予以通报，以起到交流情况、信息，指导工作的作用，一旦错过时机，就失去行文的意义了。

2.注意指导性　通报的事实要有普遍的指导意义，先进的典型能反映事物的本质特征，能体现时代的精神。反面的典型能体现鉴诫的作用。只有选准、选好典型，通报才能起到激励教育、推动工作和批评鉴诫的作用。

3.注意真实性　通报事实中的时间、地点、细节、数据等均应反复核对，做到准确无误。哪怕是一点差错，都会影响到通报的严肃性和权威性。

4.注意用语把握分寸　通报涉及人和事的定性问题，叙议语言都应十分审慎，合情合理。表扬先进，不要任意拔高；批评错误，不要无限上纲。总之，要坚持实事求是，一切从实际出发。

例文1：

××省化工总公司党委关于授予张××“优秀共产党员”荣誉称号的通报

各分公司党委、总公司党委各部门、各直属机构：

张××同志是××分公司所属天宏化工厂管道维修工人，共产党员。今年8月12日上午8时30分，天宏化工厂成品车间后处理工段油气管道突然爆炸起火。正在利用公休日清理夜间施工现场的张××被爆炸气浪猛烈推倒，头部、右臂和大腿等多处受伤，鲜血直流，鞋子也被甩出很远。在这危急关头，张××强忍剧痛，迅速爬起来，顾不得穿鞋和查看伤势，踩着玻璃碎片，冲入烈火之中，迅速关闭了喷胶阀门、油气分层罐手阀、蒸汽总阀。接着先后用了10余个干粉灭火器扑救颗粒泵、混胶罐等处的大火，在随后赶来的保安人员韩××的援助下，英勇奋战十余分钟，最终将大火全部扑灭，避免了火势的蔓延。

××同志在身体多处受伤、火势凶猛并随时可能发生更大爆炸的万分危急关头，将个人生死置之度外，果断处理突发事件，为遏制火势蔓延，防止事故扩大，减少国家财产损失，作出了突出的贡献。他的行为体现了为保护国家财产和人民利益而不惜牺牲个人生命的崇高精神品质，谱写了一曲当代共产党人的正气之歌。韩××同志不顾危险，奋力救火，充分表现了忠于职守、不怕牺牲的精神，不愧为一名称职的保安人员。

为此，总公司党委研究决定：

一、将张××和韩××奋力灭火的英勇事迹通报全公司，予以公开表彰。

二、授予张××“优秀共产党员”荣誉称号，晋升一级工资，并颁发灭火奖金5000元，以资鼓励。

三、为韩××晋升一级工资，并颁发灭火奖金1000元，以资鼓励。

希望各分公司党委、总公司党委各部门、各直属机构组织广大共产党员和干部职工认真学习总公司党委的表彰通报，以张××、韩××的英雄事迹和崇高精神为动力，落实安全生产责任，努力做好本职工作，为化工行业的改革与发展作出更大的贡献。

××省化工总公司党委(印章)

二〇一一年八月二十日

例文 2：

浙江省人民政府办公厅关于乍嘉苏高速公路5·12特大道路交通事故的通报

各市、县（市、区）人民政府，省政府直属各单位：

2004年5月12日，我省乍嘉苏高速公路嘉兴段7号桥发生一起特大道路交通事故，造成23人死亡，10人受伤。为认真吸取这次事故教训，防止类似事故再次发生，进一步做好道路交通安全工作，经省政府同意，现将有关事故情况通报如下：

一、事故经过

2004年5月12日，杭州长运运输集团有限公司浙A·74502号大客普通班车，由陈峰峰驾驶，核定载客34人，从杭州汽车东站载客32人，开往江苏省昆山市。下午2点27分，客车行驶至乍嘉苏高速公路嘉兴桐乡出口（34km＋906m）处的行车道。此时，由杨新根驾驶的浙F·E2882号桑塔纳轿车（属桐乡市高桥联合砖瓦厂所有），本应从该出口驶离高速公路，但因错过减速车道口，经车上乘客提醒后，杨新根在未打转向灯的情况下，减速由超车道变更进入行车道，欲从出口驶离。陈峰峰驾驶的浙A·74502号客车在避让过程中，进入漆画斑马线区域，先是车辆左前、后轮及车体左侧刮擦匝道口水泥挡墙前端，再冲出匝道右侧护栏，翻坠落差7.8米的桥下，造成浙A·74502号大客车上23名旅客死亡、10名旅客受伤，大客车报废，直接经济损失1200多万元。

二、事故原因

（一）事故直接原因。

1.浙A·74502号大客车驾驶员陈峰峰在雨天驾驶车辆时，没有降低速度确保安全；遇前方浙F·E2882号轿车变更车道时，未采取紧急制动，操作处置不当，造成严重后果。

2.浙F·E2882号轿车驾驶员杨新根在行车中未注意交通标志，至高速公路出口路段，没有进入减速车道，而是继续在超车道上行驶。从超车道向行车道变更时，未打转向灯，影响了在行车道上的浙A·74502号大客车的正常行驶。

（二）事故间接原因。

1.杭州市交通局和杭州市交通资产经营公司对本系统安全生产工作重视不够，安全责任不够落实，安全监管不严。

2.杭州市道路运输管理局对运输企业安全生产监管不严，检查不力。

3.杭州长运运输集团有限公司安全教育、管理存在漏洞和薄弱环节，对驾驶员安全行车、紧急避险缺乏应有的教育，安全管理不到位，一些职工和企业负责人安全意识淡薄，安全责任不落实。

三、事故性质

这是一起因驾驶员严重违反道路交通安全法律法规引起的特大道路交通事故。

四、事故责任和对责任者的处理

经乍嘉苏高速公路"5・12"特大道路交通事故调查组深入调查、全面分析研究后，提出了本起事故的责任界定以及对责任人员的处理意见。根据《中华人民共和国行政监察法》、《中国共产党纪律处分条例》和《国家公务员暂行条例》的有关规定，经省政府常务会议研究，决定对"5・12"特大道路交通事故有关责任人员作如下处理：

杭州市交通局局长兼杭州市交通资产经营公司董事长王水法予以行政警告处分；

杭州市道路运输管理局局长汪雪祥予以行政记大过处分；

杭州长运运输集团有限公司总经理王德润予以行政记大过处分；

杭州长运运输集团有限公司副总经理李远龙予以行政记大过处分；

杭州市长运运输集团有限公司副总经理兼客运总公司经理汪建珊予以撤销职务处分；

杭州市长运运输集团有限公司客运一公司副经理章云昌(主持工作)予以撤销职务处分。

同时对受处理的企业负责人给予相应的经济处罚。

另外，鉴于浙A・74502号大客车驾驶员陈峰峰和浙F・E2882号轿车驾驶员杨新根在该起事故中的责任，司法机关分别依法追究了他们的刑事责任。

五、事故教训及防范措施

"5・12"事故是我省实施《道路交通安全法》以来伤亡人数最多的一起道路交通事故，也是发生在我省高速公路上伤亡人数最多的事故，损失惨重，影响很大，教训极为深刻。

一是安全意识不强。一些地方和部门领导没有深刻领会和认真实践"三个代表"重要思想，没有真正树立"安全第一，预防为主"的观念，对交通安全工作的重要性认识不到位，缺乏应有的责任意识和道路交通法律法规知识。

二是交通安全工作不到位。一些地方和部门对企业没有实施有效的安全监管，落实措施不到位，对企业存在的重大事故隐患未能及时发现并提出相应整改、防范措施。对已发生的重大责任事故和驾驶员安全意识淡薄等情况，相关部门未能及时分析、研究和制定与之相适应的对策、措施。

三是交通安全宣传教育不够。一些运输企业没有很好地对职工进行必要的交通安全知识教育和培训，对驾驶员等人员安全、业务技能教育不够，致使职工、驾驶员安全意识淡薄，思想麻痹，缺乏应急处置经验。

四是车辆管理存在漏洞。国家车辆管理部门对车辆转让管理有明确的规定，但一些部门未能按规定及时办理转让手续，客观上造成了车辆管理和驾驶员安全教育不落实。各级政府和有关部门要认真吸取事故教训，切实贯彻"安全第一、预防为主"的方针，按照省委提出的建设"平安浙江"的要求，进一步加强对安全生产工作的领导，落实安全生产责任制，加强对交通运输企业的监管，督促运输企业落实单位负责人、企业法人(业主)负责的交通安全责任制，完善安全生产规章制度，严格驾驶员聘用管理制度，积极开展安全生产教育和培训，提高驾驶人员的安全法制意识和职业道德素质，强化各项安全防范措施；遏制重特大事故多发的势头，确保人民群众生命财产安全。各级安全监管、公安、监察等部门要认真履行职责，对重特大道路交通事故，坚持"四不放过"的原则，逐级倒查事故原因，追究相关人员的责任。

浙江省人民政府办公厅(印章)
二〇〇五年三月三日

例文3：

浙江省人民政府关于2005年度省政府直属单位工作目标责任制考核情况的通报

各市、县(市、区)人民政府，省政府直属各单位：

2005年，省政府直属各单位以邓小平理论、"三个代表"重要思想和科学发展观为指导，在省委、省政府领导下，认真履行职能，积极开拓进取，较好地完成了年度目标任务，为保持全省经济平稳较快发展与社会和谐稳定作出了积极贡献。

根据《浙江省人民政府办公厅关于印发2005年度省政府直属44个单位工作责任制目标的通知》(浙政办函〔2005〕6号)和《浙江省人民政府办公厅关于印发〈省政府直属单位工作目标责任制量化考核办法〉的通知》(浙政办函〔2004〕24号)要求，在各单位自查自评的基础上，省政府办公厅会同有关部门对各单位责任制目标完成情况逐项进行了认真考核。同时，省政府领导、省级有关单位和市、县(市、区)政府对各单位的工作进行了综合评价、评议。根据考核情况和评价评议结果，省政府研究决定：

省交通厅、省公安厅、省农业厅、省环保局、省财政厅、省教育厅、省经贸委、省体育局、省地税局、省建设厅、省卫生厅、省水利厅、省国土资源厅、省外经贸厅、省机关事务局等15家单位为2005年度工作目标责任制考核优秀单位。其余被考核单位为2005年度工作目标责任制考核良好单位。

希望获得工作目标责任制考核优秀的单位要谦虚谨慎、再接再厉、创新务实，继续做好各方面的工作。其他单位要认真学习优秀单位好的做法和经验，努力创优争先，使各方面工作再上新台阶。全省各级政府机关都要以邓小平理论、“三个代表”重要思想和科学发展观为指导，在省委、省政府的统一领导下，振奋精神，真抓实干，为全面完成今年的各项目标任务，加快全面建设小康社会和提前基本实现现代化作出新的贡献。

二〇〇六年二月二十七日(印章)

(六)通知、通报的区别

通知、通报均属告知性公文，都是下行文，但两者仍存在区别：

1.从适用范围上看　批转、转发公文，传达要求下级机关办理和需要周知或共同执行的事项用“通知”。表彰先进，批评错误，传达重要情况，用“通报”。

2.从目的上看　发通知是使受文单位了解发文单位要求做什么和怎么做，从而行动起来。发通报则是使受文单位了解某一重要情况或典型事件，从而受到教育，提高认识，学到经验，想出办法，改进工作。

3.从根本性质上看　通知严格讲是知照性公文，它的内容侧重于提出要求，明确界限，它必须有下一步工作的意见和要求。通报严格讲是陈述性公文，内容侧重于说明、介绍某一事物或问题的情况，可以提出下一步工作要求，也可以不提任何要求。

4.从内容的构成看　通知要由受文单位做什么和怎么做两部分内容构成，一般直陈直述，不举例和议论。一些生疏或不易理解的事项，可以偶尔举个例但不是为了论证，而是为了把问题说得更清楚、更具体，便于受文单位理解和执行。但通报却不同，它的事项是由情况或事例构成，同时需要对情况或事例作简明扼要的分析。

5.从用途上看　通报和通知都可用于传达情况和告知需要知道的事项，但通报传达的是“重要情况”，告知的是典型事例。而通知传达的是“上级指示”，告知的是某一方面情况的综合。通报可以用于表彰先进和批评错误，通知没有这种用途。

6.从对象上看　通报的对象不是特定的，不是专门针对某个机关或某些人，而是使各机关或有关人员一体周知。通知的对象是特定的，它是专门针对特定的机关或人员。

第四节　报告　请示

一、报告

(一)报告的适用范围

根据新《条例》的规定,报告适用于向上级机关汇报工作、反映情况,回复上级机关的询问。报告属于上行文,它是下情上传、沟通和反馈信息的主要方式,是维护上下级之间工作关系的重要手段。

(二)报告的主要特点

1.陈述性　这是报告的文体特点。它以反映情况为立足点,行文时主要采用叙述的手法将有关工作情况或问题向上级机关作出陈述,重点是叙写清楚做了哪些工作,具体情况怎样,以便使上级机关及时了解和掌握有关信息,并据此做出正确决策,有效地指导工作。

2.总结性　报告所涉及的内容都是已经做过的工作或已经发生的事情。因此在撰写时必定对有关的工作或情况进行综合、分析、归纳,即进行总结。不然就变成了事实或现象的罗列,从而失去了报告的意义。

3.已然性　报告所涉及的内容都是已经做过的工作或者已经发生过的情况。

(三)报告的主要类别

按照报告的内容和目的为以下几种类型:

1.工作报告　旨在向上级机关汇报工作的进展情况,以便上级机关统一协调和掌握下级工作情况,实行有针对性的指导。根据报告的内容又可以具体分为综合报告和专题报告两种。综合报告是反映本机关全面工作情况的报告,如年度工作总结报告、年度工作计划报告等,如《××市人民政府2012年工作报告》。专题报告是集中汇报某项工作、某个问题的报告,有阶段性的、总结性的,也有建议性的,如《广东省石油公司英德供应站关于解决油库长期遗留的山地及树木的归属问题的报告》。

2.情况报告　情况报告是专向上级机关反映有关情况的报告,其内容有特定的指向,如有重要参考价值的新情况新问题、重要决策下达后职工思想状况、重大案件以及严重自然灾害等突发事件、其他需要上级机关及时了解和掌握的特殊情况。如《××市贸易局关于百货大楼重大火灾事故的报告》。

3.答复报告　指答复上级询问事项的报告,属被动行文。如上级领导对群众来信来访中反映的问题或文件材料中反映的问题,批示下级机关查办,或询问有关情况，下级机关办理完毕，需用书面形式答复上级机关，此时使用的公文就是答复报告。如《关于人大代表议案办理情况的报告》。

(四)报告的结构和写法

报告的基本结构由以下几部分组成：

1.标题　通常由发文机关＋事由＋文种组成。综合报告的标题可以省略介词结构“关于……的”，如《××省人民政府2011年工作报告》；专题报告的标题要注意将事由概括准确，如《××县林业局关于2012年春季植树造林工作的报告》。

2.主送机关　在正文上一行顶格书写一个直接上级机关的名称，要写全称或规范的简称。不能多头主送，也不能写领导人姓名。

3.正文　正文的写法因类别不同而有所差异，但结构大致可以分为三个部分，即报告缘由、报告事项、结束语。

(1)报告缘由。这部分是报告正文的开头，一般是交代背景，引述上级指示精神，说明行文目的意义，或概括全文主旨。然后用“现将有关情况报告如下”引入正文的主体部分。

(2)报告事项。这部分是报告正文的主体部分，它要准确简要、条明理晰地将有关工作或事件的情况表述清楚，并加以扼要分析，以便给人以全面、深刻的了解。撰写时要紧紧围绕行文的目的和主旨进行陈述，如实汇报工作，则应首先写明工作的基本情况，其次写明主要做法和成绩，包括采取的办法、措施以及由此带来的直接效果等，最后写明还存在什么问题以及今后的大体工作设想。在内容布局上，一般将第二层次详写，第三层次略写，不作过多铺陈。如是反映问题，则应首先对所要反映的问题或情况作一概述，然后集中分析产生问题的原因(包括主客观两个方面原因)，最后提出解决问题的意见和办法。在内容布局上，第一层次文字要简洁，第二、第三层次的叙写应当根据行文的目的和主旨表达需要确定详略。如是答复上级机关的询问和要求，应首先扼要叙述上级机关交办的事项或任务，然后写明处理的大致过程，包括采取的办法或措施、处理中遇到的问题及需要进一步陈述的事项等，最后交代处理结果，同时征询上级机关对处理结果的意见。如是就某项工作中的错误向上级机关检讨，应首先陈述错误的事情概况，继而分析造成错误的原因(包括直接原因和间接原因)及应负的责任，最后写明处理结果及今后的改进意见。

(3)结束语。报告的结尾一般有较为固定的结语，常用的有“特此报告”、“以上报告，请审阅”、“以上报告如有不妥，请指示”。它另起一段，独占一行。

4.署名和日期　按照要求在正文的右下方准确标明发文机关名称和成文日期，并加盖印章。

(五)报告的写作要求

1.内容要真实、具体　报告中所涉及的实施情况、工作成绩、存在问题等，都要真实可靠，不能夸大，不能缩小，不能虚构，不能隐瞒。起草报告的人员，要深入调查研究，尽可能掌握第一手材料，然后分析归纳，既有概括性材料，又有典型的具体事例。

2. 重点突出，有点有面　报告的内容要根据主题的要求来安排，分清主次轻重。重点的主要的内容安排在前面，应详写；非重点的次要的内容可略写；可写可不写的内容就不写。同时要处理好点和面的关系，既要有典型的事例，又要有面上的综合性情况，眉目清楚，说服力强。

3. 条理要清楚　与其他公文相比，报告的容量较大，结构较复杂，因此特别要讲究布局的层次性以及各部分之间的逻辑关系。

4. 行文要及时　对当前出现的新情况、新问题以及有关事件，应及时向上级领导机关汇报，切莫贻误时机，以便上级及时了解情况并作出正确决策，避免造成更大损失。

5. 报告中不得夹带请示事项　报告是阅件，通常不需要答复，因此报告中不宜提出请示事项，否则很容易误时误事。

例文 1：工作报告

××市人民政府关于 2010 年节能减排工作的报告

××省人民政府：

今年以来，为全面贯彻落实科学发展观，加快资源节约型、环境友好型社会建设，中央和省将节能减排工作作为调整经济结构、转变发展方式的突破口和重要抓手，作为宏观调控的重点，出台了一系列促进节能减排的政策措施。市政府按照省政府节能减排工作的总体部署和要求，通过及时传达，精心部署，强化服务和加强监管，督促检查等各项工作措施，全市节能减排工作取得了新的进展。根据省政府要求，现将我市 2010 年节能减排工作报告如下。

一、节能减排工作目标及完成情况

（一）工作目标

节能目标：2010 年，全市规模以上工业万元增加值能耗比 2009 年下降 6%。列入国家“千家企业节能行动”的 1 户企业实现节能 3500 吨标准煤以上，列入省“239 重点节能”的 6 户企业实现节能 15864.7 吨标准煤以上。关闭或整合企业 1 户（××公司），淘汰落后工艺装备企业 2 户（××公司、××公司）。

减排目标：（略）

（二）完成情况

（略）

二、落实节能减排工作的主要做法

1.及时传达,精心部署。(略)

2.加强领导,制发文件。(略)

3.细化目标,落实责任。(略)

4.注重监管,增强实效。(略)

5.搞好循环,综合利用。(略)

6.狠抓宣传,强化服务。(略)

三、节能减排工作中存在的主要问题

1.节能减排的意识有待进一步提高。(略)

2.节能减排形势依然严峻。(略)

3.节能减排空间缩小。(略)

4.产业结构不合理。(略)

5.节能减排投入不足。(略)

6.节能减排体系不完善。(略)

四、下一步工作措施

1.进一步强化节能减排工作认识。节能减排是党中央、国务院作出的重大决定部署,是"十一五"时期的一项约束性指标,是一条不可逾越的红线。我们将进一步统一思想,认真贯彻落实党的十七大精神,牢固树立抓节能减排就是落实科学发展观、转变经济发展方式的理念,充分认识节能减排工作的长期性、艰苦性和复杂性,切实做好节能减排工作,采取强有力的措施,千方百计确保实现国家和省政府下达我市的节能减排目标任务。

2.进一步严格节能减排目标责任制。(略)

3.进一步调整和优化工业经济结构。(略)

4.进一步加强清洁生产和循环经济。(略)

5.进一步加强重点企业节能减排工作。(略)

6.进一步加强节能减排监察。(略)

7.进一步加强节能管理队伍建设和宣传教育工作。(略)

特此报告,请审阅。

××市人民政府(印章)

二〇一〇年十二月二十四日

例文 2:情况报告

××市贸易局关于百货大楼重大火灾事故的报告

省贸易厅:

2006 年 5 月 2 日凌晨 3 时 20 分,我市江北区百货大楼发生重大火灾,经过两个多小时的扑救,于 6 时明火全部扑灭。该大楼二层楼经营的商品以及柜台、货架、门窗等全部烧毁,直接经济损失达 65 万元。造成此次重大火灾的直接原因,是二楼一个个体户经二楼经理同意从总闸自接线路,夜间没断电导致电线起火。

这次火灾的发生暴露了该大楼领导对安全管理工作极不重视,内部管理混乱,安全制度不健全,违章作业严重等问题,因而造成了惨重的经济损失,教训十分深刻。

火灾发生后,市政府、市贸易局十分重视,三次派人员到事故现场进行调查,个体户张××罚款××××元,并听候进一步处理。

今后,我们要吸取教训,切实加强对安全工作的领导,尤其加强对零售企业的安全管理,及时消除各种不安全的因素和隐患,为企业创造良好的经营环境。

××市贸易局(印章)
二〇〇六年五月八日

例文 3:答复报告

××市人民政府关于在本市文学艺术界开展档案资料征集工作的报告

省政府:

根据省政办《关于做好在文学艺术界开展档案资料征集工作的函》(×政办函〔2005〕12 号)要求,现将我市在文学艺术界开展档案资料征集工作的情况报告如下:

2004 年 11 月 20 日,我市成立了以副市长××为组长的市档案资料征集工作领导小组,成员由市文化局、市文联、市档案局有关同志担任。

2004 年 12 月 1 日,市档案资料征集工作领导小组根据《中华人民共和国档案法》、国家文化部、国家档案局《艺术档案工作暂行办法》的有关规定,结合我市的实际情况,在全市文学艺术界下达了开展档案资料征集工作的通知。

档案资料征集的内容有:在文学艺术界中,反映知名人士主要经历及其主要活动的生平材料,包括履历表、传记(含自传)、回忆录、日记等;反映知名人士公务活动的材料,包括报告、演讲稿、题词、录像带、光盘、照片等;反映知名人士成就的材料,包括论文、专著、研究成果、艺术作品、获奖证书、荣誉称号证书等;其他反映知名人士活动的相关材料,如评价文章、研究资料、原始材料等。

我市档案馆拟以知名人士个人为单位设立个人档案卷宗,给予卷宗号;并建立人物档案数据库,采用现代化管理模式和管理设施进行保管。

下达通知以来,据市档案资料征集工作领导小组调研走访,获悉许多知名人士正在整理自己多年积累的材料,以支持市政府的工作。

目前,市档案资料征集工作办公室已经收到无偿征集(移交、捐赠、寄存)资料112件;有偿征集(珍贵的历史价值档案)资料35件。市档案资料征集工作领导小组正在组织专业人员进行分类整理。

特此报告。

××市人民政府(印章)
二〇〇五年二月十日

二、请示

(一)请示的适用范围

按照新《条例》的规定,在党政机关中,请示适用于向上级机关请求指示、批准。

请示是在特定条件下使用的,有特定应用范围,具体主要包括以下几方面:

1. 对上级有关方针、政策、指示或法规、规章不够明确或有不同理解,需要上级机关做出明确解释和答复。

2. 从本地区本单位实际情况出发,需要对上级的某项政策、规定做出变通处理,有待上级重新审定、明确作答。

3. 在工作中出现新情况、新问题需要处理而无章可循、无法可依,需要上级机关做出明确指示。

4. 请求批准人员编制、机构设置、干部任免、经费预算以及重要人员或事故的处理。

5. 按上级机关和主管部门有关政策规定,不经请示有关部门批准,无权自行处理的问题。

6. 工作中出现了一些涉及面广而本部门无法独立解决的困难和问题,必须请示上级领导,以求得上级领导批准后转发有关部门贯彻执行。

(二)请示的主要特点

与报告相比,请示的特点突出地表现为:

1. 行文内容的请求性　请示是向上级机关请求指示或批准的公文,具有请求的性质；而报告是向上级机关汇报工作、反映情况、提出建议、答复上级机关的询问或要求的公文，具有陈述性质。

2. 行文目的的期复性　请示发出后，上级机关无论同意与否，都应予以答复，这是由请示的期复性特点决定的。有请必复是上级处理请示与报告两种公文的重要区别。而报告的目的在于让上级知道、掌握某方面或某阶段的情况，不要求批复。

3. 行文时机的超前性　请示必须事前行文，等上级机关批复之后才能组织实施，不能先斩后奏，这是制发请示的重要原则。事前行文不仅是尊重上级的表现，也有助于提请上级对重要事项把关，避免出现重大失误。而报告则可在事后行文，也可在工作进行中行文，一般不事前行文汇报方案。

4. 请求事项的单一性　请示必须严格执行一文一事，确保主旨单一，以便上级机关及时答复，缩短公文办理周期，提高行文效率。而报告可以一文一事，也可以一文数事。

（三）请示的主要类型

常用的请示按目的和内容，可分为请求指示类的请示和请求批准类的请示两类。

1. 请求指示类的请示是针对工作中出现的不知如何办理的具体问题，向上级说明有关理由或情况，请求予以答复或提出明确的处理意见。如前面所述请示应用范围之 1、2、3 项，属于这种类型，它的行文重点放在对有关情况的说明上，可以写时本单位的建议，以便上级机关批复时参考。

2. 请求批准类的请示是请求上级予以批准、允许的请示，这是请示中最普遍的一种。如前面所述请示适应用范围之 4、5、6 项，属于这种类型，它在行文中要把有待批准的事项阐述清楚，重点放在处理意见、办法、方案的说明上。必要时应采用附件形式，提供有关事项的完备材料，以便上级机关了解有关情况和审核批准。

（四）请示的结构和写法

无论哪一类请示，其基本结构大致相同，即由标题、主送机关、正文、署名和日期等部分组成。此外，在公文文头部分，必须标明签发人。

1. 标题　请示的标题，包括发文机关、事由和文种三项，如《农业部关于农村改革试验区工作几个问题的请示》，发文机关有时可以省略。写标题要注意，不能将“请示”写成“报告”或“请示报告”。标题中尽可能不要出现“申请”、“请求”之类词语，如《关于请求××××的请示》或《关于申请××××的请示》这样的标题，造成语义重复，属于不规范的做法，应当将标题中的“请求”、“申请”删掉。

2. 主送机关　只能标明一个直接上级机关名称。重双重领导的机关向上级请示，应根据上级职责，主送其中一个负责答复请示的机关，抄送另一个上级机关。

3.正文　正文包括请示缘由、请示事项、请示要求。

(1)请示缘由。说明请示的理由、根据和目的,有时也要交代背景,阐明必要性和可行性。这一部分要写得简明概括,依据可靠,理由充分。如果有些问题难以扼要说明,可将有关详细材料作为附件随文上报,使正文篇幅简短,主旨突出。

写好请示,最重要的是使请示缘由能引起上级的重视,并且为上级所首肯。也就是说,请示写作成败的关键在于把"有必要解决这个问题"说清楚。写请示缘由有"四忌":一忌只从本单位的立场出发考虑问题。上级处理问题总要立足全局,通盘考虑。下级认为迫在眉睫的事情,上级未必认为刻不容缓,应当给予优先解决。所以,在酝酿请示的时候,应努力寻求上下级立场的一致点,不能一味强调局部利益。二忌空泛地、过多地讲大道理。请示当然应该以理服人,但是切不可不看对象,大讲一些人所共知的道理。正确的做法是:在充分陈述情况、问题、困难的同时,或摘引上级文件,或点明性质,或指出后果,或揭示联系,作判断性的点拨,而不作推理性的论证。三忌夸大事实,编造理由。信息真实可靠,是决策科学、管理有效的前提条件。用虚假信息来换取眼前要求的满足,势必损害整体利益,实际上也就损害了自身长远利益,更何况虚假信息不可能长期蒙骗人,一旦被揭穿,其后果可想而知。四忌缘由与请求倒置。按照行为受需求支配的常理和习惯,应该先陈述理由,再提要求。如果两者易位,一开头便写请求事项,其后用"理由如下"引出缘由,就会使人感到突兀,且语气也欠委婉,有强加于上级之嫌。

(2)请示事项。就某一事项或问题提出看法、建议或处理方案。这是请示的主体部分,重点在于说明该怎么办,多数情况下需要提出解决问题的初步方案,供上级定夺。如有两种以上处理方案,也可同时提出,但必须说明本机关的倾向性意见与理由,以供上级权衡审批。提倡积极帮助上级出谋献策的态度与做法,反对简单消极地上交矛盾的态度和做法。

写请示事项,要围绕"解决问题的可能性"、"方案的可行性"或"解决问题的有利条件"做文章。这部分有"三忌":一忌只摆问题,不提方案(请求答疑的例外);二忌模棱两可,含糊其辞;三忌语气生硬,催迫要挟。

(3)请示要求。任何请示都必须在末尾明确提出请求,应采取征询的语气和期请的语言,提出请求上级给予指示、批准或批转的要求。通常使用"特此请示,请批复"、"以上请示当否,请批示"、"妥否,请批示"、"可否,请予审核批准"、"以上请示,如无不妥,请批转有关部门贯彻执行"等惯用语。

4.署名和日期　在正文的右下方标出发文机关名称、成文日期并规范地用印。

(五)请示的写作要求

1.行文之前要主动与主管领导取得联系,做好沟通工作　最好能够当面陈述有关请示意见,求得领导的同情、理解和支持。经验证明,加强与上级领导的沟通是请示事项获得批准的重要因素。

2. 一事一请　要严格遵守一文一事的原则。如果一文多事，送达上级机关后导致受文机关无法批复，从而延误批复的时间。

3. 不能多头主送　一份请示，只主送一个上级机关，不要多头主送，以免造成主送机关间相互等待推诿或因各主送机关批复意见不一致而使工作陷入被动。如果请示事项需同时送其他机关，应采用抄送的形式。另外，除上级机关负责人直接交办的事项外，不得以机关名义向上级机关领导者个人报送请示（此规定也适用于其他上行文如"报告"、"意见"）。

4. 不越级请示　要坚持逐级请示原则，一般不得越级行文。遇有特殊情况必须越级请示的，应同时抄送被越过的上级机关。

5. 不得同时抄送其下级机关　请示是上行公文，必须在事前行文，切忌先斩后奏，未获上极批复之前，请示不得抄送其下级机关。

6. 请示不宜太频繁　凡属本级机关职权范围内的而且自己能够解决的事，就不必把矛盾上交，事事请示，否则会给领导机关增加不必要的负担。

例文 1：

××省地质勘测大队关于购置冷藏箱的请示

省地质矿产局：

我们地质勘测大队共有×个常年在偏远山区进行野外作业的作业队，其饮食原料贮藏问题急需解决。这些作业队原来采购食品，由于没有冷藏箱，只能完全靠汽车运输。每年一到作业季节，平均每天将出动车辆×辆次，人力×人次，消耗汽油×吨，费用巨大；而且即使如此繁采购，仍满足不了供应，肉食和蔬菜腐烂变质的情况仍不可避免（以下为统计数字，略）这不仅严重危害野外作业人员的身体健康，而且给城乡交通增加了负担，造成交通事故隐患（以下为工作人员因食物变质致病的数字和频繁采购导致交通事故的数字，略）。

因此，我们准备从明年起，开始为野外作业队购置一批冷藏箱（型号略），每台需款×元。考虑到一次解决款项太大，我们打算根据各队需要的急缓程度，逐年给予解决。明年拟购置×台，需资金×元。现在我队有××节余款×元，用在此事方面正好合乎规定，但尚缺×元。请局里予以拨款×元。

以上请示妥否，请批复。

××省地质勘测大队（印章）
二〇××年×月×日

例文2：

国家统计局关于建立国家普查制度改革统计调查体系的请示

国务院：

实行改革开放政策以来，在国有经济发展壮大的同时，我国乡镇企业以及个体经济、私营经济、三资企业等多种经济成分迅速发展，给现行的统计调查工作带来许多新的问题。一方面，统计调查对象的规模迅猛扩展，仅工业企业就由34万多家增加到860多万家。另一方面，统计调查对象构成日趋复杂，不仅多种经济成分同时并存，而且国有经济中也出现了承包经营、租赁经营等多种经营形式；特别是随着现代企业制度的建立和产权的流动与重组，不同所有制的经济主体投资于同一企业的状况将日趋扩大，财产混合所有制的经济单位越来越多。由于利益格局的变化很大，被调查者对统计调查的合作与支持程度大为降低，统计信息运行过程中的人为干扰现象日益增多，信息失真的危险性逐步增大。

根据上述情况，必须按照建立社会主义市场经济体制的要求，参照国际成功经验，从根本上改革我国统计调查方法，建立以必要的周期性普查为基础，经常性的抽样调查为主体，重点调查、科学核算等为补充的多种方法综合运用的国家统计调查方法体系。为此，特请示如下：

一、按照国务院有关规定，实行周期性的普查制度。普查项目包括：人口、工业、农业、第三产业和基本统计单位等。人口普查、第三产业普查、工业普查、农业普查每10年进行一次，分别在逢零、三、五、七的年份实施。建立基本统计单位普查，每5年进行一次，逢一、六的年份实施。

这些普查都属于重要的国情国力调查，必须在国务院和地方各级政府的统一领导下，由政府统计部门会同有关业务主管部门共同组织实施。经费由中央和地方各级政府共同负担，并列入相应年度的财政预算。

二、大力推广应用抽样调查技术，逐步确立抽样调查在统计调查方法体系中的主体地位。当前，要在进一步完善农产品产量调查、城乡住户调查、价格调查和人口变动情况等项抽样调查工作的同时，抓紧在工业、商业、建筑业和固定资产投资统计中深入研究并广泛应用抽样调查方法，从根本上改变过分依赖全面统计报表的状况。

为此，除要进一步改革和完善城乡社会经济调查队外，急需建立一支机动灵活、精干高效的企业调查队伍，这支队伍负责对遍布全国城乡的各种所有制企业，特别是乡镇企业以及个体经济进行抽样调查；开展与建立现代企业制度和发展市场体系密切相关的快速专项调查；进行事业单位的统计登记工作，建立和管理企事业单位名录库等。

有关企业调查队伍的机构、编制、干部、经费和基建投资等问题由国家统计局同有关部门另行商定。

三、加快统计信息自动化系统建设。随着统计调查体系的改革，计算工作量将大量增加，因而对统计信息自动化系统建设的要求会更高、更迫切。各级政府和有关部门应高度重视并大力支持统计信息自动化系统的建设工作，并增加投入，以便于大规模、高效率、全方位、深层次地开发利用统计信息资源，为各级党政领导决策和管理提供科学依据。

四、健全统计机构，稳定干部队伍。为适应市场经济条件下日益繁重的统计工作的需要，必须采取强有力的措施，从组织上保障统计任务完成。在这次机构改革中，要按照《中华人民共和国统计法》和国务院有关规定的要求，切实加强各级政府统计机构和业务主管部门统计机构的建设。

以上请示如无不妥，请批转各地区、各部门遵照执行。

××××年×月×日（印章）

例文3：

丹棱县卫生局关于组织外出考察医改的请示

县人民政府：

今年是深入开展医药卫生体制改革的关键年，为进一步做好医改工作，我局拟由局党委（党组）成员魏红副局长、谢开英副书记二位同志带队，于5月中下旬分两批赴北京市学习医改工作经验，主要考察公立医院改革及实施基本药物制度。

妥否，请批复。

附件：考察人员名单

二〇一〇年五月十二日（印章）

（联系人：李水泉　联系电话：18990386655）

（六）请示与报告的区别

请示和报告均属上行文，都有必要的情况叙述，格式上也有共同之处。正因为两者比较相近，因此在使用中混淆不清的现象较为普遍，主要表现为：该用“请示”的误用“报告”；“请示报告”合并使用；报告中夹带请求事项或请示中汇报工作过程;等等。

为纠正上述现象,规范使用文种,有必要弄清它们的相互区别:

1.行文目的不同　请示旨在请求上级批准、指示,需要上级批复,重在呈请;报告旨在向上级汇报工作、反映情况、答复上级询问,不需要上级答复,重在呈报。由于目的不同,所以使用的尾语也不相同。

2.行文时间不同　请示必须在事前行文,否则就是“先斩后奏”;报告则不受时间限制,事前、事中和事后都可以行文。

3.内容含量不同　请示一文一事,篇幅相对较短;报告可一文多事,内容可多可少,篇幅可长可短,工作报告一般篇幅较长。

4.处理办法不同　请示属办件,上级机关受文后,必须及时答复;报告属阅件,上级机关受文后不作答复。

5.请示在正式印发报送上级时,还应在“附注”处注明联系人的姓名和电话,以利主送机关必要时查询,而报告没有此项要求。

6.写作侧重点不同　两者都要陈述、汇报,但报告的重点只在汇报工作情况,报告中不能夹带请示事项;而请示中所陈述的情况,只是作为请示的原因,即使反映情况及阐述缘由所占篇幅再大,其重点仍然是请示事项。

第五节　批复　意见

一、批复

(一)批复的适用范围

批复是与请示相对应的文种,也就是说,下级机关有请示,上级机关才会有批复。按照新《条例》的规定,批复适用于答复下级机关的请示事项。

(二)批复的主要特点

1.针对性　批复属于答复性的下行公文,是专为请示而设置的文种,属回复性公文。从行文对象看,其主送机关是呈报请示的下级机关;从行文内容看,只针对请示事项表明态度,发表意见,无须涉及其他事项。所以,针对性是批复的主要特点。

2.结论性　一般而言,批复具有一锤定音的性质,批复的内容相当于对下级请示事项的最终结论性意见。因此,它只发给提出请求的单位。当答复的问题具有普遍性,或批复事项涉及其他许多单位时,就要用通知形式批转有关单位。

3.及时性　批复的写作时限要求较高。这是因为请示中要求指示、批准的事项多半是下级机关亟待解决的问题，上级机关受文后理应及时研究，迅速答复，以免误事。

4. 指示性　批复是上级机关根据实际情况认真研究后决定的结果，代表了上级机关对下级机关请示事项的政策精神和领导意图，具有较强的约束力，下级机关必须遵照执行。

(三)批复的类型

批复按其内容的不同，可分为三种：

1. 核准性批复　用于审批应由上级机关批准的具体问题，完成某一事项法定的组织手续，其内容一般都很简单，大多数都是表态性的。如《××市人民政府关于同意组织人事干部赴美考察的批复》。

2. 指示性批复　指在审批某一问题的同时，就此进一步提出一系列相关的指示，要求下级机关照此执行，其内容一般较为复杂，篇幅也较长。这是实践中使用最多的一类批复。如《国务院关于黄河流域防洪规划的批复》。

3. 答复性批复　指就有关法规政策方面的事宜作出批复性的回答。如《最高人民法院关于如何适用土地管理法第十三条和森林法第十四条的批复》。

(四)批复的结构和写法

批复由标题、主送机关、正文、结尾、署名和日期等部分组成。

1. 标题　批复的标题与其他文种的标题有区别，具体写法有三种：

(1)发文机关＋请示事项＋文种。如《北京市人民政府关于燕房卫星城总体规划的批复》，标题中“燕房卫星城总体规划”是原请示的事项。

(2)发文机关＋表态词＋请示事项＋文种。如《广州市人民政府关于同意成立韶关市人民对外友好协会的批复》。

(3)发文机关＋批复事项＋行文对象＋文种。如《国务院办公厅关于深圳特区私人建房问题给广东省人民政府办公厅并福建省人民政府办公厅的批复》。

(4)事由＋文种。这种类型的标题适用于有文头的批复，如《关于同意××学院人文社科学院举办校外××班的批复》。

2. 主送机关　主送机关只写一个，即报送请示的机关，如需其他单位了解或执行批复意见，可以抄送。

3. 正文　正文一般包括批复引语、批复意见和尾语。

(1)批复引语(引述来文)。引述来文是为了说明批复的根据，点出批复对象，使请示机关一看开头，就明确批复的针对性。引用公文，应当先引标题，后加小括号引发文字号。如：“你局《关于……的请示》(××发〔2012〕×号)收悉。”引语要清楚明白，不能笼统称“来文收悉”，同时也要尽量避免批复引语和批复标题的重复。

(2)批复意见。这是批复的主体，承接上文的用语有三种情况：内容单一的，可用“经研究，同意……”直接批复；内容较多，可用“经研究，现批复如下”领起，再分项答复；业务部门受权批复的，应说明“经……批准”。

行文时，要紧扣请示事项，表明态度。对请求批准或解决的事项要明确答复；对请求指示的问题要明确提出措施、原则和要求，切忌模棱两可，似是而非，使下级无所适从。

凡完全同意下级请示的，就写上肯定性意见。一般要求复述原请示主要内容后才表态，不能只笼统写上“同意你们的意见”。这样写是考虑到不与受文单位请示的具体内容脱节。

凡不予批准，一定要在否定性意见后面写明理由。

凡不完全同意的就写明同意的内容和不同意的部分及理由。

根据实际需要，批复中有时还可针对请示事项提出指示性意见和要求，但切忌长篇大论，节外生枝。

(3)尾语。正文最后一般用“此复”、“特此批复”、“专此批复”等惯用语作结，也可以不写尾语，自然结束。

4.署名和日期　在正文右下方标明发文机关名称并用印，按规范标明成文的年、月、日。

(五)批复的写作要求

1.撰写批复要慎重　批复是下级机关处理工作或解决问题的依据，因此，批复的行文要非常慎重。行文前要对有关事实认真进行核实工作，根据不同情况搞好论证工作。要根据职权范围批复，绝不可贸然行文。

2.态度要明确，语气要肯定　不管同意与否，撰写时态度要明确，不能模棱两可，也不能回避请示内容，答非所问，或似是而非，使下级单位无所适从。值得注意的是，在不违背以上要求的前提下，对不同意请示事项的批复，要注意下级的接受心理，体谅下级的实际困难和具体情况，使对方容易接受，以便及时做出相应安排。

3.要一文一复　不能把几件请示的批复意见集中起来写在一个批复中。这会导致批复内容混杂，下级执行起来困难，而且拖延了批复的时间。

4.要讲究时效　批复的撰写和制发都要及时。

例文1：

国务院关于同意将江苏省南通市列为国家历史文化名城的批复

江苏省人民政府：

你省《关于申报南通市为国家历史文化名城的请示》(苏政发〔2007〕96号)收

悉，现批复如下：

一、同意将江苏省南通市列为国家历史文化名城。南通市历史悠久，文化底蕴丰厚，历史遗存丰富，近代城市建设特色突出。

二、你省及南通市人民政府要根据本批复精神，按照《历史文化名城名镇名村保护条例》的要求，正确处理城市建设与历史文化遗产保护的关系，明确保护的原则和重点，编制好历史文化名城保护规划，并纳入城市总体规划，划定历史文化街区、文物保护单位、历史建筑的保护范围及建设控制地带，制定严格的保护措施。在历史文化名城保护规划的指导下，编制好重要保护地段的详细规划。在规划和建设中，要注重体现近代文化特色和地方传统风貌，不得进行任何与历史文化名城环境和风貌不相协调的建设活动。

三、你省和住房城乡建设部、国家文物局要加强对南通市国家历史文化名城规划、保护工作的指导、监督和检查。

国务院（印章）
二〇〇九年一月二日

例文 2：

关于同意增设秘书本科专业的批复

××大学：

你校《关于××××的请示》（××发〔2005〕20 号）收悉。经研究，同意增设秘书本科专业。望充分利用现有优质资源，同时加大投入，认真切实办好秘书本科专业。

特此批复。

××省教育厅（印章）
二〇〇五年十月十日

例文 3：

国务院关于同意建立全国社会救助部际联席会议制度的批复

民政部：

你部《关于报送〈全国社会救助部际联席会议制度（代拟稿）〉的请示》（民发

〔2013〕118号)收悉。现批复如下:

同意建立由民政部牵头的全国社会救助部际联席会议制度。联席会议不刻制印章,不正式行文,请按照国务院有关会议和文件精神认真组织开展工作。

附件:全国社会救助部际联席会议制度

国务院(印章)
2013年8月30日

(六)批复与批转性通知的异同

批复与批转性通知都是下行的指挥性公文。但两者之间也有明显区别:

1.行文依据不同 批复是针对请示事项行文,只下达给提出请示的单位;批转性通知则针对请示事项,下达给所有需要执行的下级机关。

2.执行机关不同 批复由提出请示的机关执行;批转性通知不是由上报建议性意见的机关执行,而是由批转转发对象即有关地区和部门执行。

3.内容性质不同 批复既可以是肯定性意见,也可以是否定性意见。批转性通知则是在同意请示事项的前提下制发的,属于肯定性意见。

二、意见

(一)意见的适用范围

根据新《条例》的规定,意见适用于对重要问题提出见解和处理办法。所谓"重要问题",应当是当前工作中所遇到的涉及全局性、方针政策性的重大事项和主要问题,特别是新问题。意见的写作,对这些"重要问题"不仅要"有所见解",而且要提出"处理办法"。只提出问题,而对问题的分析轻描淡写,对问题的解决含糊不清,一切全凭上级去拿主意、想办法,是意见的写作所忌讳的。

(二)意见的主要特点

1.行文的多向性 从行文关系的角度要,意见是比较特殊的文种,下行文、上行文和平行文都可以使用。作为下行文,意见既可以对工作做出指导,提出要求;作为上行文,下级向上级表达工作上的认识、看法、困难及处理解决的意见,取得上级支持,给予批转;作为平行文,可以提出意见供对方参考。这决定了意见既可用于党政领导机关,也可用于人民团体、企事业单位。

2.作用的指导性和建议性 上级机关制发的意见,除明确要求遵照执行的以外,大多要求下级根据意见的精神,结合实际,制定具体措施,创造性地开展工作。它偏重于原则指导,而不是硬性规定,这是与命令、通知等文种的明显区别。下级机关制发的意见一般只有参谋建议性质,只有待上级批转后,才从建议性转化为指导性和约束性。作为平行文的意见，只起供对方参考的作用。

3. 内容的说理性和计划性　意见作为下行文，在向下级机关就正在进行或将要开展的工作提出见解及工作思路时，往往阐述所提出意见的正确合理性，因而带有较多的说理成分。同时，由于意见本属计划范畴，有关部署工作的内容一般具有计划的共同特点，即目标任务明确，措施办法具体。在由业务主管部门报送上级机关要求批转的意见中，其计划的特点表现得尤为突出。

（三）意见的主要类型

意见按其性质和用途可分以下四类：

1. 指导性意见　这是党政领导机关对下级机关工作中出现的问题或存在的某些薄弱环节提出解决的办法和指导意见。它同决定、通知等文种一样，对下级有一定的规范作用和行政约束力，但有别于决定和通知的是它具有较突出的指导性。意见注重原则性和灵活性的结合，规定性和变通性的结合，方法与措施尚有待受文单位具体拟定。有时部署工作用决定、通知行文，指导工作多用意见行文，以阐明工作的原则、方法，提出要求。如《国务院办公厅关于进一步加强督促检查切实抓好工作落实的意见》。

2. 建议性意见　这是下级机关向上级机关提出工作建议、设想的上行文，它又可分为呈报性建议意见和呈转性建议意见。

呈报性建议意见是向领导机关或有关部门提出的关于改进、推动某些工作的设想和意见，主要是为上级机关或主管部门建言献策，借领导决策参考。对呈报性建议意见领导可不行文反馈。如《××市公安局××分局关于进一步强化社区警务工作的意见》。

呈转性建议意见是有关单位向上级机关提出某方面工作的建议，大多由业务主管部门制发。职能部门要开展某项工作，由于涉及面广，需多方支持配合，但限于职权范围，又不能向有关地区或部门直接布置工作，因而向上级机关报送呈转性建议意见，要求予以批转。一经批转，即成为上级机关的意志或意见，具有一定的行政效力和约束力。呈转性建议意见的内容较具体，操作性较强，其中包含了一般计划所必备的要素，如文化部等七部门报国务院的《关于开展电子游戏经营场所专项治理的意见》。由于新《条例》中“报告”的适用范围已删去“提出意见和建议”一项，因而建议性意见已取代了呈转性报告。目前这类意见使用得相当广泛。

3. 规定性意见　这是上级机关对所属下级机关提出规范化的要求和处理办法的下行文，具有较强的约束力。如《浙江省人民政府关于加强农村公共卫生工作的实施意见》。

4. 评估性意见　这是业务主管部门或专业人员就某项专门工作、业务工作，经过调查、研究后，送交有关方面的鉴定、评估结果，它有时作上行文，有时作下行文，但主要还是作不相隶属机关之间的平行文。为加强决策的科学性，对某项工作的成果、某项决策的可行性进行调查、论证、评估、鉴定而写出的意见，即是鉴定性意见，如国家爱委会国家卫生城市考核鉴定组《关于××市创建国家卫生城市工作的考核鉴定性意见》、《关于××地区开发××旅游区的可行性论证意见》。

(四)意见的结构和写法

1.标题　意见的标题，通常采用完全式标题，即由发文机关、事由、文种三部分组成，如《国务院办公厅关于进一步加强督促检查切实抓好工作落实的意见》。视具体情况，也可省略发文机关，《如关于发展我市观光旅游农业的意见》。

2.主送机关　上行或平行的意见，一般只写一个主送机关。下行的普发性意见，主送机关大多置于正文前抬头部分写明问题涉及的有关单位。也有一些意见没有特定的主送机关，如一些评估性意见。

3.正文　意见的正文由发文缘由、意见条文和结尾三部分组成。

(1)发文缘由。写提出意见的背景、依据、目的、意义等，文字根据实际需要可长可短，不一定面面俱到。然后，以"为了……现提出如下意见"、"为此，特提出以下意见"等过渡性语句提领下文。

(2)意见条文。是意见的主体，一般分条列项，具体陈述对重要问题的见解和处理办法。下行的意见主体是意见指示，其中可包括有关问题的布置、安排、措施。上行意见的主体是意见建议，其中包括解决问题的设想、目标和措施步骤等。若内容较多，可以列出小标题统领各部分的内容，下面再分条陈述。

(3)结尾。要强调提出实施要求或重要性，提出希望等。下行的意见有两种结尾方式：凡需贯彻执行的，应在文末单列一段提出明确要求，如"以上意见，请结合实际情况贯彻执行"；没有明确贯彻执行要求的意见，下级机关可以参照执行。上行的呈转性建议意见，用"以上意见如无不妥，请批转×××执行"作结，上行的呈报性建议意见则常写"以上意见供领导决策参考"、"以上意见供参考"作结。

应该注意的是意见的正文结构(特别是下行的意见)不仅要提出问题，而且要针对问题作深刻的分析，并在分析的基础上，有针对性地提出解决问题的办法。

4.署名和日期　在正文的右下方写明发文机关和成文时间，并加盖印章。

(五)意见的写作要求

1.指导性意见因机关层次不同而有不同要求　高层领导机关发布的意见比较原则，政治色彩比较浓；下层领导机关的意见则比较具体，操作性比较强。

2.要注意主题集中　撰写意见，应围绕一个主题，将一项工作、一个问题的性质、特点、利弊、政策主张与解决办法，讲深讲透，切忌洋洋洒洒、漫无边际、主题分散。同时，还要注意符合党和国家的方针政策、法律法规，从实际出发，提出正确的主张与切实可行的方法措施。

3.要注意把握不同种类的意见在用语上的特性　由于意见的行文方面不同，

其用语也截然不同。上行的意见，要使用下级对上级汇报见解、陈述办法的语气，诸如“我们考虑”、“我们认为”、“我们建议”、“我们要求”及“请”、“敬”、“望”等。下行的意见，则较多使用一些带有祈使语气表示肯定或带有禁止语气以示否定的指令性语气。平行的意见，则要使用平等协商的语气，多用商量、谦恭的语句，以获得对方的理解和支持。

（六）意见与报告的区别

1. 从行文方向看　报告属上行文，不能下行；而意见既可上行，也可下行，还可平行。上行的，如农业部上报国务院的《关于进一步加快渔业发展的意见》、浙江省公安厅上报浙江省人民政府的《关于进一步加强消防工作的意见》；下行的，如国家教委和国家计委《关于普通中等专业学校招生并轨改革的意见》、浙江省委和省政府《关于深入实施科教兴省战略加速科技进步若干意见》等。

2. 从内容重点看　报告侧重于汇报工作、反映情况；作为上行文的呈报性意见以反映情况作为缘由，侧重于提出意见或建议，要求上级批转执行。

3. 从文种特点看　报告具有实践性和概括性；意见具有指导性和计划性。

（七）上行“意见”与请示的异同

用于上行的意见一般情况下只具有参谋建议的性质，一经上级机关批转或批准，即从建议性转化为指导性和约束性。但这种意见不同于请示。相比之下，二者在行文方向与目的上比较接近，都是要求上级对自己所提的事项或问题给予批复、指示或予以认可，但其所提的事项与内容不尽相同。请示的内容较多涉及的是“人、财、物、机构、编制”以及工作中遇到需上级作出决定的重大问题或应由上级加以审批的事项等具体问题，也即人们通常所说的“硬件”；而上行“意见”的内容则多是对工作中一些重大问题提出见解和处理办法，或是对工作中所遇到的困难，要求上级给予指示或支持，也就是人们通常所说的“软件”。

（八）意见与决定、通知的区别

1. 从行文方向看　意见既可下行，也可上行和平行；通知既可下行，也可平行（如部分知照性通知）；决定只能用于下行。

2. 从内容特征看　决定常用于重要事项、重大行动的安排，带有较强的决策性和纲领性，提出的办法、措施比较原则；通知使用面宽，常用于部署工作，规定性强，要求明确而具体，但不需要作较多理性分析；用于下发的意见大多是针对新情况、新问题提出见解和处理办法，或作原则性指导，或提出明确具体的要求，文中往往有较多的说理成分。

3. 从效用的强制程度看　决定的指令性最强，通知次之。意见作为下行文兼具指令性和指导性两种效用，如文中对贯彻执行有明确要求的，下级机关应遵照执行；无明确要求的，下级机关可参照执行。

例文 1:

国务院办公厅关于金融支持小微企业发展的实施意见

各省、自治区、直辖市人民政府,国务院各部委、各直属机构:

小微企业是国民经济发展的生力军,在稳定增长、扩大就业、促进创新、繁荣市场和满足人民群众需求等方面,发挥着极为重要的作用。加强小微企业金融服务,是金融支持实体经济和稳定就业、鼓励创业的重要内容,事关经济社会发展全局,具有十分重要的战略意义。为进一步做好小微企业金融服务工作,全力支持小微企业良性发展,经国务院同意,现提出以下意见。

一、确保实现小微企业贷款增速和增量"两个不低于"的目标

继续坚持"两个不低于"的小微企业金融服务目标,在风险总体可控的前提下,确保小微企业贷款增速不低于各项贷款平均水平、增量不低于上年同期水平。在继续实施稳健的货币政策、合理保持全年货币信贷总量的前提下,优化信贷结构,腾挪信贷资源,在盘活存量中扩大小微企业融资增量,在新增信贷中增加小微企业贷款份额。充分发挥再贷款、再贴现和差别准备金动态调整机制的引导作用,对中小金融机构继续实施较低的存款准备金率。进一步细化"两个不低于"的考核措施,对银行业金融机构的小微企业贷款比例、贷款覆盖率、服务覆盖率和申贷获得率等指标,定期考核,按月通报。要求各银行业金融机构在商业可持续和有效控制风险的前提下,单列小微企业信贷计划,合理分解任务,优化绩效考核机制,并由主要负责人推动层层落实。(人民银行、银监会按职责分工负责)

二、加快丰富和创新小微企业金融服务方式

增强服务功能、转变服务方式、创新服务产品,是丰富和创新小微企业金融服务方式的重点内容。进一步引导金融机构增强支小助微的服务理念,动员更多营业网点参与小微企业金融服务,扩大业务范围,加大创新力度,增强服务功能;牢固树立以客户为中心的经营理念,针对不同类型、不同发展阶段小微企业的特点,不断开发特色产品,为小微企业提供量身定做的金融产品和服务。积极鼓励金融机构为小微企业全面提供开户、结算、理财、咨询等基础性、综合性金融服务;大力发展产业链融资、商业圈融资和企业群融资,积极开展知识产权质押、应收账款质押、动产质押、股权质押、订单质押、仓单质押、保单质押等抵质押贷款业务;推动开办商业保理、金融租赁和定向信托等融资服务。鼓励保险机构创新资金运用安排,通过投资企业股权、基金、债权、资产支持计划等多种形式,为小微企业发展提供资金支持。充分利用互联网等新技术、新工具,不断创新网络金融服务模式。(人民银行、银监会、证监会、保监会按职责分工负责)

三、着力强化对小微企业的增信服务和信息服务

加快建立"小微企业—信息和增信服务机构—商业银行"利益共享、风险共担新机制，是破解小微企业缺信息、缺信用导致融资难的关键举措。积极搭建小微企业综合信息共享平台，整合注册登记、生产经营、人才及技术、纳税缴费、劳动用工、用水用电、节能环保等信息资源。加快建立小微企业信用征集体系、评级发布制度和信息通报制度，引导银行业金融机构注重用好人才、技术等"软信息"，建立针对小微企业的信用评审机制。建立健全主要为小微企业服务的融资担保体系，由地方人民政府参股和控股部分担保公司，以省（区、市）为单位建立政府主导的再担保公司，创设小微企业信贷风险补偿基金。指导相关行业协会推进联合增信，加强本行业小微企业的合作互助。充分挖掘保险工具的增信作用，大力发展贷款保证保险和信用保险业务，稳步扩大出口信用保险对小微企业的服务范围。（发展改革委、工业和信息化部、财政部、商务部、人民银行、工商总局、银监会、证监会、保监会等按职责分工负责）

四、积极发展小型金融机构

积极发展小型金融机构，打通民间资本进入金融业的通道，建立广覆盖、差异化、高效率的小微企业金融服务机构体系，是增加小微企业金融服务有效供给、促进竞争的有效途径。进一步丰富小微企业金融服务机构种类，支持在小微企业集中的地区设立村镇银行、贷款公司等小型金融机构，推动尝试由民间资本发起设立自担风险的民营银行、金融租赁公司和消费金融公司等金融机构。引导地方金融机构坚持立足当地、服务小微的市场定位，向县域和乡镇等小微企业集中的地区延伸网点和业务，进一步做深、做实小微企业金融服务。鼓励大中型银行加快小微企业专营机构建设和向下延伸服务网点，提高小微企业金融服务的批量化、规模化、标准化水平。（银监会牵头）

五、大力拓展小微企业直接融资渠道

加快发展多层次资本市场，是解决小微企业直接融资比例过低、渠道过窄的必由之路。进一步优化中小企业板、创业板市场的制度安排，完善发行、定价、并购重组等方面的政策和措施。适当放宽创业板市场对创新型、成长型企业的财务准入标准，尽快启动上市小微企业再融资。建立完善全国中小企业股份转让系统（以下称"新三板"），加大产品创新力度，增加适合小微企业的融资品种。进一步扩大中小企业私募债券试点，逐步扩大中小企业集合债券和小微企业增信集合债券发行规模，在创业板、"新三板"、公司债、私募债等市场建立服务小微企业的小额、快速、灵活的融资机制。在清理整顿各类交易场所基础上，将区域性股权市场纳入多层次资本市场体系，促进小微企业改制、挂牌、定向转让股份和融资，支持证券公司通过区域性股权市场为小微企业提供挂牌公司推荐、股权代理买卖等服务。进一步建立健全非上市公众公司监管制度，适时出台定向发行、并购重组等具体规定，支持小微企业股本融资、股份转让、资产重组等活动。探索发展并购投资基金,积极引导私募股权投资基金、创业投资企业投资于小微企业,支持符合条件的创业投资企业、股权投资企业等发行企业债券,专项用于投资小微企业,促进创新型、创业型小微企业融资发展。(证监会、发展改革委、科技部等按职责分工负责)

六、切实降低小微企业融资成本

进一步清理规范各类不合理收费,是切实降低小微企业综合融资成本的必然要求。继续对小微企业免征管理类、登记类、证照类行政事业性收费。规范担保公司等中介机构的收费定价行为,通过财政补贴和风险补偿等方式合理降低费率。继续治理金融机构不合理收费和高收费行为,开展对金融机构落实收费政策情况的专项检查,对落实不到位的金融机构要严肃处理。(发展改革委、工业和信息化部、财政部、人民银行、银监会等按职责分工负责)

七、加大对小微企业金融服务的政策支持力度

对小微企业金融服务予以政策倾斜,是做好小微企业金融服务、防范金融风险的必要条件。进一步完善和细化小微企业划型标准,引导各类金融机构和支持政策更好地聚焦小微企业。充分发挥支持性财税政策的引导作用,强化对小微企业金融服务的正向激励;在简化程序、扩大金融机构自主核销权等方面,对小微企业不良贷款核销给予支持。建立科技金融服务体系,进一步细化科技型小微企业标准,完善对各类科技成果的评价机制。在银行业金融机构的业务准入、风险资产权重、存贷比考核等方面实施差异化监管。继续支持符合条件的银行发行小微企业专项金融债,用所募集资金发放的小微企业贷款不纳入存贷比考核。逐步推进信贷资产证券化常规化发展,引导金融机构将盘活的资金主要用于小微企业贷款。鼓励银行业金融机构适度提高小微企业不良贷款容忍度,相应调整绩效考核机制。继续鼓励担保机构加大对小微企业的服务力度,推进完善有关扶持政策。积极争取将保险服务纳入小微企业产业引导政策,不断完善小微企业风险补偿机制。(发展改革委、科技部、工业和信息化部、财政部、人民银行、税务总局、统计局、银监会、证监会、保监会等按职责分工负责)

八、全面营造良好的小微金融发展环境

推进金融环境建设,营造良好的金融环境,是促进小微金融发展的重要基础。地方人民政府要在健全法制、改善公共服务、预警提示风险、完善抵质押登记、宣传普及金融知识等方面,抓紧研究制定支持小微企业金融服务的政策措施;切实落实融资性担保公司、小额贷款公司、典当行、投资(咨询)公司、股权投资企业等机构的监管和风险处置责任,加大对非法集资等非法金融活动的打击惩处力度;减少对金融机构正常经营活动的干预,帮助维护银行债权,打击逃废银行债务行为;化解金融风险,切实维护地方金融市场秩序。有关部门要研究采取有效措施,积极引导小微企业提高自身素质,改善经营管理,健全财务制度,增强信用意识。(发展改革

委、工业和信息化部、公安部、财政部、商务部、人民银行、税务总局、工商总局、银监会、证监会、保监会等按职责分工负责)

各地区、各有关部门和各金融机构要按照国务院的统一部署,进一步提高对小微企业金融服务重要性的认识,明确分工,落实责任,形成合力,真正帮助小微企业解决现实难题。银监会要牵头组织实施督促检查工作,确保各项政策措施落实到位。从2014年开始,各省级人民政府、人民银行、银监会、证监会和保监会要将本地区或本领域上一年度小微企业金融服务的情况、成效、问题、下一步打算及政策建议,于每年1月底前专题报告国务院。各银行业金融机构有关落实情况及下一步工作和建议,由银监会汇总后报国务院。

国务院办公厅(印章)
2013年8月8日

例文2:

××厅等部门关于加强养犬管理和狂犬病防治工作的意见

省政府:

近年来,我省部分地区养犬增多,导致狂犬病病例不断发生,加上人民群众对狂犬病危害认识不足、防疫意识淡薄,狂犬病疫情呈上升趋势。为尽快遏制狂犬病疫情上升势头,保障人民安全,维护社会秩序稳定,根据《国务院办公厅转发卫生部、农牧渔业部、公安部〈关于加强狂犬病预防控制工作的意见〉的意见》(国办发〔1984〕80号)和《卫生部、公安部、农业部、国家食品药品监督管理局关于加强狂犬病预防控制工作的通知》(卫疾控发〔2003〕216号)精神,现就加强我省养犬管理和狂犬病防治工作提出如下意见:

一、明确职责,齐抓共管。各级政府有关部门要在同级政府的统一领导下,进一步明确责任,把养犬管理和狂犬病防治工作作为当前一项重要工作抓好抓实。公安部门要建立和完善县以上城市养犬审批制度,规范养犬管理。畜牧兽医部门要加强对兽用狂犬病疫苗研制、生产和供应等环节的监督管理,确保兽用狂犬病疫苗质量;对犬只进行检疫、免疫、登记工作,强化犬类狂犬病的疫情监控。卫生部门要负责人用狂犬病疫苗的注射、病人抢救治疗及人类狂犬病疫情监测工作。城管部门要对因养犬影响公共场所环境的行为进行监管。食品药品监管部门要加强人用狂犬病疫苗及狂犬病人源免疫球蛋白质量的监督管理,规范人用狂犬病疫苗及狂犬病人源免疫球蛋白的流通和使用,做好人用狂犬病疫苗及狂犬病人源免疫球蛋白不良反应的监测工作。工商行政管理部门要依法监督管理犬只经营活动。财政部门要做好养犬管理工作的经费保障,每年安排一定经费,用于日常管理、宣传发动、人员培训、购置装备、相关工作人员预防接种等犬只管理工作支出。物价部门要做好养犬管理收费的审批、管理和监督工作。

二、严格犬只管理。发动全社会共同参与犬只管理。对养犬人进行宣传教育，督促养犬人按规定携犬到动物防疫机构注射狂犬病疫苗，对犬只实行拴(圈)养管理，不得随意携带犬只出入公共场所。携带犬只到户外活动时，要佩戴犬牌，束以犬束犬链，由成年人牵领、看管，并应当避让老年人、残疾人、孕妇和儿童。对发生犬只干扰他人正常生活或放任犬只恐吓他人的行为，公安部门应依照《中华人民共和国治安管理处罚法》相关规定对养犬人予以处罚。犬只如伤人，养犬人应负担伤者的全部医疗费用和由此造成的一切损失。各地应适时开展专项整治行动，对狂犬、无人认领的野犬一律进行强制性捕杀，并作无害化处理。

三、规范犬只经营、诊疗活动。从事犬类养殖、开办动物诊疗机构等犬类经营活动，要按照《中华人民共和国动物防疫法》(2007年中华人民共和国主席令第71号)及有关规定施行。从事动物诊疗的个人应当具有执业兽医资格证书，并经县级人民政府畜牧兽医主管部门登记注册后，方可在规定的诊疗活动范围内开展动物诊疗活动。

四、提高犬只检疫免疫率。对犬只实行检疫、免疫是预防狂犬病的关键措施。畜牧兽医部门要认真开展犬只检疫、免疫接种，采取集中检疫、免疫和定点检疫、免疫相结合的方式，普及检疫、免疫接种。对犬只检疫、免疫要进行登记，并发放犬只检疫、免疫证明。从事定点疫苗接种工作的机构必须是市、县级以上的动物疫病预防控制机构。严禁未经检疫的犬类动物上市交宰杀。要做好车站、港口进出岛犬类的检疫工作。各预防接种机构要严格狂犬病疫苗采购、储存、使用等环节的管理，确保疫苗安全有效。要加强监督检查，严查非法经营、使用假、劣兽用狂犬病疫苗的行为。

五、加强疫情监测。畜牧兽医部门应加大动物狂犬病疫情流行病学调查工作力度，加强监控体系建设，指定动物疫病预防控制机构承担动物狂犬病疫情的监测和病原诊断工作。一旦发现疫情，要迅速果断处置。卫生部门应开展人间狂犬病监测工作，发现狂犬病疫情及时报告，并迅速开展流行病学调查，分析发病原因，采取预防救治措施，建立门诊登记制度等。卫生、畜牧兽医部门应建立动物狂犬疫情和人类狂犬病疫情的相互通报制度，定期进行疫情通报，发生紧急或重大疫情要随时通报。

六、加强犬伤患者的诊治和狂犬病病人的救治工作。卫生部门要加强医护人员的狂犬病防治知识培训工作。特别是狂犬病高发疫区，要对医护人员进行狂犬病防治知识的全员培训。要进一步规范医疗卫生机构对犬伤患者的处理工作，努力提高犬伤患者的伤口处理率、全程接种率，降低发病率和病死率。

七、建立和完善养犬管理的相关规章制度。针对当前我省养犬管理缺乏相关法律依据的现状，各级人民政府要建立和完善犬管理的相关规章制度，明确相关部门职责，强化养犬管理的责任与义务，进一步规范犬只管理，有效遏制狂犬病疫情的发生。要加强养犬管理规章制度和狂犬病防治知识的宣传教育，充分利用电视、报纸、广播、宣传栏等宣传形式，采用群众喜闻乐见的方式，进村庄、进社区、进街道、进学校、进企业，广泛开展狂犬病危害、犬只管理与免疫、被犬咬伤后的处理等知识宣传工作，进一步提高群众的自我保护意识与能力，引导群众自觉配合实施各项防治措施。要将对农村狂犬病防治知识的宣传教育作为工作重点，使狂犬病防治知识家喻户晓，切实提高群众主动做好犬只免疫和被犬咬伤后迅速就诊的自觉性。要规范养犬管理各种收费项目，统一执行《××省行政事业性收费项目审批管理暂行办法》(×财〔2007〕1590 号)的有关规定。

以上意见如无不妥，请批转各市县贯彻执行。

二〇〇七年×月×日(印章)

第六节　函　纪要　议案

一、函

(一)函的适用范围

依据新《条例》的规定，“函适用于不相隶属机关之间商洽工作、询问和答复问题、请求批准和答复审批事项。”

函是正式公文，行文时采用正式文件的标印格式，它的红色版头由发文机关全称或规范化简称加“文件”二字组成。因此，不能把便函(即公务便信)视为函，便函不是正式公文，它与函没有直接关系。

函属于典型的平行文种。“不相隶属机关之间”不论级别高低，都没有职权上的指挥与服从、领导与被领导关系，都是平等协作关系，相互行文均使用函。政府的专门职能部门，如财政、人事、卫生、环保、劳动保障、市政管理等部门，都具有各该项事业的专门管理职权，同级部门或下级政府遇到这些方面的问题需要解决时，必须请求它们批准才行。这时应当使用“函”请求批准，而不能使用“请示”，只有下级向上级请求批准时，才能使用“请示”行文。党委和政府的综合职能部门(办公厅、室)，根据领导授权可以代行党委、政府的部分职能，用函答复下级机关的请示事项。此时的函具有指导和批准的作用。

(二)函的主要特点

函具有以下特点：

1. 适用广泛　无论平行或不相隶属的机关之间相互往来公文,不受各自级别限都可以用函行文。内容上既可用于相互商洽工作,询问和答复问题,又可用于向业务主管部门请求批准事项及业务主管部门审批或答复事项。

2. 内容单纯　拟写函要遵循一文一事的原则。每份函都要涉及具体的人、具体的时间、具体的事项等。

3. 文字简练　函的语言表达直截了当、简洁精练,篇幅宜短小。

4. 行文规范　有些单位的函格式失之随意,要知道,函属于国家法定公文文种,在格式上也有严格规范。

(三)函的主要类型

根据发函的目的和内容,可分为商洽函、询问答复函和求批、审批函。

1. 商洽函　用于不相隶属机关之间商谈人事调动、联系参观学习、邀请讲学或指导业务等事宜,请求予以协助解决某个问题。例如《××局人事处关于商洽刘××调动工作事宜的函》。

2. 询问函　用于对处理公务中不明确的问题向对方提出咨询和给予答复,有无隶属关系均可使用。例如《××市文化局关于询问网络工程师在职培训班事宜致××高等职业技术学院的函》和《××市和平区中学关于同意接待××市卫生学校师生临时住宿的复函》。

3. 求批审批函　用于向无隶属关系的业务主管部门提出请求批准的事项,以及主管部门答复审批事项。例如《××市林业局关于请求将红叶斋商店列为旅游定点商店的函》和《国务院关于同意沈阳海关升格为正厅(局)级直属海关的复函》。

从当前公文实践看,还有一些函是用来答复请示的,这主要指收到请示的上级机关授权办公部门,以复函的形式答复报送请示的机关。如国务院授权国务院办公厅函复一些省市或部委的请示,省政府授权省政府办公厅函复一些地市或厅局的请示等。如国务院办公厅致上海市人民政府的《关于上海 WTO 事务咨询中心增补及调整外籍顾问的复函》,浙江省人民政府办公厅致省外事办的《关于在美国举办中国浙江摄影图片展和中国浙江渔民画展的复函》均属此类。由于发文机关与受文机关之间不是相隶属关系,所以上述函件可以视为审批函一类。必须强调的是,在函复请示时,务必在引述请示标题及文号之后,写上“经×××同意”或“经×××批示同意”,表明依据,再写函复事项。

(四)函的结构和写法

函一般由标题、主送机关、正文、署名和成文日期等部分组成。

1. 标题　函标题由发文单位名称+事由+文种组成,其中文种要注明是函还是复函。在具备正式文头的情况下,也可省略发文单位名称。

2. 主送机关　顶格写明发文机关的全称或规范化简称。

3. 正文　从函的授受关系来分，有发函和复函两大类，其正文写法不同。

(1)发函正文的写法一般由发函缘由、发函事项和结束语三部分组成。

发函缘由。发函的开头简述理由和目的。要写清楚、明了、诚恳，以取得对方的理解和支持。

发函事项。写告知、询问、商洽或请求的内容，事项要明确具体，语气要委婉恳切，提出要求应给对方留有余地，不要强人所难。商洽和请求事项时，应当说明本单位的意见，以供对方抉择参考。

结束语。一般使用诚恳、谦和的语言和商量、征询的语气，如“盼复”、“专此函达”、“特此函商”、“即请函复”、“请函复为盼”、“诚请大力支持并研究为盼”、“专此函商”、“敬请函批”等作结。值得注意的是，函结语一般不用“此致敬礼”、“祝工作顺利”等祝颂语。

(2)复函正文写法一般引述来文、承上启下过渡句、答复内容、结束语三部分组成。

引述来文：针对来函引述函的日期、文号或标题为起首语，并表示收悉，如“贵单位××××年××月×日《关于请求××××的函》收悉”，这是复函的开头引语。

承上启下过渡句：使用“经研究，答复(函复)如下”引出答复内容。

答复内容：要针对来函请求、联系、商洽、询问的有关事项，做到明确、具体。若是批准函，则重在表态，还可以在此基础上阐述有关意见，提醒对方注意有关事项。

结束语：函的结尾常使用“特(专)此函告”、“特此函复”、“此复”等惯用语。

4. 署名和日期　在正文右下方标明发文机关名称并用印，按规范标明成文的年、月、日。

(五)函的写作要求

1. 一函一事　写作函要一文一事，主旨单一，便于处理和答复。

2. 开门见山，直陈其事　这是函写作最基本要求，不绕弯子，不讲空话，也无须客套寒暄。

3. 语言规范得体　函的语言表达非常讲究，必须礼貌谦和、态度诚恳。对上要尊重、谦敬，但不恭维逢迎；对下要严肃，但不自傲训人；对平行单位、不相隶属单位，要以礼待人，用商量口气，不盛气凌人。一般不用“必须”、“应该”、“注意”等指示性语言，多用敬词、雅语，如“承蒙”、“烦请”、“商洽”、“敬希”、“请予考虑”、“谨致谢忱”、“如蒙惠允，不胜感荷”、“贵局”等，都是函件惯用的商洽用语。

例文1：

××省人民政府关于要求免税进口救灾物资的函

海关总署：

今年我省遭受特大干旱，大批农作物枯死，养殖水产品因缺淡水成批死亡。8月31日至9月2日又遭受了十六号强热带风暴及特大海潮的袭击。仅××、××、×××三市就冲毁盐田7.9万亩，虾池22万亩，冲跑对虾650万公斤，损坏渔船1400多条；果树受灾140万亩，农业遭灾面积达250多万亩，粮食减产4亿多公斤，直接经济损失达20多亿元。

灾情发生后，我省各级领导、各有关部门以及全省人民积极行动，全力开展抗灾自救。为保护出口货源，帮助企业尽快恢复生产，我省经贸委安排进口钢材×万吨，胶合板××××立方米，木材×万立方米，柴油×万吨，以发展灾后出口商品生产，确保完成今年出口××亿美元创汇任务。为此，特请海关总署减免我省经贸委统一安排进口的上述救灾物资的海关关税、产品增值税等。

当否，请审批。

××省人民政府(印章)

二〇××年九月二十五日

例文2：

××省科学技术委员会关于询问贯彻全省科学技术工作会议情况的函

地、市科委：

全省科学技术工作会议自今春召开以来，迄今已有半年。为了互通情况，并为我省科技事业得到进一步发展，希针对下列所询问题，将你地、市有关情况于9底前具报我委办公室。

一、省科学技术工作会议后，采取了哪些措施进行贯彻？

二、此半年来，有何科学发明和技术革新？效果如何？

三、在开展科学研究和科技交流方面，曾遇到哪些问题，如何解决？现在还存哪些问题，哪些问题需要我们帮助解决？

××省科学技术委员会(印章)

二〇××年×月×日

例文 3：

国务院办公厅关于同意建立宁夏内陆开放型经济试验区建设部际联席会议制度的复函

发展改革委：

你委《关于建立宁夏内陆开放型经济试验区建设部际联席会议制度的请示》（发改西部〔2013〕1552 号）收悉。经国务院同意，现函复如下：

国务院同意建立由发展改革委牵头的宁夏内陆开放型经济试验区建设部际联席会议制度。联席会议不刻制印章，不正式行文，请按照国务院有关文件精神，认真组织开展工作。

附件：宁夏内陆开放型经济试验区建设部际联席会议制度

国务院办公厅（印章）
2013 年 9 月 8 日

例文 4：

××市人事局
关于商调×××同志的函

××市人事局：

因工作需要，拟调你市×××同志到我市社会科学研究所工作。如同意，请先将该同志的档案、现实表现材料及健康检查表一并寄来。请予大力支持。

××市人事局（印章）
二〇〇六年×月×日

（六）函与请示的区别

鉴于请求批准函与请示易混用，故应弄清两者的区别。

1. 行文对象不同　凡是向同级或不相隶属机关请求批准事项，应当用函；凡是向隶属机关的上级机关请求批准，应当用请示。

2. 行文语气不同　向不相隶属的业务主管部门提出请批事项的函，要彬彬有礼，语气委婉，不卑不亢，态度谦逊，多用商请性词语；向上级请求批准的请示，要体现尊重上级，言辞恳切，多用呈告性词语。

3.结尾用语不同　请求上级批准函的尾语，多用“特此致函、敬请函批、请予支持”等；请示的尾语，用“请批示”、“请批复”。

目前，平行机关之间请求批准使用请示或报告的现象屡见不鲜，究其原因有以下两个方面：发函机关认为求人办事，用函不足以表示尊重，怕影响问题的解决，或者曾因用函行文碰过钉子，于是为了好办事而改用报告、请示；收函机关认为使用平行文函来请求批准是小看了自己，于是搁置拖延，故意刁难。总之，关键在于对函这一文种性质、作用了解和钻研不够，造成了认识上的误区。函作为主要文种之一，与其他主要文种同样具有制发机关权限决定的法定效力。为了促进公文的规范化，函与请示混用的现象必须引起重视并加以纠正。尤其需要强调的是，具有某些审批权限的职能部门应明确函的效力，切实从自身做起，不应要求平行机关和不相隶属机关请求批准打报告、写请示，也不应用“批复”来答复审批事项。

二、纪要

(一)纪要的适用范围

按照新《条例》的规定，“纪要适用于记载会议主要情况和议定事项”。可见纪要是将会议的主要情况和研究、解决的主要问题进行归纳、概括而形成的一种公文。它是会议的产物，是对会议成果的真实而集中的整理，要求与会单位共同遵守和执行。

纪要在行文方向方面较为灵活。可采取转发(印发)或直接发出的形式，类似于通知，发给下级机关贯彻执行；也可以报送给上级机关，类似会议情况报告，上呈的会议纪要经上级机关批转下发后，则在更大范围内起指导作用，具有较强的行政约束力；还可以发给平级机关，类似函，使对方知晓，沟通情况。

在表述方式上，通常使用第三人称，并在每一层次的开头使用“会议认为”、“会议强调”、“会议指出”、“会议希望”、“会议号召”之类的标志性用语。

(二)纪要的主要特点

1.真实性　撰写纪要的一条重要原则就是要忠实于会议的实际情况，撰拟者不得在纪要中随意添加会议未曾涉及的内容或擅自修改与会者的观点，而且也不能对会议内容加以引申发挥，发表评论，否则就不成其为纪要。真实性是纪要的基本特点。

2.提要性　纪要应客观如实地记载会议情况，但不是有闻必录，平铺直叙。起草人应对会议形成的各种材料(如会议记录、领导讲话、大会发言、会议简报等)进行分析研究，归纳整理，提炼概括，在此基础上，提纲挈领地反映会议的主要精神和主要成果。

3.及时性　纪要作为一种重要的公文文种，尽管产生于会议之后，但要注意它的定稿和发出与闭会日期一定不要间隔太久，否则就会失去应有的意义。

纪要和决议都是反映会议结果的公文文种，但在使用上有所区别。

首先，突出表现为在内容的重要程度上，纪要的内容可大可小、可轻可重，既可以是党和国家的大事，也可以是具体的日常工作；而决议的内容通常是一个单位或部门甚至是党和国家的重大问题和重大事件。

其次，纪要是对会议议定事项和主要精神的概括和反映，起草后经过主管领导签发即可作为正式文件发布；而决议必须经过会议表决程序才可发布。此外，纪要所涉及的内容事项也往往较多，而决议则相对集中单一。

（三）纪要的主要类型

根据会议的性质，常用的会议纪要可分为以下两类：

1. 日常工作会议纪要　这类纪要大都是各类机关领导层集体开会决定问题后使用的传达会议决定事项的纪要，也叫办公会议纪要，包括各级政府常务会议、市长办公会、局务办公会等，大体上有相对固定的时间和出席人员，会议产生的纪要内容一般比较简单，议决事项带有指示性质。内容往往是决定一个或多个事项，放在一份纪要里面，分别逐一表达。一般都印有固定的版头，即所谓特定格式的纪要。

2. 大型专题性会议纪要　这是某一系统或某些部门为贯彻方针政策，研究解决某一方面重大问题所召开的工作会议所形成的会议纪要。这类会议规模较大，纪要的内容比较复杂，包括与会代表达成的共识、贯彻方针政策的实施意见及具体的工作部署与要求等，涉及面广，政策性强。它往往以印发或批转通知形式下发，要求有关单位贯彻执行。

此外，还有研讨型会议纪要、协议性会议纪要等。

（四）纪要的结构和写法

1. 日常工作会议纪要　一般采用特定的“纪要格式”，其结构由四个部分组成：

（1）固定版头。日常工作会议纪要通常都有固定版头。版头的构成要素依次是：会议名称＋纪要、期号（第×期）、编制单位、编制日期、横隔线。版头多为套红印刷。

（2）会议概况。用来反映会议的组织情况。在横隔线下方，要采用适当的方式逐项标明会议召开的时间、地点、主持人、出席人员、列席人员、记录人及会议议题等。

会议概况即会议纪要的开头部分，可以采用概述式和分项式两种形式：

1）概述式。将会议时间、地点、参加人、列席人、会议议程、主持人等会议要素用一段文字概括叙述，以使人们对会议情况有一个基本了解。例如××省林业局制发的《全省林业局局长会议纪要》开头写道：

“经省人民政府批准，全省林业局局长会议于2011年6月24日6月28日在××市召开。参加会议的有各地、州、市、区、县林业局局长和省级有关部门负责同志。省委副书记王××、副省长李××分别到会并发表重要讲话。省林业局局长赵××主持了会议。会议期间，学习传达了全国林业局局长会议精神，研究部署了全省森林资源普查、退耕还林、森林防火以及林业管理干部队伍建设等工作。现将会议主要精神和议定事项纪要如下：”

这段话文字不多，但把会议的组织情况讲得很清楚。

2)分项式。以《××区环保局现场办公会议纪要》为例：

会议时间：2011年6月12日

会议地点：××区垃圾无害化处理工程建设指挥部办公室

出席人员：(略)

列席人员：(略)

主持人：邢××(区环保局局长)

(3)议定事项。从“会议概况”到“议定事项”的过渡主要有两种方法：一是上层的“会议概况”介绍之后，用“现纪要如下”引出议定事项；二是居中标注“会议纪要”或“议定事项”字样，然后采用分项概述法写作议定事项。无论用何过渡方法，接着都必须按照会议研究的顺序逐项准确凝练地概括记述会议的议决事项。

这个部分是对会议主要精神和议定事项的系统整理和集中反映，也是会后要求有关单位贯彻落实会议精神的法定依据。因此，它是会议纪要的核心内容。概括会议主要事项，实际上就是要传达与会者的共识，可以用“与会代表认为……”、“代表们指出……”等，也可以采用拟人的写法，以会议为第三人称概括传达会议精神，“会议指出……”、“会议认为……”、“会议决定……”等。对会议事项的概括，必须忠实于会议实际，不可随意增减，不能借题发挥，更不能将执笔者的见解加入纪要之中。同时还应注意，既要反映会议精神，特别是领导人重要讲话内容，又必须综理其要，提炼概括，不应成为会议记录的“副本”。

有些会议纪要，将出席会议的人的名单放在结尾之处，以便减轻纪要开头部分篇幅上的压力，这种做法也值得借鉴。

(4)纪要文尾。主要由发送范围、印制单位、印发日期等部分构成。

2.大型专题性会议纪要　这类纪要的版头类似于下行文件格式，由发文机关标志和发文字号构成。

(1)标题。纪要是以会议的名义制发的，所以其标题的最基本写法是“会议名称＋文种”。如《全国档案工作会议纪要》、《全市地方煤矿10月份安全生产例会纪要》、《第二届中国精算师年会纪要》、《广西壮族自治区人民政府百色地区撤地设市现场办公会议纪要》。

某些用于发表或交流情况的座谈会、研讨会等会议的纪要，其标题还可写成正副标题的形式。其正标题概况会议的基本精神，副标题由会议名称与“纪要”两字组成，如《以十八大精神为指导，开创乡镇企业工作新局面——××县乡镇工作会议纪要》。

(2)正文。正文包括导语、主体和尾语三个部分。

a.导语部分要介绍会议的概况，包括会议召开的依据和目的，会议的批准机关与主办机关，会议的完整名称及起止时间、召开地点，与会人员的范围及领导到会情况，会议的主要议题、议程，会议的收效及对会议总的评价等。

b.主体部分是会议纪要的核心，通常应采用归纳分类法来写作，即把会议内容按照其内在联系和逻辑顺序归纳概括成前后有序的几个方面，逐一进行阐述。如是大型专题性会议纪要，可以在评价以往工作的基础上，重点阐述今后工作的任务和要求；如是座谈会纪要，可以集中介绍会议达成的共识；如是学术研讨性会议纪要，可以在介绍一致观点的基础上再说明会议上的不同观点。这种纪要在写作上，经常用到“会议认为”、“会议指出”、“会议要求”、“会议强调”、“会议商定”、“会议号召”等惯用语句。

这一部分在安排上，可以几项内容依次写，也可以按照问题，每个问题中既写思想认识，又写工作安排；可采取分列小标题的形式，也可采用分块式，用数字标明层次。

c.尾语部分有两种情况：一是在最后的自然段用“会议要求……”、“会议认为……”、“会议号召……”等语句提出贯彻会议精神、搞好专项工作的说明、要求、希望或号召，大型专题会议纪要基本上如此结尾。二是内容简要、篇幅不长的会议纪要可以不写专门的尾语，写完分述事项后便自然结尾。

会议纪要开头不写主送机关，文末不署发文机关名称，也不加盖印章。

(3)纪要文尾。主要由发送范围、印制单位、印发日期等部分构成。

(五)纪要的写作要求

撰拟纪要应着重注意下列问题：

1.掌握会议的全部情况　写作纪要首先要弄清楚会议的目的、任务、内容和形式，掌握会议报告、讲话、总结发言和会议记录等所有文件材料，参加会议的全过程，并认真做好记录，并通过访谈等作深入调查研究，以便准确把握会议的精神。如是写大型会议纪要，可在会议期间先草拟轮廓，再经逐步调整充实，提交与会者讨论修改。

2.要明确会议宗旨，突出中心议题　一次工作会议涉及的问题很多。因此在撰写纪要时，必须明确宗旨，即会议所集中解决的几个主要问题，以此形成纪要的中心，切不可面面俱到，那样就会导致主次不明确，中心不突出。

还要注意的是，一次工作会议，在具体讨论中必然会产生几种不同意见，但不能把这些意见都纳入纪要，而应根据会议的宗旨，分析综合各种意见，集中反映符合会议中心议题要求的多数人一致意见；同时，也要注意吸收少效人的正确的意见。对反映会议中心议题的正确意见，可采用“会议听取了”、“会议讨论了”、“会议研究了”、“会议认为”、“会议决定”、“会议强调”、“会议指出”、“会议提出”等提法，加以集中概括，简明扼要地反映出来；对有分歧的意见，除学术研讨性会议外，是不可写入“纪要”的。

3. 要注意材料的真实性和有效性　撰写纪要，一定要准确反映会议的真实情况和基本精神，忠实于会议内容，不得任意发挥，添枝加叶，非与会各方共同确认的结论性意见不能写入会议纪要；同时，要限于会议议及的内容，不可旁骛其他，或者将执笔者个人的见解掺杂进去。

4. 要及时迅速反映　纪要时间性很强，往往在会议结束期间整理成文，及时送达与会单位和人员手中。

例文1：

××省人民政府常务会议纪要

第×期

××省人民政府办公厅编印　　　　2010年12月26日

2010年12月26日上午，×××省长主持召开第×次省政府常务会议，听取了关于全省收费、罚款项目审核处理情况和全省近几年集资情况的汇报，纪要如下：

一、听取了省治理“三乱”领导小组办公室×××同志关于全省收费、罚款项目审核处理情况的汇报。

为巩固治理“三乱”的成果，省治理“三乱”领导小组提议，对审核处理后允许保留的所有省管项目，实行封闭式管理，统一编制目录，向社会公布。目前省治理“三乱”领导小组办公室对全省收费、罚款项目已全部审核字毕。各市地和省直部门共上报收费项目1169项、罚款项目384项，其中省管收费项目260项；保留并编入目录的129项，未编入收费目录的131项，其中有争议的7项；省定罚款项目107项，确定保留编入目录本子的82项，废止的项目中11项有关部门有不同意见，省治理“三乱”领导小组办公室对有争议的收费、罚款项目提出了处理意见。

会议原则同意省治理“三乱”领导小组办公室的汇报，并确定以下事项：

(一)同意对省编制的收费罚款目录实行封闭管理。今后凡出台新的项目，严格执行中央规定，审批权集中到中央和省两级。今后，收费项目由省物价局会同省财政厅审批；罚款项目由省财政厅审批；集资项目由省计委会同省财政厅审批；基金项目由省财政厅会同省计委审批；重大项目报省政府审批。

（二）关于有争议的7项收费。××公路大桥过桥费可继续收取，要专款专用。城市水资源费的收取，按照《水利法》规定可由水利部门委托城建部门收取；也可以由水利部门收取后，按一定比例上缴当地财政，用于城市建设。具体收取办法由各地自行确定。其他5项，按治理"三乱"办公室的意见办理。驾驶员培训管理费取消后，对公安部门授课、发讲义所需经费要给予适当补偿。

（三）对有不同意见的11个罚款项目，原则同意省治理"三乱"办公室的处理意见。

（四）有些未列入本子的收费、罚款项目，需要继续执行的，要按程序重新报批。对擅自出台新的"三乱"项目，情节恶劣、在群众中影响极坏的，要作出严肃处理，同时要利用新闻媒介予以曝光。

（五）加强对公路检查站、点的管理，解决层层设卡、重复收费的问题。任何部门不得单设检查站、点。

二、听取了省发改委×××同志关于近几年我省集资情况的汇报。

省发改委对2009年以来我省集资、基金情况进行了抽查摸底，提出了初步处理意见和建议。会议原则同意省发改委汇报的意见，指出：必要的集资是调动各行各业积极性、兴办社会事业的重要方式之一，是社会发展的需要。但是，目前存在着急于求成、集资过多过滥的问题，群众意见大，必须认真清理。会议强调：各项事业的发展都要量力而行，注意防止新的投资过热现象的发生。会议确定：成立集资项目联合审核处理领导小组，抓紧对全省集资、基金文件及项目作进一步审核，并提出处理意见。

（出席人员名单略）

（文尾部分省略）

例文2：

××××工程学院新增本科专业培养计划研讨会议纪要

2011年2月21日至23日，新增本科专业培养计划研讨会议在四楼第二会议室召开。院党委书记刘××、院长谢××出席会议。张××副院长主持了会议。会议期间，市教委副主任赵××应邀到会介绍全市高校本科专业分布点情况，教务处、人事处及有关系部领导参加会议，有关处室负责人列席了会议。

一、会议经过深入研讨，确定如下事项：

1. 确定了行政管理专业发展方向、人才培养目标、专业特色及培养计划。该专业要以行政管理与秘书工作有机结合为发展方向；以行政管理为基础，以信息管理及秘书业务技能为专业特色;培养既了解信息安全业务,又懂科学管理、会做秘书工作的综合型应用人才。根据专业建设规划,结合学院定位和行政管理专业培养目标的实际,对该专业人才培养计划作了相应调整,并确定了课程体系、课程设置、运行计划。会议同意将该专业培养计划报院学术委员会批准实施。

2. 确定了电子工程专业发展方向、人才培养目标、专业特色及培养计划。(略)

3. 确定了两个专业实践性教学环节的内容、课时、总体规划。(略)

二、会议最后讨论了与新增本科专业密切相关的师资队伍建设、教学保障条件及教学与科研的关系等问题。

与会同志积极发言,针对学院教学工作提出了不少积极的建设性意见。系、部领导与学院领导坦诚沟通,为学院的建设与发展达成广泛的共识。大家共同认为:改革是学院建设与发展的必经之路,建设一支精良过硬的教师队伍是学院发展的关键,要积极探索试行一些改革措施,以确保把教学工作为中心落到实处。学院党委书记刘××和院长谢××与大家一起广泛深入研讨。院领导指出:师资队伍要稳定,要加大吸引人才力度,但进人要精挑细选、严格把关;教学部门要以教学为主,兼顾科研;加快教学改革步伐,人事分配制度改革要局部试点,先改起来,先干起来。最后,主管教学工作的副院长张××强调,在院党委领导下,各教学系、部及其他教学单位领导要带头认真履行岗位职责,调动教师的积极性,勇于开拓,敢于创新,团结合作,以充分的准备、积极有效的工作迎来 2011 年新增本科专业的学生。

出席人员名单:(略)

列席人员名单:(略)

(文尾部分省略)

(六)纪要与会议记录的区别

纪要与会议记录都是会议使用的记录性公文,两者之间的主要区别是:

1. 文体性质不同　纪要是法定公文,作为文件来处理,而且并非每个会议都必须制发纪要;会议记录是事务文书,既不用上报,也不用下发,只作为工作依据和参考材料来处理,或者只起备查作用,因此是逢会必记的。

2. 内容特征不同　纪要应反映会议基本情况和议定事项,所以要求撰拟者根据会议宗旨对会议材料进行分析综合,概括提炼,去除枝叶及重复内容,取其重点,所以具有选择、提要性;而会议记录无论是详细记录或是摘要记录,都是原始记载,只能真实记录与会人员所讲的原话和会议过程,记录人既不能遗漏,也不能随意增补和更改。

3. 形成时间不同　会议记录是随着会议的进程同步产生的;而纪要则要在会议后期,甚至会议结束后通过加工提炼才能形成。

三、议案

（一）议案的适用范围

按照新《条例》的规定，议案适用于各级人民政府按照法律程序向同级人民代表大会或人民代表大会常务委员会提请审议事项。议案属建议性的公文，议案一经审议通过，即产生法律效力，具有较强的约束力。

（二）议案的主要特点

1. 发文机关的限定性　根据组织法的规定，可以向国家权力机关提出议案的，有人大主席团、常务委员会、各专门委员会、各级人民政府、法院、检察院等，人大代表联名也可提交议案。这里介绍的议案仅限于指各级政府向同级人民代表大会提请审议事项时使用的正式公文，不包括其他法定机关及个人的议案。从这种角度说，议案类似于平行文。

2. 运行程序的法定性　从议案的制作提交到对议案处理的每一个环节和提出处理的时限，均有严格的程序要求，构成一环紧扣一环，环环相连的运转流程，而每一环节的运作都必须遵循法定程序，否则就会失去议案的应有效力。这一点也是议案与其他文种的明显区别。

3. 主旨的单一性　拟写议案也要遵循“一文一案”的原则，不得将两件或两件以上的不同事项写进同一议案，以便于对议案的表决和处理。

4. 生效标识的特殊性　这是议案文种在形式上的一个重要特征，突出表现为其生效标识必须体现机关第一行政首长的署名，且不加盖机关公章。例如国务院的议案由国务院总理署名；省政府的议案由省长署名，依此类推，别人不能替代，这一点是很特殊的。

（三）议案的主要类型

按议案的内容的不同，分为五种类型，最常用的有三种：

1. 立法议案　指行政机关制定的法规需提请权力机关审议或请求权力机关制定某项法规所提出来的议案，如《浙江省人民政府关于提请审议〈浙江省陆生野生动物保护条例(草案)〉的议案》。

2. 重大事项议案　指行政机关就本行政区域内某一重大事项提请审议，要求作出决议决定的议案，如《国务院关于提请审议兴建长江三峡工程的议案》。

3. 任免议案　指行政机关提请审议任免国家机关工作人员的议案，如《浙江省人民政府关于省人民政府秘书长、委(办)主任、厅(局)长任职的议案》。

此外，还有批准条约议案和授予荣誉称号议案等。

（四）议案的结构和写法

议案由标题、主送机关、正文、附件、署名和成文日期等部分组成。

1. 标题　议案采用发文机关、事由、文种三部分齐全的标题，事由部分即是政府向人大及其党委会提请审议事项的内容，常用“关于提请审议”、“关于提请任命”、“关于提请×××等同志职务任免”之类的词语。如《国务院关于提请审议〈中华人民共和国企业所得税法(草案)〉的议案》。

2. 主送机关　要将同级人民代表大会及其常务委员会名称在正文之前顶格标写。根据议案内容，分别主送“××人民代表大会”或“×××人大常委会”。任命议案只限送人大常委会。附带说明一点，议案只送权力机关，不存在抄送问题。

3. 正文　正文一般由立案缘由、审议内容和审议请求三部分构成。

(1)立案缘由。阐述提出议案的目的、依据或形成过程，要客观、明了。如国务院提请全国人大审议《国徽法(修改草案)》，开头写“为了维护国徽的尊严，增强公民的国家观念，国务院法制局经广泛征求意见和认真研究，草拟了《中华人民共和国国徽法(修改草案)》。这个草案，业经国务院常务会议通过”。任免案则常以“根据《中华人民共和国地方各级人民代表大会和地方各级人民政府组织法》第××条的规定”或“根据工作需要”等语气起首；或不写依据，直接提出任免名单。重大事项的议案由于牵系党和国家的经济命脉，要使议案获得批准，首要的是写好它的依据和理由，使人充分认识和理解议案提出的必要性。

(2)审议内容。即议案所提出的请求审议的具体事项，主要包括重大事项案、立法案、选举案、罢免案、预决算案等。提请审议的事项要明确具体。如提请修改法规文件，应讲明主要修改意见。

(3)审议请求。即结语部分，常以“以上议案，请审议”或“现提请审议”、“请予审议决定”一类祈请性尾语作结语。

由于议案有不同类型，正文有长有短：任免议案、立法议案大都采用篇段合一式，篇幅短小；重大事项议案则需以法律政策为依据，并援引一些事例和数据，进行必要的科学论证，故篇幅较长。总之，应视内容的需要来妥善安排正文结构。

4. 附件　议案正文之下大多带有附件。立法议案附有请求审议的法规草案，这当然是附件。另外，为使权力机关便于审议时了解和掌握案由，各类议案往往都附上一些相关材料，如被任免人员的简历，推荐材料；与立法议案有关的其他法规或说明文字；与重大事项议案有关的工作报告等。

5. 署名和成文日期　议案最后要由提出议案机关的领导人署名，并注明其职务。最后标注成文日期，加盖印章。

(五)议案的写作要求

1. 要一案一事　议案的提请与审批的关系要求议案所涉及的内容必须而且只能是一案一事，主题集中，这是一条重要原则。否则势必导致纷乱芜杂，直接影响提请审议目的的顺利实现。

2. 要切实可行　方案的内容必须符合国家和人民利益的需要，符合现行法律法规和有关方针政策。为此，应搞好调查研究，广泛听取各方面意见，经过可行性论证，保证所提方案切实可行。

3. 用语的准确得体　由于议案的提交对象是国家权力机关，审议与否，通过与否，均需大会作出决定。因此，在语言表达上必须做到准确恰当，字斟句酌，表达严谨，条理分明；并要着重体现一种"提请"的姿态，语气要中肯，否则就会有损议案的质量与效用。

例文 1：

国务院关于提请审议国务院机构改革方案的议案

全国人民代表大会：

中国共产党第十七次全国代表大会明确提出，要加快行政管理体制改革，抓紧制定行政管理体制改革总体方案。根据党中央的部署，经过认真调研国，广泛听取意见，反复研究论证，形成了《关于深化行政管理体制改革的意见》和《国务院机构改革方案（草案）》，并先后经国务院常务会议、中央政治局常务委员会会议、中央政治局会议讨论和修改。党的十七届二中全会审议通过了这两个文件。现将《国务院机构改革方案》提请第十一届全国人民代表大会第一次会议审议。

国务院总理　温家宝
二〇〇八年三月四日

例文 2：

××市人民政府关于提请审议
废止《××市城市流浪乞讨人员收容遣送规定》的议案

市人大常委会：

今年 6 月 20 日，国务院公布了《城市生活无着的流浪乞讨人员救助管理办法》，并宣告废止《城市流浪乞讨人员收容遣送办法》。鉴于《××市城市流浪乞讨人员收容遣送规定》是依据国务院《城市流浪乞讨人员收容遣送办法》而制定的，为了使地方性法规与行政法规相统一，拟订了《废止〈××市城市流浪乞讨人员收容遣送规定〉的决定（草案）》，现提请审议。

市长　×××
二〇××年×月×日

例文3:

××省人民政府关于提请审议×××等职务任免的议案

省人大常委会:

根据《中华人民共和国地方各级人民代表大会和地方人民政府组织法》的有关规定,现提请任命:

×××为××省×××厅厅长,免去×××的××省××厅厅长职务;

×××为××省×××厅厅长,免去×××的××省××厅厅长职务;

×××为××省×××厅厅长,免去×××的××省××厅厅长职务。

省长 ×××

二〇〇五年×月×日

第四章 事务文书

第一节　概　述

一、事务文书的含义

广义的事务文书是指党政机关、企事业单位以及社会团体或个人，在日常工作或生活中经常使用的各类文书；狭义的事务文书是指法定公文、日常公关类文书和其他专业文书之外的公务文书，是公务文书的一大类别，这里所说的事务文书是指后者而言的。如计划、总结、调查报告、简报、规章制度等。

事务文书的应用范围广泛，使用频率高。这是因为当今社会中，各机关、部门、单位之间的联系日益频繁，公务活动日益增多，需要运用事务文书指导工作，沟通联系，交流情况，总结经验，从而提高工作效率，取得良好的工作效果。

二、事务文书的特点

（一）有比较具体的对象

一份事务文书是为哪些人撰写的，要求哪些人了解并使用，都很明确具体。所以要写好事务文书，必须对受文对象的情况、范围和特点有充分的了解。

（二）有比较固定的格式

在长期的应用中，各种事务文书大都形成了比较固定的惯用格式，各种事务文书的构成要素以及各要素的写法，都形成了一定的规则，只有依循这些规则，才能写出合乎规范、便于提高工作效率、便于人们使用的事务文书。

（三）内容要满足实际需要

事务文书都是为了推动工作、扩展业务、解决问题这些实用的目的而写的，所以，撰写事务文书要以能够满足实际需要为原则，确立观点、使用材料既要切合实际，又要具体扎实，同时，要讲求实际效果。

（四）时限比较紧迫

事务文书也是非常讲求实效的，一项工作的完成，一个问题的解决，大都有一定的时间要求，因此，事务文书只有在限定的时间内及时完成，才能发挥应有的作用。

三、事务文书的作用

1.各级机关常常要通过各种形式的事务文书将党和国家的政策精神贯彻到实际工作中去，指导人们做好各项工作。如计划、规章制度等。

2.在各项工作中，有许多情况是需要有关机关或部门共同了解、合作解决的，有些事务文书就能起到沟通情况、联系工作的手段和凭借作用。如简报等。

3.有价值的事务文书，常常能够在某项工作中，有为人们提供资料的作用。如调查报告等。

4.事务文书还可以起到宣传教育群众，使人们统一认识，并提高政策水平和工作热情的作用。如简报、总结等。

第二节　计　划

一、计划的含义和作用

计划是根据上级指示和有关政策精神，结合本地、本人实际，某一个单位或个人，对预计在一定时期内所要做的工作或所要完成的其他任务加以书面化、条理化和具体化的一种文书。我们常见的“规划”、“工作要点”、“工作部署”、“安排”、“打算”、“方案”、“设想”等，都属于计划。

任何一个单位或个人，都要制订各种不同的计划，它是工作、生产或学习不可缺少的环节，是不容忽视的。计划虽然不是法定公文，但在企事业管辖的范围内，具有一定的权威性，计划一经制订，就要认真贯彻执行。即使是自己制定的个人学习、工作计划，也应具有自我约束力。因此，认真的制订好并努力的完成本单位的生产、工作或其他计划，具有十分重要的作用。

（一）计划具有指导、推动和保证的作用

一个单位如果有了计划，就可以做到心中有数，奋斗就有了目标，有了奋斗目标，就可以减少盲目性，自觉掌握生产、工作的主动权，有条不紊地进行工作，保证各项工作的顺利完成。“凡事预则立，不预则废”，就是指事先要做好打算、安排。

打算、安排考虑的周密、具体，事情就可能办成功；反之，则失败，给国家和人民造成不应有的损失。

（二）合理安排、主次清楚

订好计划，可以做到行动、步骤有条不紊，合理安排人力、物力、财力和时间，避免出现轻重倒置、先后不分的弊病，以便保质、保量的按时完成任务。

（三）增强预见性

有了计划，可以预先估计可能出现的情况和问题，并预定措施，做好安排，取得应变主动权。

（四）便于定期检查、总结、督促

有了计划就有了检查、督促的依据。一段时间之后，就可以根据计划的指标进行检查，评定工作的好坏，及时总结经验，找出生产中存在的问题，提出改进措施。上级领导部门也可及时发现问题和解决问题。有经验及时推广，有问题及时帮助解决。

二、计划的种类

分类方法很多，可以从不同的角度对计划进行不同的分类。具体如下：

按内容划分，有生产计划、工作计划、学习计划、科研计划、建设计划、教学计划等。

按范围划分，有全国计划、地区计划、部门计划、单位计划、班组计划、个人计划等。

按时间划分，有长期计划、中期计划、短期计划，短期计划又分年度计划、季度计划、月份计划等。

按性质划分，有综合性计划、专题性计划。

按形式划分，有条文式计划、表格式计划、条文和表格配合使用的计划等。大单位的计划或时限较长的计划，往往以文件的形式制订。

按作用划分，有指令性计划和指导性计划。

三、计划的写法

计划大多数采用分条列项的形式，有的也采用表格的形式，有的兼用这两种形式。大致写法如下。

（一）标题

常用的、完整的标题包括制订计划的单位的名称、期限、内容概要和计划种类。如《广东省 2005 年个体私营经济管理工作要点》；如果计划尚需讨论定稿，就在标题的后面或下面用括号注明“讨论稿”、“初稿”、“草案”等字样。如果计划采用文件形式，则需按公文的格式处理。有的计划标题还可根据情况省略相关要素。

（二）正文

正文是计划的主体部分。一般先写前言，再写指标和任务，后写步骤和措施，最后是结语。

前言：主要写制订计划的依据，或阐明计划的指导思想；也有的交代基本情况，实事求是的分析本单位、本部门实现计划的有利条件和不利条件。要求简明扼要。

指标和任务：这是计划的核心。要明确规定完成的任务，达到的指标和具体的要求，也就是在计划期内要"做什么"、"做到什么程度"的问题，同时还要写清具体所要完成任务的数量、质量、时间期限等。

步骤和措施：包括要做哪些具体的工作，采取什么措施，分哪几个步骤，时间如何分配，人力如何安排等，要具体、可行。

结语：收结全文、并提出希望。有的计划可以不写结语。

（三）落款

在正文的右下方，要写上制订计划的单位名称和成文日期，并加盖公章。

此外，同计划有关的材料，如图表，说明文字，可作附件放在最后。

例文：

××印刷厂年度核定流动资金定额的工作计划

根据上级关于核定流动资金定额的通知精神，提出我厂核定××年度流动资金定额工作的计划如下：

（一）目的和要求

在去年核资的基础上，结合增产节约运动中揭露的问题，发动群众挖掘资金潜力，按照正常生产最低需要的原则，以及加速资金周转的要求，从紧核定资金定额。通过核资，认真建立健全制度，进一步提高企业管理水平。

（二）时间、方法、步骤

1. 总的时间为一个月，自即日起到×月底止。

2. 这次核资采取分级归口、自查自核，专业部门协助的办法进行。具体做法是：

(1)定额的计算，以第×季度生产计划为依据。

(2)一切不参加正常周转的呆滞、积压物资和供、产、销各个环节不正常因素所需的额外资金，不包括在核定范围之内。

(3)凡是原材料供应方式、地点、价格发生变动，产品生产周期和存放期限变化，或者销售条件和结算方式的改变，均据实予以调整。

(4)供应正常，可以保证供应或有其他代用品的原材料物，一律不计算保险日数。

(5)各项定额均需分项计算，并计算系数。如纸张应分品种计算，油墨应分书版墨、色墨、一般墨及高档墨计算，一般原材料和辅助材料应分小类计算。同时，并认真计算定额负债，以防止资金使用上的浪费。

3. 核资工作分三步进行：第一步，各部门自查自核，财务科配合协助；第二步，全厂平衡、汇总上报；第三步，建立健全制度，深入动员，做好执行定额的思想准备。

(三)具体安排

1. ×月×日至×日各部门准备资料，发动有关群众讨论，自查自核。

2. ×月×日至×日财务科内部测算，开始拟定资金归口管理办法。

3. ×月×日至×日财务科综合平衡，上报方案，各部门酝酿讨论资金归口，办法，开会听取汇报。

4. ×月×日至×日向上级办理资金交拨，公布资金归口办法。

×年×月×日(章)

四、制订计划的基本要求

1. 要符合党和国家的方针政策　制订计划，要以有关方针政策为依据，不能与此相背离。要有全局观念，处理好国家、集体、个人三者的利益关系。使计划发挥应有的作用。

2. 坚持实事求是的原则　制订计划，一切要从实际出发，实事求是，既不能单凭个人的主观热情和愿望，也不能一味照搬上级下达的指标；既不盲目冒进，把计划订得太高，又不僵化保守，把计划订得太低，否则就会达不到目标，使计划落空。

3. 力求具体、明确　计划的内容必须写的具体、明确，才利于实施和检查。一般不议论，不叙述过程，分条列项，用简明、准确的文字表述清楚。

4. 要留有余地，准备几套方案　制订计划，要留有余地，以防止工作中的情况变化，也便于在使用中几套方案选择。

第三节　总　结

一、总结的含义

总结是单位或个人对过去一段时期内所做的工作进行全面、系统的回顾、分析、研究和评价，从中找出成绩、不足、经验和教训，从而揭示规律，更好的指导下一步工作的书面材料。

总结的目的是对上阶段的工作或任务加以分析研究，探求事物发展的规律，把它上升到理性认识，以指导下阶段的实践活动。因此，它具有寻找规律、提高认识，提供情况、便于指导，改进作风、提高素质的作用。

二、总结的分类

总结从不同的角度，可分为不同的类别。按内容分，有工作总结、学习总结、生产总结等；按范围分，有单位总结、部门总结、个人总结等；按时间分，有年度总结、季度总结、月份总结、阶段总结等；按性质分，有综合性总结、专题性总结。

上面是从不同角度对总结进行的分类，但实际上，从写作的目的、要求和内容来看，也就是综合性总结和专题性总结两大类。

综合性总结是在一定时期内，对本单位、本部门或个人的工作进行全面系统的总结。这类总结涉及面较广，内容比较详细，既要反映已经取得的成绩和经验，也要写出存在的缺点和教训，指出今后的努力方向。写作时要求点面结合，重点突出，切忌罗列现象，泛泛而谈。

专题性总结是对某项工作或某一方面的专门问题进行总结。由于它往往偏重于突出某些成绩或某些典型经验，故又称经验总结。这类总结内容比较集中，重点谈成绩，谈经验，缺点和教训可以一笔带过，甚至可以略去不写。

三、总结的写法

（一）标题有三种写法

1. 写明单位名称、时限、总结对象和文种。如《上海财经大学二〇〇五年工作总结》。

2. 概括总结内容，揭示总结的中心思想。如《端正行业作风，搞好优质服务》。

3. 由多行标题组成。如《办好大型企业的成功经验——谈谈在大庆油田蹲点调查的体会》。

（二）正文

正文一般包括基本情况、成绩与经验、问题与教训、今后的意见等内容。

基本情况包括时间，重要背景，经过的概况，事情的结果等。

成绩与经验部分，要用翔实的材料，将成绩和取得成绩的做法写清，最好有典型事例和具体数据，使之具有说服力。

问题与教训部分，要写明工作中的失误和问题，深刻分析产生问题和失误的原因，指出应吸取的教训。

今后的意见即结尾部分，有的可针对存在的问题，提出解决的办法，或提出今后的打算和努力的方向，这部分要求写的简明扼要。

(三)落款

写明撰写总结的单位名称和日期。

例文:

××市"五一"黄金周工作总结

在市委、市政府领导下,按照国务院确定的"精心组织、周密安排、责任落实、加强协调"的要求,××市"五一"假日旅游黄金周工作获得了圆满成功,实现了"健康、安全、秩序、质量"四统一的目标。旅游市场良好,省内游需求量大增。××市主要景区点接待游人数有较大增长。全市接待旅游者150.73万人次,同比增长16.28%;其中,过夜旅游者52.72万人次,同比增长21.28%;一日游游客98.01万人次,同比增长13.50%。旅游总收入达到4.37亿元,同比增长46.34%。

一、主要特点

今年"五一"假日旅游黄金周成效显著,特点突出。主要体现在以下四个方面。

1. 文化旅游魅力大增,河畔旅游成为亮点

××市各大景区纷纷推出了丰富多彩的文化表演活动。××故宫在皇家礼仪展演的基础上又新推出了"皇太极"封后表演,吸引了大量的××市民和国内外游客。黄金周期间,故宫接待了港澳台、日本、韩国、马来西亚、新加坡、美国、法国、俄罗斯等海外游客;接待了中国南方城市及东北地区及××区域各城市的旅游者,还有来自我国山西、南昌等市乘坐旅游包机来观光的游客。1~7日,故宫接待游人总数近5万人次,比去年同期增长17.5%。五里河公园从1日到7日推出了面对游客和市民的免费露天文化演出活动,邀请了铁岭市民间艺术团的李静和陈海等著名的二人转演员演出二人转、小品、声乐和舞蹈等节目,考虑到游人的需要,5月2日至5日还要每天下午加演一场。二人转演出这种艺术形式吸引了20余万人次游览参观了五里河公园。

为深入贯彻落实全市旅游工作会议精神,即"通过举办丰富多彩的河畔演出活动,把浑河宣传出去,使浑河火起来,把浑河打造成像广州珠江、上海黄浦江那样的城市内河观光带",在宋琦副市长的亲自领导和调度下,作为××市城市建设亮点的五里河,借助得天独厚的水域优势,积极开发水上旅游项目,水上游览成为现实。"五一"黄金周期间,设计了从浑河桥到富民桥共计15分钟的乘船游览项目,推出了五里河龙舟表演。投入了近400万人民币建造了4艘快艇,1艘双浮桶油轮。很多市民带着孩子和家人来到五里河乘坐快艇,体验河畔旅游的快乐。

2."一日游"备受欢迎,自驾车游成为时尚

今年,××市组织旅游经营单位推出了众多"一日游"精品线路,这些线路包

括：市内“一日游”，国家森林公园、怪坡、五龙山、植物园、三农博览园、野生动物园、××水洞、陨石山和满族民俗村。省内“一日游”包括天华山、千山、闾山、关门山、清岩寺、北普陀寺、天龙洞、观音阁水库、三块石森林公园、清永陵、赫图阿拉老城、虎山长城、鸭绿江公园、断桥、天桥沟等。为方便游客和市民游览，××市在市内主要广场设了发车点。市安运集团、市客运集团调集了最好的车辆投入运营，满足游人需要。七天，共发送一日游车辆 851 台次，4 万余人次。自驾车游客成倍增长，成为假日旅游的新时尚。

3. 区域联动显现成效，旅游精品线路深受欢迎

随着××经济区旅游合作的进一步加强，今年我市旅游的又一特点是区域旅游游客人数明显增多，主要体现在我市接待××区域六城市游客和我市居民通过一日游、二日游方式到辽宁中部其他城市进行观光。具体做法是，推出了××经济区旅游圈八大系列 23 条精品旅游线路，组织了专线一日游、二日游。“五一”期间，来我市主要景区点旅游的人数中外地及××经济区旅游圈的人数占总人数的百分之三十以上。此人数还将有增长趋势。而我市一日游客中将近有三分之二的游人赴××经济区旅游圈其他六城市旅游观光。

4. 区县（市）旅游活动内容丰富多彩

各区县（市）抓住节假日契机，积极组织丰富多彩的活动，丰富“五一”节活动内容，发展县区假日旅游经济。

沈河区举办了××故宫 380 年建宫庆典活动，在大清城、古玩城开展了邮、币、卡等展销活动。和平区在北市庙会举办了旅游产品精品荟萃展销、大型文艺演出及传统结婚特色表演。新城子区在怪坡卧龙禅寺庙每日举办拨法会、槐花节开幕式、“军神杯”纪实摄影大赛启动仪式、槐花节能少儿绘画大赛启动仪式、可口可乐杯饮料节开幕式以及怪坡槐文化展示会；新民市在××仙子洞、××三农博览园开展踏青、垂钓、观鸟、品鱼宴活动，组织了市民参观三农展馆、观看二人转以欣赏民族乐队演出等。棋盘山开发区开展了水上轻型飞机表演、绿色环保饮食、自驾车逍遥游、风筝大赛、踏青寻宝开心游、2005 年冰雪节图片展、郁金香花展等。上述活动的开展吸引了大量的游人参加。

二、主要做法

今年五一假日旅游黄金周取得圆满成功，得益于××市领导的高度重视。四月初，宋琦副市长直接调度黄金周的准备工作，听取市假日办公室的工作汇报，同时对相关准备工作进行部署。节日前夕，在十分繁忙的情况下，宋琦副市长专门安排时间，率市假日办成员单位相关人员对重点景区点开展了旅游市场安全检查工作；在“五一”黄金周期间，宋琦副市长每天都听取市假日办“五一”黄金周专项汇报，掌握全市假日旅游动态，随时部署工作，确保假日旅游黄金周顺利进行。在市长的直接领导下，市假日办主要开展了以下工作。

1. 提前制定方案，统一进行调度

早在4月初，××市假日办就组织专门人员起草制定××市假日旅游黄金周方案。4月中旬，按照国家和省假日办的要求下发了《关于认真做好××市2005年“五一”黄金周旅游工作的通知》，对全市假日黄金周旅游工作进行部署和统一调度，要求全市假日办各成员单位、各级政府、各旅游经营单位积极做好黄金周的各项准备工作。

2. 坚持安全第一，重点部署旅游安全工作

××市旅游局于4月中旬召开了××市旅游安全生产工作会议，同各区县(市)旅游局签订了安全生产目标责任状，确保安全生产责任落实到人；4月下旬，××市旅游局下发了《关于加强“五一”黄金周旅游安全管理、检查工作的通知》，要求各单位要坚决贯彻落实“安全第一、预防为主”的方针，深入、全面地做好假日旅游安全工作。××市旅游局还组成了10多个安全检查组从4月18日至5月7日，对全市40余家旅游经营单位进行全面检查。5月2日，由宋琦副市长带队，××市旅游局及新闻媒介体参加的检查组对全市一日游发车点、故宫、五里河公园、植物园等场所进行安全检查。对五里河游船码头安全问题提出整改意见。市公安局及时调整警力，确保五里河游人安全，五里河公园也根据检查要求，增加安全防护设施，提供安全保护。

3. 坚持市场取向原则开发旅游产品，整合推出精品线路

在旅游产品的开发上，坚持市场取向原则，市场需要什么，××市假日办就整合、开发什么样的旅游产品，满足旅游者的需求。××市旅游局按照大旅游、大市场的要求，将全市各区县旅游产品整合起来，在“五一”期间面向社会推出；将××经济区旅游圈的重要旅游景区点整合起来，作为××经济区旅游圈一日游精品旅游线路推向社会。××市文化局为满足广大旅游爱好者的需要，仅用4月29、30日两天，就在五里河公园搭建了舞台，并将铁岭民间艺术团请来在五里河公园演出，推出了深受旅游者爱好的河畔文化演出。××市体育局为发展水上旅游项目，将市龙舟队从南方训练地撤回，从5月1日起就在五里河进行表演，丰富了××市水上旅游内容，成为五里河公园的一大看点。

4. 加强旅游推介，做好旅游宣传促销工作

4月下旬，××市旅游局与省内其他城市在××中街共同举办了红色旅游及“五一”黄金周启动仪式，拉开了“五一”黄金周旅游宣传促销活动的序幕。并开展了全省范围内的旅游大篷车宣传促销活动。××市旅游局与××电视台共同开展了××经济区旅游圈旅游精品系列宣传活动。从4月下旬开始，分别拍摄××、鞍山、抚顺、本溪、营口、辽阳、铁岭的主要景区点并连续在××电视台播放。

5. 实行24小时值班制度，监控假日旅游市场

为确保“五一”假日旅游黄金周工作安全、有序进行，××市假日办成立了指挥

中心、统计中心和新闻中心，并实行“五一”期间24小时值班制度，受理投诉、及时处理发生的问题，全面掌握和了解全市假日旅游市场情况，随时指挥、调度全市假日旅游工作。并将假日旅游信息及时报送市委、市政府及各相关单位。

×年×月×日

（文章摘自《开心文秘网》）

四、写作总结的注意事项

1. 要善于分析材料，并找出规律性的东西来　撰写总结，需要充分占有材料，在占有材料的基础上，还必须深入分析，探求规律，这是写好总结的关键。

2. 合理的取舍内容，以突出重点　写总结要根据具体的写作目的和工作状况的特点安排内容，确定重点，避免采用面面俱到，泛泛而谈的写作方式。

3. 要深入研究问题，写出特色　首先从内容方面来，无论是写成绩，还是写问题，也无论是写经验还是写教训，都要带有明显的个性色彩，要把真正属于自己的东西反映出来。另外，在结构安排和文字表述上，总结也要有自己的特点。

第四节　调查报告

一、调查报告的含义和作用

调查报告是根据一定目的，对某一工作、某些情况、某一问题或某个方面的经验，进行调查研究后，透过现象，揭示事物的本质和规律，根据所得的结果而写出的书面报告。

调查报告同时兼有公文、新闻、论文的文体特点。机关单位里，调查报告是为领导的决策提供依据的事务公文；传播媒介中，调查报告是一种重要的新闻文体；而在科学界，高质量的调查报告是论文的一种形式。这里我们讲的是公文的调查报告。

调查报告反映的对象较为广泛，对人们的社会实践有重要的指导作用。概括来说，一是反映情况，总结经验，揭示问题，使人们提高认识，掌握规律；二是为领导机关制定政策、措施提供依据；三是克服官僚主义的积习，以培养干部实事求是的好作风。

二、调查报告的种类

调查报告可以从不同的角度分出许多种类，从内容上分，有总结经验的调查报告、揭露问题的调查报告、反映情况的调查报告三种。

（一）总结经验的调查报告

这类调查报告一般是抓住现实生活中带有普遍性的问题、事物或经验，深入挖掘，给以分析、归纳和总结。它可以比较完整的、全面的总结现实生活中出现的新生事物，用实际材料说明它的意义和作用，揭示它的规律；还可以总结交流先进单位在贯彻党的方针政策中的具体经验、措施、办法和体会。

（二）揭露问题的调查报告

这类调查报告是针对暴露出来的问题，进行深入、细致、全面的调查，弄清问题发生的原因，分析问题的实质，指出问题的危害，并提出今后如何避免同类问题的发生，也叫澄清事实的调查报告。

（三）反映情况的调查报告

这类调查报告比较系统、深入地解剖社会的基本情况，特别是社会各个阶级的历史和现状，各个行业、各种不同类型人物的过去和现在的基本情况，让领导机关掌握全面情况的基础材料，作为制定方针政策、采取措施的参考。又叫基础性调查报告。

三、调查研究的态度和方法

要写好调查报告，首先要搞好调查研究。搞好调查研究，要解决态度和方法问题。

（一）调查研究的态度

1. 端正态度，深入研究　是相信群众，依靠群众，虚心向群众学习，还是自以为是，在群众面前摆架子，这是能否做好调查研究工作的关键。在调查中只有放下架子，拜群众为师，甘当小学生，才能使被调查者知无不言，言无不尽，收集到真实而详尽的第一手材料。

2. 深入实际，亲身感受　搞调查就必须深入实际，深入群众，走出办公室，蹲点到基层做一番艰苦细致的调查，才能得到新鲜生动的资料，学到闻所未闻的知识。

3. 实事求是，坚持原则　坚持实事求是，一切从实际出发的原则，而不能为迎合某种需要，歪曲事实真相，或戴有色眼镜去看问题，要面对现实，找出其固有的规律，得出正确的结论。

（二）调查研究的方法

1. 直接观察，反复思考　深入实际，就是要亲自用眼睛在各方面看一看，用耳朵多方面听一听。这些直接观察到的情况，是感性的、具体的。把这些看到、听到的材料串起来，条理化、系统化，从现象到本质，从个别到一般，就能为我们提供新的线索和新的材料。

2. 拟订调查计划　为了使调查工作能获得预期的效果，在调查前必须订出一个较详细、较周密的调查计划，做到心中有数，有条不紊，保证调查工作顺利地开展。

3. 开调查会　开调查会，是做好调查研究最简单易行又最可靠的方法。到会的人，应是真正有经验的群众或基层干部，它们是我们向社会作调查的最好的老师。开调查会，每次人数不要太多，三五个、七八个人就够了，必须给予时间准备，事先给予调查提纲。座谈中，还必须口问手写，并且同到会的人一起讨论。

4. 个别访问　有些情况，在座谈会上可能由于各种顾虑或其他原因谈不出来，还必须对与会的重点人或其他人进行个别访问。个别访问时，必须态度诚恳。以诚待人，才可以打消被访问者的顾虑，了解到那些隐蔽在表面现象之后的关键性问题，从而掌握第一手真实具体的材料，全面透彻认识问题。

5. 查阅档案和有关资料　必要时，经领导同意，可查阅历史档案作为参考，还可以看有关的计划总结、翻阅报刊等。

以上这些方法，只是就一般情况而言。每个人还可以根据具体情况与个人习惯，创造出更多行之有效的方法。

四、调查报告的写法

（一）标题

标题的写法很多，常见的有：

1. 写明调查对象、内容范围或调查主题、文种三项内容　如《上海郊区农民生活状况调查》。

2. 采用多行标题　如《稳定农村基本政策是群众的愿望——苏皖部分地区农村调查报告》。

3. 标题直接揭示调查主题　如《单打一外销渠道不畅，多模式出口柳暗花明》。

4. 采用介宾结构“关于……的调查”　如《关于增强城市财政活力的调查》。

（二）正文

正文一般包括前言、主体和结尾三部分。

前言，写法灵活多样。既可交代调查的时间、地点、对象、范围、目的，点明基本观点；又可概括介绍调查对象的基本情况或基本经验等。

主体，是调查报告的主干，主要写调查的事实和基本经验。主体在结构安排上也较为灵活，可以将调查材料按性质归类，分几个问题来写；也可以用对比方法介绍调查对象，在对比中揭示经验或教训；还可以先介绍调查中了解的情况，然后进一步分析原因，最后对问题做出结论或对解决问题提出建议。

结尾，写法也多样，有的点明全篇主旨；有的指出问题或展望远景；有的指出方向或提出希望等，有的可以不写结尾。

（三）署名和日期

最后写明署名和日期。有的署名还可以放在标题下。

例文：

营造美好家园　确保一方平安

——海南省海口市振东区社区建设经验调查

汤晋苏　杨煌　张丽波

社会稳定是改革开放和社会主义现代化建设的重要前提。维护稳定是压倒一切的战略任务。海口市振东区以社区建设为龙头，走出了一条维护社会稳定，促进改革开放和社会主义现代化建设全面进步的新路子，积累了新经验，“九五”期间城区GDP连年保持两位数增长。1998年，被海南省评为“全省社会治安综合治理先进单位”；1999年，被国家民政部确定为“全国社区建设实验区”，被中央文明委评为“创建全国文明城市工作先进城区”。

一、加强社区党的建设，构建社会基层稳定的坚强堡垒

振东区地处海口市东部，既是省会城市商贸中心地区，又是省委、省政府机关所在地。维护这一地区的稳定，对维护海口市乃至整个海南省的社区政治稳定具有特殊的战略意义。在社区建设过程中，该区区委始终把维护稳定作为一项严肃的政治任务来抓。从加强党的基层组织建设入手，带动其他各项稳定工作全面推进。

近年来，基层党建工作取得了很大成绩。但随着改革开放和社会主义市场经济的深入发展，如何从实际出发进一步搞好基层党的建设，是摆在各级党委面前的一项紧迫任务。面对新的形势，振东区委紧紧围绕改革、发展、稳定的大局，从巩固党的执政地位和基层政权的战略高度出发，提出了一条清晰的工作思路和一整套工作目标，即：以加强党的基层组织建设为重点，扩大党在社区和基层工作中的覆盖面，建立健全社区党组织，发挥基层党组织的战斗堡垒作用；力争做到有群众的地方就有党的工作，有党员的地方就有党组织，有党组织的地方就有健全的组织生活和坚强的战斗力。

为实现上述目标，振东区在街道推行社区党建工作“三个责任人”制度，明确街道工委书记为第一责任人，负总责；分管组织工作的副书记为第二责任人，协助书记具体抓；组织委员为第三责任人，集中精力专门抓。在全区则实行“区委书记挂帅总体抓，分管组织工作的副书记和常委协助具体抓，组织部门专门抓”的工作机制。实现了每个社区都有一个党支部，出现了层层抓落实，工作到支部的新局面。

振东区不仅着眼于基层党组织的完善，而且注重通过机制创新，发挥党组织和党员的先锋模范作用。他们首先从理顺管理体制入手，改变原来社区党建工作职责不清的状况。在工作方法上，由过去的纵向直接管理，向横向引导、协调、服务延伸。在工作范围上，由单纯抓街区党组织建设向社区单位的党组织延伸。在工作对象上，由抓居民党员的教育管理向社区所有党员延伸。振东区针对近年来非公有制经济迅速发展的形式，抓住非公有制经济中党建工作这个薄弱环节，采取“重组、单设、联合、挂靠”等方法，在非公有制企业中建立健全了党的组织。他们还根据社区党员的不同特点，实行直管、代管、协管等分类管理办法，实现了对所有党员的管理。目前，社区内662名居民党员、下岗职工党员、离退休党员以及尚未就业的大中专毕业生党员，都纳入其所在居民区党支部统一管理；200多名外来经商、务工的流动党员分别挂靠到居住所在地的居民区党支部，过上了正常的组织生活；社区单位的12000多名在职党员，大部分都与居住所在地的居民区党支部建立了联系。

社区党建工作的深入实施，为社区广大党员参与社区建设提供了广阔的舞台。振东区共组织1900多名党员，成立了50多只党员志愿者服务队伍。广大党员以自己的实际行动，赢得了居民的信赖，凝聚了群众的力量。2000年，该区西坡村182户400多口人的整村搬迁、美舍河整治的民房拆迁、修建南渡江防潮堤的征地、南方航空公司的基建等一系列涉及群众切身利益的热点难点问题，由于有党组织的坚强领导和社区党员的模范带头作用，都得到了比较圆满的解决，没有动用一个警力，没有出现一个钉子户。

二、加强社区服务体系建设，打好社会基层稳定的良好基础

搞好社区稳定，仅有领导和组织是不够的，必须做好深入细致的服务工作。邓小平同志的“领导就是服务”的重要观点，在社区建设中有着特别重要的指导意义。振东区坚持“从改革中寻出路、在创新上求发展”的指导思想，通过开展扎实的工作，在全区形成了以区为指导、以街道为主体、以居委会为依托的三级社区服务组织体系。按照无偿与有偿并行、民办与官办并举的方式，采取独资、合资、民办公助、社会兴办、个人股份制等多种形式兴办社区服务组织。投入80多万元兴建的全省第一家社区求助服务中心，本着“上为政府分忧，下为百姓解难”的宗旨，设立法律服务部、下岗职工再就业服务部、居民最低生活保障服务部、驻区企业服务部、志愿者援助服务部和信息咨询服务部等11个服务部门，全天候、全方位地为居民提供服务，成为社区居民遇到困难求助的重要渠道。现在，全区拥有57个服务站，273个服务网点，志愿者服务队伍106支，常年参加服务的人员达5129人，形成了门类齐全的社区服务网络。同时，为了给社区居民提供健康的精神文化生活场所，建立了社区文化活动中心62个、文化室62间。还建立社区医疗保健站12个、幼儿园136所。另外，通过促进社区内机关、企事业单位和街道、居委会之间互通有无、互相支持、资源共享，增强了社区服务的基础设施。

在开展社区服务中，振东区首先坚持面向特殊人群，优先解决老年人、残疾人、优抚对象、生活困难居民等特殊社会群体的问题，向他们提供社会保障服务。成立了拥军优属服务组、敬老包户服务组、精神病人看护组，为孤寡老人提供托养服务的等。目前，全区的孤寡老人、特困户包户服务率达100%，基本实现了老有所养、难有人帮。二是面向社区全体居民提供便民利民服务。按照社会效益和经济效益兼顾的原则，建立涵盖便民利民、文化教育、卫生保健等居民生活方方面面的社区服务网络，以及时、优质的社区服务急民所急、想民所想。三是面向辖区企事业单位，提供后勤保障服务。三大服务系列的建立，形成了服务对象涵盖辖区居民和企事业单位，服务内容包罗万象，服务形式多种多样的全方位的便民、为民、利民的社区服务体系。通过服务温暖人心，形成"互帮互助"、"欠佳万家，亲如一家"的和谐人际关系，展现"人人为我，我为人人"的新时期社区精神风貌；通过服务，密切党群、干群关系，把党和政府的温暖送到群众心中，树立了党和政府在群众中的良好形象和威望，为基层社会稳定打下了坚实的基础。

三、加强社区思想政治工作，构筑社会基层稳定的思想防线

1. 积极探索新时期思想政治工作的有效形式(略)

2. 坚持把思想政治工作贯穿到化解基层矛盾的全过程(略)

3. 发挥思想政治工作的优势，建设健康向上的社区文化，铲除封建迷信和邪教滋生的土壤(略)

四、开展社区稳定工程，实实在在加强社会基层稳定建设

1. 开展"安全文明小区"和"无毒社区"创建活动(略)

2. 探索社区流动人口管理的新模式，加强流动人口管理(略)

3. 建立健全社区五级治安联防网络，深入开展群防群治(略)

4. 抓好社区法制宣传工作，提高公民法律意识(略)

(原载《求是》2001年第8期)

第五节　简　报

一、简报的含义和作用

简报是国家机关、社会团体、企事业单位内部编发的一种简要反映情况的专用文书。也叫"情况反映"、"情况交流"、"简讯"、"动态"、"内部参考"等。其主要作用是沟通情况、交流经验。

二、简报的特点

由于简报主要是反映和交流情况的，因而它具有实、新、快、简、活的特点。

1. 实　简报的内容要实在，有事实，讲真话。简报不宜展开议论。只阐述必要的思想观点，内容要避虚就实，力求反映的事实准确无误。

2. 新　反映的事实要新、要深。要反映带有普遍意义的新情况、新问题、新事物、新经验，及时向主管部门反映，供领导思考决策，或取得支持、帮助。

3. 快　简报具有新闻报道的某些特点，讲究时效性。要迅速及时的反映新情况、新问题、新经验，便于领导及时掌握下情，采取措施，指导工作。

4. 简　开门见山，一事一文，短小精悍，一般每篇在千字左右，有的简报只有几百字，能说明问题即可。简报的分量不在于文字量，而在于信息量。

5. 活　简报的形式比较灵活，根据内容表达的需要，结构形式与表述方式可灵活运用。

三、简报的种类

简报按性质分，可分为三种：

1. 工作简报　用来反映本地区、本系统、本单位有关工作的经验、问题或某些特殊情况，供上级和有关部门了解和参考；或传达上级领导部门对形势的分析和工作部署，以推动下面的工作。

2. 会议简报　它用于某些重大会议，反映会议的筹备经过、对中心议题的讨论情况、会议动态等内容，根据会议规模可分为综合简报和阶段性简报。时间短、规模小、内容单一的会议，通常编发一次性综合简报；时间长、规模大、内容多的会议，应编发阶段性简报，便于随时报道会议进展情况。

3. 动态简报　动态简报是在一定时期内就群众中出现的思想动态或针对某项工作及时向上级部门反映的一种简报。

四、简报的格式与内容

机关编发的简报，通常是有固定格式的，大都由报头、正文、报尾三个部分组成。

1. 报头　一般占第一页上方三分之一的位置。居中是套红的醒目大字，是简报的名称，如“××工作简报”、“情况交流”、“××动态”等。名称下面是简报编号。左上角有时写着“内部参考”、“秘密”等字样。左下侧是简报的编发单位，右下侧是本期印发的日期。为了醒目，常用套红粗线把报头和正文隔开。

2. 正文部分　主要包括标题和正文内容，标题要能概括简报的中心意思，正文的结构安排一般按内部逻辑规律分为若干部分，必要时，每个部分可用小标题或序号列出。也可按时间顺序安排结构。还有的编者加“按语”或“内容提要”。“按语”一般是对正文内容的评述，应印在标题的前面；“内容提要”则是对正文内容的提示，应印在标题的下面，字体与正文不同，以示区别。

3. 报尾　尾页下面在两条平行横线内注明简报的送发对象和印发份数。会议简报如只限于发给与会者，可省去报尾部分，不写发送单位和印发份数。

例文：

工作简报

第×期

××钟厂办公室　　　　　　　　　　　　　×年×月×日

亡羊补牢　综合治理

在深入开展打击刑事犯罪活动中，我厂破获了两个隐藏在厂内的盗窃钟表零件的团伙，挖出了17名盗窃犯罪分子。厂部针对这一事件，亡羊补牢，把打击刑事犯罪活动与教育职工、开展企业整顿结合起来，实行综合治理。

一、广泛开展宣传，克服思想障碍

当我们初步挖出了一批盗窃分子时，有些干部以为要捉、要判是公检法的事，与厂里关系不大。厂部认为这些案子从一个侧面反映出企业的素质水平，如果不解决一些干部思想上的糊涂观念，不但打击活动不能深入，而且广大职工也不能受到教育。为此，厂部及时召开了全厂干部大会，大造舆论，层层发动。随着打击活动的深入，破案线索进一步扩大。如装配车间机芯组，共有25名职工，被捕的就有4名。据统计，全厂被盗的零件价值共达18万元，干部、群众为之震惊。厂部利用这些生动的反面教材，搞了图片、事务展览，对全厂职工进行法制教育，扭转了部分同志“不搭界”的错误思想，全厂出现了人人重视和关心“深挖”的局面。

二、结合企业整顿，立制度堵漏洞

经过分析发现，盗窃分子之所以能轻而易举地把大量零件偷盗厂外，关键在于我们管理上存在着“三个不严”，即废品零件控制不严，成品零件在流转时损耗掌握不严，上下道工序交接制度执行不严。厂部从强化基础管理着手，狠抓了以下三条措施：

1. 建立、健全各项制度，实现了领料有证，加工有账，报废有物，流转有卡。进行了三次清查账外物资的活动，取缔了个人的“小仓库”，加强了工厂的大仓库。

2. 对一些价值较高的零件，改计量统计为排版计数统计，提高统计数字的精确度。

3. 制订了在产品管理中的十条纪律。

这些措施既有效地防止了盗窃事件的再度发生，又为企业整顿验收创造了条件。

三、进行法制教育,热情帮助挽救

厂保卫科举办了由56名违法、违纪对象参加的法制教育学习班。通过学习,这部分人克服了原来存在的"三怕"思想,即一怕受处分后加不到工资,二怕到班组检查丢面子,三怕领导另眼相看给小鞋穿。学习班结束后,56名对象全部回班组作了检查,有了改正错误的愿望和行动。通过法制教育,做到了挽救一批人,教育一大片。

发送:×××
份数:×份

第六节 规章制度

一、规章制度的含义和作用

规章制度是党政机关、社会团体、企事业单位制订的各种条例、办法、细则、章程、制度、守则等的总称。它是一种具有法规性和约束力的文件,是有关人员在一定范围内必须共同遵守的准则。

规章制度是国家法律、法令、政策的具体化,是人们的行动的准则和依据,因此,它能统一广大干部和群众的思想和行动,使大家有法可依,有章可循,从而能使国家机器正常运转,社会生活协调的进行,保证了现代化建设的顺利进行。

二、规章制度的种类

规章制度包括章程、条例、办法、规定、细则、守则、公约和须知等。

章程,是党政机关、社会团体、企事业单位用于规定其组织的性质、宗旨、任务、组织结构、成员条件、权利、义务、纪律和活动的法规性文件。章程一经通过、颁发,就成为其组织内每个成员的思想和言行的准则,具有权威性和约束力。

条例,是对某项工作或专门问题提出的管理措施和限制。它具有一定的法规性和权威性。它所规定的对象和范围比较集中,措施和要求也比较具体。

办法,是指对某一特定的条例、法令或事项,确定其办理方法、实施措施的一种法规性文件。它往往是条例的具体化。

细则,是对某项法令、条例、规定或其中的部分条文进行解释或说明的文书。它是一种派生性文件,它使法令、条例等更具体,更便于执行。细则有说明性、具体性的特点。

规则,是对工作原则、方法和手续作出具体规定,供大家共同遵守的文书,具有约束力。

守则，是对局部范围的人或活动作出具体要求和规定的规范性文书。它规定的对象较单一，其内容也较简单，在一定范围内具有明显的约束力，有关对象必须遵守和执行。

另外，公约和须知也是常用应用文种。前者是机关、团体拟定的共同遵守的使用文书；后者是对所从事的活动和必须知道的事项提出具体要求供大家遵守的文书。

三、规章制度的结构和内容

（一）标题

有三种写法，一是由制订者、制订事由和文种构成；如《广东省关于引导外商投资的若干规定》。一是由事由和文种构成；如《国家行政机关公文处理办法》。一是由制订者和文种构成；如《上海市节能情报网章程》。

有些规章制度如果需要一定时期的试行，那么应在标题中注明“暂行”、“试行”、“草案”等字样。

规章制度的标题一般都有题注，表明经会议讨论通过的法定程序和时间、地点，写作形式一般为“××××年×月×日××××会议通过或××××年×月×日××××会议上批准，××××年×月×日起施行”。

（二）正文

正文是规章制度的主体，常用分条列目的条目式写法，层次分明，结构严谨。凡内容比较复杂的规章制度，如章程、条例、规则、细则等，其结构形式大致分三部分，每一部分可分若干章，每一章可分若干条，有的每条还分若干款，用序数表明。这三部分是：

1. 总则或序言　是文件的开头部分。一般第一章小标题写明总则，简要说明制定本规章制度的缘由、意义、目的和总的要求。

2. 分则　中间的主体部分。小标题不写明分则，写明规章制度的具体事项和内容。分则各章可设小标题，使之眉目清楚。

3. 附则　是中心内容的补充和说明。放在最后一章。小标题写明附则。主要写明该规章制度的实施、解释权限、修订办法、使用对象、实施范围、实行日期以及有关事项的说明等。

一般情况，结构都是章断条连式，即第一章总则，第二章以下为核心内容，最后一章是附则，其中各章分若干条，各条的次序不中断，一直从总则到附则分排下去。也有的是以条一贯到底式，但常常是前面一条或几条内容相当于总则内容，最后一条或几条相当于附则内容。

有些比较简单的规章制度，如守则、公约、须知等，可以只分条不分章，将事项逐条写出就可以了。

例文1:

浙江省社会科学界联合会章程

(1994年12月22日省社联第三次代表大会通过)

第一章 总则

第一条 本会定名为浙江省社会科学界联合会,简称浙江省社联。

第二条 浙江省社联是在中共浙江省委领导下,由省级社会科学学会和市地社联为主组成的学术性群众团体,是党和政府联系、团结社会科学界的桥梁和纽带。

第三条 本会宗旨

组织和团结全省社会科学工作者,以马列主义、毛泽东思想和邓小平同志建设有中国特色社会主义理论为指导,坚持党的基本路线,解放思想,实事求是,贯彻理论联系实际的原则,坚持"为人民服务,为社会主义服务"的方向和"百花齐放、百家争鸣"的方针,积极开展学术研究、学术交流和社会科学知识的普及活动,促进全省社会科学事业的繁荣和发展,为建设有中国特色的社会主义服务。

第二章 任务

第四条 本会主要任务

1.认真学习、研究、宣传马列主义、毛泽东思想和邓小平同志建设有中国特色社会主义理论,完整准确的理解、把握其科学体系和精神实质。

2.动员、组织和引导全省社会科学工作者立足浙江,面向实际,面向未来,深入开展社会科学研究,为改革开放和社会主义现代化建设提供精神动力、智力支持和思想保证,为党和政府提供决策参考。

3.领导和协调所属学会工作,指导市地社联工作。

4.组织和实施重点课题研究,有计划地开展各种学术活动。

5.定期组织社会科学优秀成果评奖,表彰先进集体和优秀工作者。

6.组织开展咨询服务和社会科学知识的普及工作。

7.反映我省社会科学工作者的意见和要求,维护他们的正当权益。

第三章 会员

第五条 本会原则上实行团体会员制。凡依法成立的省级社会科学学会和市地社联,承认本会章程,履行必要的入会手续,经常务理事会讨论通过,可以成为团体会员。

第六条 会员权利

1.有选举权和被选举权。

2.参加本会举办的有关学术活动、评奖活动和其他活动。

3.对本会活动进行监督,提出批评、建议和要求。

4.先进集体和个人,可得到本会的奖励。

第七条　会员义务

1.遵守本会章程,执行本会决议,接受并完成本会委托和布置的任务。

2.定期向本会报告工作,及时反映活动情况。

3.按期交纳会费。

第四章　组织机构

第八条　本会的最高权力机构是会员代表大会。代表大会每五年召开一次。

第九条　代表大会职责

1.审议和批准理事会的工作报告。

2.制订和修改本会章程。

3.选举产生新的一届理事会。

4.讨论和批准应由代表大会认可的其他事项。

第十条　代表大会闭会期间,本会的领导机构是理事会。理事会每年召开一次,必要时可临时召集。

第十一条　理事会职责

1.选举产生常务理事会,并可聘请名誉主席、顾问。

2.审议和批准常务理事会的工作报告。

3.必要时可调整和增补理事。

4.讨论和决定本会其他重大事项。

第十二条　常务理事会由主席、副主席、秘书长和其他常务理事组成。在理事会休会期间,由常务理事会行使其职权。专职主席、副主席、秘书长主持社联的日常工作。

第十三条　本会理事因工作调动或其他原因需要调整时,由原推选单位另行提名,经理事会通过,进行调整。

第五章　经费

第十四条　本会经费来源

1.政府财政拨款。

2.会员交纳的会费。

3.本会举办的各种事业的合法收入。

4.海内外热心社会科学事业发展的团体、企业和个人的资助。

第六章　附则

第十五条　本章程经本会代表大会通过后生效,其解释权属于本会常务理事会。

例文 2:

中华人民共和国海关关于异地加工贸易的管理办法

第一条　为了促进加工贸易健康发展，加强和规范海关对异地加工贸易的管理，根据《中华人民共和国海关法》和国务院批准的国家经贸委等部门《关于进一步完善加工贸易银行保证金台账制度的意见》及其他有关规定，制定本办法。

第二条　本办法中的“异地加工贸易”是指加工贸易经营单位(以下简称经营单位)将进口料件委托另一直属海关关区内加工生产企业(以下简称加工企业)开展的加工业务。不包括加工出口产品过程中某一加工工序的外发加工业务(外发加工业务管理办法另行规定)。

第三条　经营单位与加工企业开展异地加工业务，双方须签订符合《中华人民共和国合同法》规定的“委托加工合同”。

第四条　经营单位与加工企业双方必须遵守国家对加工贸易管理的有关规定，经营单位不得将保税进口料件转卖给加工企业。

第五条　经营单位开展异地加工贸易，须凭其所在地外经贸主管部门核发的《加工贸易业务批准证》和加工企业所在地外经贸主管部门出具的《加工贸易加工企业生产能力证明》，填制《中华人民共和国海关异地加工贸易申请表》(格式见附件 1，以下简称《申请表》)，向经营单位主管海关提出异地加工申请。

第六条　经营单位主管海关在核准其异地加工申请时，对于办理过异地加工贸易业务的经营单位，须查阅由加工企业主管海关反馈的《中华人民共和国海关异地加工贸易回执》(格式见附件 2，以下简称《回执》)。经核实合同执行情况正常的，在《申请表》(一式二联)内批注签章，与《加工贸易业务批准证》、《加工贸易加工企业生产能力证明》一并制作关封，交经营单位凭以向加工企业主管海关办理合同登记备案。

第七条　加工企业主管海关凭经营单位提供的《加工贸易业务批准证》、《委托加工合同》、《加工贸易加工企业生产能力证明》、《申请表》及其他有关单证办理合同登记备案。如由加工企业向海关办理合同备案手续的，必须持有经营单位出具的委托书。

第八条　海关对开展异地加工贸易的经营单位和加工企业实行分类管理，如果两者的管理类别不相同，按其中较低类别采取监管措施。如需实行保证金台账“实转”的，经营单位应按规定交付备案进口料件税款等额的台账保证金。经营单位不得委托按 D 类管理的加工企业开展异地加工贸易。

第九条　异地加工贸易合同执行过程中，如有走私违规行为或无法正常核销结案的加工企业主管海关应负责将台账保证金转税和罚款。台账保证金转税数额不足的，由加工企业主管海关法则向经营单位追缴税款，经营单位主管海关应予协助。

第十条　对违反本规定，构成走私、违规的，由海关依照《中华人民共和国海关法》及《中华人民共和国海关法行政处罚实施细则》有关规定处理。经营单位和加工企业在执行本办法和海关各项规定时，负有共同责任。对其违法行为，海关可根据实际情况分别追究法律责任。

第十一条　经营单位与加工企业不在同一直属关区，但属同一法人开展异地加工贸易业务的，可比照上述规定办理。

第十二条　本办法由海关总署负责解释。

第十三条　本办法自一九九九年十月一日起实施。

附件：

1.《中华人民共和国海关异地加工贸易申请表》(略)

2.《中华人民共和国海关异地加工贸易回执》(略)

例文 3：

全国职工守则

1. 热爱祖国，热爱共产党，热爱社会主义。
2. 热爱集体，勤俭节约，爱护公物，积极参加管理。
3. 热爱本职，学赶先进，提高质量，讲究效率。
4. 努力学习，提高政治、文化、科技、业务水平。
5. 遵纪守法，廉洁奉公，严格执行规章制度。
6. 关心同志，尊师爱徒，和睦家庭，团结邻里。
7. 文明礼貌，整洁卫生，讲究社会公德。
8. 服装整齐，抵制歪风，拒腐蚀、永不沾。

四、规章制度的写作要求

1. 规章制度必须以党和国家的方针、政策和法令为依据。

2. 要从实际出发。制定规章制度时，要进行深入细致的调查研究，充分掌握实际情况，做到有针对性，切实可行。

3. 在写法上，篇章要条理清楚，款项分明，文字要简练准确，明白无误。对规定的事项要求做什么，不准做什么，语气要肯定。

4. 注意修订，逐步完善。虽然规章制度具有一定的稳定性，但是随着改革开放的深入发展，新情况、新问题不断出现，为了适应变化的形势，规章制度仍然需要在实施的过程中不断加以修订、完善。

第五章 日常公关礼仪文书

第一节 概述

一、公关礼仪文书的含义

公关礼仪文书是指国家、单位、集体或个人在喜庆、哀丧以及其他社会交际场合用以表示公关礼节、具有较固定格式的文书。

我国是礼仪之邦，从古至今，无论是国与国的交往，还是个人与个人的交往，都离不开礼仪文书，它随着时代的变化而变化，不断趋于完美。我们今天使用的各种礼仪文书，都是在传统的基础上发展而来的。

二、公关礼仪文书的特点

（一）社会交往的应酬性

在进行社会交往时，人与人当面接触是最普遍的，但也少不了书信形式的交往，所以，它是人们在社会交往过程中必不可少的。

（二）真实表达的情感性

礼仪文书虽然也是应用文范畴，但它与其他公文的严肃性有所不同，为了表达感情的需要，要求写作时要表达出作者的真情实感，这样才能达到友好沟通、传递感情的效果。

（三）格式的规范性

礼仪文书也像其他应用文一样，注重格式的规范。在某种程度上，它的格式比较固定，根据行文习惯，一般较长时期不会有太大的变化。

三、公关礼仪文书的种类

1. 机关、团体、人民群众在节日和红白喜事中用的各种请柬、邀请书、欢迎词、欢送词、祝词、悼词、贺信、碑文、讣告等。

2. 各种日常书信，如请假条、申请书、决心书、感谢信、慰问信、求职信、推荐信、介绍信、证明信、表扬信、倡议书和演讲稿等。

3. 其他，如启事、海报等。

第二节　请柬　祝词　悼词　邀请书

一、请柬

（一）请柬的含义

请柬又称请帖，是行政机关、企事业单位、社会团体或民众个人请有关客人共同庆祝节日或各类喜事而发出的邀请文书。

（二）请柬的格式和写法

1. 标题　通常封面已直接印上文种名称《请柬（请帖）》，还可以加写庆典或会议的名称、主办单位等内容。

2. 正文　通常写：①主送对象：顶格写上被邀请单位名称或被邀请人姓名、称呼，可视不同身份加写教授、经理、先生等，使称呼恭敬而庄重；②活动名目：如“国庆宴会”、“生日派对”、“婚礼”、“寿诞”等；③活动时间、地点、方式；④其他要求，如“请准备发言”、“请准备节目”等。

3. 结尾　写上礼节性问候语或恭候语，如“敬请光临”、“致礼”等。

4. 落款　写主办单位或邀请人全称与发柬日期。

例文 1：

×××先生/女士：

兹定于 8 月 15 日晚 7:00—9:00 在市政协礼堂举行中秋茶话会，届时敬请光临。

此致

敬礼！

中国人民政治协商会议×××市委员会

一九九×年八月十日

例文 2：

××先生：

兹定于二〇〇四年×月×日上午九时，在市政协礼堂举行孙中山先生诞辰一百三十八周年纪念大会，敬请光临。

中国人民政治协商会议×××市委员会
×××年×月×日

（三）请柬的写作要求

1. 市场上有各种专用的请柬，要根据实际需要选购合适的类别、色彩、图案；如果自己制作，应美观大方，多用质地较好的红色或其他暖色纸或白纸彩印。

2. 措辞应注意礼节、礼貌，语言力求简洁、文雅、谦恭、得体、热情、准确。

3. 手书柬文，字迹应工整、秀美。

二、祝词

（一）祝词的含义、种类

祝词也叫贺词，是行政机关、企事业单位、社会团体或个人在喜庆场合对某人或某项即将开始的生活或工作表示祈颂祝福的言辞或文稿。以书信形式发出的叫贺信、以电报形式发出的叫贺电。

通常情况下，"贺词"偏重于对已经有了结果的事情表示庆贺；"祝词"偏重于对还没有结果的事情表示祝愿和希望。

祝词是礼仪文书的一种，表示人们对事业成功、健康长寿、友好和睦等美好事物的祝愿和期待。根据其内容和使用场合的不同，可以分为事务祝词、祝寿词、祝婚嫁、祝酒词等。

（二）几种祝词的写法

祝词的标题通常由三种方式构成：一是致辞者、致辞场合和文种构成。如《周恩来总理在欢迎尼克松总统宴会上的讲话》。二是致辞对象和致辞原因构成。如《在振飞电脑公司开业庆典上的祝词》。三是多行标题。如《你们是时代的先锋——在共青团第八次代表大会上的祝词》。

下面是几种祝词的正文写法：

1. 事务祝词　重要会议召开，团体或组织成立，书籍报刊出版发行或其他庆典活动举行时，主人往往邀请领导或社会名流出席，他们或即席讲话，或以书面形式表示祝贺，这就是事务祝词。

事务祝词的称呼一般使用泛称，如"参加××工程会战的全体同志"等。然后表明祝词者的身份，对事物的成功表示祝贺。主体部分往往指出被祝事物存在的意义，回顾历史，展望未来，加以赞颂，最后提出对被祝贺事务的要求或希望。

2. 祝寿词　祝寿词是专门写给一个人或几个人的，称呼应使用尊敬而亲切的口吻，前面一般加上"尊敬的"、"亲爱的"等修饰语。正文首先以热烈的语气表示向祝寿的对象诞辰的祝贺，一般应表明其寿龄。正文主体部分应全面而概括地历述祝寿对象的品德和业绩。采用先总述后分述，或先分述后总述的方式均可，篇幅不宜过长。最后以简明真挚的祝颂语作结。

3. 祝婚嫁　正文首先向新郎新娘表示祝福，向来宾表示欢迎和谢意。然后对美好爱情进行赞美，对新郎新娘进行赞美，最后表示对两位新人的祝福、对双方父母的祝福、对来宾的祝福。

4. 祝酒词　主人在宴会上向宾客致意，并表示美好的祝愿，这便是祝酒词。祝酒词多用于在欢迎重要宾客的礼仪上，其称谓应注意周到、全面、礼貌，突出主要贵宾的地位，然后使用泛称概括在场的宾客。正文一般先说明设宴单位、致辞人的身份及来访贵宾的身份地位，并向贵宾表示热烈欢迎和问候。主体部分是对贵宾来访意义的论述和评价。一般要讲到双方交往的历史、现实，主客双方对此次活动的态度，遵循的原则立场等。要求语言既礼貌又坚定，言简意赅。最后以诚挚的祝愿作结。一般写成“最后我提议为……的健康干杯!”的形式。

例文 1：

祝　词

首先，请让我代表日本群马县教育委员会，对陕西历史博物馆的开馆，表示衷心的祝贺。

贵国作为世界四大文明发祥地之一，自人类迎来文明曙光以来，在悠久而光辉的历史上，对世界的政治、经济、文化给了很大的影响。

我国以贵国为师，受到贵国文化很大影响，创造了自我发展的历史。

雄冠于世界的贵国文化，特别是十三王朝相继繁荣的贵省文化，不单单是历史的遗留，它作为全人类共同的财产，现在仍然不失其灿烂光辉。

我想，将这些历史瑰宝向国内外展览的陕西历史博物馆的开馆，恰逢其时，意义深远。

1987 年得到贵省巨大支援的“中国陕西省文物展”取得巨大成功，对于本县来说不胜喜悦，深得群马县民的喜爱。我衷心祝愿傲视世界的陕西历史博物馆不断发展，更加繁荣。谨此祝贺!

例文 2：

周恩来总理在欢迎尼克松总统宴会上的讲话

总统先生，尼克松夫人，

女士们、先生们，
同志们、朋友们：

首先，我高兴的代表毛泽东主席和中国政府向尼克松总统和夫人，以及其他的客人们表示欢迎。

同时，我也想利用这个机会代表中国人民向远在太平洋彼岸的美国人民致以亲切的问候。

尼克松总统应中国政府的邀请，前来我国访问，使两国领导人有机会直接会晤，谋求两国关系正常化，并对共同关心的问题交换意见，这是符合中美两国人民愿望的积极行动，这在中美两国关系史上是一个创举。

美国人民是伟大的人民。中国人民是伟大的人民。我们两国人民一向是友好的。由于大家都知道的原因，两国人民之间往来中断了二十多年。现在，经过中美双方共同努力，友好往来的大门终于打开了。目前，促使两国关系正常化，争取和缓紧张局势，已经成为中美两国人民强烈的愿望。人民，只有人民，才是创造世界历史的动力。我们相信，我们两国人民这种共同愿望，总有一天要实现的。

中美两国的社会制度根本不同，在中美两国政府之间存在着巨大分歧。但是，这种分歧不应当妨碍中美两国在相互尊重主权和领土完整、互不侵犯、互不干涉内政、平等互利和和平共处五项原则的基础上建立正常的国家关系，更不应该导致战争。中国政府早在1955年就公开声明，中国人民不想同美国打仗，中国政府愿意坐下来同美国政府谈判，这是我们一贯奉行的方针。我们注意到尼克松总统在来华前的讲话中也说道："我们必须做的事情是寻找某种办法使我们可以有分歧而又不成为战争中的敌人。"我们希望，通过双方坦率的交换意见，弄清楚彼此之间的分歧，努力寻找共同点，使我们两国的关系能够有一个新的开始。

最后我建议：
为尼克松总统和夫人的健康，
为其他美国客人们的健康，
为在座的所有朋友和同志们的健康，为中美两国之间的友谊，
干杯。

例文3：

陈殿林在婚礼上的祝词

女士们、先生们、朋友们：

今天是刘华朋先生、彭玉菊小姐喜结连理之日。在这个激动人心的美好时刻，首先请允许我代表在座的诸位嘉宾，向新郎、新娘致以衷心的祝福！同时，受新郎、新娘的委托，向在百忙中参加今天婚礼的诸位亲朋好友，表示热烈的欢迎和由衷的

谢意。

爱情是古老而年轻的话题，也是不朽的人生主题。许多人已经拥有，更多人正在追求。两位新人有着初恋时“月上柳梢，人约黄昏”的热烈心跳，也有热恋中“冷落清秋伤别离”的难舍难分。经历了“似水柔情，如梦佳期”的苦苦期盼，品尝过“相知不渝，金兰永结”的浪漫温馨，终于迎来这携手共赴红线毯的幸福时刻。古往今来，多少美妙的爱情故事，曾让我们感叹不已，但无论是泪洒斑竹，魂断潇湘，还是天河凝望，情寄西厢，比之两位新人的爱情都要逊色三分。“只应书上有，却道俗尘无”的爱情故事，真实地呈现于我们眼前，使我们由衷地感到：凡尘自有真情在，到底人间喜事多！

刘先生才华横溢，事业有成，如大江东去，声声涛涌，卷起千堆雪；彭小姐纯美善良，小鸟依人，似小桥流水，涓涓细流，滴滴润心田。真是郎才女貌，相得益彰。为此，我们真诚地祝福两位新人在人生旅途上谱写更加绚烂的篇章。我们提议，为了两位新人的辉煌明天，为了双方父母的身体健康，也为了在座诸位嘉宾的有缘相聚，干杯！

（原载《演讲与口才》1998年第11期）

（三）祝词写作的注意事项

1. 语言要热情洋溢、礼节周全，多用褒扬、赞美、激励的词语，但不可滥用、夸张，否则会给人虚假、奉承之嫌。

2. 祝词或贺词要根据具体情况贴切使用，要有各自不同的个性。不要千篇一律，给人应付了事之感，也不够真诚。

三、悼词

（一）悼词的含义

悼词是指对死者表示哀悼、缅怀与敬意的讲话或文章。它有广义和狭义之分，广义的悼词是向死者表示哀悼、缅怀和敬意的悼念性文章；狭义的悼词是指在追悼大会上对死者表示敬意与哀思的宣读式的哀悼文章。

（二）悼词的分类

1. 宣读式悼词　专门用于追悼大会，由某人宣读，以代表参加追悼会的人员对死者表示哀悼，激励大家学习死者的优良品质，化悲痛为力量。

2. 书面式悼词　内容广泛，形式灵活多样，可以用议论、记叙、抒情的写法对死者加以赞颂，表达怀念之情。大多发表在各类报刊上。

（三）悼词的写法

悼词通常由标题、正文和落款构成。

1. 标题　有两种写法，一是直接写文种名称，如《悼词》；一是由事由和文种构成，如《在×××同志追悼会上的悼词》。

2. 正文　首先以沉痛的心情说明召开或参加此次追悼会的目的，概括地对死者进行评价，交代何年何月何日因何原因，与世长辞，享年多少岁；其次介绍死者生平事迹，如主要经历，其在政治、业务方面的成绩、成就，对社会的贡献和历史意义；对死者进行评价，即对死者一生的为人、对国家、对社会、对人的高贵品质、思想作风进行综合的评论；最后从缅怀死者的悲痛转到如何向死者学习、继承其未竟的事业，化悲痛为力量，为国家、为社会作出更大的贡献。照应开头，请死者安息。

3. 落款　有的可放在标题下面。

例文：

罗曼·罗兰悼词

郭沫若

罗曼·罗兰先生，你是一位人生的成功者，你现在虽然休息了，可你是永远存在着的，你不仅是法兰西民族的夸耀，欧罗巴的夸耀，而是全世界、全人类的夸耀。你的一生，在精神生产上的多方面的努力，对于人类的贡献非常的宏大，人类是会永远纪念着你的。你将和历史上各个民族各个时代的伟大的灵魂们，像空中的星群一样，永远在我们人类的头上照耀。

罗曼·罗兰先生，在二十年前你的杰作《约翰·克利斯朵夫》初次介绍到中国来的时候，你曾经向我们中国作家说过这样的话："我不认识欧洲和亚洲，我只知道世界上有两种民族——一种是上升，一种是下降。上升的民族是忍耐、热烈、恒久勇敢的趋向光明的人们——趋向一切的光明：学问、美、人类爱、公众进步；而在另一方面的下降的民族是压迫的民族，是黑暗、愚昧、懒惰、迷信和野蛮。"你说，只有上升的民族是你的朋友，你的同志，你的弟兄。你说，你的祖国是自由的人类。这些话对于我们中国的文艺工作者是给予了多么正确的指示，多么有力的鼓励呀！

在今天的世界，正是这两种民族斗争着生死存亡的时候。你所说的上升的民族就是我们代表正义、人道的民主阵线，你所说的下降的民族就是构成轴心势力的法西斯蒂。一边是赴汤蹈火、视死如归、牺牲自己的一切以解放人类的困厄；另一边是奴役、饥饿、活埋、杀人工场、毒气车、庞大的集中营，一个鬼哭狼嚎的活地狱。但今天，上升的不断上升，下降的不断下降，光明终究快要把黑暗征服了。我们要使全人类不断地上升，全世界成为自由人类的共同祖国。

罗曼·罗兰先生，你伟大的法兰西民族的儿子，当你看到法兰西民族又恢复了她的光荣的自由，而你自己在这时候终结了你七十九年的人生旅程，在你那肃穆的容颜上，怕必然表露出了一抹更加肃穆的微笑的吧？但当你想到你的朋友，你的同志，你的兄弟的好些民族，依然还呻吟在法西斯蒂的控制下边没有得到自由，在和死亡、饥饿、奴役、恐怖做决死的斗争，在你那肃穆的容颜上，怕也必然表露出了一抹更加肃穆的悲愤的吧？

但是，罗曼·罗兰先生，伟大的人类的爱的使徒，你请安息吧。上升的要不断地自求上升，下降的要不断地使它下降，我们要以一切为了人类解放而英勇的战斗着的民族为模范，我们要不避任何的艰险，尽力趋向一切的光明。不避任何的艰险，尽力和黑暗、愚昧、残忍、凶暴的压迫势力、法西斯蒂、现世界的魔鬼，搏斗！我们中国是绝对不会灭亡的，人类是必然要得到解放的，法西斯魔鬼们是必然要消灭的！

罗曼·罗兰先生，你请安息吧。我们中国的文艺工作者们，更一定要以你为模范。要像你一样，把“背后的桥梁”完全斩断，不断地前进，决不回头；要像你一样，始终走着民主的大道，把自己的根须深深插进黑土里面去，从人民大众吸收充分的营养，再从黑土里面生长出来。我们一定要依照你的宝贵指示：“每天早上，我们都得把新的工作担当起来，把前一天的斗争继续下去。……对于错误，对于不公正，对于死，我们必须不断的力争，为着更大的更大的胜利。”

一九四五年三月二十一日

（四）写悼词的注意事项

1. 对死者的评价要实事求是。应当充分肯定死者的功绩和成就，实事求是，不夸大、不缩小、不粉饰、不歪曲，客观总结，全面评价。

2. 悼词中一般不宜提及死者生前的缺点、错误，如果是必须要提出的，也应当含蓄、婉转。

3. 语言要讲究，既要表达对死者的悼念，寄托哀思，又要给人以安慰和鼓舞，哀而不伤。遣词造句要简洁准确，缅怀死者感情要真挚深沉。

四、邀请书

（一）邀请书的含义及特点

邀请书是邀请对方前来参加会议、帮助指导工作或各类喜丧活动的专用书信。

邀请书的功能和请柬相似，但请柬更隆重、更具礼仪色彩，一般多用于喜庆活动。而邀请书比较朴实，更具工作性、事务性，适用范围也更广。它的格式多是书信体。

（二）邀请书的写法

1. 标题有两种写法　一是在封面或第一行中间写“邀请书”字样。一是由发文事由和发文文种构成，如《关于出席亚太经济发展会议的邀请书》。

2. 正文写主送对象、活动内容、时间、地点　如有参观和文艺活动，还须附上入场券；如乘车船、飞机，应交代路线及有无专人接送等等。正文结尾写上“敬请光临”、“致礼”、“欢迎指导”等用语。

3. 落款　写上邀请单位（或个人）名称和发文日期。

例文：

邀请书

××大学：

根据省委宣传部关于今年重大活动宣传的统一部署，我厅将举办“五月的鲜花”——纪念“五四”运动八十周年大型歌咏会，并由××教育电视台等单位负责承办。本活动时间拟定于5月×日下午，在××工业大学室外演出并电视直播。

因演出活动的需要，经编导与贵单位的领导初步协商落实，今正式向贵单位发出参加活动邀请书。请将回执单填好传真给××教育电视台节目编导组。因本次演出纪念活动为全省电视直播，恳请贵单位认真抓好节目的整体质量。节目的审查时间为4月20日左右。具体事宜请与编导组联系。

联系电话（传真）：8077×××—33××。

联系人：王×、周×、陈××。

另外，请贵单位领队及节目指导教师于本月23日下午2:00到××教育电视台四楼会议室参加节目协调会。

此致

敬礼

××广播电视厅（章）

二〇〇六年三月十九日

（三）邀请书写作的注意事项

1. 措辞要礼貌恭敬　邀请对方时，既希望对方能到场，又带有商量的口气，而不是强硬的态度。

2. 内容要详备　邀请时内容要尽可能让对方了解的详细具体，但语言不可啰嗦。

第三节 申请书

一、申请书的含义、特点及分类

申请书是单位或个人向领导或有关部门提出请求时使用的专用书信。

它用书信体格式，是个人对组织、组织对组织的行文关系，要把申请的事情和理由以及自己的要求写清楚。要和请示区分开，请示是正式公文，要按公文的要求行文；申请书是专用书信，按书信格式行文，而且内容不如请示的内容分量重。在日常生活、工作中，个人写给组织的申请书较多，主要有以下几类：

1. 政治生活方面的申请　如申请加入中国共产党等。
2. 工作学习方面的申请　如申请调动工作、申请脱产进修等。
3. 日常生活方面的申请　如申请困难补助等。

二、申请书的写法

1. 标题　标题有两种，一是只有文种，如《申请书》；二是由事由和文种构成，如《关于撤销处分的申请》。

2. 称呼　顶格写上受文组织的名称，如果顶格不写，则必须在结尾处以“此致”带出受文组织的名称。

3. 正文　由说明要申请的具体内容、理由和具体要求、结尾礼貌用语构成。

4. 落款　写明申请人或单位名称和日期。

例文：

入党申请书

敬爱的党支部：

正当党的十八大召开之际，改革开放取得辉煌成果之时，我向党组织提出申请，要求加入中国共产党。

中国共产党是中国工人阶级的先锋队，是中国各族人民利益的忠实代表，是中国社会主义事业的领导核心，党的最终目的是实现共产主义的社会制度。

中国共产党是伟大、光荣、正确的党。它曾带领中国人民战胜了各种艰难险阻，从1921年建党以来，取得了一个又一个的胜利。没有共产党就没有新中国，没有共产党就没有我们当今的建设成就。党的十一届三中全会确定了我党在新时期的改革开放的政策，并且取得了丰硕的成果。尽管我们党也受到一些挫折，党内还存在不正之风，但这不是主流，是在前进道路上的困难。事实证明，党能够依靠本身的力量，克服困难，改正错误，更加生气勃勃的前进。

我深深地认识到，我们只有团结在党的周围，在党的各项方针政策的指引下，进行社会主义现代化建设，才能使我们国家早日进入世界先进国家的行列。我们个人的命运与党的命运息息相关，没有党的领导，建设社会主义将是一句空话，更何况个人的前途、命运！

近几年来，我在本职工作方面取得了一些成绩，思想方面也有了较快进步，这些都与党对我的关怀、教育分不开的。我的身上还存在缺点，还有待于不断学习不断磨炼。我衷心希望得到党组织的帮助和培养。虽然我现在还不是一个共产党员，但是，我决心用共产党员的标准严格要求自己，积极向组织靠拢，在组织的教育和帮助下，发扬成绩，克服缺点，不断进步，争取早日从思想上入党。不论组织何时发展我入党，我都将永远为党的事业而不懈努力。

请党考验我！

申请人×××
×××年×月×日

三、申请书写作的注意事项

1. 申请书的主送对象要清楚，要称呼准确。
2. 申请的理由要写充分，要求要具体、明确。
3. 问题和要求要写得简明扼要，一目了然。

第四节　演讲稿

一、演讲稿的含义

演讲，是在群众集会或会议上就某个问题对听众说明事理、发表见解，带有宣传、教育、鼓动的社交活动。演讲稿就是人们进行演讲之前准备的文字底稿。

演讲的作用是表达个人的主张与见解，介绍一些学习、工作中的情况、经验，以便起到宣传教育、交流思想的作用。

二、演讲稿的种类

演讲稿从不同的标准，可以有不同的分类。

从内容上分有：①形势宣传演讲稿；②学术演讲稿；③动员演讲稿；④就职演讲

稿;⑤人生经验演讲稿等。

从演讲体裁上分有:①叙述式:向听众叙述自己或他人的思想、经历、事迹时使用的。叙述中可夹带议论和抒情。②议论式:通过摆事实、讲道理,阐明自己的观点,既有事实材料,又有逻辑推理,立场坚定,旗帜鲜明。

从演讲的功用上分有:①实用性演讲稿:如学术演讲、就职演讲、法庭演讲等。②训练式演讲稿:如各类演讲训练和演讲比赛。主要是锻炼培养演讲的有关技巧。

三、演讲稿的特点

1.演讲稿所选的话题应当是从现实生活中发掘出来的,是现实生活当中人们关心、关注和需要解决的问题。

2.演讲稿中注入了演讲者的强烈的情感,因而具有强大的感染力和号召力。

3.演讲稿的主题要集中,观点鲜明,层次清楚。材料真实,有说服力,最好选择群众熟悉的,发生在他们身边的真实材料。

4.演讲稿的语言要生活化,除一小部分专题学术报告外,绝大部分演讲稿都要照顾到最大多数听众的文化水平、接受能力,尽量采用生活化语言甚至口语,把抽象、深刻的理论观点说得深入浅出、形象生动。

四、演讲稿的写法

1.标题　演讲稿的标题没有固定的规范格式,可以是表达主题的,也可以用多行标题,还可以用介词结构“在……上的演说”、“关于……的演讲”等。

2.称呼　可根据现场情况写上听众姓名、称呼;一般公众集会,人数往往很多,称呼可统而概之,如“各位朋友、来宾”、“尊敬的主席先生,女士们、先生们”等。

3.正文　分开头、主体、结尾三部分。

开头要开门见山、开篇点题、引人入胜,引起听众的注意,在全文中起提纲挈领的作用。

主体是演讲稿的主要展开部分。叙述式的演讲,应该把人物的事迹或事件的详细过程叙述清楚;议论式的演讲,应对论点进行充分的论证;主体部分的结构可以按时间顺序组织,可以按逻辑关系顺序组织,也可以以小标题的方式组织内容。

结尾是演讲稿的最精彩的部分,要精心组织设计,或总结全文或发出号召或提出问题或展望前景等,语言措辞要激情饱满、富有鼓动性。

例文：

在2010届毕业典礼上的演讲

李培根

亲爱的2010届毕业生同学们：

你们好！

首先，为你们完成学业并即将踏上新的征途送上最美好的祝愿。

同学们，在华中科技大学的这几年里，你们一定有很多珍贵的记忆！

你们真幸运，国家的盛世如此集中相伴在你们大学的记忆中。08奥运留下的记忆，不仅是金牌数的第一，不仅是开幕式的华丽，更是中华文化的魅力和民族向心力的显示；六十年大庆留下的记忆，不仅是领袖的挥手，不仅是自主研制的先进武器，不仅是女兵的微笑，不仅是队伍的威武整齐，更是改革开放的历史和旗帜的威力；世博会留下的记忆，不仅是世博之夜水火相容的神奇，不仅是中国馆的宏伟，不仅是异国场馆的浪漫，更是中华的崛起，世界的惊异；你们一定记得某国总统的傲慢与无礼，你们也让他记忆了你们的不屑与蔑视；同学们，伴随着你们大学记忆的一定还有什锦八宝饭；还有一个G2的新词，它将永远成为世界新的记忆。

近几年，国家频发的灾难一定给你们留下深刻的记忆。汶川的颤抖，没能抖落中国人民的坚强与刚毅；玉树的摇动，没能撼动汉藏人民的齐心与合力。留给你们记忆的不仅是大悲的哭泣，更是大爱的洗礼；西南的干旱或许使你们一样感受渴与饥，留给你们记忆的，不仅是大地的喘息，更是自然需要和谐、发展需要科学的道理。

在华中大的这几年，你们会留下一生中特殊的记忆。你一定记得刚进大学的那几分稚气，父母亲人送你报到时的情景历历；你或许记得"考前突击而带着忐忑不安的心情走向考场时的悲壮"，你也会记得取得好成绩时的欣喜；你或许记得这所并无悠久历史的学校不断追求卓越的故事；你或许记得裘法祖院士所代表的同济传奇以及大师离去时同济校园中弥漫的悲痛与凝重气息；你或许记得人文素质讲堂的拥挤，也记得在社团中的奔放与随意；你一定记得骑车登上"绝望坡"的喘息与快意；你也许记得青年园中令你陶醉的发香和桂香，眼睛湖畔令你流连忘返的圣洁或妖娆；你或许"记得向喜欢的女孩表白被拒时内心的煎熬"，也一定记得那初吻时的如醉如痴。可是，你是否还记得强磁场和光电国家实验室的建立？是否记得创新研究院和启明学院的耸起？是否记得为你们领航的党旗？是否记得人文讲坛上精神矍铄的先生叔子？是否记得倾听你们诉说的在线的"张妈妈"？是否记得告诉你们捡起路上树枝的刘玉老师？是否记得应立新老师为你们修改过的简历，但愿它能成为你们进入职场的最初记忆。同学们，华中大校园里，太多的人和事需要你们记忆。

请相信我，日后你们或许会改变今天的某些记忆。瑜园的梧桐，年年飞絮成"雨"，今天或许让你觉得如淫雨霏霏，使你心情烦躁、郁闷。日后，你会觉得如果没有梧桐之"雨"，瑜园将缺少滋润，若没有梧桐的遮盖，华中大似乎缺少前辈的庇荫，更少了历史的沉积。你们一定还记得，学校的排名下降使你们生气，未来或许你会觉得"不为排名所累"更体现华中大的自信与定力。

我知道，你们还有一些特别的记忆。你们一定记住了"俯卧撑"、"躲猫猫"、"喝开水"，从热闹和愚蠢中，你们记忆了正义；你们记住了"打酱油"和"妈妈喊你回家吃饭"，从麻木和好笑中，你们记忆了责任和良知；你们一定记住了姐的狂放，哥的犀利。未来有一天，或许当年的记忆会让你们问自己，曾经是姐的娱乐，还是哥的寂寞？

亲爱的同学们，你们在华中科技大学的几年给我留下了永恒的记忆。我记得你们为烈士寻亲千里，记得你们在公德长征路上的经历；我记得你们在各种社团的骄人成绩；我记得你们时而感到"无语"时而表现的焦虑，记得你们为中国的"常青藤"学校中无华中大一席而灰心丧气；我记得某些同学为"学位门"、为光谷同济医院的选址而愤激；我记得你们刚刚对我的呼喊："根叔，你为我们做成了什么？"——是啊，我也得时时拷问自己的良心，到底为你们做了什么？还能为华中大学子做什么？

我记得，你们都是小青年。我记得"吉丫头"，那么平凡，却格外美丽；我记得你们中间的胡政在国际权威期刊上发表多篇高水平论文，创造了本科生参与研究的奇迹；我记得"校歌男"，记得"选修课王子"，同样是可爱的孩子。我记得沉迷于网络游戏甚至频临退学的学生与我聊天时目光中透出的茫然与无助，他们还是华中大的孩子，他们更成为我心中抹不去的记忆。

我记得你们的自行车和热水瓶常常被偷，记得你们为抢占座位而付出的艰辛；记得你们在寒冷的冬天手脚冰凉，记得你们在炎热的夏季彻夜难眠；记得食堂常常让你们生气，我当然更记得自己说过的话："我们绝不赚学生一分钱"，也记得你们对此言并不满意；但愿华中大尤其要有关于校园丑陋的记忆。只要我们共同记忆那些丑陋，总有一天，我们能将丑陋转化成美丽。

同学们，你们中的大多数人，即将背上你们的行李，甚至远离。请记住，最好不要再让你们的父母为你们送行。"面对岁月的侵蚀，你们的烦恼可能会越来越多，考虑的问题也可能会越来越现实，角色的转换可能会让你们感觉到有些措手不及。"也许你会选择"胶囊公寓"，或者不得不蜗居，成为蚁族之一员。没关系，成功更容易光顾磨难和艰辛，正如只有经过泥泞的道路才会留下脚印。请记住，未来你们大概不再有批评上级的随意，同事之间大概也不会有如同学之间简单的关系；请记住，别太多地抱怨，成功永远不属于整天抱怨的人，抱怨也无济于事；请记住，别沉迷于世界的虚拟，还得回到社会的现实；请记住，“敢于竞争，善于转化”，这是华中大的精神风貌，也许是你们未来成功的真谛；请记住，华中大，你的母校。“什么是母校？就是那个你一天骂他八遍却不许别人骂的地方”。多么朴实精辟！

亲爱的同学们，也许你们难以有那么多的记忆。如果问你们关于一个字的记忆，那一定是“被”。我知道，你们不喜欢“被就业”、“被坚强”，那就挺直你们的脊梁，挺起你们的胸膛，自己去就业，坚强而勇敢地到社会中去闯荡。

亲爱的同学们，也许你们难以有那么多的记忆，也许你们很快就会忘记根叔的唠叨与琐细。尽管你们不喜欢“被”，根叔还是想强加给你们一个“被”：你们的未来“被”华中大记忆！

五、写作演讲稿的注意事项

(一)要了解听众情况

了解听众的性格特征、年龄、文化程度、身份、职业等，分析他们的观点、态度、希望和要求等情况，然后才能决定用何种方法吸引听众，取得良好效果。

(二)主题鲜明、集中

一篇演讲稿只应有一个中心，所有材料都要围绕这个中心组织，不能没有主次，杂乱无章，想到哪说到哪，这样，会给听众中心模糊、不知所云的感觉。

(三)抒情和说理结合

好的演讲稿，既能热情洋溢，又有深刻的理性分析，既要善于说服教育，又要善于激励和鼓舞听众的工作热情。一味抒情，给人感觉无力、不实；一味说理，给人说教、苍白的感觉。

(四)语言必须通俗易懂、生动形象

要做到这一点，必须多用短句，便于听众接受和记忆；多用群众喜闻乐见的俗语、歇后语、比喻句等；恰当地引用名人名言等诗词警句使演讲具有说服力和概括力；还可用排比的方法，使音节有美感，语言有气势，增强对听众的感染力。

第五节　感谢信　慰问信

一、感谢信

(一)感谢信的含义与分类

感谢信是得到别人的帮助和支持，向对方表示谢意的一种专用书信。

感谢信可分为给集体的感谢信和给个人的感谢信两种。

（二）感谢信的写法

1. 标题　一般常写成《感谢信》、《致×××的感谢信》、《××致×××的感谢信》几种形式。

2. 称呼　顶格写被感谢的单位或个人的名称或姓名。

3. 正文　首先写清感谢事由，把事情的过程叙述清楚；其次指出对方的关心、支持、帮助对整个事件的重要性以及对方所体现出的可贵精神；再次诚恳表示向对方致谢、向对方学习等意思。最后写上“此致敬礼”等结束语。

4. 落款　写明发文单位的名称或发文者的姓名，并署上日期。

例文：

感谢信

××歌舞剧院领导：

我们是××大学的舞蹈团，为了参加全国的大学生歌舞比赛，贵院的刘××、王××两同志连续一个月放弃中午休息时间来帮助我们，刘××同志负责编排、设计舞蹈动作；王××同志负责为我们作示范，纠正形体姿势。本次歌舞大赛，我团获得了团体总分第一名的好成绩，这与贵院刘××、王××两同志的大力帮助是分不开的。

刘××、王××两位同志工作认真负责、指导耐心细致令我们钦佩不已，她们表示为学校艺术团体服务是院领导大力提倡的，也是她们乐于接受的社会义务工作，坚持不收任何报酬，这样的敬业精神尤其让我们感动，为此，我们特向贵院领导表示衷心的感谢，我们舞蹈团的全体成员决心向刘××、王××同志学习，不计名利、不计得失，为国家的建设贡献自己的力量。

此致

敬礼！

××大学舞蹈团

一九九×年×月×日

（三）感谢信的写作要求

1. 感谢信的内容，首先一定要提及对方相助的事项，然后向对方表示衷心的感谢。

2. 接受馈赠的感谢信，要在信中将收到的款物一一写明，表示如数收到。

3. 感谢信中的语言，要表现出真诚的谢意，要亲切、热情。

二、慰问信

(一)慰问信的含义

慰问信是以组织或个人的名义对在某方面作出特殊贡献或遇到意外损失、遭到巨大灾难的集体或个人关切致意,表示问候同情的一种书信。

(二)慰问信的写法

1. 标题　标题和感谢信的写法一致。如《慰问信》、《给×××的慰问信》、《××致×××的慰问信》。

2. 称呼　顶格写上被慰问者的名称或姓名。

3. 正文　首先写清发信目的,表示是代表何人、何组织向何人、何集体表示慰问。其次较全面、具体地叙述对方的英雄事迹或对方遭受的困难,最后提出希望或鼓励对方战胜困难,并表示自己的愿望或决心。

4. 落款　署上发文单位名称或发文个人的姓名、发文日期。

例文:

慰问信

全区广大干部、工人、农民、知识分子、公安干警、离退休干部、各界人士:

一山碧万峰竞秀,两江清百舸争流。正当全区人民回首"八五"成就,展望"九五"宏图之际,普天同庆的新春佳节又来临。在此,我们向你们拜年,祝大家新年快乐!

在过去的一年里,全区426万人民在邓小平建设有中国特色的社会理论指导下,紧紧围绕地委、行署确定的发展战略和部署,克服种种困难,团结一致,奋力开拓,使全区各行各业、各个方面跃上了新台阶:新区建设突飞猛进,城乡经济全面发展,投资环境日益改善,社会事业全面进步……这些成绩的取得,是全区人民精诚团结、奋力拼搏的结果,在此,我们向大家表示衷心而诚挚的感谢,并致以崇高的敬意!

1996年,是深入贯彻党的十四届五中全会精神、全面实施"九五"计划的第一年,也是广安新区加快发展,继往开来的关键年。任务艰巨,担子沉重,希望大家继续坚持以改革为动力,以发展为契机,以稳定为保证,弘扬"敬业图强、创业攀登、兴业富民"的广安精神,求真务实,锐意创新,励精图治,奋发图强。进一步巩固基础产业,振兴主导产业,发展关联产业;加快重点建设,扩大对外开放,使广安经济建设、社会发展再上新台阶!

共兴广安之伟业,同铸新区之辉煌。在新的一年里,我们要进一步解放思想,振奋精神,增强责任感和使命感,齐心协力,艰苦奋斗,以更高的起点,更大的气魄,更实的举措，更新的面貌，开创更新的局面。

祝大家在新的一年里，取得更大的成绩，作出更大的贡献！

中共广安地委
广安地区行署
×××年×月×日

（三）慰问信的写作要求

1. 态度要真诚，感情要真挚。不要给人虚情假意、幸灾乐祸的感觉。

2. 内容要全面周到，语言措辞要有分寸。

第六节　欢迎词　欢送词

一、欢迎词

（一）欢迎词的含义、分类与特点

欢迎词是单位或个人在公关社交场合欢迎友好团体或个人来访或加入时致辞的文稿。

从表达的方式看，有现场讲演式欢迎词和通过报刊发表式的欢迎词。

从表达的场合看，有小范围的私人交往场合欢迎词和大范围的公事交往场合欢迎词。

欢迎词的特点：

1. 喜悦性　欢迎词要表达一种对友人或团体的到来或加入的一种愉悦心情，言辞恳切，情绪饱满。

2. 完备性　欢迎词要表达得完美，因带有礼仪性质，所以，表示欢迎要覆盖面全、周到，不要有遗漏。

（二）欢迎词的写法

欢迎词通常由标题、称呼、正文和落款组成。

1. 标题　通常有两种方式：一是由事由和文种构成，如《在西湖博览会上的欢迎辞》。二是只有文种构成，如《欢迎词》。

2. 称呼　欢迎词在开头顶格写明来宾的姓名称呼，如“尊敬的各位领导、来宾们”。

3. 正文　欢迎词的正文由开头、主体和结尾构成。

开头通常先说明在现场的仪式上，发言者代表何人何组织向来宾表示欢迎。

主体如果是公事欢迎场合，一般阐述或回顾宾主双方共同的立场、观点等和过去的愉快合作，同时说明本次嘉宾的来访对增进宾主间友谊与合作的现实意义和历史意义，再预示未来美好的合作前景；如果是小范围的比较私人的场合，一般表达对客人到来的喜悦之情，介绍客人的来访或加入对本部门或本人的意义和作用，表示美好的合作愿望。

结尾，再次表达对来宾的欢迎。

4. 落款　落款应署上致辞单位名称或致辞者的身份、姓名，并署上成文日期。

例文：

欢迎词

中共张家界市委书记　刘力伟

尊敬的海峡两岸新闻界朋友

尊敬的湖南省人民政府台湾事务办公室佘主任、李副主任

各位来宾、女士们、先生们：

今天，由湖南省人民政府台湾事务办公室、湖南省湘台交流促进会、张家界市人民政府、湘西土家族苗族自治州人民政府共同举办的“海峡两岸记者湘西民族风情文化联合采访纪行”活动，在张家界市隆重举行了。我谨代表张家界市委、市政府及全市 150 万人民，向这次活动的成功举办表示衷心的祝贺，向参加采访活动的海峡两岸新闻记者朋友们表示热烈的欢迎！

朋友们，走进张家界，你就会深深地爱上这块土地。这里山河秀美，城市清新，人民淳朴，社会充满生机和活力，祥和而又温馨。特别是那些风景区，空山幽谷，绝壁峭崖，险峰峻岭，秀水奇洞，既妩媚多姿，又野性斑斓，处处让人流连忘返。淳朴、善良、热情、好客的土家姑娘会跳起欢快的摆手舞，小伙子将捧出醇香好酒，真情款待远道而来的各位朋友，时时让游人感到宾至如归。

朋友们，张家界是一座新型的旅游城市，它的快速崛起，吸引了海内外众多媒体关注的目光，很多境内外媒体纷纷来这里进行采风、宣传和报道，将这块养在深闺人未识的处女地撩开了神秘的面纱，向世人展示其惊世骇俗的美丽。通过媒体的宣传和推介，大大提高了张家界的知名度，扩大了张家界的影响，打响了张家界的旅游品牌，使张家界迅速成长为境内外旅游热点景区之一。尤其是近年来台湾媒体的宣传报道，使岛内民众掀起了到张家界旅游的热潮，去年，张家界接待旅游台胞突破了 12 万人次。

张家界市与宝岛台湾，既有割不断的历史血脉情缘，又有现代经济文化的相互交流与合作的纽带关系。目前，在台张家界籍台胞约 4000 人，自台湾开放民众到大陆以来，每年来张家界探亲、旅游、考察的台胞多达 10 万人次，许多台胞看中了

这里旅游等第三产业的开发发展前景，纷纷前来投资、经商。目前，张家界市拥有台资企业16家，利用台资总额为1.27亿元人民币，为张家界市经济和社会发展发挥了重要的作用。近些年，张家界市几次发生洪涝灾害，广大台湾同胞给予了高度关爱之情和无偿的物资援助，让我们深深感受到了血浓于水的同胞亲情。在此，我代表张家界市委、市政府和全体人民向台湾同胞表示衷心的感谢。我们相信，通过这次两岸记者的联合采访、宣传和报道活动，必将进一步推动张家界市经济、文化的发展和社会的进步。

预祝这次采访活动圆满成功！

（摘自华夏经纬网）

（三）欢迎词的写作注意事项

1. 根据来宾身份，恰当的致辞。

2. 言简意赅，篇幅短小。

3. 感情真挚，情绪热情饱满。

二、欢送词

（一）欢送词的含义、分类与特点

欢送词是单位或个人在公关社交场合欢送友好团体回归或亲友出行时致辞的文稿。

从表达的方式看，有现场讲演式欢送词和通过报刊发表式的欢送词。

从表达的场合看，有小范围的私人交往场合欢送词和大范围的公事交往场合欢送词。

欢送词的特点：

1. 惜别性　欢送词要表达对亲朋远行的惜别之情，既表达出内心的不舍，又要有对友人的美好祝福，不可格调太低沉。

2. 展望性　欢送词要表达对未来相聚的盼望之意，语言诚恳。

（二）欢送词的写法

欢送词通常由标题、称呼、正文和落款组成。

1. 标题　通常有两种方式：一是由事由和文种构成，如《在××届毕业典礼上的讲话》。二是只有文种构成，如《欢送词》。

2. 称呼　欢送词在开头顶格写明宾客的姓名称呼，如“各位领导、同学们”。

3. 正文　欢送词的正文由开头、主体和结尾构成。

开头通常先说明在现场的仪式上，发言者代表何人何组织向宾朋表示欢送。

主体如果是公事欢送场合，一般阐述或回顾宾主双方在哪些方面达成共识，和愉快的合作，同时说明本次嘉宾的来访对增进今后宾主间友谊与共同合作和发展的现实意义和历史意义，再预示未来美好的合作前景并祝客人一路顺风；如果是小范围的比较私人的场合，一般表达对友人的即将离开的思念之情，回顾和友人的友谊并对友人致以勉励之辞。

结尾，再次表达对宾客的欢送和惜别之情。

4. 落款　落款应署上致辞单位名称或致辞者的身份、姓名，并署上成文日期。

例文：

老兵退伍欢送词

亲爱的退伍老战士同志们、战友们：

在你们告别军旗，光荣退伍，就要踏上远去的征途，离开美丽的军营和朝夕相处的战友，奔赴新的工作岗位之际，我们留队的官兵对你们为部队建设作出的贡献，表示真诚的感谢，并致以崇高的敬意！

几年前，你们带着亲人的期望，肩负着人民的重托，满怀报效祖国、献身国防的一腔热血，踏进了绿色军营，来到了我们英雄的团队。几年来，你们不辱使命，用青春的光和热，用生命的血和汗，谱写了人生的光辉历史，为部队建设作出了重大贡献，你们的功绩将永远载入我们英雄团队的光荣史册。在你们之中，有学革命理论的积极分子；有学雷锋标兵；有顾全大局，甘愿吃苦，乐于奉献的先进个人；有爱军习武、刻苦训练、技术过硬的训练尖子；有全面发展、表现突出的优秀士兵；还有尽职尽责，不计得失，无私奉献的无名英雄。你们不愧为英雄团队的光荣战士。

亲爱的战友们，过去大家为了共同的目标，从祖国的天南地北走到了美丽的奇峰军营。在长期的军旅生涯中，大家结下了深厚的战友情谊。在迷人的相思江畔，洒下了你们的忠诚和热爱。今天，因为部队建设的需要，你们将要告别战友，离开部队，踏上新的征途，希望你们继续保持发扬在部队的光荣传统和优良作风，始终保持革命军人的光荣本色和优秀品质，把在部队的好思想、好作风和学到的知识带到地方，带回家乡。在回家的路上做文明的使者，守纪律、传播文明之风。在祖国的现代化建设事业中，贡献聪明才智、争当模范。在新的工作岗位上奋发进取、有所作为，干出一番伟大的事业。我们全体留队的同志要认真学习退伍老战士的好思想、好作风，安心工作，积极进取，努力为团队建设创造新的荣誉。让老战友们放心，让上级首长放心。

亲爱的老战友同志们，你们的军旅生活就要圆满结束了，但是你们为部队建设作出的不朽贡献，将永远留在我们这个英雄的部队。大家在今后的工作生活中，不要忘记当兵的岁月，不要忘记英雄的团队，不要忘记相识的战友。让我们为了祖国的“四个现代化”建设，在不同的工作岗位上作出新的贡献。

再见了，亲爱的同志们、战友们！祝你们在返乡的路上旅途顺利、一路平安！

（摘自《天下文章》网站）

（三）欢送词的写作注意事项

1. 感情要真挚、诚恳而且要健康，表达惜别之意。

2. 措辞要慎重、严谨，要尊重对方风俗习惯。

3. 语言要精确、热情、友好、温和、礼貌。

4. 言简意赅，篇幅不宜过长。

第七节　求职信　竞聘词

一、求职信

（一）求职信的含义与分类

求职信是无业、待业转岗者或学校毕业生写给用人单位，向用人单位谋求工作职位的专用信件。

这种信以让对方了解自己、相信自己、录用自己为目的，是个人对组织之间的行文关系。

求职者身份不同，阐述问题角度不一样，求职信的内容、重点也就不一样。据此，可将求职信分为待业人员求职信、从业人员求职信、毕业生求职信。

（二）求职信的特点

1. 明确的针对性　写求职信的目的，是向收信者寻求工作岗位或职务，而写好求职信的关键是有的放矢，投其所需，即针对求职目标，针对用人单位的需求和心理，把握书信的内容和行文方式。

2. 鲜明的自荐性　求职信本身就是自我推荐，要让用人单位通过求职信了解自己，应恰如其分地向对方介绍自己的成绩、特长和优势，展示自己胜任工作的条件和能力。

3. 突出个性化特征　要使用人单位在众多的求职者中留下深刻印象，对你产生兴趣，在求职信中，内容和形式要力避平庸，追求不同于他人的显著特色，当然不能离奇古怪，引起反感。

（三）求职信的写法

1. 标题　通常只写文种名称，如《求职信》

2. 称呼　应根据收信人的身份、地位选择恰当的称呼。如“××厂领导”、“×

×公司经理"等，为礼貌起见，可视情况使用"尊敬的"等修饰语。

3. 正文 首先简要地介绍自己的身份，给用人单位一个初步印象；如果是有目标求职，也可以简单复述该单位的征聘信息，再提出自己的应聘想法。然后进入主体部分，要根据用人单位所需，介绍自己的学历学位、专业特长、业务能力或取得的成果，说明自己具备求职目标所需的条件，并表示出自己做好该工作的能力和信心。此外，还可以就个人的身体状况、兴趣爱好、性格特点等可能引起对方兴趣的长处略作介绍。最后是结束语，包括自己的愿望、要求和祝颂语。如"我热切地盼望着您的召见"或"希望得到您的允诺"等，祝颂语如"此致敬礼"等。

4. 附件 为对信中所介绍的内容起证明作用，可以将自己的简历、学历证书、专业课程成绩单、发表的论著及获奖证书等复印，作为附件。

5. 落款 写上姓名、日期。通讯地址或其他联系方法也应写明。

例文：

求职信

尊敬的××公司领导：

贵公司招聘计算机专业人员的启事，为一个即将毕业的本科生提供了难得的机会。如能为您这样广有影响的公司工作，我会感到十分高兴。

我是××大学计算机软件设计专业的应届毕业生，已顺利完成了全部学业(附《各科成绩一览表》)。在学期间，我花了较多的时间和精力钻研计算机汉字输入的新方法，已取得了初步的成果。我的毕业论文得到了指导教师的较高评价，该文已在《×××》杂志发表。

我个人性格开朗、机敏健谈，人际关系融洽。业余爱好摄影，偶有作品发表。这不但丰富了我的精神生活，而且对我所学的专业有所促进——户外活动磨炼了我吃苦耐劳的精神和强健的体魄，为我高效率地完成工作打下了良好的基础。

从有关材料获悉，贵公司十分重视员工素质，管理科学，效益显著。当然，像这样的单位对就职者的要求也一定十分严格，但我相信自己有条件获得入选的资格。我还相信自己凭自己所学的基础理论和专业知识，加上勤奋认真的工作态度，无论效力于管理工作还是新技术开发部门，都不会辜负领导者的希望。

随寄履历表一份，并有详细通讯地址，如蒙约见，则不胜荣幸。

顺颂

商祺！

求职者：×××

×××年×月×日

(四)求职信的写作要求

1. 态度真诚,实事求是　求职信既要表现出你对所求职位的渴望,又要表现出你对胜任这份工作的自信。所以态度要恳切,所列个人材料要真实、具体、有较强的说服力。

2. 文字简洁,语意明确　收信者可能在一段时间内收到许多求职信。如你的信写得冗长含糊,则可能使人厌烦而搁置。

3. 文面洁净,字迹工整,格式正确　洁净的文面会使对方感到写信人的严谨认真的态度,秀丽的字体可以给人以赏心悦目的感觉。总之,书信的外观可以体现一个人的能力和工作作风,切不可马虎。

二、竞聘词

(一)竞聘词的含义与特点

竞聘词,又叫竞聘演讲稿,或叫竞聘讲话稿。它是竞聘者为了实现竞争上岗,展示自我具有足够的应聘条件的讲演稿。大至竞选总统,小到竞聘上岗,都要用这种讲话稿。在我国,随着竞争上岗的普遍实行,竞聘讲话稿的写作越来越显得重要。

竞聘词实际上是演讲词中的一类,因此它除了具有演讲词的一般特点外,由于它是针对某一竞争目标而进行的,还有自己的"独特个性"。

1. 目标的明确性　写作时要明确亮出自己所要竞聘的岗位目标。

2. 内容的竞争性　要显示出"人无我有"、"人有我强"、"人强我新"的胜他人一筹的"优势"来,有时甚至要化劣为优。

3. 主题的集中性　指表达的意思单一,不枝不蔓,重点突出。

4. 材料的实用性　指所选材料既是符合实际的,又是对自己竞争有利的。

5. 思路的"程序"性　指演讲词的思维脉络有一定的顺序,不像一般演讲词那么自由。

6. 措施的条理性　指在讲措施时要条理清楚,主次分明。

7. 语言的准确性　指要恰如其分地表情达意之外,所谈事实和所用材料、数字都要"求真求实",准确无误。

(二)竞聘词的写法

竞聘词的写作格式与演讲词大致相同,只是在写法上还必须突出它自身的特点——应聘条件。这里说的应聘条件,包括个人的主观条件和竞聘者提出的未来的任期目标、施政构想、措施方略等要项。因此,在结构上它可以分为以下三个部分:

1. 标题　标题有三种写法。一是文种标题法,即只标"竞聘词";二是公文标题法,由竞聘人和文种构成或竞聘职务和文种构成,如《关于竞聘××公司经理的演讲》;三是文章标题法,可以采用单行标题拟制,也可采用正副标题形式,如《明明白

白做人　实实在在做事——竞聘学校办公室主任的演讲词》。

2. 称呼　称呼即对评委或听众的称呼。一般用“各位评委”“各位听众”即可。

3. 正文　这是全文的重点和核心，应围绕以下几个方面展开：

(1)开头。开门见山地叙述自己竞聘的职务和竞聘的缘由。应自然真切，干净利落。

(2)主体。先介绍个人简历。简洁地介绍自己的情况：年龄、政治面貌、学历、现任职务等。再摆出自己优于他人的竞聘条件，如政治素质、业务水平、工作能力、与该职务相关的工作经历等。最后提出自己任职后的施政目标、施政构想、施政措施。

(3)结尾。用最简洁的话语表明自己竞聘的决心、信心和请求。

当然，竞聘词由于它要考虑多种临场因素与竞争对手因素，它的结构可以灵活多样，但是其基本内容离不开这样几个部分。

例文：

奥巴马参选美国总统演讲稿

2008 年 11 月 12 日

现在是美国历史的关键时刻。我们面临着大萧条以来最为严重的一场经济危机：今年以来已经有 76 万人失业；企业和家庭无法获得信贷；房价不断下滑，养老金日益缩水；工资降到了十年来的最低水平，同时医疗和教育成本却涨到了有史以来的最高点。

在眼下这样的危急时刻，我们承受不起又一个四年的支出增长、千疮百孔的减税措施或是监管全无——即使是美国联邦储备委员会(Fed)前主席格林斯潘(Alan Greenspan)现在也承认那是个错误。美国需要一个新的方向。这也正是我竞选美国总统的原因所在。

明天，也就是周二，你们将有能力赋予这个国家我们所需要的变革。

我的竞选对手麦凯恩参议员为美国作出的贡献令人尊敬。他甚至可以指出他过去曾有几次与自己的党派分道扬镳。然而，在过去八年中，他十之八九都赞同布什总统的主张。而在经济问题上，他仍然无法向美国民众说明，他与布什的做法会有什么太大区别。

如果提出的税收计划没有让 1 亿多美国中产阶级获得一分钱的税项减免，这不是变革——即使是《国家评论》(*National Review*)杂志和其他保守派组织也抱怨说，这个计划对造福中产阶级贡献寥寥。在近年来不断累积的财政赤字上再添 5 万亿美元，这不是变革。如果解决房市危机的计划又将另外 3000 亿美元纳税人的钱置于风险之中，这不是变革——《华尔街日报》编辑委员会称这一计划“产生的问题比解决的问题多”。

如果说我们从此次经济危机中学到了什么的话，那就是我们要患难与共。从首席执行长到公司股东，从金融家到工厂工人，我们每个人都休戚相关，因为美国的民众越富足，美国才会越繁荣。

这就是为什么我们有些企业巨头把提高员工薪酬作为自己的一项使命，让员工能买得起自己生产的产品，比如巴菲特（Warren Buffett）这样的商界人士。我对能有他的支持感到自豪。这就是为什么美国经济不仅是世界上最伟大的财富创造者，也是世界上最伟大的就业机会制造者。它一直托举着有史以来规模最大的中产阶级之舟。

为了重塑美国中产阶级，我将给予95%的工人及其家庭税收减免待遇。如果你工作，就交税；如果年收入不足20万美元，你会获得减税；即使你的年收入超过了25万美元，你所负担的税率也比上世纪九十年代要低——资本利得税和股息税要比里根总统时期低三分之一。

通过重建日益破败的基础设施、在美国的各个角落接通宽带，我们将创造200万个就业岗位。未来的十年中，我将每年在可再生能源领域投资150亿美元，进而新增500万个岗位；这些工作环保、薪酬丰厚、不能外包，而且能帮助我们摆脱对中东石油的依赖。

在医疗问题上，我们不必在政府运营的体系和目前这种我们难以负担的体系之间进行选择。我的竞选对手提出的方案会令美国人有史以来首次为自己获得的医疗福利纳税。我的计划则会让医疗保健成为每个美国人都负担得起、享受得到的服务。根据我的计划，如果你已经有了医疗保险，你将看到的唯一一个变化是保费降低；如果你还没有医疗保险，你将能与国会议员们享受到同样的医疗福利。

为了让每个孩子享受到世界级的教育，让他们能在全球经济中竞争21世纪的工作岗位，我将投资早期教育，并且增加师资力量。不过，我同时也会要求更高的标准和更多的责任。我们向每个美国年轻人作出承诺：如果你致力于服务你的社区或是你的国家，我们将确保你能负担得起自己的学费。

在国防安全问题上，我将负责任地结束伊拉克战争，这样我们就不必在这个国家享有巨额财政盈余的情况下每月却要在那里花费100亿美元。为了美国的经济、美国的军队和伊拉克的长期稳定，现在是伊拉克人站出来的时候了。我将最终完成对本·拉登（Bin Laden）和基地组织恐怖分子的打击，正是这些人制造了9·11恐怖袭击，同时我还会建立新的合作关系，击退21世纪出现的威胁，恢复我们的道德威望，让美国仍然是地球上最后也是最好的希望。

这些事情没有一件是轻而易举能办到的，也不是一朝一夕能完成的。但是，我坚信我们能成功，因为我对美国深信不疑。是美国使我们的父辈相信，即使他们自己无法上大学，也可以每周积攒下一些钱来，让他们的孩子接受好的教育；即使他们不能拥有自己的企业，也可以通过努力工作让自己的孩子创办企业。在美国历史的每个时刻，我们都勇敢地站起来面对挑战，因为我们从来没有忘记过这样一个基本真理：在美国，我们的命运并非天定，而是掌握在我们自己的手中。

所以，明天，我恳请你们书写美国下一个伟大的篇章。我恳请你们不只相信我带来变革的能力，还有你们自己的能力。明天，你们可以选择这样一种政策——向美国中产阶级进行投入、创造新的就业岗位、实现经济增长让人人都有成功的机会。你们可以选择希望而非恐惧、选择团结而非分裂、选择变革的希望而非墨守成规。如果你们投我的票，我们将不仅赢得此次竞选，还将一起改变这个国家、改变这个世界。

（三）竞聘词的写作技巧

1.开头要开门夺气　竞聘词的一个重要特点，就是要有竞争性，而竞争的实质就是争取听众的支持，鼓舞、壮大己方支持者的队伍，瓦解、分化对方支持者的营垒。做到这点的有效手段之一，就是在演说之初的几分钟内，在气势上争取主动，战胜对方。

2.主体要突出要项及优势　毫无疑问，获取竞职演讲成功的关键部分就在主体部分。因此，在这部分的写作上，要突出要项，充分展示竞职者的竞争优势。具体地说，可以从以下几方面努力：

(1)任期目标。竞聘者提出的任期目标要明确且具体实在，才能使人信服。任务、指标要明确，能量化的要尽量量化，不能量化的要具体化。并且，竞聘者所定目标要具有竞争力，还必须注重目标的先进性。

(2)施政构想。竞聘者写作时可以联系客观实际、体现岗位特点、注重难点问题、适应发展形势来谈施政构想，对未来的岗位工作做统筹安排。应该胸有成竹地提出来。

(3)措施方略。竞聘者围绕实现未来的任期目标所提的方法、措施，必须切实可行。让人感到踏踏实实，可以操作。同时，思路要新颖独到，使人感到你有创新，有发展，高人一筹。这样，才会有吸引力、号召力。

(4)个人优势。它的内容广泛，包括个人的各种素质、能力、水平。其中常提到的有政治、思想、文化、义务、心理、身体等方面的素质；有管理、公关、组织、协调、表达等方面的能力；有政策、理论水平；有个人资历、工作经验、专业技术，等等。这方面的内容，要根据设置岗位的实际需要，有选择、有针对性地介绍，或在经历上突出优势，或在素质上突出优势，或在构想上突出优势，或在语言技巧上突出优势，等等，宜简不宜繁，内容要充实。

3.讲究竞聘技巧　具体说来，一是要根据岗位工作的需要，善于扬己之长，用事实表明自己比对手更有特长；二是根据群众的美好愿望，善于体察民心，用事实表明自己比对手更能满足民众的急切需要；三是根据单位现有的条件，善于物尽其用，人尽其才，用比对手略胜一筹的任期目标，提出对手未曾想到的点子，说明自己比对手更有办法。

总之，竞聘者准备竞聘词，要善于扬己之长，用事实说话。切忌吹牛、海夸、华而不实。

（四）竞聘词的写作要求

竞聘词中介绍个人简历时要讲求真实性、简要性，突出特殊性；展示工作能力时要突出工作成绩、优化工作思路；提出的施政措施要目标明确、实在；语言上要做到情真意切。

竞聘词的写作质量不仅取决于竞聘者的文字水平，也是其政治素养、理论水平、业务能力等诸多方面水平的综合反映。因此，除了观点鲜明、内容充实、语言通顺外，还要注意如下问题：

1.实事求是，明确具体　竞聘者应实事求是，言行一致。每介绍一段经历、一项业绩都必须客观实在。给国家作出什么贡献，给单位创造什么效益，给职工提供什么福利，一定要清楚，不能吞吞吐吐，模棱两可。

2.调查研究，有的放矢　竞聘词是针对某岗位而展开的，因此，写作前必须了解岗位的情况，力争找到解决问题的最佳途径，以便战胜对手。

3.谦虚诚恳，平和礼貌　评审人员及与会者是不会接受狂妄傲慢、目中无人的竞聘者并委以重任的，所以，竞聘词写作上十分讲究语言的分寸，表述既要生动，有风采，打动人心，同时又要谦逊可信，情感真挚。

第八节　启事　海报

一、启事

（一）启事的含义、分类

启事是单位或个人办理事项、解决问题须向公众告知有关事项、寻求响应、请求得到支持和帮助时使用的应用文。

从内容和功能上看，启事常见的种类有：

1.寻觅性启事　这类启事包括寻找走失的人或丢失的物的寻人启事、寻物启事或寻找失主的招领启事。这类启事写作时要注意写清时间、地点和特征，还要注明联系方法，注意因为是对别人寻求帮助，措辞要恳切，有的还要写明酬谢之意。

2.征求性启事　这类启事包括向公众征求某种事项，如征文、征物、征友、征婚和征订，等等。要求写明征求的目的、征求的要求、征求的方法、联系方式等。

3.声明性启事　这类启事包括搬迁、更名、开业、结婚等。主要强调告知的作用。如证件、支票等证据性物品丢失，或本身合法利益被侵犯，也会发布这类启事声明作废或表明态度。

4.招募性启事　这类启事包括招聘、招生等。要写清招募的原因、对象、条件、办法和具体的时间、地点等，招生启事还要配备相应的有关学校的情况介绍类的材料等。

（二）启事的特点

1.告知性　启事是向社会公开告知有关事项，所以它尽可能利用各种媒体形式如电视、广播、报刊公开播放、刊登，或在公共场所张贴等，目的是使全社会广泛知晓。

2.事务性　启事是为解决实际工作和问题而作，本身不具备法规性、强制性和约束力。

3.广泛性　启事使用范围广泛，行政机关、企事业单位、社会团体可以写，个人也可以写；有时还可以发挥广告的作用，还可以发布一些事务性的告知消息。

（三）启事的写法

启事通常由标题、正文和落款组成。

1.标题　通常有以下几种方式构成：

(1)发文者、发文事由和发文文种，如《××大学招聘启事》、《××公司迁址启事》。

(2)事由和文种，如《寻物启事》、《征集校训启事》。

(3)发文者和文种，如《××社区启事》。

(4)文种，如《启事》、《紧急启事》。

(5)事由，如《招租》、《征婚》、《家教》、《寻人》等。

2.正文　正文的篇幅和结构可根据内容的不同而有所变化。寻求帮助的最后要写明酬谢之意。

3.落款　单位或个人的名称和日期。

例文 1：

订婚启事

荷兰德·沃尔什曼先生及夫人荣幸地宣布，他们的小女露西与塞穆尔·罗素先生于二〇〇〇年八月十一日（星期六）订婚，兹特敬告亲友。

例文 2：

寻夹克衫

5月12日本人不慎在操场丢失一件绿色，领口有拉链的夹克衫。拾到者请把夹克衫还给失主克鲁奇。地点：九号宿舍楼203房间。

例文3:

征稿启事

由中国传统文化促进会主办;中国关心下一代工作委员会、中国宋庆龄基金会、中国教育电视台支持;中国美术家协会、中国书法家协会艺术指导的“爱我中华全国青少年书画双年展”春季评选活动于今年2月在北京圆满结束。

率先入围的22位作者获奖名单和作品已经在中国美术家协会网—双年展网上进行展示,并将与今年暑期评选的入围作品一起参加2006“爱我中华全国青少年书画双年展”。欢迎各界人士踊跃为这些选手投票、加油!

春季评选活动的成功举办,得到各相关合作单位的一致认可和参与者的广泛好评。为保证“爱我中华全国青少年书画双年展”的高规格和权威性及入围作品的质量,经组委会研究决定:2006年3月至2006年6月在全国及世界华人居住地区再次大范围展开作品征集和评选,并加大宣传力度,进一步联合各专业媒体和机构共同推进“爱我中华全国青少年书画双年展”品牌化进程。

此次评选在内容、形式和评审标准上将与春季评选保持一致。希望在公开、公正、公平的原则下,进一步选拔出能真正代表全国青少年书画最高水平的优秀作品,参加国内目前最高水准的青少年书画大展。

征评内容具体如下:

一、专业类别:书法:硬笔、软笔;绘画:中国画、西画、儿童画等

二、年龄分组:4～35岁

其中:幼儿组:1999年1月1日—2001年12月31日出生

少儿组:1998年12月31日—1994年1月1日出生

少年组:1993年12月31日—1988年1月1日出生

青年A组:1987年12月31日—1984年1月1日出生

青年B组:1983年12月31日—1971年1月1日出生

三、截稿时间:2006年6月20日

四、总评时间:2006年8月

五、作品要求:不限内容;硬笔不小于16开;软笔、国画不小于4尺3开,西画4开起,儿童画4开。

六、征评方法:将填好的报名表、作品(或照片)及30元工本费汇寄组委会办公室,入选者须按规定进京现场创作(进京食宿费自理)。总评获奖作品将入选参加2006年“爱我中华全国青少年书画双年展”。

七、报名、咨询热线:010-87731119,87731162

八、组委会地址:北京市朝阳区华威里2号楼4G　爱我中华双年展组委会办

公室　邮编:100021。

九、电子邮箱:awzh@caan.cn　pbi@vip.sina.com

十、手机短信:13141239482

注1:地址、姓名、出生年月日、电话、邮编不详者,报名无效;

2:所寄作品恕不退还。

爱我中华双年展组委会办公室

2006年3月8日

例文4:

中新社海外中心招聘启事

中新社海外中心,系中国新闻社旗下对海外华文报纸提供新闻版面服务的专设机构,每日编辑传送对开30版,内容涵盖国际国内时事报道、焦点追踪、财经贸易、体育娱乐等,强调新闻冲击力和持续影响力,追求"时效第一、原创第一、读者第一"的目标。

海外中心现因事业发展需要,进行新一轮招聘,希望业界青年才俊加盟。

一、新闻记者编辑(6名)应聘条件

1.男女不限,户籍不限,年龄在30岁以下,条件优异者可适当放宽;

2.需大学本科或以上学历,专业不限;

3.有两年以上新闻从业经验,具对外报道经验者优先;

4.具较好的英语读写及编译能力;

5.须熟练掌握基本电脑技能,会操作北大方正"飞腾"排版软件系统者优先。

二、文学副刊编辑(1名)应聘条件

要求具有扎实的文字功底,具有文学作品鉴赏能力。在文学界有广泛人脉者优先。

三、行政财务助理(1名)应聘条件

年龄30岁以下,女性,大专以上相关专业学历,具从业经验者优先。

凡符合上述条件之应聘者,请将详细简历、个人照片、求职文件投递至:100037,北京市西城区百万庄南街12号中新社海外中心,封面请注明"应聘"。或将详细简历、个人照片、求职文件传送至:yangjiankang@chinanews.com.cn 联系电话:010－88387324

请务必注明有效联络方式,以便通知安排面试。

招聘时间截至2005年8月31日。

(四)启事写作的注意事项

1.内容具体完备,表达清楚　在启事中涉及的时间、地点、人物、原因、结果、请求事项、联系地址和方式、酬谢方法等，都要详细写明。

2. 言简意赅，条理清晰　在内容表达完备的前提下，要言简意赅，短小精悍。

二、海报

（一）海报的含义与特点

海报是单位向社会公众告知有关活动事项，希望社会各界积极参与的告知类应用文。

现在，许多戏剧、影视和体育、杂技等活动，都利用海报做宣传；还有学术交流、文艺演出、体育比赛、沙龙聚会、观摩讨论等活动，在校园中也多数使用海报。海报的特点：

1. 告知性　海报的作用是向社会公开告知有关活动事项，希望社会各界积极参与。所以，它在各种媒体或公共场合刊登、播放、张贴，传播面越广越好。

2. 事务性　海报只是用来为某种活动做前期宣传，本身不具备法规性和约束力。

3. 艺术性　在某种意义上，海报也是一种广告，在文字叙述的同时，还往往配有美术图案，使之图文并茂，具有艺术性，以吸引人们的注意力。

（二）海报的写法

海报通常由标题、正文和落款构成。

1. 标题

(1)只有文种，如《海报》。

(2)直接说明活动信息，如《球讯》、《影讯》、《××讲座》等。

2. 正文　主要写明该项活动的目的、名称、时间、地点、主要人物等，再写明请人们踊跃参加之意。

3. 落款　写明发文单位名称和日期。

例文：

海　报

为了帮助广大同学提高文学鉴赏水平，培养人文素质，校团委、学生会特邀请著名作家×××来我校作“文学经典新解”讲座。主讲人从新的角度，对世界经典名著有独到的评析和见解，望大家不要错过这个难得的机会。

时间：今晚6时。

地点：校第一报告厅。

校团委、学生会

×年×月×日

第九节 述职报告

一、述职报告的含义与分类

述职报告是行政机关、企事业单位、社会团体的领导人及各种岗位的工作人员向主管机关、组织人事部门或本单位职工群众报告一定时期内履行职责情况以及陈述成绩、问题、建议和体会等事项，并进行自我评价的文书。

述职报告是一种新兴的应用文体，是随着我国人事制度、干部制度的不断深化改革，各单位、各部门逐渐实行和完善干部聘任制和岗位责任制而产生的。

述职报告的主要类别有：

1. 按时间分　有任期述职报告、年度述职报告、不定期述职报告。

2. 按内容分　有综合性述职报告、专题性述职报告。

3. 按报告者分　有个人述职报告和集体述职报告。

二、述职报告的特点与作用

述职报告最初曾用“总结”或“汇报”的形式出现，是一种介于总结和报告之间的边缘性文体。经过一段时间的使用，逐步形成了独具特色的体式，其主要特点是：自述性、自评性、报告性和通俗性。

（一）自述性

所谓自述性，就是要求报告人，自己述说自己在一定时期内履行职责的情况。因此，必须使用第一人称，采用自述的方式，向有关方面报告自己的工作实绩。这里的所谓实绩，是指报告人在一定时期内，按照岗位规范的要求，为国家做了些什么事情，完成了什么指标，取得了什么效益，有些什么成就和贡献，工作责任心如何，工作效率怎样，实实在在地反映出来。但是，要特别强调的是所写的内容必须真实，是实实在在已经进行了的工作和活动，事实确凿无误，切忌弄虚作假。

（二）自评性

所谓自评性，就是要求报告人依据岗位规范和职责目标，对自己任期内的德、能、勤、绩等方面的情况，作自我评估、自我鉴定、自我定性。述职人必须持严肃、认真、慎重的态度，既要对自己负责，也要对组织负责，对群众负责。对工作的走向，前因后果，要叙述清楚，评得恰当；所叙述的事情，要概述，让人一目了然，并从中引出自评。但要强调：切忌浮泛的空谈，切勿引经据典的论证，定性分析必须在定量证明的基础上进行。

(三)报告性

所谓报告性,就是要求报告人,明白自己的"身份",放下官架子,以被考核、要接受评议、监督的人民公仆的身份,履行职责做报告。要认识到,自己是在向上级汇报工作,是严肃的、庄重的、正式的汇报,是让组织了解自己,评审自己工作的过程,因此,语言必须得体,应有礼貌、谦逊、诚恳、朴实、掌握尺寸,切不可傲慢,盛气凌人,不可夸夸其谈,浮华夸饰。报告内容必须实在、准确,而且要用叙述的方式,将来龙去脉交代清楚。

(四)通俗性

所谓通俗性,就是面对会议听众,要尽可能让个性不同、情况各异的与会代表全部听懂。对于与会者来说,内容应当是通俗易懂的。即使是专业性、学术性很强的内容,也要尽可能明晰准确,以与会者理解为标准。形式更是通俗的。结构是格式化的。语言则是口语化的。不同于一般的科学文章,更不同于一般的公文,最明显的一点是语言的口语化。由于讲话是声入心通的人和人之间的传播活动,需要更加适应人们的接受心理,拉近讲话者和听众的心理距离,这就特别讲究语言的大众化、口语化。

三、述职报告的写法

述职报告一般由首部、正文和落款三个部分组成。

(一)首部

首部主要包括标题、主送机关或称谓等内容。

1. 标题

(1)文种式标题,只写《述职报告》。

(2)单标题,姓名+时限+事由+文种名称,如《××19××年至19××年试聘期述职报告》、《20××年至20××年任商业局长职务的述职报告》。

(3)双标题,由正标题和副标题组成,副标题的前面加破折号。正标题是对述职内容的高度概括,副标题与单标题的构成大体相似。《思想政治工作要结合经济工作一起抓——××造纸厂厂长王××的述职报告》。

2. 主送机关或称谓　标题之下第一行顶格写主送机关或称谓。向上级机关呈送的述职报告,应写明收文机关,如"××党委"、"××组织部"或"××人事处"等。向领导和本单位干部职工作述职报告,则应写明称谓,如"各位代表"、"各位委员"、"各位同志",或"各位领导,同志们"。

(二)正文

述职报告的正文,由开头、主体和结尾三部分组成。

1. 开头　又叫引语,一般交代任职的自然情况,包括何时任何职,变动情况及背景；岗位职责和考核期内的目标任务情况及个人认识；对自己工作尽职的整体估价，确定述职范围和基调。这部分要写得简明扼要，给听者一个大体印象。

2. 主体　是述职报告的中心内容，主要写实绩、做法、经验、体会或教训、问题，要强调写好以下几个方面：对党和国家的路线方针政策、法纪和指示的贯彻执行情况；对上级交办事项的完成情况；对分管工作任务完成的情况；在工作中出了哪些主意，采取了哪些措施，做出哪些决策，解决了哪些实际问题，纠正了哪些偏差，做了哪些实际工作，取得了哪些业绩；个人的思想作风、职业道德，廉洁从政和关心群众等情况；写出存在的主要问题，并分析问题产生的原因，提出今后改进的意见和措施。这部分要写得具体、充实、有理有据、条理清楚。由于这部分内容涉及面广，量多，所以宜分条列项写出。“条”、“项”要注意内在逻辑关系安排好。

3. 结尾　一般要求用格式化的习惯语来结束全文，如“以上报告，请审阅”、“以上报告，请审查”、“特此报告，请审查”，也可采用谦逊式结尾，如“以上报告，请领导、同志们批评指正”，还有总结归纳式结尾或表决心式结尾等形式。

（三）落款

写上述职人姓名和述职日期或成文日期。署名可放在标题之下，也可以放文尾。

例文：

公司办公室主任2006年度述职报告

各位领导，同志们：

大家好！2006年是实现“××××”战略目标的第一年，也是我担任办公室主任的第一年。回顾这一年来的工作，我在厂领导及各位同事的支持与帮助下，严格要求自己，按照公司的要求，较好地完成了自己的本职工作。通过一年来的学习与工作，工作模式上有了新的突破，工作方式有了较大的改变。下面，我从四个方面向领导和同志们述职，请予评议。

一、办公室的日常管理工作

办公室对我来说是一个全新的工作领域。作为办公室的负责人，自己清醒地认识到，办公室是企业的综合管理机构，是承上启下、沟通内外、协调左右、联系四面八方的枢纽，推动各项工作朝着既定目标前进的中心。办公室的工作千头万绪，有文件起草、文书处理、档案管理、文件批转、会议安排、迎来送往及用车管理等。面对繁杂琐碎的大量事务性工作，自我强化工作意识，注意加快工作节奏，提高工作效率，冷静办理各项事务，力求周全、准确、适度，避免疏漏和差错，至今基本做到了事事有着落。

1. 办理公司有关证件。新年伊始，需要办理企业统计证，企业法人代码证年检，工商营业执照的法人代表变更、资产变更、年检等相关的手续及证件。我通过多方努力积极为公司办理以上证件。充分发挥综合部门的协调作用。

2. 认真做好公司的文字工作。草拟综合性文件和报告等文字工作；负责办公会议的记录、整理；并负责对会议有关决议、决定的实施；认真做好公司有关文件的收发、登记、分递、文印和督办工作；将公司所有的文件、协议书整理归档入册，做好资料归档工作；配合领导制订各项规章制度，并进一步补充、完善各项规章制度；及时传达贯彻公司有关会议、文件、批示精神。全年起草、党字、厂字文××号，总计下发文件××余份；起草综合管理制度××份，并及时下发；全年制作投标书、资质文件××余本；《××简报》九期，共印制××余份。

3. 落实公司人事、劳资管理工作。组织落实公司的劳动、人事、工资管理和员工的考勤控制监督工作，根据人事管理制度与聘用员工签订了劳动合同，并及时对试用期满的员工组织考试。按照有关规定，要求劳资员办好缴纳社保(养老保险、失业保险、医疗保险)的各项手续。体现公司的规范性，解决员工的后顾之忧。

4. 切实办好公司的福利。为职工办理元宵节、夏季、冬季劳保用品、福利等。开设职工食堂，为加班人员、单身职工提供可口的饭食，保障了生产经营管理人员的定时、临时就餐。

5. 企业运转的日常工作。对全厂办公设施进行造册登记，实行资源共享，按需分配，专人管理的原则，保证有限的办公设施资源得到充分利用。电脑、电话、复印机、空调等设施，有故障首先由内部管理人员修理，修不好再送交修理部维修，为企业节约每一笔开支。

6. 做好公司各种会议的组织、准备、服务工作。组织 2005 年总结大会、×届×次职工大会、“七一”演讲比赛、质量体系认证首末次会、“重阳节”老职工座谈会、每周生产例会等会议。各类会议期间，认真安排做好会场布置，落实好各种会议的会前准备、会议资料等工作，不放过一个漏洞和疑点。使每一次会议均得到成功举办，并圆满结束。

7. 认真组织职工进行培训。年初，厂部决定将每周六定为培训日，目的是加强学习，提高职工全面素质。在 2006 年内，针对需要，共组织开展集中学习、现场讲课、外出学习、观看影碟等形式多样的培训 30 次，接受培训的人员共计 335 人/次，极大地提高了工作人员的技术水平、综合素质。

二、加强自身学习，提高业务水平

由于感到自己身上的担子很重，而自己的学识、能力和阅历与其任职都有一定的距离，所以总不敢掉以轻心，总在学习。向书本学习、向周围的领导学习，向同事学习，这样下来感觉自己一年来还是有了一定的进步。经过不断学习、不断积累，已具备了办公室工作经验，能够比较从容地处理日常工作中出现的各类问题，在组织管理能力、综合分析能力、协调办事能力和文字言语表达能力等方面，经过一年的锻炼都有了很大的提高，保证了本岗位各项工作的正常运行，能够以正确的态度对待各项工作任务，热爱本职工作，认真努力贯彻到实际工作中去。积极提高自身各项业务素质，争取工作的主动性，具备较强的专业心，责任心，努力提高工作效率和工作质量。

积极参加党员先进性教育活动，认真做好学习笔记，通过这次活动使自己的思想觉悟得到提高，并增强了为企业、为职工服务的意识和能力。

三、廉洁自律情况

一年来，我能自觉遵守中央和各级党组织有关规定，做到廉洁守法、诚实正直。

1. 按党章自律。党章规定不准做的我坚决不做，上级要求达到的我争取做到，不违章、不违纪、不违法，做个名副其实的共产党员。

2. 用制度自律。我严格按本厂制定的各项制度办事。在物品采购、办公设施维修等经济行为上，坚持两人或多人在场，做到任何经济行为公开、公平。

3. 以人格自律。堂堂正正做人，以人格的力量赢得党和人民的信任，要时时刻刻、事事处处发挥表率作用，牢记“对人公正，对己清正”准则，永葆共产党人清正廉洁的政治本色，做到“勿以善小而不为，勿以恶小而为之”。

四、存在的问题和今后努力方向

一年来，本人能敬业爱岗、创造性地开展工作，取得了一些成绩，但也存在一些问题和不足，主要表现在：第一，办公室主任对我而言是一个新的岗位，许多工作我都是边干边摸索，以致工作起来不能游刃有余，工作效率有待进一步提高；第二，有些工作还不够过细，一些工作协调得不是十分到位；第三，自己的理论水平还不太适应工作的要求。

在2007年里，自己决心认真提高业务、工作水平，为公司经济跨越式发展，贡献自己应该贡献的力量。我想我应努力做到：第一，加强学习，拓宽知识面。努力学习电力专业知识、和相关法律常识。加强对电力行业发展方向、走向的了解，加强对周围环境、同行业发展的了解、学习，要对公司的统筹规划、当前情况做到心中有数；第二，本着实事求是的原则，做到上情下达、下情上报；真正做好领导的助手；第三，注重本部门的工作作风建设，加强管理，团结一致，勤奋工作，形成良好的部门工作氛围。不断改进办公室对其他部门的支持能力、服务水平。遵守公司内部规章制度，维护公司利益，积极为公司创造更高价值，力争取得更大的工作成绩，为“×××”第二阶段目标的顺利完成努力工作。

以上述职有不妥之处，敬请大家批评指正。谢谢大家。

（文章选自文秘参考网 www.wm321.com）

四、撰写述职报告的注意事项

(一)标题要清楚

要围绕岗位职责和工作目标来讲述自己的工作,尤其要体现出个人的作用,不能写成工作总结。

(二)内容要客观

必须实事求是、客观实在、全面准确。既要讲成绩,又要讲失误;既要讲优点,又要讲不足;既不要自吹自擂,也不要过分谦虚。述职报告一定要讲真话,讲实话,讲心里话。无论称职与否,都要与事实相符,只有客观陈述履行职务的情况,才能有助于上级机关和所属单位群众对自身工作作出全面、准确、客观的评价。

(三)重点要突出

如果用口头报告表述。一般宜占用 30 分钟,如果用书面报告表述,一般以 3000 字以内为宜。因此,表述的内容应抓住重点,抓住最能显示工作实绩的大事件或关键事写入述职报告,对有创造性、开拓性的特色工作重点着笔,力求详尽具体。凡重点工作、经验、体会或问题等,一定要有理有据,充实具体,而对一般性、事务性工作,宜概括说明,不必面面俱到。

(四)个性要鲜明

抓住重点,突出中心,还应突出自己的特色,不同的岗位,有着不同的职责要求,即使是相同的岗位,也由于述职者个人的个性差异,其工作方法、工作业绩也不相同。要突出自己独有的气质,独有的风格,独有的贡献,让人能分辨出自己在具体工作中所起的作用。因此,述职报告要突出个性特点,展示述职者个人风格和魄力,切忌千人一面。

(五)语言要庄重

述职者要有驾驭语言的能力,崇尚朴实,给听众以豁然开朗的感觉。朴实之美历来备受人们推崇。在述职时,用朴实的语言叙事说理,不仅缩短了与群众的距离,也密切了和群众的关系。措辞要严谨,语气要谦恭,叙述时语言表达通俗易懂,直陈其意,决不哗众取宠,也不能用一些生僻的字眼,故作高深,尽量以陈述为主,也可写一些工作的感想和启示,但不得描写、抒情,更不能使用夸张的语言。

第六章 经济文书

第一节 概 述

一、经济文书的含义

广义的经济文书是指应用于社会经济领域，以经济活动为主要内容，能够反映经济运行情况、处理经济事务、研究解决经济领域内实际问题的专业文书。从理论上讲，经济文书涵盖范围非常广，包括经济理论文章，也包括经济活动中要用到的各种经济实务类文书，甚至涉及经济活动的各类账册、报表、单据、计划、图表，都可以称为经济文书。

狭义的经济文书主要指处理经济事务过程中用到的实务类文书，主要包括各类经济报告、经济合同、经济广告、商品说明书、经济公关类文书等。本章所提经济文书，即指此狭义概念下的各类经济文书。

二、经济文书的特点和种类

（一）经济文书的特点

经济文书的范围极为广泛，内部诸种文章从内容到形式，差别都很大。然而与其他文体相比，仍然呈现出以下几个特点。

1. 功利性　不必讳言，经济文书的写作目的就是获得经济效益。事实上，经济活动与其他活动相比的一个根本区别也就在于它必须讲求经济效益。经济文书是直接反映、影响与作用于经济活动的，就必然与经济效益密切相关，从而表现出一定的功利性。也就是说，经济文书不是讲大道理，不是宣传某种理念，而是有更为迫切的经济利益目的的。

这就要求在经济文书写作中必须牢固地树立效益观念，注重对经济活动中影响经济效益诸因素的分析，注重提供有助于提高经济效益的切实可行的措施与方案，保证经济活动的正常运行，实现最佳的经济效益。

2. 实用性　实用，是经济文书的价值取向。任何经济文书都是为解决实际问题而存在的。比如反映经济建设中的新动态、新情况、新经验、新问题，并认真地加以剖析研究，从而探索和发现经济活动的发展规律，为制定经济方针、政策，做出决策，制订计划提供科学的依据；比如，针对现代经济管理活动中的各种实际问题，适时地做出决策、指令、通报和说明，提出解决问题的措施和办法等等。

对经济文书来说，实实在在解决一些实际问题，或者说实用价值才是其存在的意义。

3. 专业性　经济工作本身专业性就比较强，经济文书的写作因而也呈现出较强的专业性。这种专业性既体现在内容上，也体现在形式上。比如可能涉及高深的经济理论，可能需要专业的经济法律知识；也可能会用到专业的词汇、语言，或者用到专用的经济文书格式，等等。

4. 程式性　程式性也可以理解为规范性。这主要是就经济文书的形式而言的。

从格式上看，一方面，经济文书专业性很强，为了表达得准确得体，处理得及时迅速，在长期的写作实践中，逐渐形成了各自不同的、相对固定的格式与写作规范。另一方面，经济文书有很强的实用性，定格、定式、定型显然比随心所欲更实用，更能适应经济工作实际。

从语言上看，经济文书在长期写作中也形成了一些语言上的程式化倾向，形成了规范、严谨的语体特点。

5. 政策性　现代社会是法制社会，市场经济就是法制经济，有关的经济法规和经济政策就是经济运行的基本规则，也是经济文书写作的指导方针。这就要求经济文书的写作要体现国家经济政策的精神，要以有关的法规和政策为依据去分析经济现象，研究经济形势，解决经济问题。像广告和合同的写作，就必须以广告法和合同法为依据。

（二）经济文书的种类

由于经济文书的内部较为复杂，要科学、精确地分类也不容易。大致上，可以依据其写作目的的不同分成这么几类。

1. 经济报告类　包括市场预测报告、市场分析报告、项目可行性报告等。其写作目的在于通过经济信息的搜集、整理、分析，为经济决策服务。

2. 经济合约类　包括经济合同、合作意向书等。其写作目的在于明确发生经济关系的几方当事人在共同参与的经济活动中各自的权利义务。

3. 经济信息类　包括经济广告、商品说明书，还有招投标活动中用以提供各种信息的招标书、投标书，贸易活动用到的询价、报价文书等等，其写作目的在于获得或提供某种经济信息。

4. 经济公关类　包括公关策划书、礼节性的商务信函等等。其写作目的在于维护拓展经济交往中的公共关系，为进一步实现经济目的服务。

第二节　合　同

一、合同的含义

合同，古代叫契券、契书、契纸，现代又称契约。

合同这一概念有广义和狭义之分。广义的合同，泛指一切确立权利义务关系的协议。狭义的合同则仅指民法范畴上的合同，又称民事合同。《中华人民共和国合同法》(1999 年 3 月 15 日第九届全国人民代表大会第二次会议通过，自 1999 年 10 月 1 日起施行)第二条第一款规定，合同是"平等主体的自然人、法人、其他组织之间设立、变更、终止民事权利义务关系的协议"。依据这一定义，合同是协议的一种，协议是合同的一种概念。所有的合同都是协议，但并非所有的协议都是合同，合同只是具有特定内容的协议。

值得注意的是，虽然法律规定的合同指的是关于调整民事关系的协议，但这里的"民事关系"其实仅仅指的是经济关系。《中华人民共和国合同法》第二条第二款特意指明，"婚姻、收养、监护等有关身份关系的协议，适用其他法律的规定"。分则中列举的 15 种合同类型全部都可以看成是经济合同。另外，《中华人民共和国合同法》的前身就是《中华人民共和国经济合同法》、《中华人民共和国涉外经济合同法》等几部关于经济合同的法律，这也提示现行的《中华人民共和国合同法》是以经济合同为主要内容的一部法律。

而经济文书范畴内所涉及的合同，也就是经济合同，本章所说的合同，即狭义的合同概念之下的一个类别——经济合同(以下所称合同，皆指经济合同)。因而，学习本章，必须深入研究现行《中华人民共和国经济合同法》的内容，将法律规范作为我们写作的最高纲领，应该在法律许可的框架内进行合同的写作，不得违反法律的规定。

还要注意的是，在合同写作实践中，合同还可能以"合同书"、"协议"、"协议书"等名称出现。

二、合同的作用

《中华人民共和国合同法》第一条指出，这部法律的制定目的在于"保护合同当事人的合法权益，维护社会经济秩序，促进社会主义现代化建设"。这其实也就是合同作为一种写作行为在社会生活中的作用。

合同最直接的作用就是可以保护合同当事人的合法权益。合同是当事人之间的一种约定，这种约定如果不以法律许可的方式表达出来，就不可能得到法律的保护。在经济生活中，不可能仅仅依靠当事人之间的心灵默契，或某一方的默许来顺利完成经济活动的任务，必须把当事几方的共同意愿以法律许可的方式表达出来，形成合同，这可以使各方的合法权益得到法律的保护。《中华人民共和国合同法》在第七章规定了详细的违约责任，谁违约就会受到法律的制裁。违约制裁以经济手段为主，但法律并未排除包括刑事处罚在内的其他手段。第一百二十二条规定，“因当事人一方的违约行为，侵害对方人身、财产权益的，受损害方有权选择依照本法要求其承担违约责任或者依照其他法律要求其承担侵权责任”。

维护社会经济秩序是合同的重要作用。随着现代经济的发展，生产专业化的倾向也越来越明显。生产越是专业化，各专业化部门之间的经济联系也就越密切。专业化是大协作的基础，大协作又是专业化生产所不可缺少的。借助于合同以及合同所产生的法律上的约束力，各部门、各单位之间有机地联系起来，使供应、生产、运输和销售等各个环节互相紧密地衔接起来，从而形成完整的、有机的，特别是有序的社会经济体系。

从中长期看，合同无疑是促进社会主义现代化建设的重要因素。虽然合同自古有之，但无疑在现代经济高度发展的今天更能体现其作用。曾经有一种看法，认为我国是以计划经济为主的社会主义国家，一切重要经济事务均由国家统筹安排，合同所起的作用不大。然而，第一，现阶段我国并非实行完全公有制经济，而是在公有制基础上实行以计划经济为主、以市场调节为辅的经济政策。有市场经济，就需要合同来保护经济活动中各个独立的经济实体各自的合法权益。其二，纵然是完全计划经济的体制，基层企业的生产、流通、分配，完全由上级主管部门下达计划任务来进行，在基层企业之间，在供、产、销之间，在专业公司与联合公司之间，仍然需要通过合同的形式使层层下达的计划具体化、精确化，并且把各部门之间的经济关系连接起来，以进一步明确彼此之间的权利义务。

三、合同的特点和种类

(一)合同的特点

作为一种协议文书，合同呈现如下特点。

1.合同具有法律效力　订立合同是一种民事法律行为，由此产生的权利义务关系即法律关系。在不违反法律的前提下，合同具有法律约束力。合同当事人的合法权益受法律保护，共同约定的义务受法律监督，不履行或不完全履行合同要承担法律责任。

2.合同表达的是各方当事人共同的意愿　合同是两个或两个以上当事人协商达成一致的产物，是当事人之间意思表示一致的结果。这意味着：①合同的订立必须是各方当事人共同参与的法律行为，而不能是某方当事人单方面的法律行为，各方当事人须互相做出表示；②各方意思表示是一致的，也就是说是当事人达成了一致的协议。

3. 合同的订立应当本着平等互利的原则　各方当事人的法律地位是平等的。《中华人民共和国合同法》第三条规定“合同当事人的法律地位平等，一方不得将自己的意志强加给另一方”。在合同关系中，当事人无论是法人还是公民，无论其地位高低，抑或是上下级关系的机关，其法律地位是平等的，任何一方不得把自己的意愿强加于他方，否则，合同无效。合同的这一法律特征，反映了合同主体在法律上的平等原则，从而使合同内容尽可能体现双方当事人的意志和经济利益。

（二）合同的种类

依不同的标准，合同有多种分类方法。

按照订立方式，可以分为书面形式、口头形式和其他形式。依照法律规定，书面形式是指合同书、信件和数据电文（包括电报、电传、传真、电子数据交换和电子邮件）等可以有形地表现所载内容的形式；凡法律、行政法规规定采用书面形式的，应当采用书面形式。

按照时效，可以分为长期合同、中期合同和短期合同。

按照写作形式，可以分为表格式合同、条款式合同。

按照合同的法律特征，可以有很多的分类方法，以下仅举数例：

根据合同的成立是否以交付标的物为要件，可将合同分为诺成合同与实践合同。诺成合同，又叫不要物合同，是指当事人意思表示一致即可成立的合同。实践合同，又称要物合同，是指除当事人意思表示一致外，还须交付标的物方能成立的合同。

根据当事人取得权利是否以偿付为代价，可以将合同分为有偿合同与无偿合同。有偿合同，是指当事人一方只享有合同权利而不偿付任何代价的合同。有些合同只能是有偿的，如买卖、互易、租赁等合同；有些合同只能是无偿的，如赠与等合同；有些合同既可以是有偿的也可以是无偿的，由当事人协商确定，如委托、保管等合同。商务合同都是有偿合同，单务合同原则上为无偿合同，但也有例外，如有息贷款合同既是单务合同也是有偿合同。

根据合同的成立是否需要特定的形式，可将合同分为要式合同与不要式合同。要式合同，是指法律要求必须具备一定的形式和手续的合同。不要式合同，是指法律不要求必须具备一定形式和手续的合同。

根据两个合同间的主从关系，合同可分为主合同和从合同。主合同是不依赖他合同而能独立存在的合同，从合同则是以他合同的存在为存在前提的合同。如为担保借款合同而订立抵押合同，借款合同是主合同，抵押合同则是从合同。主合同的存在决定从合同存在，主合同消灭，从合同也随之消灭。

根据法律上有无规定一定的名称可分为有名合同和无名合同。有名合同是指法律上已确定了一定名称的合同,合同法分则所列合同皆为有名合同;无名合同是指有名合同之外的,尚未由立法统一确定名称的合同。无名合同如经法律确认或在形成统一的交易习惯后,可转化为有名合同。

比较常见的是按照权利和义务关系的类型来分类,《中华人民共和国合同法》按这一标准将常见的合同分为买卖合同,供用电、水、气、热力合同,赠与合同,借款合同,租赁合同,融资租赁合同,承揽合同,建设工程合同,运输合同,技术合同,保管合同,仓储合同,委托合同,行纪合同,居间合同等15种类型。

具体规定如下:

买卖合同是出卖人转移标的物的所有权于买受人,买受人支付价款的合同。

供用电合同是供电人向用电人供电,用电人支付电费的合同。

赠与合同是赠与人将自己的财产无偿给予受赠人,受赠人表示接受赠与的合同。

借款合同是借款人向贷款人借款,到期返还借款并支付利息的合同。

租赁合同是出租人将租赁物交付承租人使用、收益,承租人支付租金的合同。

融资租赁合同是出租人根据承租人对出卖人、租赁物的选择,向出卖人购买租赁物,提供给承租人使用,承租人支付租金的合同。

承揽合同是承揽人按照定做人的要求完成工作,交付工作成果,定做人给付报酬的合同。

建设工程合同是承包人进行工程建设,发包人支付价款的合同。

运输合同是承运人将旅客或者货物从起运地点运输到约定地点,旅客、托运人或者收货人支付票款或者运输费用的合同。

保管合同是保管人保管寄存人交付的保管物,并返还该物的合同。

仓储合同是保管人储存存货人交付的仓储物,存货人支付仓储费的合同。

委托合同是委托人和受托人约定,由受托人处理委托人事务的合同。

行纪合同是行纪人以自己的名义为委托人从事贸易活动,委托人支付报酬的合同。

居间合同是居间人向委托人报告订立合同的机会或者提供订立合同的媒介服务,委托人支付报酬的合同。

四、合同的写作要求

(一)符合法律规范,在法律许可的框架内写作

合同的订立必须按照法律办事,必须符合国家的方针政策,任何单位和个人不得利用合同进行违法活动,扰乱经济秩序,破坏国家计划,损害国家利益和社会公共利益,牟取非法收入。不合法规的合同是无效合同,不受法律保护。依照法律规

定，有下列情形之一的，合同无效：①一方以欺诈、胁迫的手段订立合同，损害国家利益；②恶意串通，损害国家、集体或者第三人利益；③以合法形式掩盖非法目的；④损害社会公共利益；⑤违反法律、行政法规的强制性规定。

（二）内容要具体

合同的内容虽由当事人约定，但法律也规定以下条款：①当事人的名称或者姓名和住所；②标的；③数量；④质量；⑤价款或者报酬；⑥履行期限、地点和方式；⑦违约责任；⑧解决争议的方法。

项目要完整，如果需要，可以另加附件。合同的附件是合同的一部分。合同的结尾必须写明附件的名称、件数，并附上附件，以保持合同的完整性。

（三）表达要准确

合同必须准确地表达各方当事人的真实意愿，否则便不能实现经济活动的目的。因此，合同写作同样要求高超的表达能力，扎实的文字功底。同时也要求写作时不能有半点马虎，必须再三斟酌词句，仔细校对文稿。稍有差错，便要承担经济责任，严重的甚至可能担负刑事责任。要写得明确、具体，概念准确，条款清楚，不能措辞不当，句不达意，模棱两可，含混不清。不打印的，须用毛笔、钢笔书写，字迹要工整。标点符号要使用正确，不得引起歧义或误解。避免出现错别字，关键的概念、表述之处绝对不能有错。表示货款和物品的数目字除了阿拉伯数字外还要汉字大写。

例文：

1. 浙江某皮件厂向内蒙古一家皮货收购站购买一大批优质羊皮，签订购销合同时，在质量栏内写着“四平方尺以上、有剪刀斑的不要”，原意是羊皮大小在四平方尺以上，以下的不要；而且羊皮不能带剪刀斑。最后供方发来的羊皮虽然没有剪刀斑，但却都是四平方尺以下的碎羊皮，与大块羊皮总价相差十几万元。后需方起诉结果还是败诉，败诉的原因是“四平方尺以上”后用的是顿号，把两句话连接成一个短语作为描述羊皮质量的定语，意思可以理解为“不要既有四平方尺以上又有剪刀斑的羊皮”，因而，只要不是既有四平方尺以上又有剪刀斑的羊皮都要。报刊媒体以“误用一个标点，损失十万元”为题进行报道。

2. 某物资公司与广州一进出口公司签订一份金额达 500 万元的购销合同，购买一批紧俏进口木材。由物资公司交付进出口公司 200 万元作为保证合同履行的定金，进出口公司如违约就得加倍返还定金。结果进出口公司不按合同规定交货，把货卖给另一家愿出高价的公司了。物资公司没有得到货，生意泡汤了损失不小，但一想到可以拿回自己付出的 200 万定金外，还能得到另外加倍返还的 200 万元，也觉得划算。然而，当他们向广州方面要钱时，对方却声明只退还 200 万元订金。原来物资公司签约时马虎大意，将“定金”写成“订金”，后虽诉诸法院，因为预付款性质的"订金"毕竟不同于起担保作用的"定金"，物资公司到底没得到另外200万元的违约金。

五、合同的写法

合同的格式，主要有表格式和条款式两种：一是表格式合同，即把协商同意的内容逐项填入事先印制好的表格中。它一般用于一方同意另一方的条件而达成的协定。二是条款式是合同，即把双方达成的协定列成几条，写入合同。无论是表格式，还是条款式，它们的写法基本相同，主要有以下几方面内容：

1. 标题　要明确写明是什么性质的合同。如"借款合同"，"租赁合同"等。

2. 立合同的双方　写明立合同者的单位名称，代表人姓名。为了行文方便，规定某方为"甲方"，另一方为"乙方"。如有第三方，则可简称为"丙方"。

3. 正文　这是合同的最主要部分。它用条款或者表格写出双方的合同内容。条款式合同必须写明双方所议定的事项，写明甲乙双方所承担的义务和应享受的权利，互相替对方做什么事情，共同做什么事情，做到什么程度，何时完成，等等。表格式的要按照表中所列项目，协商填写。在经济交往的合同中，它的正文都应具备以下主要条款：标的；数量；质量；价款或者报酬；履行期限、地点和方式；违约责任；解决争议的方法。

4. 结尾　一般要写明本合同一式几份，由谁保管。注明合同的附件、合同的有效期限。最后是订立合同的双方签名盖章，填写上签订日期。如有工商行政管理部门或双方主管部门作监订的，也应签署单位名称、代表人姓名等。

例文：

杭州市商品房买卖合同标准文本

商品房买卖合同(合同编号：)

合同双方当事人：

出卖人：________________

注册地址：________________

营业执照注册号：________________

企业资质证书号：________________

法定代表人：________________ 联系电话：________________

邮政编码：________________

委托代理人：________________ 地址：________________

邮政编码：________________ 联系电话：________________

委托代理机构：________________

注册地址：______________________________
营业执照注册号：______________________________
法定代表人：______________联系电话：______________
邮政编码：______________________________
买受人：______________________________
【本人】【法定代表人】姓名：______________国籍______________
【身份证】【护照】【营业执照注册号】______________
地址：______________________________
邮政编码：______________联系电话：______________
【委托代理人】姓名：______________国籍：______________
地址：______________________________
邮政编码：______________电话：______________

根据《中华人民共和国合同法》、《中华人民共和国城市房地产管理法》及其他有关法律、法规之规定，买受人和出卖人在平等、自愿、协商一致的基础上就买卖商品房达成如下协议：

第一条　项目建设依据

出卖人以______________方式取得位于______________、编号为______________的地块的土地使用权。【土地使用权出让合同号】【土地使用权划拨批准文件号】【划拨土地使用权转让批准文件号】为______________________________。

该地块土地面积为______________，规划用途为______________，土地使用年限自______________年______________月______________日至______________年______________月______________日。

出卖人经批准，在上述地块上建设商品房，【现定名】【暂定名】______________。建设工程规划许可证号为______________，施工许可证号为______________。

第二条　商品房销售依据

买受人购买的商品房为【现房】【预售商品房】。预售商品房批准机关为______________，商品房预售许可证号为______________。

第三条　买受人所购商品房的基本情况

买受人购买的商品房(以下简称该商品房，其房屋平面图见本合同附件一，房号以附件一上表示为准)为本合同第一条规定的项目中的：

第______________【幢】【座】______________【单元】【层】______________号房。

该商品房的用途为__________，属__________结构，层高为__________，建筑层数地上__________层，地下__________层。

该商品房阳台是【封闭式】【非封闭式】。

该商品房【合同约定】【产权登记】建筑面积共__________平方米，其中，套内建筑面积__________平方米，公共部位与公用房屋分摊建筑面积__________平方米（有关公共部位与公用房屋分摊建筑面积构成说明见附件二）。

____。

第四条　计价方式与价款

出卖人与买受人约定按下述第__________种方式计算该商品房价款：

1. 按建筑面积计算，该商品房单价为（__________币）每平方米__________元，总金额（__________币）__________千__________百__________拾__________万__________千__________百__________拾__________元整。

2. 按套内建筑面积计算，该商品房单价为（__________币）每平方米__________元，总金额（__________币）__________千__________百__________拾__________万__________千__________百__________拾__________元整。

3. 按套（单元）计算，该商品房总价款为（__________币）__________千__________百__________拾__________万__________千__________百__________拾__________元整。

4. ____。

第五条　面积确认及面积差异处理

根据当事人选择的计价方式，本条规定以【建筑面积】【套内建筑面积】（本条款中均简称面积）为依据进行面积确认及面积差异处理。

当事人选择按套计价的，不适用本条约定。

合同约定面积与产权登记面积有差异的，以产权登记面积为准。

商品房交付后，产权登记面积与合同约定面积发生差异，双方同意按第__________种方式进行处理：

1. 双方自行约定：

(1)____；

(2)____；

(3)____；

(4)____。

2.双方同意按以下原则处理：

(1)面积误差比绝对值在3%以内(含3%)的，据实结算房价款；

(2)面积误差比绝对值超出3%时，买受人有权退房。

买受人退房的，出卖人在买受人提出退房之日起30天内将买受人已付款退还给买受人，并按________________利率付给利息。

买受人不退房的，产权登记面积大于合同约定面积时，面积误差比在3%以内(含3%)部分的房价款由买受人补足；超出3%部分的房价款由出卖人承担，产权归买受人。产权登记面积小于合同登记面积时，面积误差比绝对值在3%以内(含3%)部分的房价款由出卖人返还买受人；绝对值超出3%部分的房价款由出卖人双倍返还买受人。

产权登记面积－合同约定面积

面积误差比＝________________×100%

合同约定面积

因设计变更造成面积差异，双方不解除合同的，应当签署补充协议。

第六条　付款方式及期限

买受人按下列第________________种方式按期付款：

1.一次性付款______________________________________。

2.分期付款_______________________________________。

3.其他方式_______________________________________。

第七条　买受人逾期付款的违约责任

买受人如未按本合同规定的时间付款，按下列第________种方式处理：

1.按逾期时间，分别处理(不作累加)

(1)逾期在________________日之内，自本合同规定的应付款期限之第二天起至实际全额支付应付款之日止，买受人按日向出卖人支付逾期应付款万分之________________的违约金，合同继续履行；

(2)逾期超过________________日后，出卖人有权解除合同。出卖人解除合同的，买受人按累计应付款的________________%向出卖人支付违约金。买受人愿意继续履行合同的，经出卖人同意，合同继续履行，自本合同规定的应付款期限之第二天起至实际全额支付应付款之日止，买受人按日向出卖人支付逾期应付款万分之________________(该比率应不小于第(1)项中的比率)的违约金。

本条中的逾期应付款指依照本合同第六条规定的到期应付款与该期实际已付款的差额；采取分期付款的，按相应的分期应付款与该期的实际已付款的差额确定。

2. ____

____。

第八条 交付期限

出卖人应当在__________年__________月__________日前，依照国家和地方人民政府的有关规定，将具备下列第______________种条件，并符合本合同约定的商品房交付买受人使用：

1. 该商品房经验收合格。

2. 该商品房经综合验收合格。

3. 该商品房经分期综合验收合格。

4. 该商品房取得商品住宅交付使用批准文件。

5. ____。

但如遇下列特殊原因，除双方协商同意解除合同或变更合同外，出卖人可据实予以延期：

1. 遭遇不可抗力，且出卖人在发生之日起________日内告知买受人的；

2. ____；

3. ____。

第九条 出卖人逾期交房的违约责任

除本合同第八条规定的特殊情况外，出卖人如未按本合同规定的期限将该商品房交付买受人使用，按下列第______________种方式处理：

1. 按逾期时间，分别处理（不作累加）

(1)逾期不超过______________日，自本合同第八条规定的最后交付期限的第二天起至实际交付之日止，出卖人按日向买受人支付已交付房价款万分之______________的违约金，合同继续履行；

(2)逾期超过__________日后，买受人有权解除合同。买受人解除合同的，出卖人应当自买受人解除合同通知到达之日起__________天内退还全部已付款，并按买受人累计已付款的__________%向买受人支付违约金。买受人要求继续履行合同的，合同继续履行，自本合同第八条规定的最后交付期限的第二天起至实际交付之日止，出卖人按日向买受人支付已交付房价款万分之__________（该比率应不小于第(1)项中的比率）的违约金。

2. ____。

第十条 规划、设计变更的约定

经规划部门批准的规划变更、设计单位同意的设计变更导致下列影响到买受人所购商品房质量或使用功能的，出卖人应当在有关部门批准同意之日起 10 日内，书面通知买受人：

(1)该商品房结构形式、户型、空间尺寸、朝向；

(2)______________________________；

(3)______________________________；

(4)______________________________；

(5)______________________________；

(6)______________________________；

(7)______________________________。

买受人有权在通知到达之日起15日内做出是否退房的书面答复。买受人在通知到达之日起15日内未作书面答复的，视同接受变更。出卖人未在规定时限内通知买受人的，买受人有权退房。

买受人退房的，出卖人须在买受人提出退房要求之日起__________天内将买受人已付款退还给买受人，并按__________利率付给利息。买受人不退房的，应当与出卖人另行签订补充协议。______________________________
______________________________。

第十一条　交接

商品房达到交付使用条件后，出卖人应当书面通知买受人办理交付手续。双方进行验收交接时，出卖人应当出示本合同第八条规定的证明文件，并签署房屋交接单。所购商品房为住宅的，出卖人还需提供《住宅质量保证书》和《住宅使用说明书》。出卖人不出示证明文件或出示证明文件不齐全，买受人有权拒绝交接，由此产生的延期交房责任由出卖人承担。

由于买受人原因，未能按期交付的，双方同意按以下方式处理：__________。

第十二条　出卖人保证销售的商品房没有产权纠纷和债权债务纠纷因出卖人原因，造成该商品房不能办理产权登记或发生债权债务纠纷的，由出卖人承担全部责任。______________________________。

第十三条　出卖人关于装饰、设备标准承诺的违约责任

出卖人交付使用的商品房的装饰、设备标准应符合双方约定(附件三)的标准。达不到约定标准的，买受人有权要求出卖人按照下述第________种方式处理：

1.出卖人赔偿双倍的装饰、设备差价。

2.______________________________。

3.______________________________。

第十四条　出卖人关于基础设施、公共配套建筑正常运行的承诺

出卖人承诺与该商品房正常使用直接关联的下列基础设施、公共配套建筑按以下日期达到使用条件：

1.______________________________；

2.______________________________；

3. ____；

4. ____；

5. ____。

如果在规定日期内未达到使用条件，双方同意按以下方式处理：

1. ____；

2. ____；

3. ____。

第十五条　关于产权登记的约定

出卖人应当在商品房交付使用后________日内，将办理权属登记需由出卖人提供的资料报产权登记机关备案。如因出卖人的责任，买受人不能在规定期限内取得房地产权属证书的，双方同意按下列第________项处理：

1. 买受人退房，出卖人在买受人提出退房要求之日起________日内将买受人已付房价款退还给买受人，并按已付房价款的________%赔偿买受人损失。

2. 买受人不退房，出卖人按已付房价款的________%向买受人支付违约金。

3. ____。

第十六条　保修责任

买受人购买的商品房为商品住宅的，《住宅质量保证书》作为本合同的附件。出卖人自商品住宅交付使用之日起，按照《住宅质量保证书》承诺的内容承担相应的保修责任。

买受人购买的商品房为非商品住宅的，双方应当以合同附件的形式详细约定保修范围、保修期限和保修责任等内容。

在商品房保修范围和保修期限内发生质量问题，出卖人应当履行保修义务。因不可抗力或者非出卖人原因造成的损坏，出卖人不承担责任，但可协助维修，维修费用由购买人承担。________________________________。

第十七条　双方可以就下列事项约定：

1. 该商品房所在楼宇的屋面使用权________________________；

2. 该商品房所在楼宇的外墙面使用权________________________；

3. 该商品房所在楼宇的命名权________________________；

4. 该商品房所在小区的命名权________________________；

第十八条　买受人的房屋仅作________________________使用，买受人使用期间不得擅自改变该商品房的建筑主体结构、承重结构和用途。除本合同及其附件另有规定者外，买受人在使用期间有权与其他权利人共同享用与该商品房有关联的公共部位和设施，并按占地和公共部位与公用房屋分摊面积承担义务。

出卖人不得擅自改变与该商品房有关联的公共部位和设施的使用性质。___。

第十九条　本合同在履行过程中发生的争议，由双方当事人协商解决；协商不成的，按下述第______________种方式解决：1. 提交______________仲裁委员会仲裁。

2. 依法向人民法院起诉。

第二十条　本合同未尽事项，可由双方约定后签订补充协议（附件四）。

第二十一条　合同附件与本合同具有同等法律效力。本合同及其附件内，空格部分填写的文字与印刷文字具有同等效力。

第二十二条　本合同连同附件共____________页，一式____________份，具有同等法律效力，合同持有情况如下：

出卖人________份，买受人________份，________份，________份。

第二十三条　本合同自双方签订之日起生效。

第二十四条　商品房预售的，自本合同生效之日起 30 天内，由出卖人向____________________申请登记备案。

出卖人（签章）：　　　　　　　　买受人（签章）：

【法定代表人】：　　　　　　　　【法定代表人】：

【委托代理人】：　　　　　　　　【委托代理人】：

（签章）　　　　　　　　　　　　（签章）

______年______月______日　　　　______年______月______日

签于　　　　　　　　　　　　　　签于

（商品房买卖合同内容由建设部提供）

附件一：房屋平面图

附件二：公共部位与公用房屋分摊建筑面积构成说明

附件三：装饰、设备标准

1. 外墙：

2. 内墙：

3. 顶棚：

4. 地面：

5. 门窗：

6. 厨房：

7. 卫生间：

8. 阳台：

9. 电梯：

10. 其他：

附件四：合同补充协议

第三节　商品说明书

一、商品说明书的含义

说明书是一种以说明为主要表达方式的文体，其主要功能在于向读者介绍某种事物，帮助读者了解关于该事物的有关情况或知识。说明书范围很广，包括科技说明书、艺术设计说明书等关于具体事物的说明书，也包括岗位说明书、招股说明书等关于抽象事物的说明书。而在经济文书写作领域内，最主要的说明书就是商品说明书。

顾名思义，商品说明书就是关于商品的说明书。一个产品，不管是物质产品还是精神产品，最终目的都是要投放市场，成为商品。消费者购买商品，享受其使用价值，就必须对该商品有足够的了解。商品说明书就是要向消费者提供有关商品的知识和情况，包括用途、原理、构造、性能、使用和保养方法等。

二、商品说明书的作用

1.指导作用　即指导消费者了解商品的用途、原理、构造、性能、使用和保养方法等有关知识和情况，使消费者有效、安全地享受商品的使用价值。

2.广告作用　商品说明书的受众就是广大消费者，它无疑可以成为联系商家（厂家）与消费者之间的桥梁，也是商家（厂家）留给消费者的一张名片。因此，商品说明书同时也具有宣传商品、扩大销售的重要作用。

3.资料作用　商品说明书往往必须提供大量的数据，这些数据必须是真实有效的，因而，商品说明书同时也是很好的技术资料，可供选型设计、开发新产品时参考。

4.法律作用　第一，商品的生产经营者除了执行国家强制性标准（默示担保）外，依照法律还具有明示担保义务。生产经营者可以以商品说明书向消费者约定该商品应有的质量、性能，来承担法律要求生产经营者做出的明示担保义务。这也是商家对消费者的一种承诺，意味着必须保证提供的商品与此约定的内容保持一致，否则，消费者有权要求降价、退货、赔偿损失，也就是说商品的生产经营者必须承担相应的法律责任。第二，消费者如果未按商品说明书使用，因此所造成的损失，其法律责任一般由消费者自负。例如某人未按使用说明书安装燃气热水器，导致使用热水器洗浴时通风不良，缺氧而致其煤气中毒，为此花费巨额医疗费，尽管消费者有损害事实，但由于原因在于消费者自己违反商品说明书，厂家对此不承担赔偿责任。

三、商品说明书的特点和种类

从文体的角度看，商品说明书主要有以下特点：

1.科学性　具体说，就是内容没有违反科学原理，数据真实有效，描述客观有据。违反科学性的说明书绝不是好说明书。如某医疗产品说明书声称用一根所谓的纳米材料松紧带绑住中指就可以治疗近视，这就是不科学的；某款汽车的说明书写明，百公里耗油仅5升，权威部门测试油耗却高达11升，这就是数据失实；某品牌电视机说明书这样写："采用国际时尚外观设计，高档进口材质外壳，颜色艳丽，画面清晰细腻"，而实际却非常一般，这就是描述不客观。

2.程序性　商品说明书要把相关情况和知识介绍给消费者，必须说明有序、有条理。

3.通俗性　商品说明书的受众是千差万别的，文化程度有高低，阅读理解能力有高低；另一方面，对于特定商品而言，消费者中总是以缺少有关该产品的专业知识的人居多。这就要求商品说明书务必写得通俗易懂。

商品说明书的分类方法很多。由于商品本身就是多种多样的，商品说明书的分类也就很难做到尽善尽美。一个简单的办法就是，依照商品可以分为物质产品和精神产品，把商品说明书也分物质产品说明书和精神产品说明书两类。

物质产品说明书注意写清楚产品的形状、结构、功能、材料、工艺、用法、注意事项等。精神产品说明书主要包括美术作品、音乐作品、文学作品的说明书，往往涉及一定的专业知识，写作时更要注意其通俗性。

四、商品说明书的写作要求

商品说明书在写作要求上与一般说明文没有太大差别。基本要求在于内容全面、通俗易懂、语言规范。特别要注意以下方面。

(一)宜全不宜简

尽量把说明书写全面，不厌其烦，特别是事关安全方面的提醒告知，应该越全面越好。西方国家法律对厂家的安全告知义务规定得很严格，所以一些非常简单的产品的说明书都有可能很长，甚至出现一些我们认为是可笑的句子。如下列产品说明书中的一些有意思的句子：

熨斗——穿在身上的衣服不要烫。

安眠药——注意！该药可能会导致疲倦。

婴儿车——折叠幼儿车前，先把婴儿抱出来。

三爪鱼钩——如果吞咽，可能会造成伤害。

打印墨盒——不得食用。

洗碗机——不要让孩子在洗碗机内玩耍。

生日蜡烛——该产品上的蜂蜜不得用于耳塞或其他用途，不得插入身体的任何部位。

搅拌器——在该机器工作时不要触摸里面的食物。

这些句子貌似废话，但如果想到它们有可能使消费者免于事故，就会体会到它们存在的必要。

（二）宜俗不宜专

很多商品都涉及复杂的专业知识，说明书必须将这些专业知识转化为人人都能懂得的语言，加以介绍。而不是满纸术语、让人犹读天书。另外，也要尽量从方便理解的原则来选择合适的表述方式。某药品服用说明写道："每板 8 粒药片，共含某某药 1 克；一天分三次服用，每次剂量为 0.25 克"。面对这样的说明书，病人得经过两次计算才知道每顿吃几颗药：先用 1 除以 8，算出每颗药为 0.125 克；再用 0.25 除以 0.125，算出一顿吃两颗药。这就远不如直接写上："一天分三次服用，每次服用 2 颗"方便理解。

五、商品说明书的写法

商品说明书依据其具体内容还可细分，物质产品说明书可以分为产品说明、使用说明、食用（服用）说明、安装说明等；精神产品说明可以分为内容介绍、作品介绍等类别。两者写法基本一致。

商品说明书一般都要由标题、目录与前言、正文、尾部等几个部分组成。内容复杂的说明书，可印成折页、书本等样式，因而还可能有目录、前言等部分。

1. 标题　可以直接用"说明书"作标题，也可以把商品名称写出来，称为某某说明书，如"微波炉说明书"。单页的说明书，标题放在第一行居中。做成折页、书本的说明书，标题放在封面。

2. 目录与前言　单页的说明书不必有目录、前言。书本形式的说明书则因为内容较多往往有一段概述商品的文字成为说明书的前言。

3. 正文　这是商品说明书的主要部分。一般是对商品的性能、规格、使用和注意事项进行具体的说明。这一部分一定要注意条理，如果是安装说明则要将安装程序写清楚。

4. 尾部　为方便用户联系，一般在正文后面注明厂名、厂址、电话号码、网址、邮箱号码等。书本形式的说明书则可将这些内容放在封底。

例文：

××饮水机快速杀菌消毒器使用说明书

一、功能简介

该消毒器采用先进的臭氧产生技术对饮水机内的细菌进行快速杀菌消毒。

二、使用方法

1. 先把消毒机放置在高于饮水机水龙头20～30厘米的位置！以防水倒灌进消毒机(由此原因引起的烧机不在保修范围)！

2. 取下饮水机的水瓶，彻底排干饮水机内余水，清洗进水口，用干净毛巾擦干饮水机外表，装上干净空瓶。

3. 将消毒器两硅胶接口与饮水机出水口对接上，打开饮水机笼头，选择工作时间，每次5～10分钟，此数据仅作参考。

4. 接通电源，打开开关，向右侧旋转定时器，则消毒器开始工作。

5. 消毒完毕则该仪器会自动停止，拔掉电源和硅胶接口，收好电源线，关上仪器箱上锁，并关上饮水机笼头。

6. 拔掉饮水机空瓶，装上桶装水，从两个出水口各放出约500毫升水倒掉，则机内纯净水可饮用。

三、本仪器适用180～250V电压，频率50Hz。

四、常见故障

1. 通电后不工作，请检查保险管，臭氧发生器。

2. 无臭氧，请检查机器是否进水。

五、购机及维修服务请与当地代理商联系。

六、保修18个月！超长保修信心保证！

电话：×××××××××传真：×××××××××

××水处理有限公司广州销售公司

延伸阅读：

雾里的商品说明书

石洪涛

说明书说而不明的事，本刊已刊登过几次了。这篇小文章，从一些现象入手，提出了个大问题：写说明书是一门学问，是推销大战略的一个组成部分。说明书不被厂家、商家所重视，反映了我们的一些企业为用户考虑得还不那么周到，更不要说体贴入微了。一位某大商场卖空调的经理，竟不知空调制冷、制热还有工作温度范围，也不看说明书，或者说只看操作而不看警示说明。我实在想不出，他是怎么推销商品的。

玩具说明书——该说的偏偏说不清

现在的孩子比上一代人要幸福得多。不说别的，就是玩具的种类和花样也比过去多得多。过去，孩子们的玩具都是操作方便，式样简单的风筝、沙包、玻璃球等，对包装安全警示等说明的要求自然不高。而现在，新材料、新技术、新工艺不断被应用于玩具的设计和制造，玩具的复杂化必然带来许多使用上的问题。但应附加在玩具产品上的相应的使用说明及安全忠告却没有得到生产销售商的足够重视。北京儿童医院统计数字表明，该院每年因玩具对儿童造成伤害的病例中，有些是出于设计和制造工艺的缺陷，而有些则是因为使用不正确或不恰当造成的。

1998年1月1日，有关部门颁布实施了《玩具使用说明国家标准》，规定了玩具使用说明的12个方面的内容，如产品名称，产品型号，适用年龄范围，安全警示等，应在特别醒目处加印或粘贴警示标识及说明。然而玩具市场的情况又如何呢？记者于近日走访了京城部分商家，发现实际情况却和规定相差甚远。在某购物中心的玩具部，记者随便查看了几件玩具，大部分在标识上没有厂名、厂址和产品合格证，更缺乏相关使用说明书及安全警示标识。

据介绍，在国外，如英国，除纸类玩具外，各商业场所出售的儿童玩具均须贴有“CE”(安全标志)，并附带内容详尽的使用说明书。否则一经查出，就要禁止陈列和出售，严重者还要追究法律责任。

家电说明书——简单的事复杂着说

家住阜成门的王先生买了一台微波炉，虽然货很平常，但说明书却给了厚厚一本。因为是头一次摆弄现代化的厨具，所以尽管烹调指南达七八十页，但王先生还是耐着性子读了大半夜。本以为自己已经读懂了说明书，但实际做起来却是另外一回事。左鼓捣右琢磨地操作了几次，炉子就是没反映。不得不抄起电话向使用此种炉子的同事请教，两分钟交谈后，炉子就顺利地工作了。后来才知道该同事根本就没有看那烦琐的说明书，硬是跑回商店向售货员请教了几句方得其解的。

最近，张女士去买照相机，当售货员笑吟吟地告诉她“回家仔细看明白说明书再用”时，张立刻接住话茬儿：“别等回家看说明了，这说明书上一个汉字儿也没有，我总不能因为买一个照相机就去上个英语班吧？您就在这说几句，比划比划就比说明书明白！”

药品说明书——性命攸关偏偏看不懂

如果说有些商品说明书看不懂还没有什么大问题的话，那么药品说明书看不懂就可能误事，弄不好还有生命危险。正因为如此，人们希望药品说明书能够简单易懂，可时下不少患者临到吃药时才发现，有的药品说明书实在是太“深奥”了，简直让人不知如何服用才算合适。

前不久，消费者李女士的儿子半夜发烧，需要吃一些消炎的药物。找到一盒药，可到底该给儿子吃多少却犯了愁——药品说明书指出每片含有效成分0.125克，每公斤体重服30～50mg，孩子有病本来就着急，费了好半天工夫也没弄清到底儿子应该服用几分之几片，万般无奈下，只得出门再去药店买药。

无独有偶，前些天，一位邻居吃的一种镇定药物上标注每次服8mg，可却单单没有说明每片的剂量，邻居错以为“mg”就是“片”的意思，一下子就吃了8片，不到一小时就出现了头晕眼花的中毒症状，幸亏及时送到医院进行抢救，否则将遗恨终生。

点滴小问题，推销大战略

按照中国人的传统观念，买了一件商品，没有说明书，或者有说明书却看不懂，这样的琐事只配作茶余饭后的谈资，不值得大做文章。然而，正是由于许多消费者头脑中存在着这种观念，进而影响到商品生产厂家对说明书这一问题没有给予充分的重视。

有的厂商会说，消费者花钱买的是商品，不是说明书，所以只要产品质量过硬，就不愁没有销路。其实商家恰恰忽视了这个问题，作为商品推销术的一个组成部分——写好说明书对于扩大销路具有重大意义。

说明书写得那么烦琐、晦涩、文理不通、不明不白，这不仅说明写说明书的人的文字水平差，更重要的是反映了消费者的方便还没有成为商家考虑的问题。也就是说，这些商家还没有从根本上意识到，消费者的认同是企业的发展之本，服务于消费者就等于服务于自己。一位朋友在国外买了台功能甚多的傻瓜相机，说明书上自然没有中文。但他照样用得得心应手，他虽不懂英文，但是会“按图索骥”——对着图就学会了操作。国外的许多厂商，几乎都把写好说明书当作一门学问。不必说那些与人们生活密切相关的日用商品，即使是重要的科技设备，说明书也往往写的又简明，又通俗，图文并茂，趣味盎然。

记得有位著名企业家的经营之道里就有一条：“凡是说明书需要消费者读两遍才能看懂的，产品就不许出厂。”这似乎有点极而言之。但是，如果略加修改，“凡说明书说不明白，或需要消费者四处求教才能明白的，产品就没资格上市”，总不算要求苛刻吧！

（原载《中国质量万里行》2000年第五期）

第四节　广　告

一、广告的含义

所谓广告，从汉语的字面意义理解，就是“广而告之”，即把特定的信息传递给社会大众。我国1990年出版的《辞海》给广告下的定义是“向公众介绍商品，报道服务内容或文娱节目等的一种宣传方式，一般通过报刊、电台、电视台、招贴、电影、幻灯、橱窗布置、商品陈列的形式来进行”。将广告定义为一种宣传方式，还是非常切合实际的。

广告的宣传方式是多种多样的，写作即是其中的非常重要的一种。从写作的角度考察广告，要注意区分如下概念：广告文、文字广告、广告文案、广告文书。

广告文，是一种向受众宣传产品或企业形象，或者是公益观念的文体，可以单独成为一则广告，也可以成为综合广告（综合图像、声音、文字多种媒介）的一部分。

文字广告，是从广告手段、载体角度来划分广告类别所形成的一个广告门类。与之相对的有图片广告、图像广告等。

广告文案，是广告制作准备阶段使用的各种文书的总称，包括广告市场调查报告、广告策划书、广告媒体策划书、广告预算书、广告剧本等。

广告文书，则是包括含广告文案在内的各种用于广告领域的一切文书的总称。

显然，本章所提及之广告，即为上述概念之广告文。精确一点说，即经济广告文。因为除了经济（商业）广告之外尚有公益广告，而公益广告不在经济领域之内，不属于经济文书写作的范畴。

二、广告的作用

广告在现代经济社会有着十分重要的作用。

1. 信息传递作用　广告是一种宣传方式，最直接的宣传目的就是传递信息，特别是传递供求信息。厂家商家通过广告把供货信息传递给了消费者，消费者通过广告来了解货源情况。此外，也有逆向传递的，如一些急需某种设备或原材料的单位，也通过刊登广告主动寻找货源。这样，供需双方的信息交流大大促进了商品交易的完成。

另外，广告能较好地传递有关产品、服务和企业自身状况的信息。通过广告可以全面介绍产品的性能、质量、用途、维修安装等，并且消除他们的疑虑，消除他们由于维修、保养、安装等问题而产生的后顾之忧，从而产生购买欲望。也可以告诉消费者企业自身的状况，通过广告塑造正面的企业形象。

2. 激发消费作用 消费者对某一产品的需求，往往是一种潜在的需求，这种潜在的需要与现实的购买行动，有时是矛盾的。广告造成的视觉、感觉映象以及诱导往往会勾起消费者的现实购买欲望。当然，广告激发消费的过程并非一步完成，而是逐渐达成的，一般有四个阶段：

知晓：使可能的顾客先知道这个品牌或公司的存在。

理解：使他们知道这个产品是什么以及有什么用。

确信：使他们在心态上倾向于买这个产品。

行动：最后，促成他们的购买行动。

广告的作用就是改变消费者头脑中的印象，使其倾向于购买某个产品。

3. 促进新产品、新技术的发展 广告宣传产品与技术，本意当然是扩大销售，但同时也必然把新产品、新技术介绍给了社会大众，引起社会有关部门、其他企业的研究仿效，客观上起到了推广新产品、新技术，促进新产品、新技术发展的作用。

三、广告的特点

(一)语言具备高度感染力

广告文不同于一般的文学作品，不具备让人主动阅读的功能，因此，为吸引消费者注意，广告文就必须具有特殊的感染力，能在瞬间引起读者注意，且能吸引人从头读到尾。

广告的最终目的是促成消费者的购买行为。影响的对象既包括显在购买者和潜在购买者，也包括首次购买者和习惯购买者。不管是推动消费者哪一种类型的购买，广告文在语言上都应该有强烈的号召力，才能促成消费者购买行为的实现，提高指名购买率，增加再消费购买行为。

(二)运用包含社会主流价值取向与情感追求的主题淡化推销动机

无疑，广告的终极目的就是将商品推销出去。早期的广告几乎不掩饰其推销动机。但现代广告逐渐呈现一种淡化推销动机的趋势与特征。广告是一篇文章，当然应该有包含社会主流价值取向与情感追求的主题，这样才能打动消费者。所以在推销商品的广告上我们照样能读到对真善美的歌颂，对人伦道德的赞美。

如凯迪拉克 ESCALADE 汽车的广告“最高的那座山在哪里？在你心里。全新凯迪拉克 ESCALADE 凯雷德，尊崇中透射意志与雄心。全铝 V8VVT 发动机……”在这则广告中，对意志与雄心的赞美盖过了卖车的吆喝。但消费者在阅读之后，分明能感受到，这车正是实现雄心壮志的最好载体，淡化推销动机，却更好地实现了推销目的。

(三)没有固定的格式、结构模式，灵活多变

广告文与严谨的行政公文不同，与一般形成强大传统定势的其他文体也不同，

它没有固定的格式。相反，为了更好地吸引眼球，广告力求与众不同，所以往往在格式上随意而富有创新，一切以视觉冲击力、语言冲击力、创意冲击力为目的。比如某广告以“锦上添花”为标题，竟然在标题位置只写了一个草书的“锦”字，然后在“锦”字上方画了一朵鲜花。

经济广告的分类方法很多，一般依据广告媒体的不同，分为口头广告、实物广告、户外广告、报刊广告、电台广告、电视广告、网络广告等几类；依据广告表现载体的不同，可以分为图片广告、图像广告、文字广告、综合广告等；依据广告内容的不同，可以分为产品广告、劳务（服务）广告、企业形象广告等。

四、广告的写作要求

（一）重点突出

广告应有明确的主题，除了在标题中突出诉求主题之外，还应该在正文中集中地表现主题。主题是一则广告的重点，即中心意思。一则广告只能有一个主题。广告正文要切忌头绪纷繁，杂乱无章，什么都摆上去，这样不仅难以突出主题，反而有可能引起别人的反感。当然，如果要反映主题的不同方面，可以采取添加小标题的方式，分段叙述，使文章有条有理，脉络清晰。

（二）简明易懂

广告文要简明扼要，不说废话。广告文稿的长短虽然是根据内容的需要确定的，但可有可无的文字一概应该避免。对写作的要求，在原则上以足以传达广告的全部信息为限，长而不拖沓，短而不晦涩。在语言上尽量口语化，浅显易懂。此外，不同类型的商品对广告文的长短要求是不同的，生产资料类广告宜长，尽可能让消费者了解详细信息内容；高档耐用消费品，如电器等，则也可适当写长些，对一些消费者关心的问题尽可能作出解释；而日常生活用品，则由于是大众化的，其性能多为消费者所熟知，因此，宜尽量简短。此外，新上市产品，广告文介绍应详细，而大众化产品则应简短。同时，不同媒介对广告文的要求也是不同的。印刷广告的广告正文可以写长些，对内容进行详细表述；而电讯广告、路牌、交通广告和橱窗等，则要求简明扼要，让人能在短时间内看明白。

广告文的内容要具体，应真实地反映广告商品的信息，避免用抽象空洞的词句，如“价廉物美”、“品质优良”等，这也是在拟写广告正文时应注意的。

（三）有趣、动人

广告文不仅要有概括性，而且还要有艺术性。可以运用文学创作的手法，使广告的文字表达尽量做到生动、别致、贴切和形象，使广告富有趣味性，有人情味，这样，才能使消费者感到亲切，乐于欣赏品味，从而增强记忆和联想。

广告正文可用叙事报道、说明、论理、诗歌和散文等形式进行写作。

（四）有号召力

广告的目的，是通过告知商品的信息，使商品在消费者心中树立形象，再通过说服和动员促进其购买行为。因此，广告文必须有号召力。广告文的号召力，关键在于高质量的商品、高水平的劳务服务和良好的经营作风，这是广告成功的基本保证。但是，要取得消费者的信任，还要运用各种表达方式来增强广告的效果。

为使广告令人信服，有号召力，在广告文中往往较多地运用论证方式，直接引用权威人士、社会名流和消费者的推荐，或是利用权威部门所发证书加以证明。由于论证方式比较客观，易于引诱消费者仿效。但应该注意的是，有时利用知名人士做广告并不一定能取得消费者的信任，而普通消费者的推荐或赞扬往往显得更为亲切和可信。

此外，运用号召力的广告，语气措辞必须礼貌，既要使人感到亲切，又要善于迎合消费者的心理。口气平和的广告往往易于被消费者接受。

广告文的写作还应注意下列几个细节问题：

第一，用字措辞要适当，不能让消费者阅读后引起戒心或怀疑；

第二，措辞应口语化，使人易读易懂；

第三，避免出现错别字，以免理解有误，造成损失；

第四，要有联系方法，如购买地址，以方便消费者购买。

五、广告的写法

（一）广告的结构

广告的结构没有定势，非常灵活。但一般而言，一则广告文应该包含以下几部分：广告标语（广告口号）、标题、正文、随文。

（二）广告各部分的写作

1.广告标语　广告标语又叫广告口号，它是广告者从长远利益出发在一定时期内反复使用的特定的宣传词句。其目的在于通过反复使用给人以强烈的印象，使广大消费者理解并记住一个确定的观念，使这个观念在无形之中成为消费者进行购买时的选择依据。

广告标语和广告标题都是引人注目的词句，但两者之间也存在明显区别：①广告标语的目的在于建立一种观念，用以指导消费者的购买行为；而广告标题的目的，则是引导消费者阅读广告正文；②标语是具有相对长期性的，可以在一个时期的不同广告宣传中使用；而标题是一则广告有一个，用完即废，不复再用，因而是短效的。

广告标语的号召力对不同的社会阶层的消费者来说是不同的。一般而言，重复的口号对受过高等教育的人缺乏号召力，而对一般知识水平的人则效果甚佳。

同时，受感情支配购买的商品，使用标语的宣传效果好，而受理性支配的商品，使用标语则效果甚微。前者如一些生活用品，比如衣物、香皂、香烟等，后者则如耐用消费品和生产资料等。

广告标语按其内容及心理效应可划分为赞扬式、号召式、情感式、综合式和标题式等多种形式。赞扬式标语的特点是强调商品或劳务的好处，使消费者容易鉴别和牢记其突出的优点。号召式的标语则是利用鼓动性的言辞，直接动员消费者购买广告所宣传的商品或劳务。情感式标语是使用幽默和富于人情味的言辞来引发人的联想。综合性的标语是综合运用以上几种广告标语形式，融合为一。标题式标语则是把标语放在标题的位置，使之充当起标题的作用。

总之，广告标语拟写应注意以下三项原则。

第一，抓住顾客心理，找准诉求重点。如以下四条汽车广告标语：

梅塞德斯奔驰——奔驰汽车，汽车之母(诉求重点：历史悠久)

奥迪汽车——突破科技，启迪未来(诉求重点：高科技)

日产汽车——古有千里马，今有日产车(诉求重点：性能优异)

丰田汽车——车到山前必有路，有路必有丰田车(诉求重点：销售量大)

第二，通俗易记，朗朗上口。如：

可口可乐——挡不住的感觉

农夫山泉——有点甜

美宝莲——美来自内心，美来自美宝莲

大宝化妆品——大宝天天见

第三，语言幽默、新奇，有吸引力。如：

某印刷厂——除了钞票，什么都印

古代一剃头店——问天下头颅几许，看老夫手段如何

2.广告标题　标题是广告的题目，它标明了广告的主旨，又是区分不同广告内容的标志。广告标题具有点明主题、引人注意、从而诱使消费者阅读广告正文、加深印象、促进购买的功能。按形式不同，标题可以分为直接标题、间接标题、复合标题；按内容不同，标题可以分为宣事式标题、新闻式标题、诉求式标题、颂扬式标题、号召式标题、提问式标题、悬念式标题、对比式标题、寓意式标题等。

拟写标题要注意：

主题鲜明　标题是广告内容的高度概括，要使人们看到标题就能理解广告的信息内容是什么，因此，广告标题必须结合主题且要鲜明，而不能故作离奇之笔，与广告内容毫无关联。

简明扼要　从记忆规律来看，广告标题以7～12字之间为宜，虽不能作硬性规定，但还是要坚持简洁明快的原则。

内容具体　广告标题的内容应是具体实在的而不能含糊其辞或过于抽象，以

免被人忽视，或由于令人费解而激发不起人们的兴趣。

个性独特　标题具有个性，且有独到之处，才有刺激性和吸引力，因此，广告标题要有创意。

引人注目　标题的内容只有与消费者的心理需求联系起来，诱发他们的关心、好奇、喜悦等情绪，才能够充分地发挥广告的宣传效果。因此，标题在字体、字形和位置等各方面，都应考虑视觉化和艺术化，要能引起人的注意。同时，对不同的广告宣传对象，广告标题的拟写也要有针对性，不可离题。这样，可以充分发挥广告的说服力。

简而言之，标题写作要求两个重点：第一，用最少的文字，表达出商品的优点特色；第二，措辞生动，深入浅出，使人易读易记。另外，为了迅速产生好的构思，有专家研究了七个思考方向，即给消费者以荣誉性、新闻性、优惠性、通俗性、好奇性、单纯性、忠告性。

3. 广告正文　广告文的中心部分，即除标题随文以外的文字说明，称为广告正文。广告的目标内容主要是通过广告正文来反映的，它起着介绍商品、树立商品的消费形象和推动购买的作用。写作广告正文，首先要有构思。一般来说，有三个方面可供参考：

第一，符合事实性，即朝着完全符合事实的方向构思。这种方法最容易，只要列明商品名称、规格、性能、价格、质量、特点及电话、地址即可。

第二，说服性，即按说服的方向构思。以消费者所能得到的利益为前提，说服其购买。说服的技巧有比较法、证明法、警告法等。这种广告文亦可统称为理智性的诉求文字。

第三，感情性，即向感情方向构思。富有感情的词句能够打动消费者，使之产生购买意念。这种广告文讲究用词精美，字里行间充满感人的力量，属感情性诉求。

这三个构思方向，可以交替组合使用。如果系列广告将三个方面轮流运用，将会收到多彩多姿的成效。

4. 广告随文　一般写清购买方式、销售地址、服务地址、厂名厂址等即可。

例文：CHIVAS 酒广告正文

因为我已经认识了你一生

因为一辆红色的 RUDGE 自行车曾经使我成为街上最幸福的男孩
因为你允许我在草坪上玩蟋蟀
因为你的支票本在我的支持下总是很忙碌
因为我们的房子里总是充满书和笑声

因为你付出无数个星期六的早晨来看一个小男孩玩橄榄球
因为你坐在桌前工作而我躺在床上睡觉的无数个夜晚
因为你从不谈论鸟类和蜜蜂来使我难堪
因为我知道你的皮夹中有一张褪了色的关于我获得奖学金的剪报
因为你总是让我把鞋跟擦得和鞋尖一样亮
因为你已经38次记住了我的生日，甚至比38次更多
因为我们见面时你依然拥抱我
因为你依然为妈妈买花
因为你有比实际年龄更多的白发，而我知道是谁帮助它们生长出来
因为你是一位了不起的爷爷
因为你让我的妻子感到她是这个家庭的一员
因为我上一次请你吃饭时你还是想去麦当劳
因为在我需要时，你总会在我的身边
因为你允许我犯自己的错误，而从没有一次说“让我告诉你怎么做”
因为你依然假装只在阅读时才需要眼镜
因为我没有像我应该的那样经常说谢谢你
因为今天是父亲节
因为假如你不值得送CHIVAS REGAL这样的礼物
还有谁值得

第五节　招标书和投标书

一、招标书和投标书的含义

招标投标，是在市场经济条件下进行大宗货物的买卖、工程建设项目的发包与承包，以及服务项目的采购与提供时，所采用的一种交易方式。在这种交易方式下，通常是由项目采购(包括货物的购买、工程的发包和服务的采购)的采购方作为招标方，通过发布招标公告或者向一定数量的特定供应商、承包商发出招标邀请等方式发出招标采购的信息，提出所需采购的项目的性质及其数量、质量、技术要求，交货期、竣工期或提供服务的时间，以及其他供应商、承包商的资格要求等招标采购条件，表明将选择最能够满足采购要求的供应商、承包商与之签订采购合同的意向，由各有意提供采购所需货物、工程或服务的报价及其他响应招标要求的条件，参加投标竞争。经招标方对各投标者的报价及其他的条件进行审查比较后，从中择优选定中标者，并与其签订采购合同。

招标方式通常是作为一种采购方式，招标人是花钱采购的买方，投标方是有意向买方提供货物、工程或服务，以取得相应的货款、工程款或服务报酬的卖方。但实践中也有以招标方式出卖的。以标卖方式出售的通常是资源紧缺、供不应求的商品或财产权利等标的物。依照我国法律，国有土地使用权可以采取招标方式出让；某些进口商品的配额指标也可以采取招标方式分配，以体现公开、公平、公正的原则。

招标书即为在招标过程中介绍情况、指导工作和履行一定程序所使用的一种实用性文书。它是一种告示性文书，提供全面情况，便于投标方根据招标书提供情况做好准备工作，同时指导招标工作开展。招标书并非严格意义上的一种文体，而是一类文书。包括招标通知、招标公告、招标启事等，它一般通过大众传媒公开，因此有时也称招标广告，具有一定的广告性质。

投标书又称投标申请书或标书，是投标者按照招标单位在招标书中提出的标准和要求，对自身的条件进行自我审核后，向招标单位递交的提出自己投标意向的书面材料。招标书与投标书是信息传递方向相反、关系十分密切的一对经济文书。

二、招标书和投标书的作用

《中华人民共和国招标投标法》第一条指出："为了规范招标投标活动，保护国家利益、社会公共利益和招标投标活动当事人的合法权益，提高经济效益，保证项目质量，制定本法。"可见，在经济生活领域实施招标投标制度具有保护国家利益、社会公共利益和招标投标活动当事人的合法权益，提高经济效益，保证项目质量的作用。而依据该法第十九条、第二十七条之规定，招标人、投标人都必须制定合乎规范的招投标文件，也就是撰写招标书与投标书。因此，招标书与投标书的写作具有十分重要的作用。

从大的方面说，招标书与投标书的写作事关有序竞争的市场体系的建立、资源的合理配置、监督制约机制的建立、企业竞争力的提高，确实十分重要。从小的方面说，招标书与投标书的写作正是招标投标工作中最关键的一环，有助于招标投标工作的顺利进行，有助于企业在公平竞争中获取更大的经济利益。

三、招标书和投标书的特点和种类

招标书主要有以下特点：

一是公开性。招标书是一种告示性文书，往往通过大众传媒公开。招标的目的也就在于公开招标单位的招标采购（或标卖）信息。

二是全面性。招标书必须提供全面情况，以便投标方根据招标书提供情况做好准备工作，同时指导招标工作开展。法律规定，招标文件应当包括招标项目的技术要求、对投标人资格审查的标准、投标报价要求和评标标准等所有实质性要求和条件以及拟签订合同的主要条款。

三是时效性。招标书要求制作及时，否则会影响工作正常进行，甚至造成重大损失。同时，招标书也会写明投标的有效时限。

招标书按时间划分有长期招标书和短期招标书；按内容及性质划分有企业承包招标书、工程招标书、大宗商品交易招标书；按招标的范围分，有国际招标书和国内招标书。

投标书主要有以下特点：

最突出的一个特征就是它的针对性。投标者为达到自己承包或承购的目的、一定要以招标单位所提出的各项要求为依据，展示自己的实力优势。决不可漫无边际地随意去写，而应严格按照招标书中的内容条款，有针对性地安排投标的内容。这方面法律也有明文规定："投标人应当按照招标文件的要求编制投标文件。投标文件应当对招标文件提出的实质性要求和条件作出响应"(《中华人民共和国招标投标法》第二十七条)。

第二是竞争性。投标人参与投标实质就是与别的投标人在公开公平公正的平台上展开竞争。投标书中的内容自然都是投标人竞争意识的具体体现。投标人必须充分展示自己的实力和优势，才能在竞争中脱颖而出。

第三是严肃性。投标书和招标一样，均为日后签订承包合同提供了原始依据，它本身必须是在法律许可范围之内的。而它的条款一经写入投标书中，就具备了严格意义上的法律约束力，投标人应完全按照其拟定的各项承诺进行工作。因而，投标书必定是严肃的。

根据投标内容，投标书分为生产经营性投标书和技术投标书。生产经营性投标书有工程投标书、承包投标书、产品销售投标书、劳务投标书；技术投标书包括科研课题投标书、技术引进或技术转让投标书等。

四、招标书和投标书的写作要求

招标书的写作要求主要有：

1. 招标方案应切实可行　对投标人的要求要合乎实际情况，整个方案应切实可行。某单位采购100台电脑，由于经费不足，主管领导想省钱，开出了一个远低于市场价的价格，在这个价格上根本买不到所需配置标准的电脑，最终没有一家公司投标。

2. 招标标准应当明确，表达必须准确　一语不慎，都有可能带来巨大的经济损失。

3. 规格应当准确无误　制作招标书时，必须反复斟酌、反复核对。

投标书的写作要求主要有：

1. 内容实事求是，语言周密严谨　投标书不但是一种"广而告之"的公开信息，同时也是签订合同的依据。因而，是一种具有法律效力的文件。内容要实事求是，不得虚夸。语言周密严谨，充分准确表达投标人的实际意愿与真实承诺。

2. 行文简洁清晰　投标书没有必要长篇大论，只要把所要讲的内容简要介绍，突出重点即可，切忌没完没了地胡乱罗列、堆砌。

3. 注意投标书的针对性　要认真研究招标文件，有针对性地制作投标书。某项目"招标须知"要求投标人在投标书中提供近 3 年建设工程的获奖纪录，而参与投标的某建筑公司忽视了"近 3 年"这一要求，只提供了 2 年的获奖纪录，以至于制作的投标书违背了"招标须知"，成为废纸一张。

4. 注意礼貌　经济活动中要遵守平等、诚恳的原则，切忌盛气凌人。虽然投标方中标与否的决定权在于招标单位，但投标方在写作投标书时也大可不必低声下气。

五、招标书和投标书的写法

(一)招标书的写法

招标人应当根据招标项目的特点和需要编制招标文件、写作招标书。特别要注意的是招标书是一类文书，具体可以写成多种文体，比如招标启事、招标公告、招标通知书、招标广告、招标章程等。从内容上看，除了告启性的内容之外，还要有关于招投标规则的详细说明。一般有两种写法，一种是将详细的招投标规则整合到告启性的内容之中，另一种是将两者分开制作，告启性的内容单独在媒体发布，详细的招投标规则以"须知"(一般称为"投标企业须知"或"投标须知")的形式制作成册，免费提供或出售给有投标意向的企业。前者适用于招投标规则较为简单的情况，后者是用于像大型工程建设、品种复杂的大宗物资采购等招投标规则较为复杂的情况。两者的写法大同小异，不过是一种在告启性的招标文书里加进了具体的招投标规则，另一种则把具体的招投标规则剥离出去单独成文而已。

招标书一般由标题、正文和结尾三部分组成：

1. 标题　写在第一行的中间。常见写法是"单位"加"项目"加"文种"。如《××市政府采购××招标公告》

2. 正文　正文由引言(或称"开头")、主体部分组成。引言部分要求写清楚招标缘由、依据、目的。主体部分要交代项目概况、资金来源等基本情况，还要详实交代招标方式、招标范围、招标程序、招标内容的具体要求，以及双方签订合同的原则、招标过程中的权利和义务、组织领导、其他注意事项等内容。如果采用招标规则单独成文的方式，则简要交代招标项目概况、资金来源、投标人资格要求、开标时间及地点等基本情况就可以了，具体的可以放到"投标企业须知"里去。

3. 结尾　招标书的结尾，应签具招标单位的名称、地址、电话、电报挂号等，以便投标者参与。

例文：

××市工商行政管理局办公楼工程招标启事
招标工程项目编号：××××××

××市工商行政管理局办公楼工程，经××市发改委“××[2007]××”文件批准建设，招标方案已经批准。××市建设监理公司(招标代理办)受招标人委托，对该项目施工进行公开招标。

一、项目概况：××市工商行政管理局办公楼工程，砖混结构，建筑面积6000平方米，开工日期2007年11月16日，竣工日期2008年7月30日。

二、资金来源：自筹。

三、标书发售时间：2007年10月26日至开标前三个工作日。

四、标书发售地点：××市建设工程交易中心(××市××路××号)。

五、投标人资格要求：投标人具有独立的法人资格，同时具有房屋建筑工程施工总承包三级(含三级)以上施工企业资质，本工程采用资格后审方式。

六、招标文件售价：人民币300元/份，售后不退。同时投标人须交纳图纸押金人民币2000元。

七、开标时间及地点：定于2007年11月16日下午17时在××市建设工程交易中心开标，投标人的法人代表或其委托代理人应准时参加。

八、招标人：××市工商行政管理局　联系人：张三 139××××××××

九、招标代理人：××市建设监理公司　联系人：李四 133××××××××

××市建设监理公司招标办

2007年10月26日

(二)投标书的写法

投标书一般由标题、称呼、正文和结尾四个部分组成。

1. 标题　标题一般有三种写法：完全性标题，由投标方、投标目标、文种组成；不完全性标题，由事由和文种构成；简明标题，这也是一种比较常见的题目方式，一般只写上“投标申请书”即可。另外，也可用新闻式标题，分主标题和副标题两个部分，如“用实力和信誉赢得成功——××公司的投标书”。

2. 称呼　在标题下靠左顶格写上招标单位全称。

3. 正文　投标书的正文内容一般包括前言、主体和结尾三个部分。前言部分主要交代投标的依据和目的，介绍投标单位的基本情况以及对该投标项目的态度。在介绍基本情况的时候，必要情况下还要附上营业执照、资格证书的复印件。所谓态度就是表明本单位参加该项目的投标活动，保证施工规定等等。主体部分则要求写清楚该项目的基本情况分析，如质量要求，竣工日期等；具体提出完成该项目所要采取的措施，如专业技术、组织管理以及安全生产措施等。有的还要附上对本单位优势的分析，阐明投标单位的指导思想，经营方针等。这一部分重点要把自身有利条件及项目分析写清楚。

最后，还常常要对招标单位提出一些要求，如请求招标单位对施工予以配合，施工中如出现意外问题，双方应互相体谅，协商处理。

4. 结尾　写在正文之下，要写清楚如下内容：投标单名称及负责人、联系人姓名，加盖印章，还要写明年月日。

例文：

××市第三建筑公司关于承担市工商行政管理局办公楼施工任务的投标申请书

××市建设监理公司招标办：

在研究了市工商行政管理局办公楼工程的招标条件和勘察、设计/施工图纸，以及参观了建筑工地以后，经我们认真研究核算，愿意承担上述全部工程的施工任务。我们的投标书（标函）内容如下：

工程概况（略）

标价（略）

工期（略）

质量（略）

施工方式方法（略）

企业概况（略）

我们特此同意，在本投标书发出后的 30 天之内，我们都将受本投标书的约束，我们愿在这一期间（即从二零零七年十一月一日起至二零零七年十二月一日止）的任何时候接受贵单位的中标通知。一旦我们的投标被接纳，我们将与贵单位共同协商，按招标书所列条款的内容正式签署施工合同，并切实按照合同的要求进行施工，保证按质、按量、按时完工。

我们承诺，本投标书（标函）一经寄出，不得以任何理由更改，中标后不得拒绝签订施工合同和施工；一旦本投标书中标，在签订正式合同之前，本投标书连同贵单位的中标通知，将构成我们与贵单位之间有法律约束力的协议文件。

投标书发出日期:2007年11月1日9时
投标单位:××市第三建筑公司(公章)
企业负责人:王五(盖章)
联系人:赵六(盖章)
电话:××××××××
地址:××市建工路818号

第六节　市场预测报告

一、市场预测报告的含义

现代经济的发展离不开对经济发展状况、对生产和经营活动的或宏观或微观的研究,这些研究分析预测都要靠各类经济报告来反映,所以在现代经济领域,经济报告的写作越来越重要了。

经济报告大致可分为三类:经济预测报告、经济活动分析报告、经济项目可行性研究报告。市场预测报告正是经济预测报告的一种。与技术发展预测报告、资源预测报告、生产预测报告、成本预测报告不同的是,市场预测报告研究分析的重点放在市场因素上。

简言之,市场预测报告就是在市场调查的基础上,根据过去与现在的资料,运用科学的方法对未来一段时间和一定范围内的市场供求状况和经济发展趋势作出科学预测,提出有针对性的措施或建议的书面报告。

注意区分市场预测报告与市场调查报告,两者的相同之处在于都是以事实为基础,以科学的分析为手段,以得出正确的结论为目的。不同的是,市场调查报告侧重于调查市场的现实情况,市场预测报告侧重于预测市场的发展趋势,两者目的有所不同;预测要在调查的基础上提出意见或建议,调查则重点在反映市场状况,两者要求也不同。

二、市场预测报告的作用

市场预测报告的作用体现在两方面。一方面,对于宏观层面来说,科学的市场预测能帮助各企业能及时了解市场状况,以需促产、以需促销、以需定购,使企业的生产经营适应市场的变化。有利于市场的健康发展,有利于经济的健康发展。另一方面,对于具体的某一企业来说,科学的市场预测有利于他们作出正确的经营管理决策,有利于他们制订合理的生产经营计划,改善生产经营状况,提高经济效益。

三、市场预测报告的特点和种类

市场预测报告的特点在于科学性、综合性、预见性、时效性。

所谓科学性就是指市场预测是建立在调查研究的基础之上，运用先进和科学的方法，在正确的理论指导下，经过认真的分析和论证才得出预测结论的。

所谓综合性就是指市场预测要对影响市场的各种因素进行全面的、系统的分析，得出正确的预测结果。

所谓预见性是指市场预测报告与单纯分析现状不同，是要立足于现实，着眼于未来，对市场发展变化的趋势作出预见性的判断。

所谓时效性是指市场预测报告往往迅速及时针对现状作出预测。

市场预测报告的种类按时间层次可分为短期市场预测报告、近期市场预测报告、中期市场预测报告、长期市场预测报告；按预测的对象（内容）可分为市场需求预测报告、市场占有率预测报告；按产品层次（市场空间）可分为全国性市场预测报告、地区性市场预测报告、当地市场预测报告；按预测范围可分为宏观经济领域市场预测报告、微观经济领域市场预测报告；按预测方法可分为调查预测报告、数学分析预测报告、历史引申预测报告、因果预测报告。

四、市场预测报告的写作要求

（一）目标明确，方法科学

这是针对预测分析而言的。因为要写好市场预测报告仅有写作能力是不够的，必须建立在科学分析的基础上。首先要有预测的具体目的，只有目的明确具体，才能根据预测的目的去搜集必要的资料，决定适当的步骤，选用合适的方法，否则会浪费人力物力和时间。其次选定科学的预测方法，在此基础上收集分析有关有历史资料和现实资料，对掌握的资料进行整理分析，检验测定和调整。有了分析预测作基础，才能更好地撰写报告。

此外，在写作中还要注意突出预测的重点目标。一篇预测报告只能突出重点问题，不能面面俱到。

（二）材料确凿，数据完整

市场预测必须在对市场的历史、现状进行深入分析的基础上进行，这是写好预测报告的前提。资料不准确，不全面，不仅不能全面正确地把握市场变化的趋势和规律，而且很可能作出错误的结论，给生产和决策带来损失。

要体现预测得科学性和正确性，就必须在报告中展现翔实确凿的材料，真实可信的数据。

(三)推理严密,语言准确

预测是一个科学严谨的分析过程,市场预测报告的写作就是要反映这种科学严谨的分析。其语言必须准确,推理必须严密。

五、市场预测报告的写法

市场预测报告在写法上与其他经济报告文书大同小异。从结构上看,主要包括标题、正文两部分,正文部分又包括前言和主体两部分。

(一)标题

标题有两种,一是单行标题,一是双行标题。前者一般由预测对象(时限、范围)、文种构成,《2007 年杭州市乘用车市场的预测》。此外还有结论式标题,直接揭示报告观点和主题,如《我国手机供应量即将达到饱和》。双行标题则由正题与副题构成,正题点明预测报告的主旨,副标题表明预测的对象和文种,如《好景不长在——我国 2007 年电信市场预测》。

(二)正文

正文包括前言与主体。

前言也叫开头,主要交代市场预测报告的写作动因和有关情况,如时间、地点、对象、方法、目的、结果等。一般是概述调查经过,或概述预测对象的主要情况,或提出主要内容、观点,或指出预测活动的主要意义、影响等。

主体是市场预测报告的中心部分,它一般包括基本情况、分析与预测、对策与建议等内容。且一般按照"基本情况—分析与预测—对策与建议"的顺序来行文。

基本情况部分,材料必须真实可靠,所用的材料一般是现实情况、数据,要求有准确性、真实性、全面性、可比性,防止弄虚作假,以免形成错误的判断。

分析与预测部分,是针对大量的事实、数据,运用科学的分析方法,进行分析综合,准确预测发展趋势。对未来趋势与可能状况的描述要准确、清晰,不能词不达意,不知所云,也不能含糊其辞,模棱两可,甚至不加预测。

对策与建议部分,是根据分析、预测的结果,提出改进的意见、设想和措施。这是写作市场预测报告的重要目的之一。这一部分内容在文字表述上要求具体,对策与建议清楚明白,要最好有量化的标准,而不是表面化、一般化、概念化或人云亦云的东西。从内容看,建议的措施要可行,要从实际出发,实事求是,既不能脱离条件的可能提出毫无意义的建议,也不可忽视有利因素,悲观地调低可以达到的目标。

例文：

2007年轮胎行业市场预测及投资分析报告(存目节选)

虽然面临着原材料价格上涨的不利局面，但2006年上半年轮胎产量仍不断加大。据国家统计局统计，今年上半年，全国汽车产量为389万辆，同比增长27.8%，对轮胎需求显著增长。从中国橡胶工业协会250家会员单位统计情况看，1～6月份轮胎总产量同比增长13.9%，据43家会员企业统计，上半年轮胎产销呈增长态势，综合外胎产量8814万条，其中子午胎5732万条，子午化率65%，斜交胎呈现负增长，产量继续下降；实现出口交货值142亿元，同比增长25.6%，其中子午胎出口交货值达到107.2亿元，同比增长30.7%；出口交货量3781万条，同比增长13.5%，其中子午胎出口3045万条，同比增长25.82%；实现销售收入404亿元，同比增长23.17%，其中子午胎销售收入同比增长29.3%。

轮胎产量的增加带动了对原材料需求的增加，炭黑同比增长13.9%，上半年会员企业橡胶消耗达到111.9万吨，同比增长20.23%。尤其上半年我国橡胶原料进口量大幅增长，且复合胶、合成胶的进口增长势头远远超过天然胶。具体来说，上半年我国共进口天然胶72万吨，同比增长13.2%；进口总额为12.7亿美元，同比增长68.2%；进口平均价为1764美元/吨，上涨48.6%。上半年，我国共进口复合胶19.2万吨，同比增长65.2%。上半年，我国共进口合成胶67.2万吨，同比增长29%。

2006年国内共需工程胎260万条，其中配套工程胎需求量为50万～60万条，替换胎需求量约200万条。往年，我国工程胎约有25%出口，但这两年出口比例不断增大，今年有望达到100万条。这样，国内外两大市场的需求总量将达到360万条。

从宏观上看，我国国民经济增长速度虽会有所放缓，但仍将保持8%—9%的速度增长。到2010年，我国高速公路将达到5.5万千米，汽车年产量将达到1000万辆，汽车保有量将增加到6200万辆。根据我国公路、汽车、交通运输事业的发展规划，有关方面预测，到2010年，我国轮胎总需求量约3亿条，其中子午胎2.1亿条，子午化率达70%。

目前，我国子午胎行业正处于腾飞阶段，内外资企业都在增资扩产，这个过程还要延续2—3年的时间。因此，2007—2008年我国子午胎仍将保持较快的增长速度。在此期间，与子午胎相关的行业如橡胶机械、橡胶助剂、骨架材料等，都还有发展的潜力。2008年以后，子午胎会进入平稳发展阶段。

在快速增长期，企业产能增长较快，但需求量增长也快，因此二者矛盾不是很突出。到平稳增长期，从总需求量上看不会大起大落，但竞争能力不强的企业和产品有可能出现严重危机。在总需求量中，翻新轮胎会逐步增加。

本报告以中国橡胶工业协会轮胎分会、国家统计局、海关总署、中国石油和化学工业协会、中国汽车工业协会及国内外上百种相关报纸杂志的基础信息以及相关研究单位、企业等公布和提供的资料为依据，引用大量准确数据对轮胎行业整体经济运行情况进行了翔实分析。主要包括：2006 年上半年轮胎行业回顾及 2007—2008 年展望；轮胎行业在发展过程中面临的挑战与变革；2007—2008 年轮胎产量和需求量的预测；轮胎行业重点发展区域比较及行业优势企业分析；轮胎行业投资机会与风险分析。本报告内容丰富、数据翔实，是轮胎经营企业及相关投资者准确把握行业现状和发展趋势，正确制定企业经营和投资策略的可靠参考资料。

（以下为主体部分章节目录）

（来源：中国产业经济研究网，http://www.industryrd.com.cn）

第七节　公关策划书

一、公关策划书的含义

策划，即策略谋划。是为达到一定的目标，在调查分析有关材料的基础上，按照一定的程序，对未来某项活动或工作进行系统、全面的谋划，制订合理可行的执行方案，并根据实际情况对方案进行修改、调整的一种创造性的活动。经济活动中离不开策划，成功的企业需要策划为之锦上添花，而不成功的企业更加需要策划使之起死回生。企业界亦有“经营力即策划力”、“无策划则无企业”的说法。

策划的主要工作即在于制订合理可行的执行方案，这种系统的、全面的执行方案必须写作成文，方能转化为实际的执行过程。形成文书的策划方案即为策划书。

公关也就是公关关系，该词由英文"Public Relations"翻译而来的。简言之，公共关系是公关主体运用各种传播手段，使自己和公众相互了解、相互适应的一种活动和职能。显然，在经济活动中，企业的公关活动是非常重要的。而企业公共关系事务中形成的策划文书，就是公关策划书。

二、公关策划书的作用

公关策划书的直接作用就是为相关的公关活动做好谋划，保障公关活动顺利进行，以使公关活动达到比较好的效果。

其最终的作用是使企业获得良好的公众形象、良好的人脉关系、良好的生产经营环境，从而提升企业的竞争力，取得更多的经济效益。

三、公关策划书的特点和种类

公关策划书的特点主要有：前瞻性、系统性、具体性。

公关策划书的前瞻性在于，一方面策划本身就是一项前瞻性工作，它是对将来的活动进行设计谋划；另一方面，公关活动是一种关于自身形象的传播活动，需要给公众留下深刻的印象，这就要求策划特别有创意，要想前人之未想，不断开拓新的形式和注入新的内容。

所谓系统性是指公关策划书必须系统周全地考虑公关活动的方方面面，从背景分析，到项目分析、效果预测都要一并考虑进去。

所谓具体性，是指公关策划书必须系统考虑公关活动每一方面的具体安排，详尽而可行。公关活动事关企业形象，马虎不得，必须具体统筹安排。另一方面，笼统的策划内容将会导致不可操作性，不利于公关活动的开展。

依据公关活动的性质，公关策划书可分为公关活动策划书与危机公关策划书两种。前者是企业主动举办或参与活动来提升自身形象，后者是在公关危机面前，寻求对策，以挽回企业声誉，维护自身形象。

四、公关策划书的写作要求

1. 内容具体翔实　需要策划的活动往往是大型的、有影响力的活动。包含的内容很多，写作时注意写清楚，写全面，写具体。

2. 条理清晰，语言准确　这类活动步骤繁多，时间过程长。对活动进程安排的描述需要非常有条理和准确，要让人看了就知道怎么做。

五、公关策划书的写作方法

公关策划书包括标题与主体。标题可以由公关活动主体、活动名称、文种构成。如《××公司中秋酒会策划书》。

公关策划书主体通常包括以下四个部分。

1.背景描述与分析　这部分要陈述制定项目策划案的背景并进行背景分析。

可以包括以下几方面，如行业与企业的发展历史、现状，公关活动的缘由、目的、意义，以及要实现既定目标可能遇到的障碍等等。

2.总体构想　这部分主要是从战略角度对策划案进行阐述，内容包括实现传播目标所必须采取的方法和手段。一般包括以下几部分：任务实施范围和目标，目标受众，调研方法，活动主要诉求，传播工具，项目组成员，时间与成本预算。

3.实施方案　公关策划书的第三部分主要是将前面的构想具体化。这里涉及对每个相关活动实施情况的具体描述，其中也包括所有参与其中的人员名单和工作安排，尤其是最终期限和活动目标。至关重要的是，这部分要对每个活动的时间要求和预算进行最真实而详尽的监控和评估，为后期跟踪提供参考依据。

4.效果预测与评估　这是很关键的部分，主要要写清楚传播效果的预测以及评估方法。管理层最迫切需要的是确定他们花在公关上的钱是否物有所值，因此很有必要找出一种可以有效评估公关绩效的方法。可以设计的评估手段包括对活动前后受众态度变化的调查，媒体传播内容分析，销售数字分析等等。所有这些都可以成为评估公关项目有效性的手段。

例文：

××百货商店店庆活动策划书

一、店庆活动的目的意义

开展店庆活动是为了展示本店的良好形象、悠久历史和雄厚实力，扩大本店知名度，吸引更多的顾客到本店消费，在和同行的竞争中保持优势。

二、总体构想

1.通过本次店庆活动，要向社会各界传达本店的“顾客至上、服务第一”的经营理念，进一步提升社会的认知度与美誉度。

2.以本次活动为契机，开通本店网上订购的商务平台，更新本店主页。

3.吸引媒体对本店的关注，通过媒体对本店店庆活动的报道，达到宣传企业形象的目的。

4.由于董事会高度重视，预算较为充裕，在活动中拟以大投入来展示公司实力。

5.动员员工广泛参与活动，进一步提高企业团队凝聚力，激发员工的自豪感。

三、实施方案

本次店庆系列活动主要包括“感谢‘上帝’”打折促销活动、店庆广告、“温暖一冬”捐资助学活动、“我 50 岁了”店史知识竞赛活动，时间持续一周，从×年×月×日至×年×月×日，预计总投入××万元。

1.“感谢‘上帝’”打折促销活动时间、负责人、预算、方案(以下活动具体安排略去)

…… ……

四、效果评估

委托××市场咨询公司对本次活动前后的顾客满意度、知名度、市民关注度进行调查，并进行对比分析，调查预算费用×万元。

第八节　专利申请书

一、专利申请的含义

专利是专利权的简称，是指一项发明创造经专利局审查合格后授予的在一定期限内对该发明创造享有排除他人使用、销售或制造的个人所有权。

中国实行三种专利：发明专利、实用新型专利、外观设计专利。

(一)发明专利

发明是指对产品、方法或者其改进所提出的新的技术方案。其特点是：首先，发明是一项新的技术方案。是利用自然规律解决生产、科研、实验中各种问题的技术解决方案，一般由若干技术特征组成。其次，发明分为产品发明和方法发明两大类型。产品发明包括所有由人创造出来的物品，方法发明包括所有利用自然规律通过发明创造产生的方法。方法发明又可以分成制造方法和操作使用方法两种类型。另外，专利法保护的发明也可以是对现有产品或方法的改进。

授予专利权的发明，应当具备新颖性、创造性和实用性。

新颖性是指在申请日以前没有同样的发明或者实用新型在国内外出版物上公开发表过、在国内公开使用过或者以其他方式为公众所知，也没有同样的发明或者实用新型由他人向国务院专利行政部门提出过申请并且记载在申请日以后公布的专利申请文件中。

创造性是指同申请日以前已有的技术相比，该发明具有突出的实质性特点和显著的进步，该实用新型具有实质性特点和进步。

实用性是指该发明能够制造或者使用，并且能够产生积极效果。

(二)实用新型专利

实用新型是指对产品的形状、构造或者其结合所提出的适于实用的新的技术方案。

实用新型与发明的不同之处在于:第一,实用新型只限于具有一定形状的产品,不能是一种方法,也不能是没有固定形状的产品;第二,对实用新型的创造性要求不太高,而实用性较强。

产品的形状是指产品所具有的、可以从外部观察到的确定的空间形状。对产品形状所提出的技术方案可以是对产品的三维形态的空间外形所提出的技术方案,例如对凸轮形状、刀具形状做出的改进;也可以是对产品的二维形态所提出的技术方案,例如对型材的断面形状的改进。

产品的构造是指产品的各个组成部分的安排、组织和相互关系。产品的构造可以是机械构造,也可以是线路构造。机械构造是指构成产品的零部件的相对位置关系、连接关系和必要的机械配合关系等,线路构造是指构成产品的元器件之间的确定的连接关系。

(三)外观设计专利

外观设计是指工业品的外观设计,也就是工业品的式样。它与发明或实用新型完全不同,即外观设计不是技术方案。我国《专利法实施细则》第二条中规定:“外观设计,是指对产品的形状、图案或者其结合以及色彩与形状、图案的结合所做出的富有美感并适于工业应用的新设计”。可见,外观设计专利应当符合以下要求:

(1)是指形状、图案、色彩或者其结合的设计。

(2)必须是对产品的外表所做的设计。

(3)必须富有美感。

(4)必须是适于工业上的应用。

二、专利的一般原则

1.请求原则　必须申请人提出专利申请,专利局方能受理。

2.书面原则　提交的各种手续,应以书面的形式办理;并由申请人签字或盖章;申请文件必须参照专利局规定的统一格式的表格。

3.先申请原则　两个以上的申请人分别就同样的发明创造申请专利的,专利权授予最先申请人。

4.优先权原则　指申请人自发明或实用新型在中国第一次提出专利申请之日起12个月内(但没授予专利权),又向专利局就相同的主题提出专利申请的,可享有本国优先权。

5. 单一性原则　不允许将两项不同的发明或实用新型放在同一件专利申请中，也不允许将一种产品的两项外观设计或者两种以上产品的外观设计放在一件专利申请中提出。

但下列情况可以放在一件专利申请中提出：①一种产品及制造该产品的方法；②一种产品及制造该产品的模具；③两种必须相互配套才能使用的产品；④属于总的技术构思下的几项技术上关联的产品或一种产品有不同的几个实施方案。

三、申请专利需要递交的文件（文件必须参照专利局规定的统一表格样式）

（一）申请发明专利所需文件

发明专利请求书；说明书；权利要求书；说明书摘要；有附图的可同时提交说明书附图和摘要附图。以上文件要求一式两份。要求减缓各种专利费用的可同时提交费用减缓请求书两份。

（二）申请实用新型专利所需文件

实用新型专利请求书；说明书；权利要求书；说明书摘要；说明书附图；摘要附图。以上文件要求一式两份。要求减缓各种专利费用的可同时提交费用减缓请求书两份。

（三）申请外观设计专利所需文件

外观设计专利请求书；外观设计图或照片；要求保护色彩的应提交彩色和黑白的图或照片；（提交图片的，两份均应为图片，提交照片的，两份均应为照片，不得将图片或照片混用。）外观设计简要说明。以上文件要求一式两份；要求减缓各种专利费用的可同时提交费用减缓请求书两份。

四、提交申请时如何排列申请文件

发明或者实用新型专利申请文件应按下列顺序排列：请求书、说明书摘要、摘要附图、权利要求书、说明书、说明书附图。外观设计专利申请文件应按照请求书、图片或照片、简要说明顺序排列。申请文件各部分都应当分别用阿拉伯数字顺序编号。

五、申请文件的纸张要求

申请文件的纸张质量应相当于复印机用纸的质量。纸面不得有无用的文字、记号、框、线等。各种文件一律采用 A4 尺寸（210 毫米×297 毫米）的纸张。

申请文件的纸张应当纵向使用。文字应当自左向右排列，纸张左边和上边应各留 25 毫米空白，右边和下边应当各留 15 毫米空白，以便于出版和审查时使用。

申请文件各部分的第一页必须使用国家知识产权局统一制定的表格。这些表格可以在专利局受理大厅的咨询处索要，也可以向各地的专利局代办处索取或直接从国家知识产权局网站下载。

六、申请文件的文字和书写要求

申请文件各部分一律使用汉字。外国人名、地名和科技术语如没有统一中文译文，应当在中文译文后的括号内注明原文。申请人提供的附件或证明是外文的，应当附有中文译文，申请文件（包括请求书、说明书、说明书摘要、权利要求书）都应当用宋体、仿宋体或楷体打字或印刷，字迹呈黑色，字高应当在 3.5～4.5 毫米之间，行距应当在 2.5～3.5 毫米之间。如果相关文档有两页及两页以上，每页末的下部正中位置必须有页码。要求提交一式两份文件的，其中一份为原件，另一份应采用复印件，并保证两份文件内容一致。申请文件中有图的，应当用墨水和绘图工具绘制，或者用绘图软件绘制，线条应当均匀清晰，不得涂改。不得使用工程蓝图。

七、发明和实用新型专利申请文件的撰写

（一）请求书的撰写

请求书是由国家科委统一制作的表格，根据对象不同而略有差别，但一般都包括以下几项内容：

1. 申请日期　申请日期由专利局确定，一般以专利局收到专利申请文件之日计算。通过邮局寄发的，则以寄出的邮戳为申请日。

2. 发明或实用新型的名称　根据专利法规定，请求书用度写明发明、实用新型或外观设计的名称。如果一件专利申请包含多个不同种类的发明创造，在名称中应清楚具体地表现出来，不能使用“及其他”、“等等”概念模糊的词语，也不宜使用以自己的姓氏命名的名称，还应避免使用广告性、宣传性词语。语言要精练，不超过 20 个字。

3. 设计人。

4. 申请人的姓名、邮政编码、地址　如果为多人共同提出，则应指定一个申请人或代理人为其联系人。申请人为个人时，应写出所在单位全称。地址应是固定地址。

5. 专利代理机构名称、地址、邮政编码、代理人姓名和登记号　申请人委托专利代理机构向专利局申请专利或办理专利事务，应同时提交委托书，写明委托权限。登记号是指代理人在中国专利局的登记号。

6. 优先权请求　是指享受优先待遇的权利。我国专利法规定：“申请人自发明或者实用新型在外国第一次提出专利申请之日起十二个月内，或者自外观设计在外国第一次提出专利申请之日起六个月内，又在中国就相同主题提出专利申请的，

依照该外国同中国签订的协议或者共同参加的国际条约，或者依照相互承认优先权的原则，可以享有优先权。”“申请人自发明或者实用新型在中国第一次提出专利申请之日起十二个月内，又向专利局就相同主题提出申请的，可以享有优先权。”

7. 其他事项　一般包括申请文件清单、附加文件清单、其他发明人、申请人姓名。最后还应写明请求书写作的时间，并有申请人或代理人签字盖章。

（二）说明书的撰写

1. 摘要

（1）摘要应当写明发明或者实用新型的名称、所属的技术领域、需要解决的技术问题、主要技术特征和用途。对申请实用新型的产品应写出其形状、构造或者其结合的特征。不应写成广告或单纯产品的功能介绍；

（2）摘要不应加标题，可以连续书写；

（3）摘要不用分段，要言简意赅，切中要害，全文不得超过 200 字。

例文：

一种能够识别安全和危险电压的试电笔。它是在绝缘外壳中，测试触头、限流电阻、氖管、手触电极顺序电连接，并加有一分流电阻支路，使分流电阻一端与测试触头电连接，另一端与识别电极电连接。人体仅与手触电极接触测试被测物是否带电，人体同时与手触电极、识别电极接触测试被测物是否带有危险电压。

2. 正文

（1）名称。应简明、准确地表明发明或实用新型专利请求保护的主题，名称应当与请求书的名称一致，不得超过 25 个字。名称中不应含有非技术性词语，不得使用商标、型号、人名、地名或商品名称等。

例如：“3D 流线型暖手调温带 LED 照明的鼠标”

（2）发明或实用新型所属技术领域。常表述为“本实用新型涉及一种××××××，尤其是××××××（或者：其特征是××××××）”。

（3）写明对发明或实用新型的理解、检索、审查有用的背景技术。指出目前现有问题，引证文献资料。可以指出当前的不足或有待改进之处或者所申请的发明创造中有什么更有利的东西等等，为了方便专利审查专家们更方便的审核专利，引经据典的，要注明出处。常表述为“目前，××××××。”

（4）发明创造的目的。指要解决的技术问题。常表述为“为了克服××××××的不足，本实用新型××××××。”

（5）写明要求保护的技术方案。常表述为“本发明或实用新型解决其技术问题所采用的技术方案是：××××××。”

这部分写作时注意：①技术方案应当清楚、完整地说明发明或实用新型的形状、构造特征，说明技术方案是如何解决技术问题的，必要时应说明技术方案所依据的科学原理。②撰写技术方案时，机械产品应描述必要零部件及其整体结构关系；涉及电路的产品，应描述电路的连接关系；机电结合的产品还应写明电路与机械部分的结合关系；涉及分布参数的申请时，应写明元器件的相互位置关系；涉及集成电路时，应清楚公开集成电路的型号、功能等。③技术方案不能仅描述原理、动作及各零部件的名称、功能或用途。

(6)发明或实用新型的有益效果。写出发明或实用新型和现有技术相比所具有的优点及积极效果。

(7)有附图的应该有附图说明。

如："图1是本实用新型的××××××原理图。
图2是××××××构造图。
图3是××××××图。
……。"
"图中：
1.×××　2.×××　3.×××　4.×××
5.×××　6.×××　7.×××　8.×××
……"

注意：应写明各附图的图名和图号，对各幅附图作简略说明，必要时可将附图中标号所示零部件名称列出。

(8)具体实施方式。是发明或实用新型优选的具体实施例。具体实施方式应当对照附图对发明或实用新型的形状、构造进行说明，实施方式应与技术方案相一致，并且应当对权利要求的技术特征给予详细说明，以支持权利要求。附图中的标号应写在相应的零部件名称之后，使所属技术领域的技术人员能够理解和实现，必要时说明其动作过程或者操作步骤。如果有多个实施例，每个实施例都必须与本发明或实用新型所要解决的技术问题及其有益效果相一致。

如："在图1中，××××××。图2中，××××××。……"

例文：

试电笔

所属技术领域

本实用新型涉及一种指示电压存在的试电装置，尤其是能识别安全和危险电压的试电笔。

背景技术

目前，公知的试电笔构造是由测试触头、限流电阻、氖管、金属弹簧和手触电极串联而成。将测试触头与被测物接触，人手接触手触电极，当被测物相对大地具有较高电压时，氖管启辉，表示被测物带电。但是，很多电器的金属外壳不带有对人体有危险的触电电压，仅表示分布电容和/或正常的电阻感应产生电势，使氖管启辉。一般试电笔不能区分有危险的触电电压和无危险的感应电势，给检测漏电造成困难，容易造成错误判断。

发明内容

为了克服现有的试电笔不能区分有危险的触电电压和无危险的感应电势的不足，本实用新型提供一种试电笔，该试电笔不仅能测出被测物是否带电，而且能方便地区分是危险的触电电压还是无危险的感应电势。

本实用新型解决其技术问题所采用的技术方案是：在绝缘外壳中，测试触头、限流电阻、氖管和手触电极电连接，设置一分流电阻支路，使测试触头与一个分流电阻一端电连接，分流电阻另一端与一个人体可接触的识别电极电连接。当人手同时接触识别电极和手触电极时，使分流电阻并联在测试触头、限流电阻、氖管、手触电极电路测试时，人手只和手触电极接触，氖管启辉，表示被测物带电。当人手同时接触手触电极和识别电极时，若被测物带有无危险高电势时，由于电势源内阻很大，从而大大降低了被测物的带电电位，则氖管不启辉，若被测物带有危险触电电压，因其内阻小，接入分流电阻几乎不降低被测物带电电位，则氖管保持启辉，达到能够区别安危电压的目的。

本实用新型的有益效果是，可以在测试被测物是否带电的同时，方便地区分安危电压，分流支路中仅采用电阻元件，结构简单。

具体实施方式(附图省略)

在图1中，测试触头(1)、限流电阻(5)、氖管(8)与手触电极(11)串联，测试触头(1)与分流电阻(6)一端相连，分流电阻(6)另一端与识别电极(7)相连。通常限流电阻阻值为几兆欧，为保证人身安全，分流电阻阻值不小于限流电阻阻值，最好取限流电阻阻值1～2倍。

在图2所示实施例中，测试触头(1)在绝缘外壳(2)一端伸入其中空腔，与弹簧(3)接触，弹簧(3)另一端与同心电阻(4)相接触，同心电阻(4)是纵剖面为E形，其中间圆柱部分限流电阻(5)高于作为分流电阻(6)的圆管部分，使氖管(8)的一端与限流电阻(5)接触时不碰到分流电阻(6)，弹簧(9)一端与氖管(8)相接触，另一端与后盖(10)上的手触电极(11)相接触，弹簧压力保证各元件间可靠电连接。如图3所示的环状弹性金属片状识别电极(7)其边缘向中心伸出的接触爪卡住圆管状分流电阻(6)外表面，其外边缘伸出并附于绝缘外壳外表面。

在图4所示的另一个实施例中，测试探头(1)在绝缘外壳(2)一端伸入其中空腔，同时与平行设置的限流电阻(5)和分流电阻(6)的一端相接触，限流电阻另一端通过氖管(8)、弹簧(9)与手触电极(11)电接触，分流电阻通过弹簧(13)与识别电极电接触，两电极之间设置一绝缘隔离层(12)。

(三)说明书附图的绘制

实用新型专利必须要有附图；发明专利一般有附图，但如果仅用文字就足以清楚、完整地描述技术方案的，可以没有附图。有附图的，应单独提交一幅从说明书附图中选出的、最能说明技术特征的一个附图，来作为摘要附图，附图的大小和清晰度应保证在该图缩小到4厘米×6厘米时，仍能清晰地分辨出图中的各个细节。

说明书附图应按照专利法实施细则第十九条的规定绘制。每一幅图应当用阿拉伯数字顺序编图号。附图中的标记应当与说明书中所述标记一致。有多幅附图时，各幅图中的同一零部件应使用相同的附图标记。附图中不应当含有中文注释，应使用制图工具按照制图规范绘制，图形线条为黑色，图上不得着色。

(四)权利要求书的撰写

应以说明书为依据，说明要求保护的范围。权利要求书应使用与说明书一致或相似语句，从正面简洁、明了地写明要求保护的发明或实用新型的形状、构造特征。

如：机械产品应描述主要零部件及其整体结构关系；涉及电路的产品，应描述电路的连接关系；机电结合的产品还应写明电路与机械部分的结合关系；涉及分布参数的申请，应写明元器件的相互位置关系；涉及集成电路，应清楚公开集成电路的型号、功能等。

它分独立权利要求和从属权利要求。当有多项权利要求时，应以阿拉伯数字按顺序编号，一般情况下第1项权利要求即为独立权利要求，余下为从属权利要求，需要对独立权利要求中的技术特征做进一步限定的，即为从属权利要求。

1. 独立权利要求的写法　包括前序部分和特征部分。

(1)前序部分。写明要求保护的主题名称以及与现有技术共有的必要技术特征；

(2)特征部分。使用“其特征是……”或类似的用语，写明区别于现有技术的独到技术特征。

前序部分与特征部分一起，构成了该专利申请要求保护的范围。一项发明或实用新型应当只有一个独立权利要求。

2. 从属权利要求的写法　包括引用部分和限定部分。

(1)引用部分。写明引用的权利要求的编号及其主题名称；

它们的书写格式为：“根据权利要求N所述的××××××，其特征是：××××××。”(其中N为权利要求书中的条款编号)。

(2)限定部分。写明要求保护的附加技术特征。从属权利要求应当用附加的技术特征，对所引用的权利要求作进一步的限定。

注意：权利要求中不得写入方法、用途及不属于发明或实用新型专利保护的内容；应使用确定的技术用语，不得使用技术概念模糊的语句，如“等”、“大约”、“左右”……；

权利要求书中使用的科技术语应当与说明书中使用的一致，可以有化学式或数学式，必要时可以有表格，但不得有插图。不得使用“如说明书……部分所述”或者“如图……所示”等用语。

例文：

1.一种试电笔。在绝缘外壳中，测试触头、限流电阻、氖管和手触电极顺序电连接，其特征是：测试触头与一个分流电阻一端电连接，分流电阻另一端与一个人体可接触的识别电极电连接。

2.根据权利要求1所述的试电笔，其特征是：分流电阻与限流电阻是一个一体的同心电阻，同心电阻中间圆柱部分为限流电阻，其外部圆管部分为分流电阻，圆柱部分高于圆管部分；识别电极为环状弹性金属片，其边缘向中心伸出的接触爪卡住圆管状分流电阻外表面，其外边缘伸出并附于绝缘外壳外表面。

3.根据权利要求1所述的试电笔，其特征是分流电阻与限流电阻平行设置，其间为绝缘隔离层。

第七章 诉讼文书

第一节 概 述

一、诉讼文书的含义

诉,就是用语言来申诉、告诉、控告;讼,就是用语言来主持公道和公理。诉讼,用通俗的语言来表达就是“打官司”,诉讼文书就是打官司用的文书。准确地说,诉讼文书就是公安机关、人民检察院、人民法院和公民、法人及其他组织,按照法律规定的诉讼程序,为解决各类刑事、民事、行政纠纷而制作的法律文书。

诉讼文书根据制作人的不同,可以分为两大类:一类由公民、法人和其他组织或法定代理人制作,不具备法律效力,但它是人民法院裁判的重要依据,如起诉状、上诉状、答辩状、申诉状等。本节主要介绍这一类诉讼文书。另一类是由公安机关、人民检察院、人民法院按照法律规定的诉讼程序为解决纠纷而制作的法律文件,如判决书、裁定书、抗诉书等。这类文件具有法律效力,但只对特定的人或事具有强制力和约束力。诉讼文书有别于法规文书,法规文书是指国家机关、团体、企事业单位根据法律和有关政策按一定程序制作的具有强制力、约束力的公务文书,它在一定的范围内具有普遍的约束力,影响要比诉讼文书广泛得多。

诉讼文书通过文字形式反映了行政、民事和刑事纠纷的客观内容,记载了行政、民事和刑事诉讼的过程和结果,是公民、法人和其他组织合法诉讼,公安机关、人民检察院、人民法院公正执法的重要依据和凭证,也是惩罚罪犯,保护公民的合法权益,实现依法治国,建设社会主义法治国家的重要手段。

二、诉讼文书的特点

诉讼文书作为一种法律文书,与其他公文相比有其特殊性。其主要特点如下。

（一）客观性

诉讼文书是一种严肃的法律文书，必须体现"以事实为依据"的原则。其内容必须符合客观事实，不能夸大，不能缩小，不能避重就轻，不能用"大概"、"可能"、"也许"之类的词句。事件发生的时间、地点、当事人、原因、结果都必须表达清楚。没有客观反映纠纷事实的诉讼文书，就不可能有客观、公正的诉讼。

（二）合法性

《程序法》对诉讼的程序作了十分严格的规定，诉讼文书作为公安机关、人民检察院、人民法院和诉讼当事人在诉讼过程中的文字依据，必须体现"以法律为准绳"的原则，本身要符合法律的规定。

（三）规范性

诉讼文书作为一种法律文书，每一具体文种都有规范化的格式和写法，包括若干基本要素，体例必须规范化。另外，诉讼文书中的习惯用语和法律用语都有独立、确切的含义，具有规范性的特点，不能随意乱用。

第二节　起诉状

一、起诉状的含义

起诉状是国家机关、企事业单位和公民为解决刑事、民事、行政纠纷而向人民法院递交的请求性法律文书。起诉状是引起诉讼活动的开始，也是人民法院审查、立案和受理案件以及被告人应诉答辩的依据。我国法律规定，人民检察院、任何公民、民事案件中的原告、刑事案件中的诉讼人和行政案件中的行政管理相对人，以及经济纠纷中的当事人，只要符合以下四个条件，均有权向人民法院提起诉讼：①原告是与本案有直接利害关系的公民、法人和其他组织；②有明确的被告；③有具体的诉讼请求和事实、理由；④属于人民法院受理诉讼的范围和受诉人民法院管辖。

二、起诉状的分类

根据纠纷性质和内容的不同，起诉状可以分为三类，即行政起诉状、民事起诉状和刑事起诉状。

（一）行政起诉状

行政起诉状是公民、法人或其他组织认为行政机关的具体行政行为侵犯了自己的合法权益，依照行政诉讼法的规定，向人民法院提起诉讼的法律文书。

（二）民事起诉状

民事起诉状是民事纠纷的原告为维护自己的合法权益，对侵害自己权益的侵权人或者争议的其他当事人，依照《民事诉讼法》的规定，向人民法院提起诉讼的法律文书。

（三）刑事起诉状

刑事起诉状是刑事案件的自诉人或人民检察院，按照《刑事起诉法》的规定，对被告提起诉讼的法律文书。刑事起诉状又可以分为刑事自诉案件起诉状和刑事公诉案件起诉状。

刑事自诉案件起诉状是指告诉才受理和其他不需要进行侦查的轻微刑事案件（包括侮辱、诽谤、暴力干涉婚姻自由、重婚等），由自诉人直接向人民法院提起诉讼，请求人民法院依法追究被告人的刑事责任以维护其自身合法利益的法律文书。

刑事公诉案件起诉状是指由人民检察院代表国家向人民法院对刑事被告人提起公诉而制作的法律文书。

三、起诉状的格式和写法

行政起诉状、民事起诉状和刑事起诉状，因其内容和性质不同，写作各有其自己的特点，但基本项目和格式大体一致，主要由诉状名称、原告和被告基本情况、案由、诉讼请求、事实和理由、结尾、附项等七个部分构成。

（一）诉状名称

诉状名称是指诉状的标题，即“行政起诉状”、“民事起诉状”、“刑事起诉状”三种。

（二）原告和被告的基本情况

起诉状一开头，就应写明原告和被告的基本情况。如是公民，则要写明姓名、性别、年龄、民族、籍贯、职业或工作单位和职务、住址；如有共同原告，则写明其他人的情况；如是法人或其他组织，则要写明单位名称、地址、邮政编码、电话号码、法人代表姓名、职务；如是企业，则要写明企业性质、工商登记号、经营范围、开户银行、账号等特定项目。如有不知道的项目可以不写，但作为起诉四要素的被告的名称（或姓名）则必须写。先写原告，再写被告。

（三）案由

案由是起诉案件的类别名称，如离婚、购销合同纠纷等。

（四）诉讼请求

诉讼请求指诉讼所要解决的具体内容，达到的具体目的。诉讼请求要明确、具体、合情、合理、合法。

（五）事实和理由

事实和理由是起诉状的主要部分，主要讲清楚案情的性质、来龙去脉、争执的焦点、是非责任。如是刑事案件，要写明案件发生的时间、地点、动机、目的、手段、行为过程及造成的后果；如是行政和民事纠纷，则要写明案件的发生、发展的具体情节和过程。对所述的事实应提供人证、物证和书证。理由部分的阐述，应在对事物叙述的基础上，辨明是非，援引相关的法律条文来说明起诉的合理性、合法性。

（六）结尾

结尾指正文部分写完后，另起一行空两格写上“此致”，再另起一行顶格写“×××人民法院”。右下方由起诉人签名盖章，注明起诉的日期。

（七）附项

这部分主要写明起诉状的副本、物证和书证等。

现将起诉状的基本格式示例如下：

×××起诉状

原告：×××（写明姓名、性别、年龄、籍贯、民族、职业或工作单位和职务、住址，如果是法人或其他组织，应写明名称、法人代表、地址、邮政编码等）

被告：×××（具体项目同原告）

案由：

诉讼请求：

事实和理由：

此致

×××人民法院

具状人：×××（签名或者盖章）

×年×月×日

附：

1. 本状副本×份
2. 物证×份
3. 书证×份

例文：

民事起诉状

原告：张××，女，35岁，汉族，系××省××局工人，现住××市××街××号。

被告：李××，男，38岁，汉族，系××省××市个体工商户，现住××市××街××号。

案由：离婚。

诉讼请求：要求依法判决离婚，儿子(10岁)由原告抚养，被告一次性补偿精神损失费30万元。

事实与理由：原告与被告系经人介绍认识，自由恋爱一年，于2001年5月结婚，并于2002年10月生下一子，感情尚好。被告原系××省××市政府机关工作人员，2003年7月下海经商，从事装潢材料买卖，起初经营不甚景气，只有少量盈余，从2004年起，因其经营有方，业务迅速扩大，收入颇丰。随着他腰包逐渐鼓起，各种恶习也随之染上，先是彻夜不归，说是生意忙，后是赌博，赌资有几万，曾被公安机关拘留、罚款三次(罚款收据附后)。经原告和原告父母、被告父母多次劝阻无效。特别是从2005年初开始，在原告下岗的情况下，被告不但不承担家庭的经济开支，而且干脆整月不归，音信全无，偶尔回家，嫌原告没本事、没出息，给原告身心造成极大的伤害。

综上，原告认为，被告不承担婚姻和家庭的义务和责任，丧失了作为丈夫和父亲最起码的良知，作为婚姻基础的感情已经破裂。为了使原告的身心不再受到伤害，能过上真正的家庭生活，故向法院起诉，请求依法公正判决。

此致

×××人民法院

具状人：张××(签名或者盖章)

2006年×月×日

附：

1. 本状副本×份
2. 书证×份

第三节　上诉状

一、上诉状的含义

上诉状是诉讼当事人不服第一审人民法院的裁判，按照法律的规定，在上诉期限内请求上一级人民法院撤销、变更原审裁判的一种请求性法律文书。上诉状是二审人民法院受理和审理案件的法律依据。

提起上诉是行政案件、民事案件和刑事案件当事人的合法诉讼权益，是二审程序的开始。我国的《行政诉讼法》、《刑事诉讼法》明确规定，诉讼当事人如果不服人民法院的第一审判决、裁定，都有权向上一级人民法院提起上诉。上诉需具备以下三个条件：

1. 必须在法定期限内提出上诉，逾期不予受理。

2. 必须向有关管辖权的上一级人民法院提起上诉，不能越级上诉。

3. 上诉状的内容必须明确，应针对一审判决的内容阐述自己的观点，提出一审人民法院所认定的事实和适用法律有错误的地方，以便要求上一级人民法院予以纠正。

二、上诉状的分类

（一）行政上诉状

行政上诉状是指行政诉讼的当事人，对一审人民法院的裁判不服，根据法律规定，在上诉期内向上一级人民法院提起上诉而制作的请求性法律文书。

（二）民事上诉状

民事上诉状是指民事诉讼的当事人，对一审人民法院裁判不服，根据法律规定，在上诉期内向上一级人民法院提起上诉而制作的请求性法律文书。

（三）刑事上诉状

刑事上诉状是指刑事诉讼的当事人，对一审人民法院裁判不服，根据法律规定，在上诉期内向上一级人民法院提起上诉而制作的请求性法律文书。

三、上诉状的格式和写法

上诉状和起诉状的结构大体相同，由如下七个部分组成。

1. 上诉状名称　上诉状的名称即标题，如“行政上诉状”。

2. 当事人的基本情况　介绍诉讼当事人（具体内容同起诉状），上诉既可以是原审原告提起，也可以是原审被告提起，因此，在“上诉人”和“被上诉人”后面必须指明是“原审原告”还是“原审被告”。因刑事公诉案件是由人民检察院提起的诉讼，所以刑事公诉案件没有被上诉人。

3. 上诉事由　上诉事由即上诉的案由，写明上诉人因何案、不服何人民法院何时几号的判决或裁定。

4. 上诉请求　上诉请求指上诉要求解决的事项，如要求撤销原判或部分撤销原判要求重新审理。

5. 上诉理由　上诉理由是上诉状的核心部分。上诉的请求能否成立，效果如何，完全取决于上诉理由说服力的强弱。如果说起诉状是以叙述为主的话，上诉状则是以论述为主，主要针对原审判决的错误或不当之处进行驳斥，可采用反驳论点、反驳论据、反驳论证等方法，以破为立，破立结合，在反驳中阐明自己的观点。

6. 其他　结尾、附项与起诉状相同。

现将上诉状的格式示例如下：

××上诉状

上诉人(原审原告或被告)：(写明姓名、性别、年龄、籍贯、民族、职业或工作单位和职务、住址，如果是法人或其他组织，应写明名称、法人代表、地址、邮政编码等)

被上诉人(原审原告或被告)：(具体内容同上诉人)

上诉事由：上诉人因××××一案(写明一审判决或者裁定书所列案由)，不服××××人民法院××××年×月×日(××)字第××号判决(或裁定)，现提出上诉。

上诉请求：

上诉理由：

此致

××××人民法院

上诉人：×××(签名或者盖章)

××××年×月×日

附：

1. 上诉书副本×份
2. 物证×份
3. 书证×份

第四节　申诉状

一、申诉状的含义

申诉状是指申诉当事人，对人民法院已经发生法律效力的判决、裁定，或者是人民检察院制作的不起诉决定书不服，向人民法院或人民检察院提出要求重新处理而写的请求性法律文书。提出申诉必须符合以下三个条件：

1. 提出申诉只适用于已经发生法律效力的判决和裁定，对尚未发生法律效力的判决和裁定不服，只能按上诉程序提出上诉。

2. 提出申诉，必须是与本身权益有关的公民、法人或其他组织。

3. 申诉可以向人民检察院、原审人民法院或原审的上级人民法院提出。

二、申诉状的分类

根据性质和内容的不同，申诉状可以分为行政申诉状、民事申诉状和刑事申诉状。

（一）行政申诉状

行政申诉状是指行政诉讼案件当事人对已经发生法律效力的行政判决、裁定不服，依法要求原审人民法院或上级人民法院再审的请求性法律文书。

（二）民事申诉状

民事申诉状是指民事案件当事人对已经发生法律效力的行政判决、裁定不服，依法要求原审人民法院或上级人民法院再审的请求性法律文书。某些特殊情况不能提出申诉，如《民事诉讼法》第181条规定："当事人对已经发生法律效力的解除婚姻关系的判决，不得申请再审。"

（三）刑事申诉状

刑事申诉状是指刑事案件当事人、受害人或亲属，对已经发生法律效力的行政判决、裁定不服，依法要求原审人民法院或上级人民法院再审的请求性法律文书。

三、申诉状和上诉状的异同

申诉状和上诉状都属于诉讼当事人对人民法院的判决或裁定不服，依法提起诉讼的请求性法律文书。两者不同之处有三方面。

（一）权利不同

上诉是法律赋予公民、法人或其他组织的一项诉讼权利，只要符合法律的有关规定，二审人民法院必须审理，并作出判决或裁定。申诉则是一项民主权利，收受申诉状的人民法院和人民检察院不一定受理。至于对人民检察院不起诉决定书的申诉，人民检察院则必须受理。

（二）程序不同

上诉是在判决、裁定发生法律效力之前，申诉则是在判决、裁定发生法律效力之后。

（三）时限不同

上诉有明确的期限，必须在法定的期限内提起上诉，期限较短。申诉则期限较长或无期限。如《民事诉讼法》第182条规定："当事人申请再审，应当在判决、裁定发生法律效力后两年内提出。"

四、申诉状的格式和写法

申诉状的写法和上诉状基本相同，由以下七个部分组成：

1.申诉状的名称　即申诉状的标题，如"行政申诉状"。

2.申诉人和当事人的基本情况　写法同上诉状。

3.案由　包括原审案件的案由、原审判机关的名称、审判时间、文号，并说明不服。

4.申诉请求　写明向人民法院或人民检察院请求的具体内容。

5.申诉的理由　写申诉理由可以根据不同案情而有所不同，重点写不服的理由，要注重用事实、法律条文来阐明原审原判的错误和不当之处，行文要有针对性，说理要有说服力。

6.结尾　写明申诉状递交的人民法院或人民检察院名称，申诉人签名盖章，具状日期。

7.附项　附项包括：

(1)申诉人如是在押的，要写明申诉人在押××××看守所(或监狱)。

(2)物证×份。

(3)书证×份。

现将申诉状的格式示例如下：

××申诉状

申诉人(原审原告或被告)：(写明姓名、性别、年龄、籍贯、民族、职业或职务、工作单位或住址)

被申诉人(原审原告或被告)：(写明姓名、性别、年龄、籍贯、民族、职业或职务、

工作单位或住址)

申诉人因×××一案,不服×××人民检察院于××××年×月日×作出的第×字第×号不起诉决定书(或不服×××人民法院××××年×月×日××字第×号判决或裁定),特提出申诉。

请求事项:

事实理由:

此致

×××人民法院(人民检察院)

申诉人:×××(签名或者盖章)

××××年×月×日

附:

1. 申诉状副本×份
2. 物证×份
3. 书证×份

第五节 答辩状

一、答辩状的含义

答辩状指行政、民事和刑事案件的被告和被上诉人针对起诉状或上诉状的内容,向人民法院递交回答和辩驳的法律文书。答辩状有如下特征:一是必须是被告或被上诉人提出的;二是必须在法定期限内作出书面答复,如逾期不递交答辩状,不影响人民法院审理;三是必须针对起诉状和上诉状的具体内容进行回答和辩驳。

二、答辩状的分类

根据案件审理的程序不同,答辩状可分为两类。

(一)一审答辩状

指一审诉讼中的被告,收到原告起诉状的副本后,在法定期限内,针对原告在起诉状中的事实、理由及起诉请求进行回答和辩驳的诉状。如一审行政答辩状。

(二)上诉答辩状

指行政、民事、刑事案件的被上诉人,在收到上诉人上诉状的副本后,在法定期限内,向二审人民法院提出对上诉状内容进行回答和辩驳的诉状。如民事上诉答辩状。

三、答辩状的写法

答辩状由以下几个部分组成。

(一)答辩状的名称

即标题，如“民事答辩状”、“行政上诉答辩状”。

(二)答辩人的基本情况

如被告或被上诉人是公民，则写明姓名、性别、年龄、籍贯、民族、职业或职务、工作单位或住址；如被告或被上诉人是法人或其他组织，则要写明单位全称和法人代表姓名、职务、联系电话、邮政编码等。

(三)案由

主要写明对原告或上诉人因什么案件起诉或上诉进行答辩。

(四)答辩的事实和理由

这是答辩状的关键部分，一般可以从以下三个方面进行答辩：一是从事实和证据方面进行说明；二是从适用法律条文方面进行回答和反驳；三是在前两项的基础上提出自己的答辩主张。

(五)结尾和附项

与起诉状、上诉状基本一致。

现将答辩状的格式示例如下：

××××答辩状

答辩人：(写明姓名、性别、年龄、籍贯、民族、职业或职务、工作单位或住址)

答辩人因原告(或上诉人)×××提起×××诉讼一案。现答辩如下：

××。

此致

×××人民法院

答辩人：×××(签名或者盖章)

××××年×月×日

附：

1. 答辩状副本×份

2. 物证×份

3. 书证×份

例文：

民事答辩状

答辩人：孙××，男，27岁，××市××区××商店营业员，住××区××路××号

被答辩人：王××，女，58岁，××市××区商店退休工人，住××区××路××号

答辩人因原告于××提起赡养诉讼一案，现答辩如下：

答辩人与被答辩人系养母子，彼此感情笃深，从无纠纷。答辩人自1993年5月结婚后，尽管妻子无工作，生活拮据，仍每月给付被答辩人50元赡养费；直到一年后即答辩人之妻生育，经济确实困难，被答辩人主动提出中止给付为止。因此，被答辩人诉答辩人"不愿尽其赡养扶助之义务"，实属不实。

答辩人尽管分居另过，仍于年节携礼探望被答辩人夫妇。尤其是当其患病或有较重活计时，从不推卸，始终恪守孝道，邻人皆知。由此也可以证明被答辩人所诉不实。

答辩人虽有报答被答辩人养育之心，但实无经济能力。答辩人因单位不景气，现月薪只有500元。妻子虽做些临时工，每日工资15元，但因家务牵累，不能坚持出勤。幼子（两岁）体弱，常需医疗（仅报销半费）和营养品，进街道托儿所又需月付80元托儿费；而被答辩人夫妇享有800元退休金，生活殷实，与答辩人家境相比，形同天壤。

至于被答辩人和答辩人之妻婆媳不睦，确属事实。近来争吵，本系被答辩人因琐事闯入答辩人室内，双方一时激愤，矛盾激化所致。答辩人虽未与被答辩人正面冲突，但为其对妻的行为，备感痛心。

综上，答辩人与被答辩人从无纠纷。被答辩人出于疼爱答辩人而自动中止索要赡养费。现答辩人虽应竭尽赡养之义务，但经济状况不佳，力不从心，请被答辩人宽容，等经济好转，立即依法履行义务。至于以其他方式扶助被答辩人，决不推卸。

特此答辩，请法院根据事实予以处理。

此致

××××人民法院

答辩人：张××（盖章）

××××年×月×日

第八章 新闻文体

第一节　概　述

一、新闻文体的含义和分类

(一)什么是新闻

什么是新闻？不同的文化背景，不同的意识形态，就有不同的回答。

在美国，麦尔文·曼切尔著的《新闻报道与写作》一书，引述了过去和现在新闻学家对新闻的一些解释。例如：

达纳在1869年至1897年主管过《纽约太阳报》，他说，新闻是“社会上大多数人感兴趣，而且在此以前从未对它注意过的那些事情”。

达纳的一个编辑提出了一个经典性的新闻概念：“狗咬人，不是新闻；人咬狗，才是新闻。”(注：这是达纳1882年办《纽约太阳报》时，他属下的采访主任约翰·B.博加特对一个青年记者说的)

另外一个新闻的典型概念是斯坦利·瓦利克尔提出来的。他是20世纪30年代初期《纽约先驱论坛报》的采编主任。他说，新闻是建立在三个“W”的基础上：“妇女(Women)、金钱(Wampum)和坏事(Wrongdoing)”。

其实，以上表述并非科学意义上的下定义，但他们的观点却集中地代表了西方新闻学的基本立场，即一切反常的、有刺激性的、人们好奇的事才是新闻。这种观点当然有其深厚的人文背景及经济基础，虽然他们对新闻定义的认识已侧重在“读者兴趣”上，但其实质仍不能脱离“利润”的操纵。

在中国，“新闻”这个词最早出现在《新唐书》。《新唐书》记载：初唐神龙年间(705年前后)，有一个叫孙处玄的文人曾说过：“恨天下无书以广新闻。”孙处玄曾投书当时执政的大臣恒彦范，评论时政得失，未被采纳，他就挂冠而去，可见他是个很关心时事政治的人。这样的人对没有书刊传播新闻(当时印刷术尚未应用于书籍)表示不满是理所当然的事。孙处玄这句议论竟被载入《新唐书》,说明尽管唐代还未完全具备传播新闻的条件,但人们已意识到需要报道这类新闻的传播工具。"新闻"一词在这里是指"最近消息"。

《现代汉语词典》释"新闻"为:①报纸或广播电台等报道的国内外消息,如新闻广播、采访新闻。②泛指社会上最近发生的新事情。

《辞海》对新闻的解释是:①报社、通讯社、广播电台、电视台等新闻机构对当前政治事件或社会事件所做的报道。要求迅速、及时,真实,言简意赅,以事实说话。形式有消息、通讯、特写、记者通信、调查报告、新闻图片、电视新闻等。②指被人当作谈资的新奇事情。如《红楼梦》第一回:"众人当作一件新闻传说。"

1943 年 9 月陆定一提出:"新闻就是新近发生的事实的报道。"

1981 年 8 月中宣部在京召开全国 18 大城市的报纸工作座谈会,其会议纪要对新闻定义作了新的诠释:

"新闻反映新发生的、重要的、有意义的、能引起广泛兴趣的事实,具有迅速、明了、简短的特点,是一种最有效的宣传形式。"

定语修饰的限制显然是考虑了"读者兴趣",同时也顾及到了"社会效果",这些是对陆定一定义的有效补充,然而其偏颇也是显而易见的。综合上述种种看法,我们不妨把新闻定义小结为:

"新闻是对新近发生或发现的有社会意义的能引起广泛兴趣的事实的传播。"

明确了新闻定义,我们再来区别广义的新闻与狭义的新闻。广义的新闻包括消息、通讯、特写、调查报告、新闻评论等,是报纸、广播、电视等媒体中常见的报道体裁。狭义的新闻专指消息。

(二)新闻文体写作的含义和分类

新闻写作是指作者把采访中搜集到的材料、信息,通过文字写作制成一定体裁的新闻作品的过程。

从宏观上讲,新闻作品主要有两大类:新闻报道与新闻评论。因此,新闻写作也有广义与狭义之分。广义上的新闻写作,包括新闻报道与新闻评论写作。狭义上的新闻写作,一般指新闻报道方面各种体裁的写作。

随着新闻传播事业的发展,在新闻报道与新闻评论这两种文体之间,逐步呈现交叉、渗透与融合趋势。例如纸介媒体近些年来大力发展的深度报道,在写作上的一个重要特色就是叙述与评论的有机结合。而这种趋势在一些电视新闻节目中更加明显,例如中央电视台新闻评论部的名牌栏目《焦点访谈》,其中的不少节目,夹叙夹议,都是在新闻报道过程中进行新闻评论。

海内外都有一派学者主张从广义的角度把握和论述新闻写作,在他们撰写的有关专著或教科书中,新闻写作既包括新闻报道的写作也包括新闻评论的写作。

我国以往的新闻教科书基本都是按照狭义新闻写作的范围界定的。本章所述的主要内容是怎样写好新闻报道，并以纸介媒体新闻报道的写作为主，重点讲授消息与通讯两大新闻报道体裁的写作要领。

新闻文体的具体分类，一般是以体裁来分的。按照体裁分，可以分为：

1. 新闻报道文体类　有消息、通讯、新闻述评三种体裁。它们着重报道新近发生的、为人民群众共同关心的重要事件或现象。

2. 新闻评论类　新闻评论类是新闻文体中一个大类。这类文章以新近发生的事实、现象、问题为评论对象，包括社论、编辑部文章、评论、短评、编者按(或编后)等。

二、新闻文体的作用

(一)宣传教育作用

新闻文体首要的一条就是通过传播文章发挥宣传教育的作用。因为人们生存在社会上，为了学习、工作和生活，都需要不断吸收新事实、新知识、新思想和新观念，以增长见识，提高水平，扩大行动的自觉性，增强行动的实际效果。

(二)反映和引导舆论作用

社会舆论是社会上广大人民群众对当前社会某个事物的共同的、一致的意见，这种意见的力量是无形的，并且具有权威性，像是看不见的空气。我国社会舆论主要是围绕党和政府的方针、政策，以及机关、企事业单位及其工作人员的作风展开的。在这些舆论较为敏感的问题上，传播文体要代表社会舆论进行反映和监督，也要指导或引导社会舆论正确对待和处理。这样使广大人民群众意识到大众传播既是作为党政府的喉舌，也是人民自己的喉舌；意识到大众传媒既可以代表集体的、多数人的正确的意见，又可以劝导、纠正某些人的不正确的愿望。大众传媒把社会上少数人的意识引导到多数人的社会舆论的洪流中，铸成大众的意志，共同前进，这是传播文体的作用之一。

(三)工作上的指导作用

新闻文体还有一个直接的目的，即工作上的指导作用。新闻文体叙述、评论最近社会上发生的事件、现象和问题，使人民群众从中也得到经验、认准方向、懂得做法，这就是指导作用。评论不仅直接地指出某项工作中的经验和问题，并且提出如何应用经验或解决问题的方法，因而其指导作用更强烈、更鲜明。

(四)生活上的服务作用

有人说，大众传播媒介或新闻事业的指导作用，也就是它的服务性。其实这话不准确。指导作用和服务作用虽然有联系，两者却不是一回事。一般的来说，指导性或指导作用偏重于工作上的指导，它最先提出来，是与党报的任务分不开的；而服务性或服务作用，则是近三十年才提出的口号，偏重于新闻文体在政治生活、经济生活、文化生活以及其他生活领域中，能够照顾群众的共同兴趣，想群众所想，急群众所急，全心全意为人民服务。除了新闻文体应体现这个方针以外，传播媒介上也出现了服务性栏目和节目，其设立的精神也就是加强服务性，如医药、卫生、健康、体育、文学艺术、饮食、服饰、汽车文化等，都具体体现了传播媒介的服务作用。

三、新闻文体的特点

（一）公开性

新闻文体一般无保密内容，其受众是社会任何成员，具有公开报道、公开张贴、公开散发的特点。

新闻文体的目的是为了告诉受众要了解的现实性信息，帮助受众正确判断形势，扩大知识，以提高自己社会行为的效益；是为了宣传、贯彻党的方针、政策，激励、鼓动群众努力实现、完成某项任务或工作。所以，除仅供内部人员阅知的材料外，它根本无须保密；恰恰相反，越是公开传播，受众人数越多越广，就越能发挥传播的社会作用。

（二）真实性

真实性是新闻文体的生命。新闻必须完全真实。新闻一旦失实，它的生命也就终止。评论也必须叙述真实，做到客观、真实、公正和全面。否则，不仅达不到传播的目的，反而会使传播媒介和作者的声誉丧失殆尽，产生传播上的负效应。

（三）针对性

新闻文体就总体而言是面对全体社会成员的，无所谓针对性；但是就某一篇特定的传播文章而言，却大多是针对不同社会阶层的。传播对象有性别、年龄差异，又有文化层次高低的不同，所从事的职业也千差万别。特定的群众决定了传播文体的针对性，而一切好的传播文章都应该有的放矢，根据特定对象的兴趣特点和生活需要，确定该说什么、怎么说、说多少。

（四）时宜性

时宜性包括迅速及时、适应时需、讲究时效三个方面。这对新闻报道类文字都很重要。新闻文体是有时间性的文字。从广义角度理解这个时间性，它包括时差、时效、时宜三个方面。时差就是所述事件发生至发表报道文章之间的时间间隔。时效就是遵循“时间就是效益”的原则，迅速及时地写作发表，以达到及时传递信息，取得最佳效果。时宜就是掌握好时机，文章发表在火候上，既避免超前空喊，又避免放马后炮。

(五)可读性

一般新闻文体都有新鲜活泼、通俗易懂、生动形象、引人入胜的特点。新闻文体让事实说话,或者说首要任务是报道事实、澄清事实、说清事实,同时又能引人入胜,新鲜有趣,生动活泼,为广大群众所喜闻乐见。如果传播文章写得艰涩难懂,或混淆不清,就不能达到预期的传播效果。

四、新闻文体的写作要求

(一)明确传播意图

熟悉传播事物一切方面,抓准其特点,明确传播文章的意图,这是写好新闻文体的基本点。因此下笔之前就要明确向自己提出几个问题:为什么目的一定要写这篇文章?这个目的是否正确?是否合乎时宜?要达到目的的现实可能性取决于什么?这些问题如果都能回答清楚,心中有数了,那就可以说你的传播意图已经明确了。

但是只有明确的目的还不够,因为这个目的还只是作者根据客观需要和可能而选定的主观意图;为了实现这些意图,需要特定的材料(具体的事实或事物)。因此进一步的环节就是要把主观意图和客观事物联系起来,抓住事物的特点,选好符合传播意图的角度,明确记述描写的重点,这才可能写好各种传播文章。

(二)熟悉传播对象

新闻文体是根据一定目的,通过某种方法传播信息以影响他人的意识和行为的文章,因此它的传播效果主要不在于作者说了些什么,而在于读者怎样理解,理解多少以及能在多大程度接受文章的事实和作者的主旨。这就要熟悉传播对象的情况,做到心中有数,有的放矢。而为了使读者尽可能理解文章的事实和作者的主旨,首先就要分析读者对象——他们属于什么阶级、阶层以及职业、年龄、文化程度、兴趣和需要,等等。然后有针对性地考虑文章该怎么写,以求其对文章的事实和作者的主旨理解得更多一些,支持得更大一些。不看对象,自讲一套,这样的文章就不可能达到传播目的。

(三)正确选择传播媒介

传播媒介是多种多样的,由于媒介的特点不同,其长短优劣也就不同。如广播通过声音传播快而广;电视通过屏幕作为媒介体,有直觉直观性,生动形象,且我国电视正趋向普及,它们的优势在于速度快,覆盖面广,不同文化层次的人都可以听懂看懂。然而从另一面说,广播信息或屏幕信息往往瞬息即逝,不便反复琢磨,易于遗忘。报纸以书面文字为主传播信息,白纸黑字,可以多次反复阅读,领会精神实质。但是报纸的发行有一定范围,不如广播、电视接收面广,时效上也稍慢一些;另外阅读报纸还要受文化素质的制约,对于不识字或识字很少的人就大成问题。

总之，写传播文章要根据传播媒介的特点，扬长避短。

（四）行文注意实事求是，讲究传播艺术

传播文章的语言文字，生动活泼，引人入胜是必要的，但是避免过分夸张藻饰，以免在公众中引起逆反心理。新闻文体既然是为了传播消息，借以影响他人的意识和行为，那么真实可靠、实事求是本身就应作为它的基本属性。刻意雕琢，哗众取宠，夸夸其谈，言过其实，可能得益于一时，但从长远看，只会适得其反，引起读者反感。新闻失真就会失去受众的信任；评论言过其实，读者就不会接受。凡此种种，都是传播文体写作中所必须注意的。

（五）学点传播心理学，运用心理规律

传播心理学是研究受众在接受传播信息过程中的种种一般性心理规律的学科。例如人们最为熟悉的逆反心理效应，就是一条重要规律。它说明，一件事或一个思想尽管很好，讲多了，不断重复，就会使受众感到乏味，甚至产生疑心，直到发生心理上的反感，越讲越达不到传播目的。相反，启发引导，适可而止，有时更能获得受众的信任。诸如此类的心理规律，学一点，应用于写作中，一定会有好处。

第二节　消　息

无论是在报纸、电视、广播还是新近崛起的“第四媒体”上，消息都占有相当重要的地位。尤其是在关于重大事件的报道中，具有“短、平、快”特征的消息更是占有绝对优势。当人们对某种信息的需求极其迫切时，消息往往是人们获取信息的第一选择。消息因其篇幅短小、时效性强、信息密集，常以“快速反应部队”的面目出现，在新闻文体群中占有重要的地位。

一、消息的含义

什么是消息？《新闻学大词典》的定义是：“以最直接、最简练的方式报道新闻事实的一种新文体，是最经常、最大量运用的报道体裁。狭义的‘新闻’概念即指消息。”消息是新闻文体中的一种使用频率很高的文体。

在各种新闻文体中，消息对新闻事实（事件）的报道是最为迅速，最为简洁的。它常常以最强的时效性告诉受众发生了什么新闻事实（事件），有关的通讯常常成为消息的后续报道。消息报道新闻事实（事件）的方式，是撮要式的，往往是倾力突出重点，而不及其余（一般情况），或对此仅是简单提及。就此而言，消息是关于新闻事实（事件）的最为快捷的、撮要式的报道。

二、消息的分类

对消息进行分类，可以有多种标准和方法。以篇幅长短作为标准，可将消息分为长消息、短消息、简讯、一句话新闻等。以结构是否完整为标准，可将消息分为结构完备的消息和结构不完备的消息。以报道的内容作为标准，可将消息分为经济消息、时政消息、文娱消息、体育消息，等等。现在国内通常根据写作特点的不同，把消息分为以下几种。

（一）动态消息

动态消息是指对国内外新近发生的新事物、新情况、新成就、新现象的及时报道。这是最常见的消息，是就刚刚发生或正在发生的新闻事实（事件）所做的最具有时效性的报道。在具体操作中应抓住两点：一是关注事实的从无到有（其间体现出新闻价值）；二是关注事实的从有到变（在变中体现出新闻价值）。

（二）综合消息

综合消息是指综合反映一个带全局性的情况、动向、成就和问题的报道。它往往并不停留在一厂、一店、一村、一校，而是记者就某一现象或问题，在比较广阔的空间范围内进行采访，在此基础上经过综合写成的消息。当然，它完全可以是从某一件具体的事、某一个具体的人切入，但在报道过程中，不可拘泥于具体的人和事，总是体现出宏观报道的色彩。

（三）述评消息

述评消息是一种兼有新闻评论与消息两者特点的报道形式。“述”是对新闻事实（事件）所进行的叙述；“评”是对新闻事实（事件）所做的分析评论。在这种文体中，新闻评论的特点体现在对某些发人深省的事实（事件）进行的就事论理的评析上；消息的特点体现在为受众提供具有新闻价值的信息上。撰写这类消息，关键在于促成“述”和“评”的有机结合：以对新闻事实（事件）的简要的、抓住要点的叙述，为评述奠定坚实的基础；以对新闻事实（事件）的言简意赅的评析，对报道进行理性升华。

三、消息的结构形式

消息的结构形式指的是消息中新闻材料的安排方式，也叫构思方式。它是记者对新闻事实某种内在秩序的认识及所采取的表达方式。

（一）消息的倒金字塔结构

倒金字塔结构是一种以新闻价值的大小来排列新闻事实的文体结构。从以下我们可以清晰地看出倒金字塔结构的架构方式。（如图 8-1 所示）

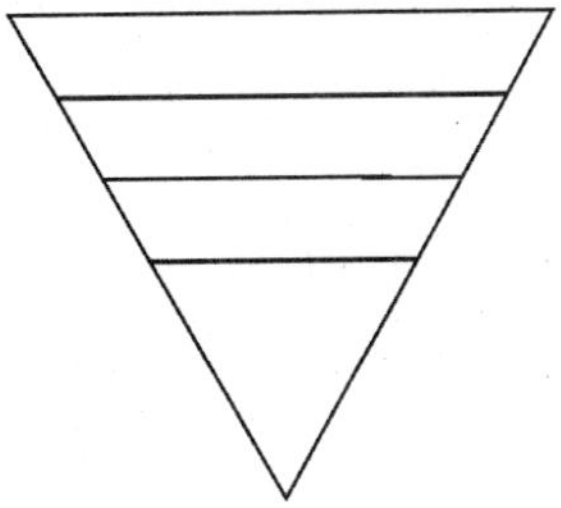

图 8-1　消息的倒金字塔结构

例文：

“零”的突破

新华社洛杉矶 7 月 29 日电　中国在奥运会历史上“零”的纪录的局面今天 11 时 10 分被中国射击选手许海峰突破。许海峰以 566 环的战绩获得男子自选手枪冠军，夺得本届奥运会的第一块金牌。

中国体育代表团副团长陈先在许海峰获得金牌后对新华社记者发表谈话说，这对中国运动员是极大的鼓舞。这是中国在奥运会上得到的第一块金牌，实现了“零”的突破，在中国体育史上有深远意义，他表示感谢运动员和教练员作出的努力。

许海峰今年 27 岁，是安徽省供销社职员，他在获得金牌后对记者说，这不是他最好的成绩，只不过是正常发挥技术，他的最好成绩是 583 环，他表示要不骄不躁，继续努力争取今后取得更大的成绩。

在这篇报道中，记者正是按照倒金字塔结构来排列新闻事实的。“许海峰以 566 环的成绩获得男子自选手枪冠军，夺得本届奥运会第一块金牌”，这一事实是这条消息中最核心、最重要的事实，放在导语中；陈先的讲话比夺得第一块金牌这一事实次要，但比许个人讲话及许的出身职业等情况又重要，所以放在第二段；最次要的放在第三段。这样做的好处非常明显：读者可能中途放弃阅读，但起码已经看到了消息的主体部分，记者达到了传播新闻信息的目的。

即使记者使用非倒金字塔结构来建构自己的新闻文体，也常常需要结合使用倒金字塔结构。例如，在异国见闻一类的新闻报道中，记者通常会采用时间或空间结构来建构新闻文体，但即使如此，他们仍然把最有吸引力的新闻点放置在每一段报道的最前端，而不是湮没于报道中部的不显眼之处。

（二）消息的非倒金字塔结构

除了倒金字塔结构外，消息还有一些其他形式的文体结构，它们被统称为非倒金字塔结构。非倒金字塔结构包括了以下几种结构形式：

1. 时序结构　这种结构与倒金字塔式结构相反，它按照时间顺序来安排事实，先发生的放在前面，后发生的放在后面。这种写法如同讲故事，开头比较一般，随着情节的步步推进，事件高潮在后面出现。因此，它适合那些故事性强，以情节取胜的新闻，尤其适合写现场目击记。美国合众国际社记者梅里曼·史密斯1964年获得普利策国内报道奖的作品《我看见历史在爆炸……》就是以时间顺序结构的名篇，它依次报道了肯尼迪被刺期间发生的各种事。摘录如下：

合众社国际社华盛顿11月23日电　这是一个十分迷人、阳光和煦的中午，我们随着肯尼迪总统的车队穿过了一条漂亮的公路，这条路蜿蜒地穿过一个像是公园的地方。

我当时就坐在所谓的白宫记者专车上，电话、三名记者……突然我们听到三声巨响，声音听起来十分凄厉。第一声像是爆竹声，但是，第二声和第三声毫无疑问就是枪声。

大概离我们约150到200码前面的总统专车立刻摇晃起来，我们看见装备有防弹罩的总统专车后面的特工人员在专车前乱作一团。说时迟，那时快，只见那辆巨型防弹车和警卫车马达轰鸣，飞快驶开。我们冲着司机大叫："快跟上，快跟上。"我们的汽车一个急转弯，绕过约翰逊的座车和他的警卫车，沿着公路猛开下去，死死盯住总统专车和后面特工人员警卫车。这车拐过一个弯就消失了，我们的车也拐过这个弯，一下子冲进了医院。我跳下汽车，飞跑到防弹轿车前。

总统在后座上，脸朝下，肯尼迪夫人贴着总统的身体，用双手紧紧地抱着他的头，像是在轻声呼唤他。库纳利州长仰面朝天躺在车里，头和背都靠在他夫人奈丽的怀里，奈丽不停地低着头抽泣，眼泪都哭干了。鲜血从州长的前胸不断流出来，我未能看清总统的伤口，但是看得见溅在轿车椅背上的一摊血迹；我还能看清总统深灰色外衣被鲜血染红，这块污痕在不断扩大……

由上述作品可见，时间顺序结构，叙事条理清晰，现场感强，但是其最大缺点是一开头太平淡，往往不能吸引人，消息中的精华往往淹没在大篇叙述中，必须耐心读完全文，才能了解事件的真相。

2. 悬念式结构　悬念式结构是一些喜爱挑战传统的记者所偏爱的样式。他们往往不愿在报道的开头直接展示事件的真相，而是先给出一个谜，然后引导受众在报道所披露的调查材料中寻找答案。对于部分同样乐于解谜的受众来说，这样的结构的确能够引发他们的好奇心，达到其他文本结构难以达到的效果。

在使用这种结构进行报道时必须注意两点：

一是新闻题材本身具有悬念效果。如果报道题材本身没有任何悬念，就不要刻意运用悬念式结构，否则，被勾起好奇心的读者最后会因为发现自己被愚弄而深感恼怒。作者虽然依靠故弄玄虚达到了引导阅读的目的，但却损害了媒体的公信力。

二是在悬念的层层解读中必须及时给出每一步的关键性事实，如果没有做到这一点，就很容易让受众无所适从。

3. 并列结构　并列结构是文本的几部分内容同时并行的一种结构。在同一主题下，需要同时并列出示两个或几组材料时，采用并列式结构。例如：

朝鲜式的“双城记”

平壤和首尔都像火中凤凰一样，从同一次战争的废墟中复活了。这两个城市都遇到轰炸、浩劫，都毁于战火，在朝鲜战争中，平壤两次易手，首尔三次。战争发生在五十年代初期，现在，平壤和首尔都已经死而复生了。它们地处亚洲同一个半岛上，各种制度截然相反……

上文交替介绍两地情况，但主题都是“死而复生”。

四、消息的体例格式

消息通常由标题、导语、主体、背景和结尾四部分构成。

(一)标题

画龙难，点睛更为不易。有人将标题称为“点睛”艺术。在报纸媒体上，消息的标题较之消息的其他部分更为显眼。标题是消息的眼睛，是对消息内涵的高度概括和浓缩。标题是一门艺术，也是一门学问，“题好一半文”，好的标题是作者智慧的结晶。

1. 消息标题的种类　标题由引题(或者叫眉题、肩题)、正题、副题(或者叫子题、辅题)等构成。引题的位置在正题之上，它用来介绍背景，渲染气氛，揭示意义，引出正题。正题是新闻标题的本体，用来概括新闻中的主要事实，揭示其意义。它既提挈新闻全文，又浓缩文章，要求明确、简练、突出。副题居于正题之下，它紧随正题，常常对正题所概括的事实做一些补充性的说明，或交代正题的来源，或补充新闻要素，或是点明新闻的意义以加强表达效果。

消息标题共有四类。

(1)完全式标题。这类标题有正标题，也有引题和副题。这类标题适用于重大事件、重要因素较多的消息。因为其过于沉重、冗长，一般消息不用。如：

(引题)车辚辚,马萧萧,凯歌贯云霄

(正题)最可爱的人回来了

(副题)安东举行盛大欢迎会和欢迎宴会

这是一篇关于赴朝作战的中国人民志愿军凯旋的报道的标题。引题以写气氛进行烘托和渲染,为主要新闻事实的出场引路。“车辚辚,马萧萧”,既写出了热烈喧闹的场面,体现出强烈的音响效果;又是化用成句,以原本带有离别哀情色彩的诗句写志愿军凯旋的乐景,当属成句的妙用。如果删去引题,这组标题只能说是平平。正题的妙处在于:仅用 8 个字,就将新闻事实交代得明明白白;用“最可爱的人”指称中国人民志愿军将士,既形象生动又准确恰当,很好地发挥了借代修辞的作用。副题对正题所叙述的事实做了进一步的补充,“欢迎会”和“欢迎宴会”并未重复,而是用得相当精确。最后,三个标题合而为一个整体,体现了很高的水准。

(2)正引式标题。这类标题由引题和正题构成。如:

(引题)央视喜剧小品大赛颁奖晚会直播现场惊人一幕

(正题)赵本山,当众发难央视

这是 2004 年 1 月 6 日的《文汇报》对发生在 1 月 4 日晚首届 CCTV 喜剧小品大赛颁奖晚会直播现场一番风波所作报道的标题。在这一类标题中,如果光有引题,使人不容易读懂究竟发生了什么事;光有正题,虽说也能传递主要新闻消息,但总还是缺少一点视觉冲击力。将两者合起来,就产生了虚实相生的效果。

(3)正副式标题。这类标题由正标题和副标题构成。在这一类标题中,正题已经展示了主要新闻事实,副题不出现应无大碍;但如能发挥副题补充交代新闻事实的作用,效果似乎更好。如:

(正题)58 名工程院新院士“水落石出”

(副题)平均年龄 62 岁,外籍院士分别来自塞黑、日本、俄罗斯和美国;上海新增 4 位院士

(4)主标式标题。只有一个主标题,这是短讯、国际消息采用最多的标题形式。其特点是:在简短的文字之中触及新闻的主要事实,而且多数是由一个完整的句子构成。例如,报纸所刊登消息的标题:

拉宾遇害　举世震惊

北约野蛮轰炸我驻南使馆

国家科技奖已设特等奖

今年针对十大行业监督检查“诚信.维权”

在以上四例所列标题都采用了完整句子的方式,文字可谓相当凝练,表达的意思一目了然。最后一例,其意思大致得到了表达,但监督主体未出现在标题中,总

是一个缺憾。

2. 消息标题的写作要求

(1)准确。这是写作消息标题最基本的要求，即要准确概括消息的内涵，或传达信息，或揭示题旨。一要题文一致，不要题文脱节；二要掌握分寸，不能“以辞害义”；三要水到渠成，不能牵强附会。要注意辨析词义，切忌生造谁也不懂的词，也不能滥用简化。

如《不恋“天南海北”主动申请到“新西兰”》看了标题，让人如驾云雾，不知所以然。其实这里的“天南海北”指天津、南京、上海、北京，“新西兰”指新疆、西藏、兰州，但这样组合到标题中显然是不合适的。

(2)简洁。标题是点睛之笔，用墨不需多，但需精，要剔浮词、去空话，以最少的言语传达尽可能多的信息。标题是新闻的眉目，更应做到简洁，作者要以精简的语言勾勒出新闻的精华，使人一目了然。

(3)生动。标题要力求生动。生动性表现为形象性，要善于运用各种修辞手法、表现手法，有道是：螺蛳壳内做道场，尺水之上可兴波。消息标题应矫若游龙，力戒平铺直叙，借滴墨掀波澜，在标题中显示文意的曲折和回环，让读者一见钟情，拍案叫绝。

(4)鲜明。媒介对新闻事实的态度，就体现了鲜明的导向性。不是所有的标题都态度鲜明，一般要公平客观，但对一些具有鲜明政治新闻题材的报道，其标题应是非分明，敢褒敢贬，又有分寸。

(二)导语

导语是一篇消息的先导，位于消息正文的开头。它在消息文本中有着举足轻重的重要作用。在当今时代，资讯从总体上说呈过量传播状态，媒体和新闻从业人员深知吸引受众眼球的重要。对于消息来说，写好导语是吸引受众眼球的重要方法。

1. 导语的含义　导语位于消息文本的开头部分。它用最精粹的文字，写出消息中最重要、最新鲜的事实，以揭示题旨、制造悬念，唤起读者的阅读兴趣。因此导语在消息写作中具有极为重要的意义，在一定程度上，它是决定一篇消息成败的关键。

它和一般文体的开头有所不同，并不用来介绍事由、缘起，也并不只是起导引作用。消息的导语，从形式上看，它是文本的第一自然段(如果整篇消息只有一个自然段，那么导语就是开头的第一句话)；从内容上看，它必须对新闻事实(事件)用言简意赅的语言加以概括；从功能上看，它必须对所报道的新闻事实(事件)进行浓缩、提炼、展示其最新鲜、最精彩、最重要的部分，对受众形成看一眼就被吸引的力量。因此对于消息来说，导语并不是一般意义上的文本开头，而是文本中新闻信息特别集中、价值含量特别高的部分，是“浓得化不开”的部分。

导语是消息的核心所在，这并不是故弄玄虚之辞。一条好的导语让读者感到眼前一亮。如果导语平庸，性急的读者就可能因为最初印象不佳而将注意力转到特别的报道上。在倒金字塔结构中，导语的任务是让读者了解基本的新闻事实和关键信息。而在非倒金字塔结构中，导语不一定要说出基本的事实，它的作用是紧紧抓住读者的心，引导他们继续往下阅读。

2. 导语的特点

(1)用生动的语言展示事实的最具有新闻价值的部分。导语不管用什么方式写成，通常都必须做到这一点。事实(事件)具有新闻价值，是读者对此予以关注的依据。事实(事件)的新闻价值高，它就会广受关注；相反，它绝不会受到广泛关注。因此，新闻记者在进行新闻报道的过程中，要选择具有新闻价值的事实(事件)加以报道，通常要在导语部分就展示事实(事件)的新闻价值。如果所报道的事实(事件)颇有新闻价值，而导语部分又并未展示其新闻价值，就很难吸引读者继续往下阅读。

请看个案："大自然用1亿年的时间造就了蓝鲸，而人类只用50年的时间就将它毁了。"上述事实的新闻价值就在于：大自然造就蓝鲸物种之难、时间之长，与人类毁灭这一物种之易、时间之短，构成鲜明的、令人震惊的对比。人们无法不继续关注这一触目惊心的事实。

(2)用简洁的语言道出新闻事实中读者最感兴趣的部分。有时，一篇消息所报道的新闻事实(事件)涉及诸多方面。而读者感兴趣的只是其中一个方面或一个部分。导语应当将读者最感兴趣的那一方面或部分，放在醒目的位置特别加以突出。也就是说，写作导语的时候，要牢牢把握读者的兴趣点，其他的相关内容完全可以放到消息的主体部分加以叙述。在消息爆炸的今天，导语做到这一点显得特别重要。

(3)用明晰的语言讲述新闻事实所体现的鲜明特点。消息报道的新闻事实(事件)有些有着鲜明的特点。正是由于这些特点的存在，此事实(事件)才能与他事实(事件)相区分，此事实(事件)才能给读者留下特别深刻的印象。因此，在撰写导语的时候，语言要简明、清晰、易懂。

3. 导语的类型

(1)归纳性导语。当报道的事件本身就深具吸引力时，大多数记者会选用归纳性导语，把事件的大概力求简明地告诉读者。如1995年中国新闻奖获奖作品《上海家化公司好气魄1200万买回美加净》，用的就是归纳性导语：

> 曾经是中国化妆品第一品牌的美加净化妆品牌，4年前曾卖给一家著名的合资企业经营，现在又被原主——上海家化联合公司以每年支付1200万元人民币的代价"买"了回来。到昨天为止，重归上海家化的"美加净"销售额已突破1.2亿元。

短短90余字的一条导语，把4年间“美加净”品牌失而复得的一段经历概述出来。

(2)描绘性导语。顾名思义，描绘性导语要写景状物，开头就要出现画面，出现镜头，具有可视可感的效果。描绘性导语最大的优点是先声夺人——它能够绘声绘色地在读者心中形成一幅图画，对记者所描写的人物或场景，留下深刻的印象。如被收入《2001美国最佳新闻作品集》的《康涅狄格博彩公司员工横冲直撞致5人丧生》一文的导语：

作为一名会计，他是一个爱寻衅吵架的家伙，他在餐桌上也放了一把利刀。他与父母住在一所穿越无峰驼牧场的灰色的小房子里，门前立着一块标牌告诉来访者：“擅入者格杀勿论，侥幸者会再吃枪子儿。”

(3)叙述性导语。即用直接叙述的方法，用简练明快的语言，开门见山，直接表述，把最重要、最新鲜的事实一下子呈现在读者面前。大多数消息，尤其是动态消息，多采用这样的导语。如刊登于2003年3月10日《21世纪环球报道》的报道《微软源代码备案：不可能完成的任务？》就采用了叙述性导语：

3月6日上午，北京市雪莲羊绒股份有限公司计算机中心负责人徐静告诉《21世纪环球报道》：公司现在正在考虑，如果年内政府不出台有关规定，他们就放弃现在正在使用的微软产品，采用Linux或是其他操作系统。

从某种程度看，叙述性导语很像是在讲故事，在一些比较抽象或是离读者的经验比较远的报道领域中使用叙述性导语，用主人公的遭遇来解释报道主题，可以使报道内容更具有接近性，变得生动、具体，方便阅读。

一些报道非突发性事件的新闻往往采用叙述性导语来作为开头。这是因为，在很多此类报道中，其披露的结论往往不像突发事件那么具有爆炸性。为了吸引读者的注意，记者们想出了各种办法来增强这一类消息的可读性。使用叙述性导语讲述当事人的经历，借以吸引读者的注意力，是一种行之有效的方法。

(4)设问式导语。故意在开头提出某个引人注意的问题，然后加以解答。这种导语有一点议论色彩，而又紧紧围绕关键的新闻事实展开，往往能引起读者的关注。写好这类导语，一要提高提问的质量。所设之问，其答案应是鲜有人知的。二是答案既要鲜有人知，又要是读者有兴趣知道的。三要有疑而问，注意针对性，不要故弄玄虚；但是不要连续设问，一般以一个为宜。如：

一架飞机能从宽仅14.62米的巴黎市中心的凯旋门门洞中飞过，谁会相信？法国人不相信，巴黎市警察局也不相信，但这却是真的。

以上设问，是符合确保质量的要求的。必须顺便提及的是，这则导语在提问以后并不急于转入主体，而是通过“法国人不相信，巴黎市警察局也不相信”进行加码、蓄势，如此行文堪称老到。

4. 导语的写作要求

（1）概括内容，提供有效信息。在通常情况下，导语都要对全篇消息的内容进行精当的概括。读者只要读完导语，就能大致了解全篇报道的内容。就此而言，导语相当于消息的内容提要（当然它的写法要比内容提要讲究得多）。因此，导语部分就应当把整篇消息的精髓呈现在读者面前。善于提取新闻事实的精华，并进行准确生动的概括，这是导语写作的基本要求。

（2）展示亮点，吸引读者眼球。消息的导语，应当有自己的亮点。这主要包括两层含义：一要致力于发现新闻事实（事件）本身的亮点。亮点往往与新闻价值紧密相连。新闻价值是某些事实（事件）所固有的一种素质。面对具有新闻价值的事实（事件），并不是任何记者都有同样的发现。要有所发现，这有赖于记者的新闻敏感度。二要致力于以令人耳目一新的方式撰写导语，从而形成某种"亮点"，也就是说，导语的制作要能给人带来新颖之感，新鲜之感。

（3）设置悬念，激起阅读兴趣。也有一部分消息导语，并不采用读此一段、全篇了然的方法写成，而是在读者最感兴趣的地方设置悬念，形成"卖关子"之势，所走的是与在开首处将精华和盘托出相反的路，常常能收到意想不到的效果。如消息《"蓝军"狡诈难抵"红军"面子》，导语是这样写的：

> 瞄准实战练兵的口号喊得如雷贯耳，然而演习场上"败"临头，"红军"依然不敢接受，看来面子情结仍是"打赢"的大敌。1月4日，率部扮演"蓝军"与"红军"部队进行8场对抗演习的"蓝军司令"、某装甲旅副旅长李启发，面对记者采访语惊四座："'红军'必胜的观念根深蒂固，'蓝军'施威阻力重重，我们面临的最大难题不是如何在演习场上战胜对手，而是难破'红军'面子的重围！"

副旅长语出惊人的一番话，充满了无奈之情和弦外之音，耐人寻味。作为悬念，它牵引着人们详读报道，索解其中的答案。

（4）更换套路，借鉴散文优长。在新闻写作领域，有人进行过散文化的倡导和实践。这有利于增强新闻作品的可读性。散文化的写作体现在消息导语上，那就是自由发挥，不受约束，作者采取自己认为有利于牢牢吸引住读者和生动地表现新闻事实（事件）的写法。

无论属于哪种情况，消息的导语要发挥它的效用，其作者就必须深切地、准确地把握读者的阅读心理，将导语制作得为读者所喜闻乐见。

（三）主体

写出一条优秀的导语后，只算完成了一半任务，接下来要继续写好消息的主体部分，否则，同样不能算作合格的消息。从消息整体来看，如果说导语是布局的中轴，那么，主体则是打开的扇面。所以，在消息文体中，主体是对所报道的新闻事实

(事件)加以具体展开的部分。其重要性不可低估。就通常的情况而言,标题和导语都只是撷取新闻事实(事件)的新鲜之点、精彩之点、重要之点展现给读者看,而主体则应让读者看到新闻事实(事件)的来龙去脉,在明白"发生了什么"的基础上,进而明白"为什么会发生"、"为什么是这样"。

1.消息中主体的含义　主体是消息的主干部分,也是具体展示和叙述新闻事实的部分,是提供相对完整的新闻消息的部分。大部分消息之所以在标题和导语之后还要有主体,是因为要就新闻事实作进一步展示,以满足相当一部分读者了解新闻事实详情的需要。

2.消息中主体的作用　如果说标题、导语已概括了新闻事实(事件)内容的话,那么主体部分就应该比较详细地叙述新闻事实(事件)本身,因为我们知道,标题表现新闻事实采用的是高度概括的方式,而导语表现新闻事实采用的是掐取其中新鲜的、最有价值的部分方式。标题和导语两者相比较,虽然都具有概括力,但前者的概括力无疑强于后者。而对于主体来说,前面已经有了标题和导语,不宜在内容上过多重复,因而它必须在以下几个方面进行努力:

一是完成对标题和导语所涉及的新闻事实(事件)的具体展示,将"浓得化不开"的标题和导语的内容加以展开,使读者了解新闻事实(事件)的具体过程、相关背景以及他们想要了解的方方面面。大致可以说,这类主体属于阐释型主体,对于想要进一步了解的新闻事实的读者来说是必不可少的。但即便如此,主体也不能写得过于冗长、拖沓。

二是对标题和导语所涉及的新闻事实(事件)加以必要的补充和延伸。有所补充和延伸的事实,与标题和导语中涉及的新闻事实是密切相关的,进行补充可以帮助读者更深入、更全面地了解新闻事实,而不是画蛇添足。这属于补充型主体。

三是主体对于标题和导语的内容,既有所阐释又有所补充,是为阐释、补充合一型主体。

3.消息主体的写作要求

(1)围绕主题取材。新闻主体部分涉及的内容较多,因此如何取舍材料显得特别重要。要紧紧围绕着新闻导语中所确立的主题选择和运用材料。有些材料虽然很生动、很感人,但若与我们所要表达的主题无关或关系不大,那就一定要舍得割爱。

(2)叙事要具体充实。一是围绕主题,以生动、具体的材料进一步阐释和深化导语中所涉及的内容。二是除了补充和完善导语中所涉及的内容外,还要提供与之相关的新闻背景和其他新闻要素,特别是现场情景与细节。

(3)叙述生动,行文有波澜。导语的作用是吸引读者,而如何在报道中保持读者阅读的兴趣,就需要在新闻主体部分下一番功夫。首先,新闻报道要生动,往往离不开新闻细节,而新闻细节往往在新闻主体部分展开,这样就会增加对读者的吸引力。其次,由于主体比导语长,回旋余地大。园林布局讲究峰回路转,曲径通幽,写新闻报道也要讲究"一转一境",摇曳多姿。对于同一件事,可以从不同角度报道,远观近察写出它的色、香、味、形。再次,可以采用叙述、描写、引语等多种表现手法并举的方法,由于新闻主体篇幅长,交替使用多种手法,容易产生生动活泼的效果。最后,要注意顺应读者心理,在报道时要扪心自问:读者最关心的是什么?写出导语后,可以琢磨读者还想知道哪些内容、还有何疑问,导语中所涉及的问题在主体部分是否讲清了,以及六要素是否交代齐全等。

(4)层次段落分明,起承转合要自然。如果主体部分较长,由几个段落构成,就要注意材料安排的顺序,先说什么,后说什么,每段最好只说一层意思,自然段和句子通常要短而有力。

当然,要求归要求,现在消息写作越来越向自由活泼、无拘无束的方向发展,越来越"自由化",没有一定之规。消息的结构方式与写法也在不断改进,旧的程式在不断被冲破。如电视、录像、传真等形象化的新闻手段出现后,对文字新闻也要求形象化、"镜头化"。即要求记者写出的新闻像电影或照相一样,清晰、逼真、动人,在平面纸上写出立体感,有声有色,活灵活现。古人说,文无定法。许多传世之作在写法上都不落窠臼。我们要掌握好这个度,既有一定之规,如要恪守新闻的真实性、时效性、客观性等,又要不拘一格,运用各种表现手法,使消息的写作天地更加广阔。

(四)背景

在消息文本中,背景并不是无关紧要的文字。认识上充分重视背景的作用,操作中使背景的作用得以很好发挥,认真探讨写好消息背景的方法和途径,这是在消息写作中通过努力应当达到的高度。

1.消息中背景的意义　在许多情况下,背景在新闻报道中发挥着重要的作用。由于消息一般不采用从头道来的方法,而常常是从事实(事件)的最具有新闻价值、最能引起读者注意的部分切入,因此,读者可以方便地知晓消息所报道的最主要的信息。但是,如果在消息中对必要的背景缺乏交代,那么,新闻事实(事件)的主要特点、价值、意义就难以为读者所充分理解。在这种情况下,背景往往能发挥不可忽视的作用。背景从不同的侧面对新闻事实(事件)进行烘托,使新闻事实(事件)获得可供比较的参照系;背景用于对新闻事实(事件)加以必要的解释和说明,使读者得以排除阅读和接受的障碍;背景可以加深读者对新闻事实(事件)的意义和价值的认识。总之,在一部分消息作品中,背景是用来面对读者说话的一个重要构成部分,交代和运用背景是消息写作中的一个不可忽视的重要环节。

2.消息文本中背景的类型

(1)烘托性背景。这一类背景,主要用来构成与新闻事实(事件)的对比关系,从某一方面烘托(正面烘托或反面烘托)新闻事实(事件)。获第二十届中国新闻奖一等奖的消息《七年上诉冤屈未伸张/大令公庄村民问:解决俺村的问题还要花多少钱》(新华社 2001 年 11 月 18 日电),在标题中就交代了背景"七年上诉"。这一背景构成了对"冤屈未伸张"是衬托,情况的严重性可见一斑。

(2)说明性背景。这类背景的作用是:说明新闻事实(事件)的由来,或交代有关人物以往的经历,或对新闻事实(事件)本身从历史、地理、科技等方面进行解说,或对与新闻事实(事件)相关联的重要的,难解的概念术语加以解释。

(3)揭示性背景。用于披露新闻事实(事件)背后的有关情况包括鲜为人知的情况(所谓新闻背后的新闻),为读者进行理性判断提供依据。这类背景所提供的情况,可以是统计数据,也可以是有关人和事的历史的或现实的情况。如:

谢胡自杀

新华社北京(1981 年)12 月 19 日电　据阿通社报道,阿尔巴尼亚部长会议主席穆罕默德·谢胡 12 月 18 日凌晨自杀死亡。

这一消息是阿尔巴尼亚党政领导在 18 日晚发布的一项公报中公布的。这项公报说,谢胡是在"精神失常"时自杀的。

在这以前,阿通社在 12 月 17 日曾经发表谢胡 16 日在地拉那接见罗马尼亚政府贸易代表团的消息。

谢胡自 1948 年起任阿尔巴尼亚劳动党中央政治局委员,1954 年起任阿尔巴尼亚部长会议主席,终年 68 岁。

上述消息所报道的事实是:谢胡死亡。对此,新华社未予置评,然而实际上已经作了否定。妙就妙在不显山不露水地提供了两个背景材料:一是谢胡临死前两天还接见过罗马尼亚政府贸易代表团(言下之意是死前精神相当正常);二是他长期以来担任阿尔巴尼亚党政高级领导职务(可见多年来未发现精神失常史)。两则背景材料都包含着一定的潜台词。在这里,用富于内涵的事实作为背景来说话,效果要比由新华社直接进行否定性的评论好得多。由此可见,背景在消息中有时确实可以发挥很重要的作用。

3. 消息背景运用的原则

(1)必要性原则。在消息中,背景并不是非有不可的部分。是否使用背景,要视具体情况而定。如果不使用背景,读者对新闻事实(事件)的意义难以理解,这时使用背景是完全必要的;否则,就没有使用的必要。

(2)简明性原则。在消息中交代背景,必须体现简明扼要的要求:能用一段话交代清楚的背景就不用几段话,能用一句话交代清楚的背景就不用几句话,能用一个短语甚至一个词交代清楚的背景就不用一句话。

(3)灵活性原则。在消息中运用背景材料,应当遵循灵活性原则。要让背景材料出现在各个应该出现的地方，而不应该过于集中地、呆板地使用背景材料。

在消息主体中穿插运用背景材料，是一种常见的写法。例如广播短消息《打工仔成为国家计委座上宾》，报道了福建省上杭县下都乡和睦村青年刘兴发向国家“十五”计划建言献策，被国家计委邀请参加“十五”计划问计求策座谈会一事。在消息的主体部分，记者提供了新闻人物的有关背景：今年 24 岁，高中毕业后到厦门打工，平常喜欢看书，勤于动笔，勤于思考。从这一背景可以看出，打工仔刘兴发成为国家计委座上宾有其合理性。在消息结尾处，记者又进一步交代了相应的背景：在这次被邀请参加座谈会的 13 位代表中，除了刘兴发一人是打工仔，其余的都是大学教授、博士或将军。此处的背景必不可少。唯其仅此一位打工仔的建言献策和成为国家计委座上宾，也就具备了特殊的意义。

交代背景的工作，不仅可以在主体部分(包括结尾部分)进行，而且也可以在导语和标题中进行。如：在消息《我第一台类人型机器人亮相/国防科技大学这一成果标志着我国机器人技术跻身国际先进行列》中，导语写道：

> 在中国第一台两足机器人 10 周岁时，中国第一台类人型机器人呱呱落地。今天，这个高 1.4 米、重 20 公斤的“新生儿”在国防科技大学首次亮相。有关专家称，类人型机器人的问世，标志着我国机器人技术已跻身国际先进行列。

“在中国第一台两足机器人 10 周岁时”一语，对于“中国第一台类人型机器人呱呱落地”而言，构成了不可缺少的背景。

(4)趣味性原则。新闻报道要写得具有可读性，新闻事实本身鲜活、生动固然重要，背景的作用也不可忽视。事实上，在消息中，背景部分完全可以写得富于情趣。获得 2000 年度中国广播电视新闻奖的电视短消息《林蛙不归路》，展示了被誉为“森林环保卫士”的国家级保护动物林蛙，在黑龙江省伊春林区遭到偷猎者大规模捕杀的悲惨遭遇，以及由此而带来的森林虫害。事实是触目惊心的。在报道新闻事实的过程中，有这样一段背景材料：

> 林蛙有着固定的迁徙路线，春上山捕食，秋下河冬眠。在这不足千米的回归路上，林蛙要闯过三道生死关。

其中，“上山捕食”、“下河冬眠”、“回归路”、“生死关”等等说法，可以说是把背景材料用活了。

(5)通俗性原则。在消息中使用背景，目的是为了帮助读者排除障碍，理解新闻事实，认识新闻事实(事件)的意义和价值。因此，必须在化难懂为易懂方面做出切切实实的努力。

(五)结尾

尾声是消息结构的重要组成部分，应像姑苏寒山寺的钟声，清音有余，绕耳不绝，令人回味无穷。这并不是说要像专门琢磨导语一样琢磨一个结尾，对于消息这种体裁来说，硬把篇幅拉长，有画蛇添足之感。消息以事实结尾，事实讲到哪儿，消息就在哪里结尾，戛然而止，但是这个事实要选好，这并不是说可以不注意结尾，好的结尾可以使主题更鲜明，使文章有回味的余地，甚至也有审美价值，还可以带来妙趣。

1. 消息结尾的作用　结尾是一篇文章的自然收束，对于消息来说，结尾并不是其必不可少的构成部分。一部分消息在叙述完新闻事实以后戛然而止，给人以干脆利落的感觉。在这种情况下，不加结尾是明智的选择。但在为数不少的消息中，结尾还是能发挥其应有作用。

在一部分消息中，结尾所发挥的作用主要有：①对新闻事实（事件）加以概括；②对全篇报道进行升华；③对事实的新闻价值和蕴含意义进行点化；④就报道的事实加以引申，以此启发读者思考；⑤对前文所报道的新闻事实予以补充；等等。

2. 消息结尾的写作方法

（1）背景性结尾。在报道的末尾引入富有意味的背景资料，为读者提供一个耐人寻味的思考空间，是不少记者钟情的结尾方法。例如，美联社记者在消息《载有88人的客机在洛杉矶西北部海域坠毁》中，在详细报道了此次事故的所有情况之后，用一组背景资料结束了报道：

> 据 Airsafe.com 所提供的资料，该航空公司在70年代曾经发生过两次飞机失事，地点全都在阿拉斯加。1971年，一架波音727—100型客机因接收了错误的导航信息，在接近朱诺市时撞在一座山的斜坡上，机上104名乘客和7名机组人员全部遇难。1976年，一架波音727在凯奇坎着陆后，一名乘客死亡。

这组资料非常客观，但却意味深长。在消息写作中引入类似的背景资料，既可保证报道仍然建立在客观的基础上，同时又提供了有意味的“远景”，每一位读者都可以联系这一远景对新闻本身作出解读。

（2）描写性结尾。有的记者会使用极富影像效果的场面描写来结束自己的报道。

> 当国旗升起，当国歌奏响，当金杯在手，12位女排队员们都流露出了经历风雨后的喜悦和埋藏已久的情感。虎头虎脑的杨昊拿出了数码相机高兴地拍摄着，王丽娜脸贴金杯笑容灿烂。在摄影记者的镜头前，女排姑娘们笑着挥动手臂，举着金牌，咬着金牌……分享着这份无边的喜悦和甜蜜。这一刻，中国女排姑娘无疑是我们心目中世界上最可爱的人。（节选自《中国女排世界之巅展现真情》）

时隔多年，中国女排终于又回到了世界冠军的宝座上，艰辛的历程中包含了多少泪水和汗水？对充满喜悦的场面进行动情的描写，可以使人产生强烈的共鸣。以此作结，可望达到良好的传播效果。

(3)引语式结尾。《华尔街日报》记者在报道《AT&T董事会面临混乱，转而寻找新的首席执行官》结尾部分写道：

就如一位当事人的话说，就目前来看，“AT&T公司就像一个没有引导的导弹，没有人引导它在哪儿爆炸，或什么时候爆炸”。

精彩的直接引语是记者最为珍视的材料，即使在匆忙写就的消息中，一些记者也总是设法把最有力的直接引语安置在报道的末尾，以给读者最后留下一个鲜明深刻的印象。事实上，这一招的确非常有效。

(4)评论式结尾。在消息写作中，评论式结尾是比较少见的，这是因为消息比其他新闻体裁更强调客观性。不过，仍然有一些消息成功地运用了评论式结尾，而且并不显得主观和突兀。

二战时期《纽约先驱论坛报》的战地记者霍默·比加特就在《900架“超级堡垒”给日本人最后一击》中写道：

漫天的大火吞噬了熊谷和伊势崎。日本对和平协定的迟钝反应使它付出了两个城市的代价。

很显然，最后的这一句完全是记者本人的看法，但是，因为它所依据的是无法争辩的事实，因此，这样的评论显得水到渠成、顺理成章。

第三节　通　讯

新闻通讯，是新闻报道的一种形式，一种手段。在新闻报道中，如果把消息比作最常规的武器——步枪的话，那么，通讯显然就是威力无比的“重炮”。消息的发布应该是迅速的、大量的、连续的，其反映的内容是多种多样的、广阔无垠的；那么，对于“重炮”通讯的内容和文字都要比“步枪”消息写作丰富得多，而且“块头”也大得多。所以要求它能更加深刻、更加细致地反映具有新闻价值的事件和人物。

一、通讯文体写作概述

(一)通讯的含义

通讯是运用叙述、描写、抒情、议论等多种手法，详细地报道新闻事件或典型人物的一种报道形式。它是比消息更详细地报道具有新闻意义的事件、经验或典型人物的一种文体。它强调了以下几点：一是比较详尽；二是比较生动；三是对新闻事件或人物进行报道。

我们认为,通讯是关于新闻事实的延展性报道,此定义中的三个关键词是:新闻事实(通讯的对象不一定局限于人物或事件),报道(通讯从本质上说是一种报道,属于新闻文体的范畴),延展性(通讯文体与同属于新闻报道的消息文体相比,差别就在于它的延展性)。

那么通讯文体的延展性表现在哪些方面呢?首先是内容的延展,就同一个题材所做的报道,通讯文体较之消息文本有所延展,这是再明白不过的事情。其次是时间的延展,在一篇通讯作品中,由于篇幅相对充裕,因此在时间跨度方面可以有所延伸。再次是空间的延展,通讯作品可以将触角伸向更广阔的空间范围,而且空间可以频繁地转换。最后是背景的延展,在通讯文体中,对有关背景可以写得相当充分。而在以上诸多方面,消息文体则受到了比较严格的限制。

(二)通讯的特点

为了准确地了解、把握通讯的特点,我们不妨将它与消息、文学作品作一比较。

通讯与消息相比,两者有许多共同点,都要及时地报道现实生活中具有典型意义的真人真事,都具有真实性、典型性和时效性。

通讯与消息的区别,主要有:

1. 选择不同　消息选择广泛,可大可小。通讯要选择含量较大的真实典型材料。

2. 表述详略不同　消息的内容表述简单概括。通讯内容表述比较复杂详尽,讲究场面和细节描写。

3. 表达方式不同　消息多用叙述,而通讯在叙述的基础上,还要运用描写、议论、抒情手段。

4. 结构不同　消息有固定的结构形式。通讯的结构与一般记叙文章相同,基本上按时间、逻辑及两者结合的顺序安排结构。

通讯与文学作品比较,两者也有共同之处:题材都来源于生活,都反映现实生活;都通过叙述、描写、议论、抒情的表达方法反映人与事。通讯可以借助一定的文学手段,具体生动、形象地描述典型的人物、事件、地方风貌等。然而,通讯与文学作品毕竟是根本不同的两类文体。它们最根本的不同是:通讯反映的是新闻的真实,文学作品反映的是艺术的真实。通讯的题材选自现实生活中实有的真人真事。因此,通讯的典型题材,只能在现实社会生活中挖掘与选择。作者只有选择典型,描述、再现典型的自由,绝不能塑造和虚构典型;而文学作品的题材虽然来源于生活,但它又不同于新闻的真实。文学作品要打动人,必须塑造典型,以描绘艺术形象和虚构等艺术手法来揭示生活的本质,它反映的是艺术的真实。为了塑造人物形象,它可以将不同人物的某些个性化特点集中在一个人物身上,作者有想象、夸张、虚构的自由。

通过通讯与消息、文学作品的比较，我们可以把通讯的特点概括为三点，即新闻性、生动性和评论性。

1. 新闻性　具体地说，通讯的新闻性是指它要求报道新近发生的有意义的事实，新时代涌现出来的新人、新事、新经验，紧密配合当前形势，并迅速地如实报道，为现实中心工作服务。即内容必须真实、典型，报道讲究时效。这一点，通讯与消息是相同的，也正因为这一点，通讯与文学作品划清了界线。

2. 生动性　生动性是通讯有别于消息的重要特点。消息用事实说话，它以具体、明晰、简洁为上乘。而通讯不仅要用事实说话，还要用形象说话，要有活灵活现的人物活动，有生动的环境、场景描写、有特写画面。在叙述事件的过程中，有情节，有波澜，讲究故事性、趣味性。在表达上，可以灵活地运用叙述、描写、议论、抒情等多种表达方法，也可以借助一定的文学手段，以充分展示复杂的新闻事实，给人以鲜明生动的现场感和立体感。语言既要简洁朴实，又要生动形象。

3. 评论性　通讯一般采取夹叙夹议的手法，直接揭示事件的思想意义，并评说是非，议论色彩较浓，常常表现出强烈的政治倾向和流露出作者的爱憎感情。这就是通讯的评论性，这是通讯与消息相区别的又一特点。当然，通讯的评论不像议论文那样，使用逻辑推理的方式，也不能长篇大论，而是与叙述、描写、抒情紧密结合，紧扣人物、事物的特点，画龙点睛式地发议论，使读者感到饶有兴味。通讯的评论贵在寓理于情，理在情味之中。

（三）通讯主题的确立和提炼

1. 提炼主题的重要性　刘禹锡在《陋室铭》中有两句名言："山不在高，有仙则名。水不在深，有龙则灵。"通讯主题恰似"山中仙、水中龙"。有了它，通讯就有了主心骨，光彩照人；反之，通讯则黯然失色，不知所云。

如果说，题材有如人的身躯的话，那么，主题便是人的灵魂。它是衡量新闻通讯思想性、指导性和新闻价值的标尺，也是支配材料选择，篇章结构、文体风格，语言运用、标题制作等各个写作环节的轴心。

什么是主题？它是一种思想，一种见解，一种理念，一根贯穿新闻通讯始终的红线，即中心思想。这种中心思想是作者主体意识的反映，而不是由新闻事实自然而然形成的，需要提炼。它应是作者从新闻事实"矿石"中提炼出来的"精华"。要通过对新闻事实的归纳、分析、集中、概括，由此及彼、由表及里的深层研究，将生活中具体的东西上升为抽象的，感性的东西上升为理性的，表面的东西上升为本质的，个别的东西上升为普遍的，从而使通讯具有强烈的思想性、针对性和指导性。

2. 提炼通讯主题的要求

(1)注意体现时代精神。即写东西要"大气"，有一种"磅礴大气"。要做到这一点，记者就要站在时代的高度，站在政策的高度来看问题，准确地发现和认识新闻事实和新闻人物。要通过具体的新闻事件和人物，发掘事实的本质意义，总结某种客观规律或历史经验，反映具有时代特征和气息的主题，体现时代的主旋律。如获第一届中国新闻奖一等奖的通讯《不私亲属的铁木尔主席》，记者站在时代高度，提出了领导干部廉洁自律的问题。记者通篇没有讲一句有什么高度的话，但通过铁木尔主席的妻子和亲属全在农村务农（一个侄女从新疆大学毕业后在托克逊县城工作）的事实，阐明了这样一个道理：高级领导干部的廉洁问题关系到党和国家的生死存亡，如果领导干部都像铁木尔主席一样廉洁自律，那我们的党、我们的国家就大有希望。

（2）着眼点要新。即站在时代的高度去提炼主题。时代是飞速向前发展的，主题过于陈旧就会落伍，必须要走在时代前列。只有出"新"，主题才会有时代的高度。

（3）抓住重点，不要贪大求全。即主题要围绕一个中心思想展开，这样才能写深写透，不会跑题。有些人往往这也想表现一点，那也想说一点，结果什么都没说透。因此，通讯的主题要集中，切勿太散。

3. 提炼通讯主题的方法 提炼通讯主题是一项艰苦复杂的思想劳动。能否提炼出新颖、集中、鲜明、深刻的主题，同记者的生活经验、理论素养、政策水平、采访深度、思维分析能力有着直接的关系。

（1）由现象到本质的揭示点来提炼主题。新闻报道的事实往往十分复杂，有的表象五光十色、光怪陆离，颇能迷惑人。不少记者在采访时常常被这种"假象"所迷惑，提炼主题时仅仅停留在事物表层上，就事论事，反映不出新闻事实真正的价值和它的普遍意义。正如毛泽东所说："感觉到了的东西，我们不能立刻理解它，只有理解了的东西，才能更深地感觉它。"比如一个普通农民，为了掌握市场上究竟什么是赚钱的信息，几次到城里"找信息"，故事本身写出来就很动人。但就事论事，显然主题不够高，要经过提炼，使得主题有一定的升华。一是这个故事反映了市场经济条件下的新型农民，他们有头脑，思想活跃。和计划经济下的农民不一样，他们不再满足于把庄稼种好就行了，而更关心种什么赚钱，种什么有市场，说明现在的农民更有商品意识，更有经济头脑。二是这个故事给各级农业部门敲响了警钟，农民进入市场后，信息服务要跟上，农业部门要迅速转变职能，不要再让千千万万个农民跑城里找信息了。由此可见，提炼新闻主题就是透过现象抓本质的过程，只有从现象到本质的揭示点上提炼主题，才能从思想上、政治上揭示出事物的实质及其所包含的意义，充分反映出它的新闻价值。

当然，主题作为一种思想，一般蕴藏在事实的深处，可以体现客观事实的本质。但事实本质不是一下子就能看清楚、抓得住的，需要经过深入调研，才能从事物内部各方面矛盾运动的联系中，以及事物与外部矛盾运动的联系中去发现它，把握它。

（2）由历史与现实的交汇点来提炼主题。许多新闻如果仅仅就事论事，显然很难在主题提炼上有所突破。在这一点上，我们要广泛联系，善于联想，把这一事物同别的事物联系起来思考，把现实与历史联系起来思考，从中拓宽思路获得启迪。不少新闻精品在提炼主题的过程中，将这种方法加以延伸、扩展，采用纵向思维与横向思维相联系、相结合的办法。也就是把事物的现在与过去，此一事物与相关事物联系起来思考，找到历史与现实的聚集点，产生深切感受，形成独到见解，从而提炼出出类拔萃、不同凡响的主题。荣获第八届中国好新闻一等奖的《别了，"不列颠尼亚"》，就是这样一篇由历史与现实的交汇点提炼主题的佳作。这是一篇报道香港回归之夜的现场见闻，作品以"降旗"和"升旗"为主要轴心展开。

在香港飘扬了150多年的英国米字旗最后一次在这里降落后，接载查尔斯王子和离任港督彭定康回国的英国皇家游轮"不列颠尼亚"号驶离维多利亚港湾——这是英国撤离香港的最后时刻。

英国的告别仪式是30日下午在港岛直半山上的港督府拉开序幕的。在蒙蒙细雨中，末代港督告别了这个曾居住过25任港督的庭院。

四时三十分，面色凝重的彭定康注视着港督旗帜在"日落余音"的号角声中降下旗杆。根据传统，每一位港督离任时，都举行降旗仪式。但这一次不同：永远都不会有另一面港督旗帜从这里升起。四时四十分，代表英国女王统治了香港五年的彭定康登上带有皇家标记的黑色"劳斯莱斯"，最后一次离开港督府。

掩映在绿树丛中的港督府于1885年建成，在以后的近一个半世纪中，包括彭定康在内的许多港督曾对其进行过大规模改建、扩建和装修。随着末代港督的离去，这座古典的白色建筑成为历史的陈迹。

晚上六时五十分，象征英国管治结束的告别仪式在距离驻港军总部不远的添马舰东面举行。停泊在港湾中的皇家游轮"不列颠尼亚"号和邻近大厦上悬挂的巨幅紫荆花图案，恰好构成这个"日落仪式"的背景。

此时雨越下越大。查尔斯王子在雨中宣读英国女王赠言说："英国国旗就要降下，中国国旗将飘扬于香港上空。150多年的英国管治即将告终。"

七时四十五分，广场上灯光渐暗，开始了当天港岛上的第二次降旗仪式。156年前，是一个叫爱德华·贝尔彻的英国舰长带领士兵占领了港岛，在这里升起了英国国旗，今天，另一名英国海军士兵在"威尔士亲王"军营旁的这个地方降下了米字旗。

当然，最为世人瞩目的是子夜时分中英交接仪式上的易帜。在1997年6月30日最后一分钟，米字旗在香港最后一次降下，英国对香港长达一个半世纪的殖民统治宣告终结。

在新的一天来临的最后一分钟，五星红旗伴着《义勇军进行曲》冉冉升起，中国从此恢复对香港行使主权，与此同时，五星红旗在英军添马舰营区升起。

两分钟前，“威尔士亲王”军营移交给中国人民解放军，解放军开始接管香港防务。

零点四十分，刚刚参加了交接仪式的查尔斯王子和第28任港督彭定康登上“不列颠尼亚”号的甲板。在英国军舰“漆咸”号及悬挂中国国旗和香港特别行政区区旗的香港水警汽艇护卫下，将于1997年底退役的“不列颠尼亚”号很快消失在南海夜幕中。从1841年1月26日英国远征军第一次将米字旗插上港岛，至1997年7月1日五星红旗在香港升起，一共过去了156年5个月零4天。大英帝国从海上来，又从海上去。

作品的开头就给人一种凝重的历史感，花落花开，百年沧桑，历史巨变隐蕴其间。回归之夜活动很多，作者在这篇一千多字的新闻中，没有用过多的笔墨去描写宏大的场面和中英双方领导人的讲话，而是以简洁的笔触围绕三次降旗和升旗展开，主题非常突出，通篇表现出中国人民的自豪和骄傲，勾画出英国殖民主义者的没落与无奈。在这篇新闻中，作者几次将历史带出，着力在历史与现实交汇处提炼主题，每一次港督离任都要降升旗，但这一次不同，永远不会再升起英国国旗了。淡淡一笔，写出了中国历史上最屈辱的一段终于被洗雪。作者对港督府历史的描写，显然也不是多余之笔，看得出是有其良苦用心的，表达了英国殖民主义者的衰落。在第二次升降旗仪式中，作者巧妙地将156年前的历史带出，有机地把历史与现实交织在一起，给人许多文字背后的信息。英国查尔斯王子在雨中的讲话，只摘录了那么一句，但不无伤感，充满了别愁和无奈，传递出在这个特定历史时刻殖民主义者的哀叹。

在结尾，作者又一次将历史带出，从1841年1月26日至1997年7月1日，156年5个月零4天，百年沧桑感在每个读者心头油然升起。令人拍案叫绝的是，最后结尾也传递出中华民族在这个特定历史时刻的自豪感：“大英帝国从海上来，又从海上去。”历史与现实的交织，在这里达到淋漓尽致的地步。无疑，这篇作品成功地抓住了新闻事件背后最具历史深意的东西。

(3)由微观与宏观的内在沟通点来提炼主题。大凡精品通讯，其主题的提炼，都有一个共同特点：小处着手，大处着眼；微观着手，宏观着眼。所谓微观是指个别、特殊、局部；所谓宏观，是指一般、普遍、整体。从微观到宏观的内在沟通点上提炼主题，就是立足新闻事实，针对现实大局，着眼战略高度，把点与面、局部与整体有机地联系在一起，努力找出两者本质相同或相关的沟通点，并从这一沟通点上切入立意。

宏观与微观，两者是辩证的统一，是一个问题的两个方面。要想写出好通讯，就必须把握好这两个方面，二者缺一不可。一方面，作者要立足报道新闻事实，尽量挖掘出能揭示事物本质的特点，把握好能说明问题的过硬材料，要知道，这是通讯的“安命立身之本”；另一方面，作者要头脑清楚，胸怀全局，眼观全球、全国、全省大形势，善于把具体的事物放到全局中去衡量，从而判断出具体的新闻事实在当前形势和社会现实这个大局中的地位，从而有针对性地揭示出新闻事实所包含的深刻现实意义。

《西瓜兄弟》、《桌上的表》、《农民都夸三中全会政策好》、《公报说出人民心里话》、《党组织为马寅初彻底平反恢复名誉》、《光棍堂引来四只金凤凰》等脍炙人口的新闻佳作，选题立意都用了“以小见大，大中有小”的手法。应该说，在新闻业务实践中，这是一种便于掌握、易于出彩的手法。如上面提到的几篇佳作，前两篇是通过一户瓜农地里的西瓜、一户人家桌上的闹钟来反映人民军队秋毫无犯的铁的纪律；而后四篇则是通过一个村庄、一家企业、一位学者、一家农户的事来表现当今社会的一个侧面，从而歌颂党的十一届三中全会以来路线、方针、政策的英明和正确。

在提炼通讯主题的实践过程中，一定要微观与宏观、点与面、小与大有机地结合在一起，用宏观统帅微观，用微观说明宏观。离开了宏观的“大”，写出的通讯没有全局性、指导性，没有普遍意义；而离开了微观的“小”，写出的通讯就没有具体事实，没有个性特点。只有找到两者内在的沟通点，并且通过沟通点提炼出主题，才能写出好通讯。

(4)由新闻事实与时代精神的契合点来提炼主题。有的记者出去采访，归来后花了很大工夫，提炼出的主题仍然立意不高。这是为什么呢？依笔者看，个中原因很多，但最重要的是记者仅仅把采访材料作为提炼主题的依据，忽略了时代精神这个重要因素。提炼主题要追求“高”与“阔”的境界。所谓“高”就是立意高远，“阔”就是思路开阔，要达到这样一种境界，只有站在时代前沿的制高点上来分析眼前具体的事和具体的人。用通俗的话说，即要把你手中所掌握的新闻事实放在时代大背景中加以考察。

作为新闻工作者，我们对于新闻事实的报道，并不是一种无目的的行为，而是要通过新闻事实去反映社会生活的各种动态及丰富的内容，还要通过新闻报道作用于社会，推动社会进步和时代发展。因此，在从事新闻策划和采写时，要把新闻事实尽可能地同时代精神结合起来，善于从两者的契合点上提炼主题，以求得时代性和现实性相统一的最佳效果。

提炼通讯主题，要把握好以下几点：一是首先搞好采访，了解清楚新闻事实所处的社会现实情况，这是提炼主题的先决条件，好的思路不会从天而降；二是提炼主题时，要注意选择围绕着一个时期党和政府工作的重点、实际工作中的热点来做文章，既是党和政府关注的，又是人民群众关心的问题；三是在提炼主题时要预见走势，周密策划，思维要超前一些，预见要远一些。

(四)通讯的结构

1. 通讯结构的原则　如果说，主题是“灵魂”，事实是“血肉”，那么，结构则是

“骨骼”，安排结构是为了更好地表现主题。所谓结构，就是材料的安排问题，哪些先写，哪些后写，什么地方详细一点，什么地方简略一点，从而把事件、情节、场面等有机结合起来，成为一个完美的整体。

通讯的结构和消息相比差异较大。首先，通讯结构比较自由，没有消息那种较固定的“格式化”的结构。通讯结构形式多样，灵活多变，没有固定的模式，可根据不同报告要求和记者风格安排。其次，通讯由于内容涵盖面广、时空跨度大，头绪繁多；因此结构样式较多，驾驭起来难度较大。谋篇在前，行文在后，才能了然在胸一气呵成。倘若想到哪儿，写到哪儿，势必前后不连贯，无法成章。因此，结构是通讯写作成败的关键。写一篇通讯，倘若没有合理的结构，材料就会杂乱无章，主题自然也难以突出，给人的印象是不知所云。结构体现了记者对通讯谋篇布局、选材组合的能力，应遵循以下原则：

一是尊重事实的原则。安排结构时，应以清楚、完整地表现事实为目的，而不是要事实去服从体裁、结构的需要。如果你准备写人物通讯，但只采集到此人一个有意思的情节事实，其他事实显得很薄弱，难以写成一个丰满的人物形象，那就不要硬凑，干脆写一个小故事。如果你了解到一个完整的事件，就可以采取纵式或顺叙的方式。总之，安排结构要以表现事实为本，切不可将事实硬往一种模式里套。二是通讯结构要服从于表达主题的需要。主题是通篇的灵魂，一切都要服从于它，也要服务于它，结构安排也是如此，要围绕主题来理顺全部事实材料的内在逻辑关系和层次。三是在写通讯时，以简洁清晰为好，切不可贪大求全，似乎不写个五六千字，不足以显示记者水平。尤其初写通讯者，缺乏驾驭长篇通讯的能力，应该宁小毋大，以免形神俱散。四是要做到完整、严谨、匀称、起伏。所谓完整，是指线索连贯，有头有尾，浑然一体。所谓严谨，是指段落间过渡紧凑，层次间组织严密，不烦冗拖沓。所谓匀称，主要指开头、主干、结尾、段与段之间搭配要合适、协调，不要开头很长，使通讯有头重脚轻之感，或者此段很长，彼段很短，肥瘦不一，这在结构上也是很忌讳的。所谓起伏，文似喜山不喜平，文章不要平铺直叙，要有波澜起伏，写作时要善设悬念，善埋伏笔。

2.通讯结构的形式

(1)纵式结构。即按照新闻事实的发生、发展的时间顺序组合和编排事实的一种结构形式，在实践运用中有三种情况：

1)按照一个事件发生、发展、结束的过程，即按时间顺序叙述下来。这种结构线索比较单一，便于读者掌握事实的来龙去脉，如《人民日报》记者柏生所写的《韧性的战斗》，按时间顺序写了著名的科学家高士其一生的故事。第一段“病毒的入侵”，写高士其1928年在美国留学做实验时如何感染上病毒的。第二段“改了名字”，写高士其归国后改名立志从事科普创作。第三段“爬也爬到延安去”，写高士其赴延安参加革命。第四段“您的人生是最美好的”，写高士其在新中国成立后迎来了科普创作的春天。第五段"杀菌的战术",写"文革"期间周总理支持高士其从事科普创作。第六段"秋天里的春光",写粉碎"四人帮"后,高士其的专集出版,他又拿起了创作之笔。

2)逻辑递进式,即按照新闻事实的内涵意义表达主题思想的递进顺序安排层次。这种结构具有理性思维的特征,层次安排采取递进式,一层比一层深入。通讯《金牌不是名牌》就是这样一篇逻辑思维层层递进式的结构方式,分析问题丝丝入扣,揭示出重金牌这一现象后蕴含的不关注商品经济条件下市场动向的严重问题。在记者的笔下,问题症结被一层层剖开。在通讯的第一部分里,尖锐地提出辽宁这个产品金牌大省成了亏损大省的问题。在通讯的第二部分里,作者精辟地分析了辽宁省金银奖牌的五大缺憾。在通讯的第三部分里,作者提出了解决问题的关键所在:国企必须补上市场这一课。这篇通讯采取了传统的三段式,对"金牌不是名牌"的现象进行深入剖析,很有现实指导意义。

3)时间顺序与逻辑顺序结合式,二者特点兼而有之,这里就不多说了。另有一种值得注意的方式是新闻事件发展进程与时间顺序结合式。当然,新闻事件发展进程也是按时间顺序相排列的,但有所不同的是,这类结构以新闻事件发展进程线索为主,时间顺序为次。如《解放军报》)1999 年 12 月 12 日关于人民解放军进驻澳门的报道属于此类。标题为"和平的进驻"。其结构如下:新闻事件进程顺序为离营→出关→入关→赠匾→入营,时间为 11 时 10 分→11 时 50 分→12 时→12 时 10 分→13 时。

(2)横式结构。如果所选择的材料没有中心人物,同时报道了几个人物,没有中心事件,写了几件事,那就采取横式结构,即采用并列式手法来安排层次,这对突出主题同样有着重要的意义,呈现在读者面前的是新闻事实的横断面。常见的有以下几种情况:

1)空间并列式。顾名思义,这种结构方式是用地点变化组织段落,而不是把一个地点发生的事都写在通讯里。通讯中不同地点所发生的不同事情,都围绕一个中心,它们之间又互相联系,形成一个整体。如《北京青年》2001 年 7 月 14 日"申奥"特刊中,以空间并列形式,报道了申奥之夜北京、巴黎、多伦多、大阪、伊斯坦布尔、莫斯科的气氛和活动。

2)方面并列式。一般来说,新闻事实都有多个侧面,通过展示几个侧面来突出一个主题就是方面并列式。如通讯《谁是最可爱的人》采用的就是方面并列式,通过三个小故事,突出了志愿军是最可爱的人这一主题。第一个故事是松骨峰战斗,第二个是马玉祥勇救朝鲜孩子的故事,第三个故事是战士在防空洞卧冰吃雪。三个故事都说明了志愿军战士为祖国人民的幸福和安宁,宁愿自己流血牺牲、吃苦受罪。他们的情操是高尚的,他们的灵魂是美丽的。

3)群像并列式。一个行业的几个人物或不同行业的几个人物,组成一组英雄人物的塑像。如通讯《手执金钥匙的人们》共写了北京石景山学校小学部四位教师培养祖国下一代的先进事迹。

4)故事并列式。即在同一主题下,并列几个故事组成通讯。

(3)纵横式结构。如果新闻中既有时间顺序,又有空间转换,既有方面并列,又有逻辑递进,那就是纵横式结构。一种方式是按时间和空间两条线索安排材料,时间顺序为"经",空间变化作"纬"。著名的通讯《为了六十一个阶级兄弟》,就是采用这种方式组织结构的成功之作。通讯从1960年2月2日61个民工中毒开始,写到2月5日民工被抢救脱险,这是纵线。同时又从横的方面按照空间变换描述了不同地点和不同单位关注、支援平陆事件的情景。通讯从北京王府井特种药品店写到山西省平陆县委扩大会,又写到平陆县医院,又从山西写到国家卫生部等。如果不是采用时间和空间的变换相结合的方式组织结构,就难以表现出这么长时间、这么大空间跨度所发生的事情。

上面谈了通讯结构的三种主要形式,文无定法,文成法立,写通讯时切不可拘泥于这些形式。在通讯结构中,还有其他结构形式,一定要从实际出发,找到最恰当的结构形式。如对比式结构,将正、反两种人、两种事并列,并列中含对比,对比中见主题。如《西瓜兄弟》写的是李姓西瓜兄弟二人种瓜,蒋匪军路过瓜田一抢而光,八路军过瓜田却秋毫无犯。此外还有章回式结构等。

(五)通讯的标题和结尾

1.通讯的开篇　通讯的开篇十分重要,主要作用就是吸引读者。开篇写得好坏,决定着读者是否读下去。俗话说,千锤打锣,一锤定音。开篇就是定锤音,决定着一篇通讯质量的高下。

通讯的开篇与消息的导语完全不同。消息的开头常用导语概括出整个新闻事实的主旨,而通讯的开头则成为启迪读者思路的一把钥匙,成为吸引读者眼光的一个闪光点,成为揭示主题和写作风格的一扇窗口。难怪有人把通讯称为一出内容精彩、演技精湛的话剧,而开篇就是话剧的"序幕"。

从一些通讯成功的经验来看,通讯开头有以下几种。

(1)设置悬念式。选取一段有疑团的情节构成悬念,就是说书人讲的"卖关子",让读者带着疑团细看全文,以寻求答案,诱发其必欲知个究竟的心理。请看通讯《"小机"斗"大机"》开篇:

> 鸡年大连出新闻,"小机"咄咄斗"大机"。
>
> "小机"者,成立刚两月、人数不满百的村办乡镇企业——大连渤海机床厂也。
>
> "大机"者,成立50余年,职工6000多人的大型国有企业——大连机床厂也。

这篇通讯开篇第一句话，就给读者设置了疑问，何谓“小机”？何谓“大机”？看完下面两句后，读者不禁替“小机”乡镇企业捏了一把汗，一个乡镇企业能斗得过实力雄厚的大国企吗？正是开篇的悬念，吸引着读者一步一步看下去。

(2)重炮轰击式。通讯一开篇就采用一段重要事实情节，勾起人们阅读的欲望。注意这里所指的重要事实情节不是一般的普通重要事实，而是能在国内外产生巨大反响的事实情节，能在历史上留下一笔的重要事实情节。

如获得全国好新闻奖的通讯《在第一朵蘑菇云升起的地方》的开头：

1964 年 10 月 10 日，将永远镌刻在我国核历史纪念碑上，这是一个难忘的日子，参加过我国第一次核试验的同志对当时的情景仍然记忆犹新，这天下午 3 时，碧空如洗，万里无云，浩瀚的戈壁一片沉寂，千万人屏住呼吸，焦急地等待那激动人心的时刻到来。随着报时员那洪亮、短促的声音——“起爆”，罗布泊地区上空升起了一朵巨大的蘑菇状云烟，它向世界宣告，中国第一颗原子弹试验成功了，超级大国妄图垄断核武器的时代，已经一去不复返了。

(3)开门见山式。一开头就直奔主题，几句话概括叙述通讯主旨，使人产生阅读兴趣，与消息开篇有几分相像。如通讯《大海中永生》的开头：

一位以自己的一生书写中华民族崭新历史的伟人，今天完成了他人生的最后一个篇章。

(4)优美故事式。优美的故事，能唤起读者的丰富想象，给人美的享受。有的故事还能给人一种悬念。故事分两种，一种是传说中的故事，一种是通讯开头本身就是一个小故事。如王有盛、刘堂江写的通讯《手执金钥匙的人们》，开篇采用了一个美丽的童话故事：

有一则很古老很美丽的童话故事说，在那湛蓝湛蓝的大海边，耸立着一座陡峭的大山，山腹里有一个光辉灿烂、琳琅夺目的大宝库。在这座宝库里，什么好东西全有。然而，寻常的人即便站在宝库的大门口，也看不见它。你必须寻遍天涯海角，找到一位智慧老人，请他用金钥匙打开你的心灵大门，然后你就能找到宝库的大门啦。

(5)夹叙夹议式。精彩的叙述，精辟的议论，给人以思想和认识的启迪，从而直接抒发作者的思想感情，具有强烈的感染力。请看《农村市场：农民富裕是前提》开篇：

今年上半年，国事商业信息调查中心对 601 种主要商品供求状况排队分析后称，供过于求和供求基本平衡的商品达 100%。随即，有人提出我国开始面临“过剩经济”的挑战。

(6)引经据典式。古今中外的诗词,格言、引语、民谣都可以作为通讯的开篇,这样的开篇富有文采,隽永高雅,给人以美的享受。如石坚写的通讯《改革涛头弄潮儿》开篇:

宋代潘阆词云:“弄潮儿向涛头立,手把红旗旗不湿。”我们这篇通讯所记述的就是一位高擎改革红旗,立于汹涌澎湃改革浪涛之上的弄潮儿。

(7)现场特写式。有场景,有人物,有动作,截取现场的一个场面,给人以突出印象,使人如临其境,如见其人,读后久久难忘。如《北京有个李素丽》的开篇:

雨点如断线的珠子砸在雨伞上,她的脸上、胳膊上都溅上了雨水。她招呼乘客们上车。

拥挤的人变得有序了:他们一个个在雨伞下跺脚,脱下雨衣,折好雨伞,抖去雨水,依次上车……

她就是李素丽。中等身材,30 多岁,海蓝色的套装整洁得体,淡妆轻抹的脸上,闪动着一双笑眼。

(8)引人思索式。用引人思索的一个问题或一段故事开篇,发人深省,引出下文。如:

自从电视机随着改革开放的大潮进入百姓家,我便同它结了缘,10 年间写了好些有关电视机的新闻。国庆前夕,我翻着不同时候写的“电视机新闻”,仿佛嚼着橄榄,虽有一丝苦涩,却品出一股甘甜的回味。

电视机在中国家庭,几乎家家有,不是什么稀罕货了,电视机里能有什么新闻?以此设置的悬念自然而然地引出下文。

(9)下笔点题式。

近一时期,京城菜价上涨,有些蔬菜比肉还贵。

菜价为何上涨?蔬菜比肉贵的原因是什么?在通讯的开头出现了引人注目的中心事实,下笔点题,立即将悬念推给了读者,使人不得不看全文。

(10)精彩描写式。

到中国核试验基地去!

车轮在飞快地转动。脚下是一片古老而又神奇的土地——罗布泊地区,翻开地图,它像一个黄灿灿的金盘镶嵌在中国西北腹地,历来被人誉为“神秘之地”,它不仅以历史上曾是丝绸之路的必经之地而蜚声中外,而且还以现在是中国核试验基地场区闻名于世。在这片广袤无际的塞外大地上,一朵朵美丽的蘑菇云腾空而起,一声声轰鸣的春雷震撼大地。在这块带有原始色彩的处女地上,孕育出世间最尖端的科学技术,更给今日之罗布泊添上一抹神秘的色彩，为世人所瞩目。

2. 通讯的结尾　宋代人洪迈曾说："一篇之妙，在乎落句。"可见，一篇通讯的开篇固然重要，但尾声同样重要。结尾要耐人寻味，印象深刻。

通讯的结尾有几条要求，一是自然收束，止于所当止。结尾是通讯内容的发展，是通讯表达的自然收束，所谓"长一尺太长，短一寸太短"，船到码头车到站，到时自然停笔。二是简短有力，耐人回味。所谓"余音绕梁，三日不绝"。三是卒章显志，寄深送远。即寄意深远，送情文外。通讯结尾处，有希望的唤起、远景的展示，给读者以美好的想象空间。

通讯结尾有三大功能，即强调主题、引发思考、抒发情怀。具体表现手法多种多样，从表现手法来说，叙述、描写、议论、对话、引语都可以用来收束全篇。常见的有如下几种。

(1)首尾会合式。主题鲜明是通讯写作的特征。通讯的开头往往强调立意，或提出问题，首尾相呼，或前后呼应，文情畅达，有助于突出主题。

(开头)数百年前，一代又一代徽州商人背负行囊，沿着新安江顺流而下，古徽州丰富的土特产、山货运往苏杭沿海一带，孕育了执中国商界牛耳200余年的徽商。世易时移，如今，连绵起伏的山峦遮隐了徽商后人再下苏杭的身影，而一批又一批的浙江人却沿新安江溯流而上，谱写了市场经济时代跨越地域生产经营的一出新戏。

(结尾)市场经济打破了地城的界限，浙江人纷纷来黄山做生意办企业，黄山人也张开双臂迎接他们。黄山市政府领导曾多次强调"要让人家发财，要低门槛放手让人家去干，要为他们做好服务"。浙江人来了，他们既给黄山市带来了资金、人才和市场，更重要的是给黄山人感受到他们身上的市场意识、竞争观念，从他们身上学到开拓市场、发展经济的经验、方法和技巧。

(2)重言压阵式。和压轴戏一样，通讯写作要拿出最好的、分量最重的语言压在尾声处，使通讯的结尾更有力量。如通讯《醒来，铜陵》结尾：

改革大潮澎湃，历史不允许我们再躺在产品经济上酣睡了。环顾神州，时不待人：沿海经济上去了，山东经济上去了，省内各地也在你追我赶。每个有志的铜陵人都应该扪心自问：怎样才能无愧于脚下这块浸满烈士鲜血的土地?!

醒来，铜陵!

(3)发表议论式。通过公开表态，发表议论，旗帜鲜明地表明立场、强调主题，使主题进一步深化。如《"斗鸡"上海滩》尾声：

从学生到竞争对手，并在竞争中日益壮大，不正是我们所期待的结果吗?

推而广之，当我们为荣华坞叫好的同时，同样处于开放引进大潮中的我国各行各业又该如何去想，去做呢？

(4)警钟长鸣式。通过警语式的结尾，引起读者共鸣。如《"一厘钱"精神》尾声：

亲爱的朋友，当你抱着雄心壮志要建设好我们伟大的社会主义祖国的时候，你就从自己经营的一厘钱、一个产品和每一分钟做起吧！

此外，还有抒发情怀式、诗词典故式、引申式等。

(六)通讯的写作技巧

通讯写作比消息写作更丰富、灵活。因此，要讲究通讯写作的技巧，将事实的真实性、典型性和写作的文学性结合在一起。表达方法的多样加上作者风格的不同，使通讯的风格有很大区别。一般常见的表达方法有叙述、描写、议论、抒情、比喻等，而且通常把几种方法结合在一起。当然，最常见的手法是叙述与描写。

1. 叙述手法的技巧　叙述是指作者对人物、事件和环境所做的概括性说明和交代。即按照事情发生的前后经过以及人们思维发展的顺序，从头至尾、由浅入深地介绍事实，不追求故事情节的变化。叙述，有顺叙、倒叙、插叙等，有详叙、简叙等，到底用何种手法，要根据实际情况来决定。

(1)顺叙。顺叙就是按照新闻事件发生、发展、结束的时间先后展开叙述。用俗话说，就是从头到尾，娓娓道来。顺叙的好处是有头有尾，一清二白，非常适合读者的认识习惯，但也有其不足，就是平铺直叙，缺乏波澜，容易写成流水账。郭超人写的《英雄登上地球之巅》就是采用顺叙的手法，从5月14日登山队队员从大本营出发，运送装备和食品，到5月17日，队员宣誓后出发，到5月23日，13名队员登到8500米海拔高度，到5月24日4名主力队员登顶，直到5月25日登顶成功。从头到尾，纹丝不乱，一一顺叙而来。这篇采用顺叙手法写的通讯，之所以能成功地记录英雄登上地球之巅的壮举，而且避免了行文平淡，关键一是选材好，题材重大且能抓住读者心；二是语言动人。

(2)倒叙。倒叙，顾名思义，就是与顺叙反其道而行之，先叙结果，然后再按事件发生发展的时间先后依次叙述。采用倒叙法，结构显得有起有伏，容易抓住读者的"眼球"，比较生动。新华社记者写的《时传祥沉冤昭雪》的通讯，就采用了倒叙手法。开头就写北京市总工会、环卫局、崇文区联合为全国劳模、淘粪工人时传祥平反昭雪，再写1966年时传祥受毛主席接见，而后写他受批判和被折磨致死的遭遇。这篇通讯开头就是一个高潮，给读者造成强烈的悬念，然后再从头将"文革"中时传祥受迫害的情景一一道来。

(3)插叙。即在叙述中心事件的过程中，暂时中断主线索，插入与主题有关的背景或其他的相关材料，如一个情节、一个场面、一段谈话等。插叙可使结构避免平铺直叙，富于变化。

通讯《在第一朵蘑菇云升起的地方》采用的是顺叙的手法，但在爆心有几处插叙，一是进场区前观看首次核试验录像片的情景和张爱萍将军的一首诗；二是德国数学家卢道夫、英国数学家欣克在墓碑上留下的墓志铭是一个“兀字”；三是两个小故事，即首次核试验前一天狂风大作，气象观测员刘宝才为困在铁塔顶上的8名工作人员送饭的故事，还有司令员和副主任及多名技术工人在最后关头检查雷管的故事。如果没有这些插叙，原子弹爆心是一片荒凉的戈壁滩，最多有三百多字就叙述完了，那这篇通讯就会大为逊色，也不会在全国获奖。

(4)略叙与详叙。略叙就是简略地叙述，即粗线条地、概括地叙述。通讯写作有详有略，当详则详，当略则略，这就需要作者自己把握，新闻背景和一些铺垫的地方应该一笔带过，粗线条叙述一下。所谓详叙，就是详细叙述事物、人物、观点等。当然，详叙也不是面面俱到，也有选材问题。可以说，略叙有如骨骼，详叙有如血肉。略叙使作品精炼，而详叙使作品丰满。略叙行文节奏快，详叙行文节奏慢，快慢交替，波澜起伏，通讯就“活”了。

2.描写手法的技巧　描写是谋篇的重要技法。描写按表现风格，可分为白描和细描；按描写的视角，可分为直接描写和间接描写；按描写的内容，可分为人物描写和环境描写等。

通讯写得好不好，关键是形象化问题解决得怎样，而描写则是刻画形象、展示场面、构制“立体化”的重要手段。下面简单介绍几种描写技法。

(1)白描。所谓白描，本是中国画的传统技法。即用墨线勾勒，不着色彩，或只用淡墨渲染，不加烘托，不用背景。把这个概念借用到写作中，就是文字质朴，简笔勾勒，不用烘托，不加修饰，很少用形容词。所谓“去粉饰、少做作”。如通讯《北京有个李素丽》中的一段“白描”：

> 车厢外，雨还在下，车厢里，显得十分拥挤。
>
> 李素丽：“乘客同志们，下面，请您准备好零钱，我将到您的身旁售票……”
>
> 话音刚落，乘客们纷纷将钱递过来，你传给我，我传给她，小小车厢里，充满了融洽的气氛。

(2)细描。运用比喻、比拟、夸张等多种修辞手法，对人物或事物进行细致入微的刻画。绘画中有一种很细的画法，叫“工笔画”，细描与之相同。请看新华社记者写的通讯《在大海中永生》的一段：

> 飞机盘旋，鲜花伴着骨灰，撒向无垠的大海；大海呜咽，寒风卷着浪花，痛悼伟人的离去……邓小平一生迷恋大海，与波峰浪谷有着不解之缘。一下海，他就舒展双臂，游向深处。无论海多深，风多急，浪多大，他都劈波斩浪，勇往直前。
>
> 大海的无垠，开阔了他博大的胸襟；浪涛的汹涌，塑造了他顽强的性格。

潮涨潮落，大海沉浮，就像他人生三起三落。但他始终百折不挠，总是能一次次在历史的紧要关头挽狂澜于不倒，在沧海横流中显出伟大的无产阶级革命家大无畏的英雄本色。

这些描写，有比喻，有拟人，有衬托，有排比，把一代伟人邓小平骨灰撒大海的场面写得有声有色。

(3)直接描写和间接描写。所谓直接描写，就是正面描写，是记者在新闻事实发生的现场或者面对新闻事物、新闻人物的一种描绘。间接描写又称侧面描写，如绘画中烘云托月的手法，它不是正面直接描绘对象，而是通过描写与对象有关的人和物来烘托对象。

(4)人物描写。人是一切活动的主角，人物描写在通讯中运用最多。人物描写有助于展示人物的精神风貌，揭示人物的性格特征。人物描写有肖像描写、动作描写、语言描写几个方面。

肖像描写。即人物外貌描写，包括外貌、服饰、体态等。肖像描写不是为了描写而描写，而要注意揭示人物的内心世界和性格特征。

行动描写。人的一举一动，体现着人物的思想性格，尤其是在尖锐冲突中或特殊场合，人物的行为举动更直接展示了其内在的个性和精神风貌。

心理描写。言为心声。人物的内心世界活动是通过其行为、举动和语言、表情展现出来的。因此，人物行动、语言和表情描写，是刻画人物心理常用的手法。

环境描写。通讯的描写离不开环境，因为人物是在一定环境中活动的，事件是在一定环境中发生的。环境描写，主要用来渲染气氛，烘托主题，烘托人物心情。

3.比喻、议论手法的技巧

(1)比喻。比喻，是通讯写作技巧中的一个重要手法。比喻用得恰到好处，能增强文章的生动性。好的比喻，能使抽象的东西具体化，晦涩的事物明朗化，深奥的道理通俗化。

(2)议论。议论，就是记者对所写的人物或事件发表的意见、评价，或者分析本质，或者指明意义，以帮助读者理解事件或人物，提高其认识。通讯中的议论表现形式多样，或夹叙夹议，或融情于理，或独立成段。议论要力求精辟，一定要有深度，语句要精练，是画龙点睛之笔。请看通讯《金牌不是名牌》中的一段文字：

难堪也罢，不服气也罢，现实无情地告诉人们："金牌现象"是一面镜子，它从一个侧面映照出，面对新的市场格局，辽宁人无论经济机制还是思想观念上都是不适应的。

补上市场这一课已成为摆在辽宁人面前的重要课题。给人们希望的是，辽宁省许多有识之士已开始认真地思考，他们开始承认自己的不足和落后，他们开始探求新的出路。

二、各类通讯文体的写作

(一)人物通讯

人是社会生活中最活跃的因素。写人的通讯总是最能吸引人、打动人、影响人。人物通讯,就是报道人、专门写人的通讯。

人物通讯主要用来写先进人物,宣传先进人物的事迹和思想,是弘扬主旋律的一个重要手段。我国现代人物通讯,主要就是报道各类先进人物的。当然,人物通讯并不仅仅局限于写先进人物,也可以写不同类型的人物。时下,关于人物通讯的报道对象和报道理念都有所变化,下岗工人、孤儿、残疾人、贫苦的农民等也都在人物通讯的报道范畴之内。

1. 人物通讯的写作要求

(1)反映时代精神。人物通讯的主角是写人,但这不是最终目的,不能为了写人而写人,关键是通过塑造典型人物,反映时代风貌,弘扬时代精神。在不同时代的人物身上,体现着不同时代的精神。什么是时代精神?时代精神就是在一定的历史时期所显示的人们的整体意志、整体愿望、整体呼声。要反映时代,就必须把所写的人物放在时代的宏观背景下加以观察、认识和表现。

(2)展现人物风貌。时代精神是通过主人公的精神风貌体现的,这就要求写作时不能就事论事,必须挖掘事实所蕴含的精神,挖掘人物行动的思想依据。如新华社记者写过一篇《好医生》通讯,写一位医生养了一条狗,既不是消遣,也不是防盗,更不是为了吃狗肉,而是为了叫醒自己,及时为深夜求医的人看病。

(3)写出人物特点。即写出人物个性。个性是人物形象生命之所在,表现在人物的言谈、举止、气质等方面。抓不住人物个性,写出来的人物就会千人一面,万人一腔。抓住了人物个性化的语言、行动,就会把人物写得活灵活现,真正写出"这一个"来。

著名记者艾丰写过一篇题为《温州奇人》的人物通讯,给我们留下了深刻的印象。他写一个企业家,通过其富有个性化的行动、语言、思想,将一个优秀企业家的言行表现得淋漓尽致。通讯开头即出奇言,让人拍手称奇:

> "如果多几个腾增寿,我就可以去钓鱼了。"温州市市长陈文宪说。腾增寿,1990年全国20名优秀企业家之一,现年54岁,身高1米80,说话好站立,挥动两手,声若洪钟,此人多奇事,略记一二。

再看下面几个小标题更让人啧啧称奇,如"吹牛哲学"、"三轮车理论"、"断指、割疮及其他"、"善出奇兵,可敬可畏"、"和尚厂长"等。艾丰不是记流水账式地写人物,而是选取了人物极富个性色彩的故事,吹牛的故事写出了腾增寿敢说敢为的作风,三轮车理论写出了他的经济发展思想,断指、割疮、举石锁三个故事写出了他硬汉本色的一面、出奇制胜的用人策略和严于律己的作风。人物语言极富有个性化色彩，如通过描写腾增寿的话，一个活脱脱的硬汉站在我们面前：

“我要是完不成承包任务，到时候就买一把快刀，在这个院子中间，抹脖子！”

“来报名的，我们择优录用；不来报名的，这次不用，以后也不用！”

2.人物通讯的表现方法

(1)人以事显，事因人生。通过报道主人公的事迹，展示其内在的精神世界。也就是说，不仅要写出故事梗概或现象，还要写出支配人物行动的思想、心理，揭示人的精神面貌，这样的通讯才有感染力。

(2)人物行动，表现人物。即用人物的行动来表现人物形象。用人物本身富有特征的行动具体展示人物的内心世界和个性特征，这比作者用概念化的言辞说明更有说服力。

(3)“由说话看出人来”。即用人物的富有性格特征的语言表现人物。一句富有个性的语言胜过千百句苍白无力的平淡语言。用语言写人，一是要在采访中努力挖掘人物富有个性特征的语言，二是要写好特定情景下人物之间的对话。如前例中企业家腾增寿说的话，就是在他临危受命、敢于改革的场合下说的。

(4)以景写人，烘托性格。通讯里的人物，总是工作在一定的环境中。通过对人物所处环境的描写，烘托人物的内在性格，也可烘托人物的情感。以乐境写乐，以哀境写哀，是常用的表现手法。因此，仔细地观察人物环境，抓住环境中表现人物性格的细节，对写好人物通讯有不可小视的作用。

(5)用细节来写人。细节运用得好，可以以小见大，含蓄隽永，耐人寻味。斯诺在《西行漫记》中有一段写彭德怀的细节，描写他有一次同彭德怀一起去看一场文艺演出，亲眼目睹彭德怀把棉衣披在他身旁的小号手身上。这样一个小小的细节反映出彭德怀爱兵如子的大将风范。

(6)在矛盾冲突中表现人物。在矛盾冲突中展示人物的内在品格，也是写好人物通讯的方法之一。一个人生活在世界上，并不是风平浪静的，也不会身处“世外桃源”，会遇到很多矛盾。如个人和集体的矛盾、个人与他人的矛盾、个人内心世界的矛盾等，抓住关键点的矛盾冲突，可以成功地表现人物的精神境界。如穆青写的一篇《没有写完的报道》中的第一段，“文革”恶风又一次毁光了潘从正营造的防风林，他内心非常苦闷，脾气变得非常暴躁。一次，他为了栽树竟然与和他相依为命的老伴大吵一架，并且擂了他老伴一拳。从潘从正与他老伴的冲突中，反映出他当时因眼看着自己那栽树锁风沙的理想不能实现而产生的极为痛苦的心情，写出了他倔强的个性，从而深深打动了读者的心弦。

（二）事件通讯

顾名思义，事件通讯就是用来记叙有意义、有新闻价值的事件的。

1. 事件通讯的题材　大千世界，世事纷繁，每时每刻都在发生着数不清的事件，不是事事都可以入笔，都可以报道，那么，什么样的事情才可以写成事件通讯呢？也就是说，事件通讯报道对象的基本类型是什么呢？

（1）突发性事件。即事先无法预知、突然发生的事件，例如政治冲突、民族骚乱、刑事犯罪案件、重大责任安全事故、突然降临的自然灾害等。

过去，我国新闻界对突发性、灾难性事件的报道是个禁区，认为"不利于弘扬主旋律"、"对社会稳定有影响"。现在这一禁区正在逐渐被突破。突发性事件一般都是灾难性事件，随着我国国民知情意识的提高，他们渴望了解实情。对这类报道，一般都是先发消息，后发长篇通讯。如《工人日报》的通讯《渤海二号钻井船翻沉说明了什么》，《中国青年报》的通讯《红色的警告》、《绿色的悲哀》、《黑色的咏叹调》，《南方周末》的通讯《追问洛阳大火》等。这类突发性事件通讯，大多展示事件不同寻常的过程，追索事件发生的原因及社会影响，以起到警示社会、引导舆论的作用。

（2）在社会上有重大影响的事件。即重大事件，这类事件受到全国乃至全世界人民的关注，包括我国在政治、经济、军事、体育、文化、教育等方面的重大举动，如党的重要会议的召开，中国对香港、澳门恢复行使主权，成功实施长江三峡截流，成功发射神舟 6 号，中国申奥成功等；再如国际关系中出现的重大事件也归入此类，如莫斯科十月流血事件、美国"9・11"恐怖事件、海湾战争爆发等。对于这类重大的历史性事件，报纸一般要发大型的纪实性的事件通讯。

（3）发人深省的事件。生活中不仅有重大事件，也有许多不起眼的"小事"，一个路人被车撞，肇事车辆逃逸，而好心的"的哥"把他送往医院；去酒店吃饭，却不慎从楼梯上摔下来，打官司讨说法；去商店买了件假货，消费者索赔，商店却振振有词，不愿赔偿……诸如此类的"小事"每时每刻都在发生，这类事看起来不大，但其中内含的新闻价值却不小，这类事故的发生、发展和矛盾解决的过程，有利于扶正祛邪、净化社会风气。应该注意的是，采访写作此类"小事"，一定要深入挖掘，切入角度要"绝"，切不可就事论事，否则往往起不到发人深省、耐人寻味的作用。

2. 写作要求

（1）亲历现场，捕捉素材。无论是采访突发事件，还是采访重大事件，以至于采访一般的小事件，都要求记者必须亲历新闻事件的发生地，从头到尾目击事件的发生、发展全过程。由于记者亲历采访的是第一手材料，感受到的是现场气氛，写作起来自然有强烈的感染力。由于不少事件突然发生，有不可预期性，要求记者全部亲历现场也不可能。所以对于大部分突发性事件，记者只能采访事发后的现场，此时的现场仍然是佐证事件的有力证据，具有较强的说服力和现场感染力。

(2)叙事要清晰。事件通讯是报道真实的事件。它除了要具有正确的思想意义外，在写作时还需注意叙事要清晰，首先是事件情节要交代清楚。比如事件发生、发展的来龙去脉，事件中有关的人物、地点、时间等基本情节，都应该让读者一清二楚。

(3)抓住矛盾。事件发生、发展过程中，总会有矛盾、有冲突。许多优秀事件通讯的作者就是在认真分析研究所报道的事件的内在矛盾的基础上，紧紧抓住事件矛盾的发生、发展、变化、冲突来写作，使得通讯有起有伏，曲折动人。

(4)突出重点。写事件通讯，要避免记流水账似的面面俱到，不分主次。要有详有略，突出重点，有的甚至要一笔带过，“没有剪裁就没有艺术”，不善于剪裁衣服的裁缝不是个好裁缝，同样，不善于剪裁作品的记者也不能写出好文章。

(三)工作通讯

工作通讯以记“工作”为主，是反映不同领域、各行各业工作中的新经验、新问题、新情况、新办法、新矛盾、新趋势的通讯。

1.工作通讯的类型

(1)经验性。经验性工作通讯是我国新闻媒介特有的品种。评价一篇工作通讯的质量，要看它是不是反映了当前实际工作中比较有普遍意义的新经验。通过反映一个单位、一个地区或一个行业的工作经验，对其他单位、地区、行业起到展示经验、启发思路、引导示范的作用。如《人民日报》曾组织过《来自东西南北的报告》、《大江东去》等系列报道，反映一些重点地区和有代表性的省份打好改革攻坚战的经验和问题。

(2)探讨性。这类报道通过调查，对工作中存在的难点问题进行分析和解剖，找出问题的原因，探寻可能的解决方案。一般来说，这类工作通讯所探讨的多是全局性的问题，特别是一些人们知其然又不知其所以然的重大问题，进行解剖评析，提出解决办法。如水荒问题、菜价问题、粮食生产徘徊不前问题、贫困地区脱贫问题这样一些事关全局的重大问题，都是新闻媒介工作通讯的内容。

(3)揭露性。这类工作通讯反映工作中的问题和教训，揭示这些问题和教训中带有普遍意义的内涵，以引起社会的注意，推进各项工作的顺利开展。如获得第二届中国新闻奖一等奖的工作通讯《金牌不是名牌》，揭露了金牌大省辽宁省所获金牌在全国占六分之一，但产品却销不出去，市场意识淡薄，重生产、轻流通。

2.写作要求

(1)要有大局意识。写好工作通讯，记者要有大局意识，要站在全局的高度选择典型事实。首先要明确党和政府一段时间的中心工作，然后明确所采写的具体行业当前的工作重心以及亟待解决的问题。当然这要求研究的问题必须有典型性，必须是关系到国计民生的突出问题。

(2)要善于抓住“热点”问题。一头要抓住党和政府的中心工作，一头要抓住人民群众关心的“热点”问题，也是工作中存在的难点问题。如衣食住行，生活中每个人都离不开衣食住行，但这些方面往往存在许多不尽如人意的地方，如南京房价越炒越高，与群众收入极不成比例；又如有些地方存在的出行难问题等。

(3)观点要出新意。工作通讯最忌老调重弹，要有新观念、新意境，让读者看完耳目一新，茅塞顿开。比如《人民日报》在1994年刊发了一组《来自东西南北中的报告》，一组五篇报道，五个观点，皆有新意。第一篇《登泰山更知天下阔》写山东如何处理改革发展稳定的关系，第二篇《力挽春风度玉关》写甘肃如何走出封闭对西部的启示，第三篇《改到深处是产权》写广东改革新思路——产权改革，第四篇《北国春光正露头》写东北国企振兴问题，第五篇《逐鹿中原势纵横》写河南如何抓住机遇乘势而上。五篇报道的观点、立意在当时都令人耳目一新。

(4)要注意选择最佳角度。工作通讯自身的性质，决定了它先天具有较强的指导性，从内容到文字形式都比较硬，呈刚性。这就要求我们在工作通讯的写作中，要注意选择切入角度，注意选择从群众角度、生活角度、感情角度切入。特别是报道有关政策或工作重点时，力求找到它们与老百姓利益的结合点，做到贴近实际、贴近生活、贴近群众。比如写房地产开发的工作角度，注意从群众角度切入，突破口就是“安居工程”。如果从工作角度出发，可以从政府管理的角度，也可以从开发商的角度，还可以从房地产市场发育的角度等入手。再如菜篮子工程，如从工作角度出发，可以探讨菜篮子市场、政府菜篮工程建设、群众搞大棚蔬菜、温室蔬菜建设等，但从群众角度出发，就可以选择菜价这个牵动百姓感情的话题。

(四)风貌通讯

风貌通讯又称为概貌通讯或旅行通讯，是反映社会风貌和风土人情的通讯，报纸上常见如“见闻”、“巡礼”、“散记”、“纪行”等都属于此类通讯。在我国近代史上，风貌通讯曾产生过巨大影响，如瞿秋白的《俄乡纪程》、《赤都心史》，范长江的《塞上行》、《中国的西北角》，邹韬奋的《萍踪寄语》、《萍踪忆语》等。

1.风貌通讯分类　风貌通讯从不同角度可以分为多种类型。有综合报道一方一地政治、经济、文化等方面总体概貌的；有着重报道某一方面或某一项建设成就的，有侧重报道一方一地自然奇观或社会奇观的，有侧重报道名胜古迹及今昔变化的，有侧重报道地方风俗、乡情或人物精神面貌的，有侧重报道地方风物特产的，等等。

从表现形式来看，也有各种形式。①见闻式：以作者所见所闻为主，文体笔法较为灵活，可感可触，让人如临其境，如闻其声。②巡礼式：一般以顺叙为主，同样也是写所见所闻，有强烈的现场感。还有日记式、散文式、导游式等。

2.写作要求

(1)活。风貌通讯活材料要多，写法要活，切不能用写工作通讯的笔法来写风貌通讯。风貌通讯要有见有闻，有详有细，切忌写得太平、太死，那就失去了风貌通讯的特点。

(2)新。写一地一方,风貌要“新”,有时用昔日风貌加以衬托,以旧衬新,新就显出来了。另外,写作者的视角要新鲜,要以本地人的眼光去看外地,观其概貌,探其神秘,以极大地满足读者求知求新的心理需求。

(3)奇。每到一地,要抓住当地的特点,尤其是外地没有的奇事、奇景、奇人。给国内读者介绍国外风貌,就要抓住国外所独有的风貌,如有记者2001年去欧洲采风,就选择了街头雕塑、城市绿化、“9·11”后的欧洲等角度。

(4)杂。风貌通讯要“杂”,可以根据需要灵活穿插引用历史背景、典故、神话传说、诗词歌赋等,使通讯趣味横生。

第四节 特 写

一、特写的含义

特写是指抓住最能反映人物、事件特征的精彩片断,生动形象地再现典型事件、人物和场景的新闻体裁。特写与新闻小故事相比,两者的篇幅都很短小,这是它们的共同点。但前者是以短小的文本写片断(因而不求完整),后者则以短小的文本写故事(因而应求相对完整)。

二、特写的分类

现有的中外新闻教科书或者有关新闻写作的专著,对特写有多种不同的分类,例如最细致的分类,美国得州大学瑞狄克教授将新闻特写划分为11类;而我国的有些新闻写作著述中也将特写分为事件特写、场面特写、人物特写、景物特写、工作特写、风情特写等。

这些分类是从不同角度划分的,或者从内容,或者从形式,或者两者兼而有之。但基于特写的灵活特点,我们认为这些分类都不够规范,往往“你中有我,我中有你”。而且随着新闻实践的不断发展,特写无论在内容还是在形式上都有了新的变化,原有的分类越来越不能囊括丰富的新闻实践。因此,在没有更加科学界定的情况下,为了教学方便,我们采用最简单的一种分类方式,即把特写分为人物特写和场景特写两大类。

1.人物特写 人物特写是一种真实再现人物在特定情景中的活动片断,集中透视其个性中某一或某些方面的短通讯。较之一般的人物通讯,人物特写的容量比较小,而笔力相当集中,通常并不提供人物的各个方面的全面情况。

人物特写要求绘声绘色地再现人物的某种行动、行为或者性格。它比人物通讯更集中更凝练，同时应该“画面感”与“动感”更强。

2.场景特写　除了人物特写之外，我们把其他的特写都用场景特写这个“大篮子”装起来了。主要理由是：在原来的分类中，例如事件特写、工作特写或者风情特写等，其实它们在具体写作中都是通过截取某一个或者一些关键性或者典型性的场景而完成的，取材的基本方法是极其近似的，因此可以不再做详细的区分。

例如特写《别了，不列颠尼亚》(新华社记者 周树春 杨国强 胥晓婷 徐兴堂 1997/7/1电稿)，在过去的分类中，显然属于事件特写，即它再现了1997年7月1日香港回归这一重大历史事件中的一个片断。但从全文不难看出，它是通过摄取一个个典型场景完成的。作者主要把“镜头”对准了英国的米字国旗和英国皇家游轮“不列颠尼亚”号。这两个景物都是英国统治的标志，颇有象征意义。全文按照时间顺序，采取了类似电影摇镜头的方式，从6月30日下午开始，一一用文字记录与“拍摄”了两次在雨中降旗仪式的特写镜头。随后特写的笔锋转向了不列颠尼亚号，又以近景摇向远景的方式，描写了这艘皇家游轮从香港的最后驶离，“镜头”寓意着英国殖民统治在中国土地上的彻底终结。

在重大新闻事件或者突发性事件的报道中，配以场景特写是可以加强传播效果的。因为一般这样的事件，为了抢时效，首先是通过消息报道的，但如果能够同时配发一篇特写，再现与放大这个事件中典型的、关键的或者感人的场景、场面或者细节，正如配发现场的新闻图片一样，会给读者以更强的冲击力与感染力。这也是现在“特写”这种新闻越来越走红的一个重要原因。

在报道突发性事件中，特写也以其快速地再现事件中最核心的、最震撼人心的“画面”而发挥了独特的作用。例如2000年6月30日广东省江门市一个烟花厂发生爆炸事故，《工人日报》四天后刊发的见闻式特写《沉重一刻》；2001年发生中美撞机事件，我军飞行员王伟跳伞坠海，新华社4月4日、4月7日、4月9日连续播发的目击式、见闻式以及纪实性特写《目击南海大搜救》、《搜寻，搜寻，再搜寻》、《望眼欲穿寻战友》，等等，都是场景特写的佳作。

场景特写的取材范围决不仅限于重大的新闻事件或者突发性事件，其实有许多日常生活中的小镜头也盎然有趣，不仅人情味浓，而且能够一滴水见太阳般地折射出时代的光彩。正如人物特写不一定只把镜头对准名人，场景特写也完全可以把镜头摇向大千社会、芸芸众生，从中不难发现一些精彩的新闻。

三、特写的写作要领

要写好特写，需要注意以下几个环节。

(一)抓准“镜头”

如果我们用摄影来进行类比，一般的消息和通讯可以写中景、全景、远景，而特写则要求记者通过仔细地观察，对准一个有特色的近景，按下“快门”，收到以小见大、出奇制胜的效果。

并不是所有的新闻事实都可以很快找到这样一个有特色的“近景”的，或者说，并不是所有的新闻事实本身都有“镜头”可写。这就需要记者的发现。在一定意义上会不会捕捉特写镜头，是检验一个记者新闻敏感度、新闻洞察力以及观察力很重要的一个方面。

采写特写，如果抓不准“镜头”，也就是说，如果不善于截取新闻事实的某一个剖面，某一个片断，而且这个剖面或者片断还必须具有本质性的新闻价值，那么即便你精雕细刻，力气花得再多也没有用，不仅产生不了魅力，甚至反而弄巧成拙。只有选准了“镜头”，写作才有了目标，有了中心。对准这个目标，这个中心，进行聚焦，进行局部“放大”，特写才能立得起来。因此，选材要求高，这是特写与其他新闻文体在写作方面的重要区别之一。

（二）要有精彩的细节描写

当“镜头”对准了新闻事件的某一个剖面或者某一个片断之后，下一步要做的就是“局部放大”了。一篇特写总要有几处精彩的描写来支撑。这“几处精彩的描写”就是局部放大的细节。

1. 细节要有特点　无论写人还是写事，只有抓住了特点，才能给读者留下鲜明的印象，而且能收到文字少、容量大的效果。

2. 细节要有动感　无论写人写事，只有捕捉到动态、动势，才能做到形象和生动。

3. 要抓住新闻事实的高潮写　特写的文体特点决定了它不可能面面俱到，而必须要注重人物或者事件的单个的有特别意义和情趣的细节、片断，继而不惜重墨地予以形象化的突出处理。因此在行文与结构上，特写比其他新闻文体更要紧凑。它的结构强调紧凑，不容松散，要求写作者抓住新闻事实高潮接高潮地铺陈，推动读者的视觉、感觉、联想与共鸣不断向前走，最后还要给读者一个颇有回味的结尾。

4. 要情景交融地写　特写是一种描述性新闻，又是记者进行现场采访的产物。特写写作时经常把目击与感受结合起来写，因此，记者不仅要用描写，而且要用激情来感染读者。例如在《梦碎雅典》中，记者对场景的描写：“奥蒂蹲下了，全场静默”、“在全场的惊呼声中奥蒂停了下来，她意识到发生了‘可怕’的事情。此时，全场再次静默得反常。在这片静默之中，奥蒂转身，面无表情地朝起点慢慢地一步一步地走着”。这里通过对全场观众从静默到惊呼再到反常的静默这一过程的描写，文字间深深地渗透了记者对奥蒂的同情。而在以下的一段中“奥蒂那两条修长的腿沉重地走着，分明是一步一个坎坷，一步一个艰辛，那条跑道浓缩了她 20 多年的运动生涯和一个未能如愿的梦”，记者已经把描写与抒情熔为一炉，表情达意，使读者产生了强烈的共鸣。

因此，特写要善于抓住有感情色彩的东西去写，记者要充满了激情去写。新闻事实感动了你,你才有可能感动读者。有了感情色彩,特写就有了生气,就有了可读性。

5.要善于运用背景材料烘托与凸现　前面我们已经提到,一篇特写,必须靠几处最精彩的描写来"支撑"。但这几处精彩的描写,彼此之间需要有机的连接,自身也需要烘托与凸现,方能透视出其神韵与精髓。那么由谁来完成上述使命呢?是背景材料。因此,学会运用和写作背景材料,是特写写作极其重要的一环。在一定意义上说,特写的透视感、纵深感,或者说它内在的张力,正是通过灵活地运用背景材料来实现的。

但在具体的运用背景材料的过程中,特写与其他新闻文体还有一些不同的地方:(1)背景材料,特别是当它独立成为一个背景段落时,一是要挑选那些本身就具有镜头感的背景材料,二是要尽量把它们写得有镜头感。例如有一段关于奥蒂的背景段落:"奥蒂,为什么总是不幸的奥蒂。人们想起了在1993年的世界锦标赛百米决赛中,奥蒂和美国的德弗斯同时撞线,成绩虽然都为10.82秒,但金牌莫名其妙地判给了对手。站在银牌领奖台上,奥蒂的那双泪眼给世界留下了难忘的印象。"最后落笔在"那双泪眼"细节的特写镜头上,使可能有陈旧感的背景材料一下子亮丽起来。(2)大量背景材料的运用要讲究巧妙,位置要灵活,最好是把背景与新鲜的事实描写自然而有机地融为一体,成为一个新创造体、新的镜头,从而在全文中居于更突出的地位,加强特写的立体感与纵深感。

第五节　新闻评论

一、新闻评论的含义和作用

新闻评论是新闻机构发表的言论的总称。它和新闻报道是新闻的两大体裁,是针对现实生活中的重大问题直接发表意见、阐述观点、表明态度、辨别是非的新闻文体。凡是以新闻为前提,具有新闻价值的各类论说文,都可称为新闻评论。

新闻评论的作用,是针对当前发生的各种典型事件和存在的社会问题,进行论述和做出评价,以帮助人们明辨是非,知所适从,所以它具有评价是非、宣传教育、引导舆论、指导工作的作用。

二、新闻评论的特点

(一)政策性

新闻评论比其他新闻样式更鲜明的体现着它的立场、观点和党性,评论的内容必须符合党的路线、方针、政策和基本主张,在政治上与党中央保持一致。关心人民疾苦，反映人民的呼声，引导人民群众从切身体会中拥护党的政策；同时，教育人民维护国家、民族利益，同一切与国家、民族的利益背道而驰的现象和行为作坚决的斗争。

（二）针对性

新闻评论要对人们普遍关心、迫切需要回答的思想问题，以及在现代化建设中迫切需要解决的实际问题，运用马克思主义的立场、观点和方法，通过具体的科学的分析，实事求是的给予说明、回答和指导。

（三）现实性

新闻评论是以新闻为前提的，或是以当前事件为前提而发表的。无论是社论、评论员文章、短评，都是为着时事而发表的，或者为了配合消息、通讯而发表的，编者按更是要在新闻报道文章发表时配置的。所以，任何评论都是需以现实事件和现实情况为前提而发表。

（四）说理性

一篇评论的说理要有深度，应从独特角度入手，层层分析，切中要害，使人心服口服。在说理过程中，论点要鲜明，论据要充分，论证要严密，能够挖掘新闻内在的实质和意义，最终通过深刻的说理，统一人们思想，指导人们的行动。

三、新闻评论的分类

1. 按内容分　有政治评论、经济评论、军事评论、思想评论、文化评论等。

2. 按论述角度分　有立论性评论、驳论性评论、提示性评论、解释性评论等。

3. 按形式分　常见的几种如下：

(1)社论。通常放在头版头条位置，代表编辑部对重大问题发表的意见。

(2)编辑部文章。是一种大型的、重要的问题的评论，一般不常使用。

(3)评论员文章。代表编辑部的观点，以评论员的名义在各版重要位置发表。其规格和重要性仅次于社论和编辑部文章，篇幅一般也比它们小。

(4)短评。常与新闻配发，用极小的篇幅，针对现实生活中的一个问题，集中笔墨，展开评论。起画龙点睛、强调重点的作用。

(5)编者按。是随新闻、文章而发表的编辑部意见，可以支持、反对和要求讨论新闻报道和文章的内容，或指出其意义以提示读者等，一般起强调重点、表明态度的作用，放在该新闻或文章之前。放在文章后面的则称“编后”。

(6)署名文章。是各类人员撰写的对各种问题发表的专题文章，可以各抒己见，文责自负。如有的专栏评论、漫谈、杂感、时事评论、学习笔记、工作札记、书刊(影视剧)评介等。

四、新闻评论的结构

它和一般议论文没有大的差别，通常由标题和正文两部分组成。编者按可不写标题。

（一）标题

一种是直接点出题旨，简单、朴实、直接。如《切实做好再就业工作》。

一种是以"谈"、"说"、"论"、"想到"、"断想"等词语规定文章评述范围。如王蒙的《论"费厄泼赖"应该实行》、茅盾的《谈〈水浒〉的人物和结构》等。

一种是正、副标题的形式。如《分裂国家　本性难移——评李登辉最近关于两岸关系的谈话》。

（二）正文

正文分为引论、本论、结论三部分组成。

1. 引论　又叫绪论，或提出问题，或推出结论，或两者结合共同作为开头。但无论哪一种开头，都要简明扼要，迅速引出下文。

2. 本论　是评论的主体，担负阐述论题，反驳论敌的任务。一般有并列式结构，即把问题分为几个分论点，分头论证中心论题，分论点之间是并列关系，最后综合起来达到揭示中心论题的作用。递进式结构，即根据中心论题的内在逻辑关系，一层深入一层地论述下去，最后完成中心论题的论证，得出结论。还有的是并列式结构和递进式结构相结合的方法。总之，结构形式问题应视具体情况而定，但一般都是按照"提出问题、分析问题、解决问题"来组织本论结构。

3. 结论　一般在文章的结尾，与开头相呼应。它是综合本论各点并集中推出结论，以引起读者的重视，要求干净利落，态度坚定，照应引论，紧扣论题。

例文 1：

谱写民政事业新篇章

人民日报社论

国务院召开的第十一次全国民政会议圆满结束了。会议以邓小平理论和江泽民同志"三个代表"重要思想为指导，总结经验，表彰先进，分析形势，明确任务，研究部署新时期的民政工作。江泽民总书记会见了全体会议代表并作了重要讲话，朱镕基总理参加会见并在全体会议上讲话。这充分体现了党中央、国务院对民政工作的高度重视，必将对新世纪民政事业产生重要而深远的影响。

自 1994 年召开第十次全国民政会议以来，在党中央、国务院领导下，经过各地区、各部门和广大民政工作者的共同努力，民政工作取得了显著成就。城市居民最低生活保障制度在全国普遍建立，农村灾民救助工作扎实有效，村民自治和城市社区建设不断发展，优抚安置政策得到落实，省县两极行政区域界线勘定任务圆满完成，民间组织管理明显加强，新的老龄工作体制初步确立，社会福利事业蓬勃发展。民政工作为维护改革、发展、稳定的大局作出了积极贡献。

民政工作历来是党和国家的重要工作。在新的历史时期，做好民政工作，对于保障人民群众尤其是困难群众的基本生活，发展社会主义民主政治，支持国防和军队现代化建设，推进社会全面进步具有十分重要的意义。

跨入新世纪，民政工作的内容越来越丰富，任务越来越繁重，作用越来越重要。必须坚持以邓小平理论和"三个代表"重要思想为指导，解放思想，开拓创新，大力推进民政工作法制化、规范化、信息化，努力实现有效的社会救助、广泛的基层民主、优质的福利服务、牢固的军民团结和规范的社会事务管理。当前，要切实加强城市居民最低生活保障，这是民政工作一项突出重要的任务。低保是我国社会保障安全网的最后一道防线，要真正起到兜底作用。必须加大财政投入力度，狠抓落实，尽快做到应保尽保。

各级党委和政府要把民政工作放在更加重要的位置，进一步加强领导，将民政事业纳入国民经济和社会发展总体规划，摆上重要议事日程。要完善政府主导、部门协作、社会参与的工作机制，共同推进民政事业发展。各级民政部门和民政系统的干部职工要进一步发扬我们党的优良传统，发扬"俯首甘为孺子牛"的精神，深怀爱民之心，恪守为民之责，善谋富民之策，多办利民之事，更好地为广大人民群众服务，为最需要帮助的困难群众服务，为改革、发展、稳定的大局服务。

新世纪的民政工作艰巨而光荣，党和人民对民政事业寄予厚望。我们要更加紧密的团结在以江泽民同志为核心的党中央周围，以忠诚、智慧、奉献和汗水，谱写新世纪民政事业新篇章。（新华社北京 5 月 28 日电）

例文 2：

捍卫新闻媒体的职业伦理

"人民日报"评论员

2013 年 11 月 1 日 7:35　来源：人民日报

利用媒体公器非法牟取私利，挑战新闻从业者的伦理底线，损害媒体的公信力……媒体行业的害群之马，必须从严治理、严厉打击。继检察机关正式批捕《新快报》记者陈永洲之后，广东省新闻出版广电局 10 月 31 日决定吊销陈永洲的新闻记者证，建议追究相关人员责任。此前，羊城晚报报业集团发出通报称，将对《新快报》相关工作进行整顿，对发现的问题作出严肃处理。这是新闻界一次整肃记者队伍、捍卫职业道德的果断行动。

改革开放35年来，新闻事业取得长足的发展进步，在助力当代中国迈向现代化的进程中发挥了重要作用，新闻记者享有很高的社会地位和职业声望。然而，盛名之下，少数媒体记者放弃了职业操守和道德底线，搞起了有偿新闻、"有偿不闻"，甚至大行新闻敲诈、新闻勒索等不法勾当。这些情况的出现，极大地损害了新闻机构和新闻记者的形象和尊严，让整个行业为之蒙羞。毫不留情地打击害群之马，就是维护新闻记者群体的清白声誉；从严从快地整顿违规违纪现象，就是捍卫新闻媒体的职业伦理。

当前，我国正处在深刻变革的社会转型期，人们的思想观念多样多变，一些领域发生严重道德滑坡，一些人的人生观、价值观扭曲。这种不良风气也必然波及媒体行业。越是处在这样的转型期，越是要加强马克思主义新闻观教育；越是面对各种各样的诱惑，新闻从业者越是要筑牢道德底线、恪守职业操守。只有"三省吾身"，经常照照镜子、正正衣冠，才能保持良好的职业声誉和形象；只有严肃纪律、有邪必惩，才能保持整个新闻队伍的肌体健康。

新闻舆论是社会进步的助推器。在改革攻坚期、社会转型期，我们的社会比任何时候都需要激发团结奋斗的强大力量，新闻记者使命光荣、责任重大。坚守职业道德、牢记责任使命，才能有效释放激浊扬清、匡扶正气的强大正能量。坚决打击害群之马、捍卫媒体伦理，引导广大新闻工作者用好话语权、监督权，新闻媒体才能有效发挥作用，为当代中国的发展进步清除阻力、凝聚合力、激发动力。

例文3:署名文章

评某些人的"新包装"

薛明

曾几何时，人们在商品经济大潮中学会了包装。而今不仅商品讲求包装，人也搞起包装来了。

人为什么要包装？为什么包装的内容越来越丰富，形势越来越新颖，手法越来越巧妙？这是因为包装能给一些人带来远远超过其自身价值的利益。

如今，某些人在包装自己方面所表现出来的"创造力"简直是惊人的，在包装"材料"上也从物质的扩展到文凭、职称等资格证书来了。如果说服饰包装给人带来的是生理心理上的满足，那么文凭、职称之类的包装给人带来的则不仅仅是荣耀，而且还有金钱、权力等附加值。正因为如此，当下的一些人便千方百计地做起了文凭、职称之类的包装，并为此上演了一幕幕闹剧。譬如，花钱买文凭的有之，请人代考研究生的有之，派人代读研究生的有之，没见过导师却堂而皇之拿到合法博士学位的有之，没讲过一次课成为教授的有之，没搞过一个科研项目成为高级工程师的有之；还有比这些做法更可忧的，那就是不少人对此已见怪不怪了。

商品的包装可以为冒牌货占领市场,假文凭、假职称之类的包装则为假人才打开了大门。它败坏了知识形象,玷污了学术净土,扭曲了科学精神,动摇了人们求知的信念。在一切造假活动中,可以说没有比造假人才更可怕的了。一个假人才不知会造出多少假事、假货。假人才的泛滥,不仅会造成知识界的鱼目混珠、滥竽充数,而且会造成不公平竞争,干扰人才培养。

假文凭、假职称之所以不绝于世,是有其复杂原因的。有管理体制上的原因。有的地方用人片面强调文凭而不看实际水平,给假人才提供了可乘之机。有认识上的原因。在人才评价过程中,许多人错误地把高文凭、高职称与高层次人才等同起来,这是一个很大的认识误区。有教育体制上的原因。工厂不能出残次品,商场不能卖假货,学校同样不能培养假人才,这是不言而喻的。然而,目前有的学校教育质量检查还缺少有效的机制。有道德评价上的原因。在社会舆论评价上,人们对搞假文凭和假职称的人,往往采取一种宽容的态度。不少假文凭、假职称是在合法的外衣下炮制出来的,所谓的“地方粮票”、“土政策”为一些人进行假文凭、假职称的包装提供了合法的条件。

假货是可恨的,假人才是可鄙的。如果听其自然,掉以轻心,等到假人才复制假人才的时候,就悔之不及了。

(《光明日报》2002.6.11)

第九章

申论写作

第一节　什么是申论

一、申论的含义

“申论”专用于选拔录用国家公务员的考试，开始于2000年中央国家机关公务员录用考试中，现已被全国各省（自治区）、市录用公务员考试所普遍采用，成为国家公务员录用的一种重要写作考试科目。

“申论”一词源于孔子的“申而论之”。“申”，意思是说明、申述，即分析和说明事理；“论”，意思是议论、论证。申论，即具有申述、申辩、论证、论述之意的文体。在公务员考试中，申论是针对给定材料的阅读理解和综合分析，进而概述内容要点（或主要问题），说明对策（或处理意见），陈述自己的观点并展开论证的一种复合型的论说性文体。简言之，“申论”就是针对给定材料话题陈述自己的观点并展开论证的一种应试性的论说文。

在中国古代科举考试中，有一种八股文考试形式，要求就给定的题目论证某项政策或对策，为此所撰写的论文，称之为“策论”。申论作为一种专用于选拔录用公务员的应试文体，适当地借鉴了“策论”的一些经验与做法。“策论”和“申论”都是选拔人才的方法，都要求考生具备出众的文字表达能力和分析判断能力，提出的对策（方案）都要有可行性。但“申论”在内容上比“策论”更具有现实针对性，在形式上比“策论”更加灵活多变。“策论”大多要求考生就一些重大问题展开论述，即论证某项国家政策或对策的可行性与合理性，侧重于考查考生解决问题的能力。申论则要求考生从一大堆反映日常问题的现实材料中去发现问题并解决问题，全面考查考生搜集和处理各类日常信息的素质与潜能，充分体现了信息时代的特征，也适应当今公务员实际工作的需要。

与传统的作文考试相比，申论考试的内容、方法及其产生的测评功能，涵盖了作文的基本方面。但它的功能,又与传统的作文考试不大相同。以往的命题作文和给材料作文,只是要求考生根据给定的题目或材料展开写作,侧重于考核考生的提炼主题能力和表达能力,考生的答卷只能反映其“纸上谈兵”的能力,难以体现考生的综合素质,尤其是解决实际问题的能力。而申论测试不仅可以考核考生的阅读理解能力和文字表达能力,更重要的是,它还可以考核考生归纳分析能力、贯彻执行能力和解决问题的能力,具有较强的综合性和现实针对性,其难度大于命题作文和给材料作文。

总之,“申论”不是那种凭主观好恶选材、尽情张扬个性的放言宏论,而是要求应试者从一系列给定的反映社会日常问题的现实材料中,全面准确把握其内容及本质,做出合理的推断或评价,然后在此基础上发表中肯见解,提出解决问题的方案或措施,同时还需要进行论证。它的功能,与社交中广泛使用的议论文完全不同,它是根据公务员工作的实际需要,针对现实生活中的问题进行论证,是模拟国家机关工作人员日常工作的一种能力测试。

二、申论写作考试的本质

公务员考试就是为了选拔能够解决实际问题的人才,而申论考试作为其考核的一个重要载体,其本质正是对行政工作常态的一个还原。下面以 2010 年申论考试为例,来说明如何开展工作。海洋环境保护已经越来越受到政府的重视,各级政府都积极采取措施保护海洋环境,在各方的共同努力下,我国的海洋保护已经取得了许多成就,同时也面临着一系列的问题。假定我们现在是某部门的一位行政人员,领导下发的任务就是对海洋环境问题出现的原因进行分析总结。那么我们怎么开展工作呢?

第一,开展调研。调研的过程就是一个认识问题和发现问题的过程。调研的方式多种多样,包括实地考察和咨询民众意见等。总之,需要通过调研最后形成一个记录。此时的记录就相当于我们的申论试卷给定的资料部分。

第二,分析材料。拿到的记录是“原生态”的材料,包含许多信息,且表现形式比较杂乱。那么我们这一步的任务便是对获得的材料进行深入的分析,首先看看调研得来的信息中哪些是有用信息,总结出海洋环境保护所取得的成就和面临的问题,并对原因进行分析,这个过程也就是申论考试中考生完成概括材料问题的过程。

第三,深度分析,并提出对策。通过调研,获取了相关信息,知道了面临的问题,那么下一步便需要提出对策。提出对策,就需要综合考虑国家的政策,征求专家学者的意见,考虑民众需求等。而这个过程便是一个综合分析的过程。专家学者的意见是否妥当,提出的对策是否具有可行性等,这些都需要我们做出辨别、思考,并最终形成系统的认识。申论考试中观点评析、提出对策等题目的完成也就是模拟行政人员此阶段的工作。

第四，成文上报。认识清楚了问题的关键，形成了系统的解决方案，那么此时要做的工作必然是形成书面材料并上报领导审阅。考生完成申论作文的过程也就是这个过程。

由此，我们就对申论考试的本质有了准确的把握，深入认识申论是我们决战公务员考试取得成功的第一步。

第二节　申论写作考试的能力要求

根据历年中央、国家机关公务员考试申论考试的大纲要求及变化形式，可以看出申论考试实质上主要考查考生以下几方面能力：

一、阅读理解能力

阅读理解能力包含阅读速度和深度阅读两方面的内容。

1. 阅读速度　快速阅读的能力关键取决于阅读速度。所谓阅读速度，就是在单位时间内能阅读的文字量多少，是阅读能力所不可缺少的，尤其是现代科学技术飞速发展，文字信息浩如烟海，且增长的速度越来越快，需要阅读的内容急剧增加，因此必须有快速阅读的能力与之相适应。快速阅读的能力在申论考试中尤为重要，因为申论考试有时间的限制，必须在规定的时间内完成一定的阅读量，用大约40分钟的时间阅读6000多字的文字材料，所以快速阅读能力是申论所要考查的重要能力之一。

2. 深度阅读　申论考试所要求的阅读理解能力与一般所说的阅读能力基本相同，只是更侧重于加工分析方面的能力，即在阅读理解的过程中，需要不断完成由事实上升到观点，由具体问题上升到本质属性，把一堆材料划分为几类材料，把分散事物综合为具有一定内在联系的事物，由给定资料内的事物联系到其他事物，这样反反复复进行思考。阅读理解能力强，就是善于把握事物的本质，而不是简单地就事论事。阅读理解能力强，还表现在善于处理各类材料，也就是善于把握事物之间的关系；善于区分是同类问题还是不同类问题，是同一层面上的问题还是不同层面上的问题；善于区分主次、轻重、缓急；善于发现同中之异，也善于捕捉异中之同；善于辩证、发展地看问题，根据具体情况研究问题；既善于一分为二，又善于适当地合二为一。例如，2013年中央、国家机关公务员考试申论试卷(省级以上)第1题：

"给定资料2"中的文章作者认为："从某种意义上说，这些无形的非物质文化遗产是比长城、故宫还重要的财富。"请结合"给定资料"，谈谈你对这一说法的见

解。(15 分)

要求：全面、简明。不超过 250 字。

二、综合分析能力

综合分析能力要求考生对给定资料的全部或部分的内容、观点或问题进行分析和归纳，多角度地思考资料内容，作出合理的推断或评价。具体来说综合分析能力包括以下内容：

1. 分析理解能力　一般来说，分析是以具体材料和事实为基础、从具体思维到抽象思维的过程。而对申论材料，考生需要完成的分析与理解的任务主要包括两个方面：一是分析给定资料的量的方面，即反映的内容和问题、方面或层次；二是分析给定资料的质的方面，即给定资料表达的观点和意见。在实际应考过程中，要注意以下两点。

(1)要抓住矛盾的特殊性，具体情况具体分析。给定资料的内容可能是多方面的，表达的意思可能是多层次的，反映的观点可能是差别很大的，这就需要考生抓住主要矛盾，有所侧重，有所选择，根据给定资料包含的特殊环境、特定条件进行理解、分析、综合。

(2)要充分考虑材料包含的两极，避免片面性、绝对化。给定资料反映的论点可能带有明显的侧重性，在分析时不仅要注意到这个侧重面，还要考虑到与之相反、相对的另一侧重面，以免走极端。这样说不仅是因为概括材料内容时需要涵盖不同方面，还因为这些概括对于此后的提出对策部分乃至论述部分，都起到基础性的作用。

2. 综合概括能力　分析是指把整体分解为部分进行认识和思维；综合是指把事物各个部分的认识有机结合起来，形成对事物整体的认识和思维。分析和综合是同一思维过程的两个方面，分析是从对事物的外部观察和思维出发，然后深入到事物内部探求其本质；综合则是从事物本身出发，通过事物内部联系把各个部分综合成整体。就思维的一般过程而言，分析理解是第一位的，综合概括是第二位的，先有分析，后有综合，而分析的结果又必须依赖综合概括表现出来。就应对考试而言，就是通过对一类事物进行全面的归纳，找出其共同点，予以归类。当然，这里的概括和归类与专门的科学研究不同，既不可能也不必要对各种事物都进行完整的归纳性研究，更多的时候是对事物或事物的部分属性进行分析和概括。因此，考生必须要立足于给定资料进行整理，又能够跳出资料予以归纳。

分析与理解能力、综合与概括能力，说到底也就是综合分析能力。这里所说的综合分析能力，应通过下面的阅读目的和阅读行为来体现：

(1)应弄清“材料”反映的问题。

(2)善于对复杂问题进行综合分析，分清主要问题和次要问题，分清有关联的问题和无关联的问题，分清可解决的问题和不可解决的问题。

申论对考生提出的综合概括能力是基本的要求，也是合理的要求，能考查国家公务员所必须具备的阅读理解能力和处理各种材料的能力。

例如2013年中央、国家机关公务员考试申论试卷（省级以上）第2题：

我国有不少地区在保护和发展具有地方特色的文化方面都取得了一些成功的经验。如果你是某市负责地方文化保护的工作人员，请认真阅读“给定资料3”，概括从中可以获得哪些启示。（10分）

要求：全面、准确、简明。不超过150字。

三、提出和解决问题的能力

申论考试给定的资料一般都较长、较复杂，考生必须认真阅读提取有用的信息，才能掌握材料的内容。提出的问题一定要正确、恰当。“正确”就是要抓住材料的主要内容，从宏观和微观上进行准确的把握。“恰当”就是要求提出的问题是材料反映的主要问题，是全面的、系统的。有了问题就要加以解决，申论考试的这部分内容多数是模拟行政机关在工作中遇到的实际问题，主要考查考生利用材料信息解决问题的能力，考查考生独立解决问题的能力。因此，要求考生所提出的对策、建议及方案要切实可行，具体翔实，并要论证这样实施的充分理由。

解决问题的过程并非是一个按照事先确定的顺序机械地予以实行的过程，而是一个包含了多个环节的复杂过程。随着问题的深入，新的关系的暴露，已有的想法很可能会发生改变，并产生一些新的想法，原先被认为很有希望的途径可能成为没有前途的“死胡同”，所以考生必须对自己提出的对策进行评估，即对初步方案进行全面的评估和论证，在此基础上选定最佳的方案。在实践中，为了评估各种方案，要求决策者采用发散思维、逆向思维和求异思维，旨在多挑问题、多找漏洞。在评估方案时，又要多采取收敛思维、正向思维和求同思维，目的在于齐心协力，产生思维共振，共同克服方案带来的问题，以期求得方案的最优化。

以上所强调的实际上也就是对策或方案的针对性与可行性的问题，这两个方面是紧密相关的。可行性就是要求考生提出的方案必须是政府相关部门能够做得到的，是相关人员能够按要求执行的。要想做到可行性，必须先要有针对性，也就是提出的对策方案有很强的针对性。针对性包含两个方面含义：其一，实施对策方案应该与所给定资料的倾向性相吻合；其二，实施对策方案要紧紧围绕前面概括材料所提出的主要内容，切中要害。可行性的对策方案首先要明确执行主体，即制定出来的方案由谁去执行；其次，对策要明确执行步骤，即制定出来的对策方案怎么执行；最后，对策方案还要明确执行的实效和条件。

一个缺乏针对性和可行性的方案，无论其形式多么完美，对申论考试来说也都是毫无意义的。因此，考生在提出方案或提出对策的时候一定要注意使自己的对策具有最大的可操作性，防止纸上谈兵或空喊口号，防止出现八股腔。

例如 2012 年中央、国家机关公务员考试申论试卷（省级以上）第 3 题：

"给定资料 1"反映的问题需要妥善处理，假定你是市政府职能部门的工作人员，领导安排你处理此事，请你提出解决问题的具体措施。（20 分）

要求：条理清楚，所提措施具体、有针对性，不超过 400 字。

四、贯彻执行能力

自 2010 年开始，贯彻执行能力被明确列入申论考试能力测查的范围之内。贯彻执行能力要求能够准确理解工作目标和组织意图，遵循依法行政的原则，根据客观实际情况，及时有效地完成任务。其主要包括四方面的信息：

1. 较强的理解力　行政执法者必须能够准确把握工作目标、意图等，这是行政执法工作顺利实施的基础。

2. 依法行政　依法行政是党对执政规律的进一步认识，是发展社会主义市场经济的必然要求，更是执政能力的重要体现。在具体的工作中，执法者必须在法律、法规规定的范围内合理、合法地行使自身的权力。

3. 一切从实际出发，理论与实际相结合　事物是不断发展变化的，并且各地实际情况又有所不同，这就决定了行政执法必须在大政方针的指导下，根据客观实际情况有效地行使执法权。执行力是指通过有效的方法把决策转化为结果的能力。在学习实践科学发展观过程中，如果说领导力是把思路变为部署，那么执行力就是通过扎实的工作把观点变成现实。

4. 出实效　行政工作不能只停留在口头上，必须要落实到具体工作中。行政执法者是政策、任务等贯彻落实最重要的主体，因此，政策、任务等贯彻落实得好不好，关键就看出不出实效。

对公务人员而言，它体现的是一种顾全大局的责任意识，一种奋发有为的工作精神，一种求真务实的工作态度和一种爱岗敬业的工作品质。考生在申论备考过程中，要特别注意对自身贯彻执行能力的提升。

例如 2013 年中央、国家机关公务员考试申论试卷（市地以下）第 4 题：

假如你是 H 县文化局的干部，要在有村官和社区工作人员参加的培训班上做一次关于繁荣和发展社会主义文化的讲座，综合"给定资料 8"中提供的信息，你认为应该重点讲几方面的内容？（20 分）

要求：紧扣"给定资料"，分条作答，观点明确，有针对性，不得摘抄原文。不超过 300 字。

五、论述表达能力

论述表达能力可细分为两种，即论述问题能力和文字表达能力。

1. 论述问题能力　人们所熟知的议论文包括论点、论据和论证三部分，但申论的论述文章不同于常规的议论文，而是要密切联系实际，引发的议论要立足于材料所反映的主要问题，根据这一主要问题展开论述，从而分析问题、解决问题，因而有更强的能力要求，这一要求主要是论证表达能力。这一能力要求考生在对所给资料进行精读和理解的基础上，准确概括出主题，再用充分的论据来论证主题，论述要准确，条理要清晰，语言要精练。论点和论据之间要有紧密的联系，二者要相辅相成。这里要用到逻辑思维能力，整个思维过程要重点突出，有详有略，整体要有连贯性和逻辑性，不能出现突兀的跳跃和转折，必须遵循事物的内在联系和逻辑规律。

在申论考试中，论述部分不仅占的字数多，分值也高于其他部分，这是因为论证是申论考试的核心，能全面考查和衡量一个人的分析归纳能力、提出和解决问题的能力以及逻辑思维能力。

2. 文字表达能力　文字表达能力是指运用语言文字阐明自己的观点、意见或抒发思想感情的能力，也就是通过文字将自己的实践经验和决策思想系统化、科学化、条理化的能力。文字表达能力是公务员必须具备的一种素质，是其适应工作需要的基本能力之一。文字表达的基本要求是准确、简明、有条理、有层次、有说服力。当然，在写作时也要注意文章的行款格式、标点、字迹等，不能“一逗到底”或“一点到底”，也不能“龙飞凤舞”，更不能“信手涂鸦”。

申论作答时，遣词造句应当准确、简明、规范；联句成文应当条理清晰、理据相谐。具体来说要做到：

准确——传输的信息绝对不能有歧义；

简明——剔除一切多余信息，重视材料表达的主要信息；

规范——使用的词语符合言者身份，要语出有据，庄重得体；

条理清晰——把握主次，识别因果，语句、段落之间都要体现合理的逻辑关系；

理据相谐——两者相辅相成、缺一不可，后者是对前者的支撑，两者要有必然的、内在的联系。

要增强文字表达能力，一是多听，经常听一些比较著名的演讲、解说词，从中学习其语言表达的技巧。二是多读书，知识能增加语言的深度，增进一个人的气质涵养。多读书多练习就会增强对语言的感悟，就能更好地驾驭语言。

例如 2013 年中央、国家机关公务员考试申论试卷（省级以上）第 5 题：请以“让……大放异彩”为题，写一篇内容充实的文章。（35 分）

要求：

①用恰当的文字替换“让……大放异彩”中的省略号部分，使之构成一个完整具体的文章标题；

②主题应与“给定资料”相关，但素材不必拘泥于“给定资料”，要结合生活中的具体感受，切忌空谈对策；

③观点鲜明、结构完整，语言流畅；

④字数 800～1000 字。

除了以上的各种能力外，申论还考查考生的社会认知能力。这一能力非常重要，可以说考生以上诸多能力的表现均需以考生的社会认知能力为基础。申论考试关注社会热点，任何一位政府部门的工作人员都必须投入到社会实践中去，在实践中认识世界，改造世界，借助行政手段履行政府部门管理社会的职能。申论考试所招录的也只能是具有较强社会认知能力的人，“两耳不闻窗外事，一心只读圣贤书”式的生活态度与申论考试对考生的能力要求是相差甚远的。

第三节　申论写作考试的作答要领

一、准确把握申论写作试题的结构要求

申论考试从 2000 年起已经进行了多年，从中央、国家机关到各省、自治区、直辖市的录用公务员考试的众多申论试题中，可以看出申论试题基本结构内容模式有大致的稳定性，具体如下：(一)注意事项；(二)给定材料；(三)申论要求(即写作要求)。掌握申论的写作要领，重点要审视、把握好这三个方面的具体要求。

(一)仔细把握“注意事项”

“注意事项”是对考生应试动手写作前提出的指导性建议。考生在拿到试卷后首先必须仔细阅读“注意事项”，以便按要求依次作答。需要说明的是，该部分内容在近几年没有什么变化，但并不能说明以后也不会有什么变化，因此，在正式考试中一定要仔细阅读这部分内容，以免因一时疏忽大意而在具体作答时出错。

“注意事项”的内容一般有：

1. 本题本由给定资料与作答要求两部分构成。考试时限为 150 分钟。其中，阅读给定资料参考时限 40 分钟，作答参考时限为 110 分钟。

2. 请在题本、答题卡指定位置上用黑色字迹的钢笔或签字笔填写自己的姓名和准考证号，并用 2B 铅笔在准考证号对应的数字上填涂。

3. 请用黑色字迹的钢笔或签字笔在答题卡上指定的区域内作答，超出答题区域的作答无效！

4. 待监考人员宣布考试开始后，你才可以开始答题。

5. 所有题目一律使用现代汉语作答。未按要求作答的，不得分。

6. 监考人员宣布考试结束时，考生应立即停止作答，将题本、答题卡和草稿纸都翻过来留在桌上，待监考人员确认数量无误、允许离开后，方可离开。

(二)认真阅读“给定材料”

申论的“给定材料”根据考试对象和所给时间的不同,材料字数会有所变化,从近些年的情况看,一般在六七千字左右。这些材料大多是带有新闻性质的“半成品”,反映的是社会现实生活中的某一热点问题,基本上不会涉及重大理论问题或专业性较强的问题。这些材料,不论是涉及某一个社会现象,还是涉及某几个特定的社会问题,都有一个中心思想。面对这么丰富复杂的材料,要在有限的时间内去理解、把握其要义,并以此为基础去答题作文,掌握审读的技巧就显得特别重要了。因此说,认真阅读理解“给定材料”,是写好申论的基础工作。如 2008 年国家公务员申论考试的材料是围绕怒江水电开发展开的,资料既包括关于怒江水电开发的争论,又包括国外水电开发的相关做法和胡锦涛总书记《在中国共产党第十七次全国代表大会上的报告》相关内容的摘录,而这些资料的中心,就是资源开发、生态保护和经济发展的关系问题。又如我们的母亲河黄河,是我们要了解的国情,了解黄河精神、传承黄河精神也是我们需要重点关注的,这就是 2011 年国考申论省级试卷的主题。

申论考试中,相当多的答卷出现偏题、跑题现象,其原因大多出自对“给定材料”理解的偏差上。如 2011 年国考市(地)以下综合管理类和行政执法类申论考试第 3 题要求:假定你是一名派到农村的支教人员,请根据“给定资料”简要分析希望小学遭废弃的原因。有考生分析了五个方面原因:一是校园合并导致希望小学上学人数减少;二是上学的成本高;三是上学人数下降;四是学生随打工父母异地就读;五是教育经费紧张。可以看出,该考生分析的原因存在三个问题:一是不全面,如学校选址不科学就没有写到;二是分析不准确,材料中并没有“上学的成本高”,而是“办学的成本高”;三是表述不准确,“校园合并导致希望小学上学人数减少”,应改为“学生的合并导致希望小学人数减少”。可见,如果不能吃透材料,准确理解题意,类似的错误是难免的。

(三)按“申论要求”作答

“申论要求”是考生在读懂给定材料的基础上所必须作答的几个题目。国家公务员录用考试的“申论要求”一般来说主要有三个部分内容:一是对给定资料的理解、分析、整理、归纳、概括、综合;二是根据资料反映的主要问题,提出具有可行性的解决方案;三是考生对个人见解的论证。这几部分是考生在阅读材料的基础上必须完成的题目。2000—2002 年的申论考试在这三方面的要求都是通过三个题目来体现的。但 2003 年、2004 年的申论考试则是由两个题目组成的,2005 年申论试卷又复归为三个题目,但题目数量发生了变化,并且在题型上也做了相应改变,增加了选择论述和简述思路两种新题型。2006 年申论考试仍为三个题目,但提出对策题变为观点评析题。2007 年申论考试难度有所提高,题型更加灵活多样,增加了"整理供有关负责同志参阅的材料，对政策的评价，以及对某些概念进行解释"等类型的题目。2008 年申论考试除了概括材料之外，还列出了某职能部门准备对反对怒江水电开发的意见给予答复的基本内容，要求指出这样的答复存在哪些明显问题，这种题型更注重对考生归纳提炼能力和解决实际问题能力的考查。2009 年的申论考试除了传统的概括问题、解决问题和论述问题之外，还特别重视对考生综合分析能力的考查，要求考生评析观点、发表自己对某事的见解等，这一点和往年的作答要求相比有不小的变化。2010—2012 年申论考试都分为两类试卷，省级以上（含副省级）综合管理类试卷强调对考生综合分析能力的考查，市（地）以下综合管理类和行政执法类试卷都出现了考查考生贯彻执行能力的题目。市（地）以下卷的变化在于不同的应用文文体要求，均偏向于宣传通知类稿件，这与市（地）以下类考试重点考查考生的贯彻执行能力有着直接的联系。考生需注意这些应用文文体的格式要求及语言要求。2013 年国家申论考试延续前两年的做法，继续对考生进行分卷测试。"作答要求"部分出现了两个比较大的变化：第一，对考生的身份感要求更加明确；第二，题目的数量从传统的四道题增加为五道题。这对考生备考未来的申论考试有比较大的参考价值。

近年来，申论考试的题目数量多变，题目的形式也多种多样，但不论如何变化，"作答要求"基本上仍涉及上述几个部分的内容，都必须认真写好。

二、申论写作的注意事项

（一）注意仔细审题

考生要摒弃盲目作答的不良习惯，做到有的放矢，就必须先明确要考什么，带着问题阅读给定资料，才能提高阅读的质量和效率。一方面注意给定资料和作答要求要对号入座，有此题目是要求根据相应资料进行解答的，比如根据给定资料 5、6 回答问题等。另一方面考生一定要仔细研究题目本身，对题目的要求有清晰的认识，比如，认真区分"概括主要内容"和"概括主要问题"两个要求之间的区别。

（二）认真审读材料

考生必须明白，只有读懂了材料才能顺利进行写作，阅读材料是关键的一步。阅读给定资料时，先理清资料的逻辑关系，透过现象看本质，抓住一个复杂事件最主要的问题，弄清造成这个问题的主要原因，即资料提供的环境、条件等。抓准了主要问题，解决问题的方案就有了针对性；搞清给定资料所提供的环境、条件，所提出的解决方案才具有可行性和可操作性。考生要根据给定的材料和申论写作的限制性要求来进行阐述和论证，切忌自作主张、脱离材料、随意发挥。

（三）注意限制要求

申论写作对字数有限定性要求。这其实是对考生归纳概括能力和文字表述能力的要求。一般情况下，考生的作答字数不能多于或少于规定字数的10%为宜，字数太少则不容易讲清问题。因此，要求言简意赅、切中要害。

（四）按照申论要求行文

申论写作完全以实用为目的，文章的表达方式应以说明、陈述、议论等为主，充分表现自己概括、分析能力和提出问题、解决问题的能力，文风力求质朴，语言朴实简明，遣词造句应当肯定、准确、规范而且符合身份。文章应当主题突出，层次分明，条理清晰，理据相谐，逻辑性强。

（五）卷面书写工整，尽量避免错别字

这两种情况在阅卷中都是主观分数的反映，书写质量直接影响到考生思想意图的表达，而错别字更容易使考生思想表达变异，甚至与原意相反。因此，字迹工整、规范用字也是申论写作的一个重要条件。

三、了解申论写作考试变化的特点

（一）应用文体的写作越来越多，且呈现重角色感受、重作答内容、轻公文格式的特点

应用文体在最近几年的中央、地方申论考试中频繁出现，所涉及的种类逐渐增多。申论考试中的应用文体主要是各种形式的法定公文，如报告。此外还有一些比较常见的应用文体，如2003年国考中的讲话稿，2007年的供有关负责同志参阅的材料，2010国考市（地）以下综合管理类和行政执法类中的宣传纲要，2011年市（地）以下行政执法类中的公开信和省级以上要求写宣传手册要点，2012年国考（省级以上）中出现的编者按和市（地）以下试卷中的宣传稿，2013年国考（省级以上）中出现的讲解稿，等等。可见，在今后的国考复习中，应用文写作是申论的重点。为什么会出现这样的变化趋势呢，原因大概有三：一是应用文体的引入可以拓展申论写作的文体领域，使申论考试充满新的生机。二是应用文是务实性的文书，用来选拔国家公务员的申论考试，就与直接处理公务、解决实际工作问题的距离靠得更近了，更突出了应试者的决策与论证能力。三是能更好地考查应试者对未来工作的适应性。因为对于国家公务员来说，带议论说理性的应用文，如工作报告、工作总结、工作简报、会纪要、讲话稿、工作预测研究报告、编者按等写作比一般“议论文”写作显得更重要。从事机关工作，无论何种行业、什么部门都要经常与应用文打交道，因此，掌握各种应用文的写作规律与写作方法，应该说是公务员的必备能力。

同时，这些应用文体在对考生进行考查时逐渐呈现重角色感受、重作答内容、轻公文格式的特点，也要引起注意。这主要是因为申论题目非常重视对考生身份感的考查，多数题目都明确设定考生的身份，如“以县教育局的名义”，“假如你是沿

海某省省政府的工作人员”等，重在考查考生对政府部门工作的熟悉程度，但考生毕竟还不是正式的公务员，因此考试在命题时对公文格式要求并不十分严格。考生在作答申论试题的时候，要看清题目的具体要求，即是否需要按照应用文的格式来写。申论考试的应用文题目中有些主要考查考生的思路，而非具体的行文规范，因此要具体问题具体分析。

（二）综合分析题目题型多样，分值越来越重

从历年国家机关公务员申论考试试卷来看，写作形式已经突破原来申论的固定单一的概述＋对策＋议论三道题模式，从 2007 年开始，国考申论逐渐稳定为四道题模式，其中第一道大题往往分为两道小题。这中间 2008 年和 2013 年的国考题目数量有所变化。不仅如此，写作内容也由单一变得复杂，而且加进了综合分析题目，且题型多样，分值越来越重。如以国考申论为例，2009 年、2010 年、2011 年和 2013 年的试题中均有综合分析类题目，这类题目有的命题新颖，有的形式多样，有的数量多，有的分值重，都充分体现了对考生综合分析能力考查的重视程度。

综合分析能力是公务员日常工作中必须具备的一种能力，它贯穿于申论考试的各个环节，无论是阅读理解、概括大意，还是观点评析、提出对策等都离不开综合分析能力。同时，为了有针对性地考查考生的综合素质，综合分析类题型也成为公务员录用申论考试中常见的题型，分为原因分析、观点分析、启示分析、对策评估、定义解析、对比分析等，形式多样，灵活多变，从多角度、多方位对考生的综合素质进行考查。

综合分析能力要求考生具备对给定资料的全部或部分内容、观点或问题进行分析和归纳，多角度思考资料内容，作出合理的推断或评价的能力。其实理解材料的过程，就是对材料进行综合分析的过程，即将所学的逻辑学知识和科学思维方法进行综合，同时运用概念、判断、推理、归纳、分析等知识，进行深层次的加工，这实际上是公务员日常处理问题能力的集中表现。

总之，考生应及时跟踪申论考试中的变化，了解其变化的特点，才能有针对性的应考。

四、例文与简析

为了便于同学们从理论与实践的结合上掌握申论文章的写作要领，掌握审读“给定材料”和按“申论要求”写好申论的方法技巧，下面特选择 2013 年中央、国家机关公务员录用考试申论试卷与本教材编写者改写的参考答案，并对作答要点和例文进行了简评，以便同学们在自己的写作实践训练中借鉴参考。

2013年中央、国家机关公务员录用考试《申论》试卷(省级以上卷)

满分:100分　时限:150分钟

一、注意事项

1.本题本由给定资料与作答要求两部分构成。考试时限为150分钟。其中,阅读给定资料参考时限40分钟,作答参考时限为110分钟。

2.请在题本、答题卡指定位置上用黑色字迹的钢笔或签字笔填写自己的姓名和准考证号,并用2B铅笔在准考证号对应的数字上填涂。

3.请用黑色字迹的钢笔或签字笔在答题卡上指定的区域内作答,超出答题区域的作答无效!

4.待监考人员宣布考试开始后,你才可以开始答题。

5.所有题目一律使用现代汉语作答。未按要求作答的,不得分。

6.监考人员宣布考试结束时,考生应立即停止作答,将题本、答题卡和草稿纸都翻过来留在桌上,待监考人员确认数量无误、允许离开后,方可离开。

二、给定资料

1.“良辰吉时已到,婚礼开始!一拜天地,二拜高堂……”2012年1月15日中午,在江南某村,一对“85后”新人的传统结婚仪式正在举行。

“这对小夫妻年纪不大,倒愿意举办农村的传统婚礼,真稀奇。”人们七嘴八舌地议论着。据了解,这是当地几名大学生村官策划的第一场农村传统婚礼。

看惯了西式婚礼的走红毯、切蛋糕、倒香槟等流程,这场农村传统婚礼让年轻的新郎新娘感到别有一番韵味。

新郎东平怀着欣喜而忐忑的心情望着新娘丽丽。在婚车上,新娘喝完糖茶洗好脸后,就盖上大红盖,小鸟依人般挽着新郎的手走下婚车。鞭炮声中,新郎新娘踩着印有“喜”字的麻袋走进堂屋,麻袋又称“代代子孙”,寓意新人早生贵子。这时,空中下起了一场“花瓣雨”,惹得围观的孩子欢呼雀跃。

“接下来是‘过火盆’,红红火火。”在婚庆策划人员的提示下,新郎新娘绕着院中的三堆火走三圈后正式进入堂屋。婚庆策划人员告诉记者,新人跨过门槛时要先抬右脚,这是“顺脚”,寓意是婚后的日子顺顺利利。

堂屋主桌上摆放着成双的龙凤花烛、果品和用于挑起红盖头的喜秤“称心如意”。“新郎官,你不看看新娘长啥样吗?”人群中有人喊道,新郎笑着拿起“称心如意”,小心翼翼地挑起红盖头一角,露出新娘的嘴角。“虽然他们并不像古时候那样等到拜堂时才头一次见面,但挑红盖头是传统婚礼仪式的一部分,所以我们也写进了策划书。”婚庆策划人员说。

大学生村官W是婚庆策划主力之一,她与同为村官的Z和L策划了这场农村传统婚礼。W表示，他们十分看好传统婚庆仪式的前景，也希望能借此施展自己的策划能力。

记者在婚礼结束后向婚庆策划人表达了自己观摩婚礼的感动心情。当被问到为什么要策划一场传统婚礼的时候，W说："与新式婚礼比较，传统婚礼更注重过程和仪式。半年前这对新人就按严格的传统习俗精心策划和准备，这种漫长的筹备过程让新郎新娘都显得格外郑重，他们也非常愿意接受这种传统婚礼。我相信，对这一对新人来说，这也是一次心理和精神的升华过程，这种传统婚礼仪式会影响他们一辈子。"Z则补充说："传统婚庆仪式不仅是一种世代沿袭的乡村习俗，也承载着传统精神的内涵，甚至是传统文化的某种载体和形式。传统文化与习俗在某种意义上承载着农村青年的文化和精神的归属感，甚至传承着某种民族精神。"

2. 某网站发表了如下一篇文章：

几十年间，中国的经济总量翻了好几番，中国的面貌几乎每天都在刷新，我们有足够的理由为这种速度自豪。然而，我们是否意识到，中华民族几千年积累的巨大文化财富，或许正在我们手中悄无声息地流失。

祖宗流传下来的国宝，有许多在海外才能看到。有人统计，在世界上47个国家的200多个博物馆中，有不下百万件的中国文物。这意味着我们以及我们的后人，要想一睹那些先人留下来的珍宝，就不得不远涉重洋。

在某国倒卖中国文物贩子的住宅里，挂着一张中国地图，一些重要的考古发现地点被标注出来，形同"作战地图"。一些文物大省，集团性的盗墓以及贩卖文物已经形成了行业。近几年全国盗挖古墓案有10多万起，被毁古墓20多万座。即使是一些有人管理的地上文物也没能幸免，外国博物馆中的中国文物却不断得以充实。

据我国长城学专家董先生介绍，作为中华民族精神象征的万里长城目前只有三分之一基本完好，另有三分之一残破不全，剩下的三分之一已不复存在。北京市郊一段在考古学上有重要研究价值的明长城被人挖去砖石，做了植树用的"鱼鳞坑"。山西某村想把两个砖厂合二为一，中间却有一段长城碍事，村长一声令下，这段历史遗产顷刻间湮灭。

与有形文物的流失比起来，那些无形的非物质文化遗产的毁灭更加触目惊心，譬如鲁迅笔下的"社戏"、"五猖会"，我们小时候看过的皮影戏，农村过去家家过年贴的剪纸和年画……也许有人会说，这也是"文化遗产"？这些不登大雅之堂的东西有什么价值？这些问号，正好反映了中国非物质文化遗产面临的危机。

从某种意义上说，这些无形的非物质文化遗产是比长城、故宫还重要的财富。长城、故宫是古老文明留下的躯壳，和博物馆中的恐龙标本一样，失去了实用性，是死的东西。而那些无形文化遗产，大多是活着的。活生生的文化遗产的流失，就更令人感到心痛。中国的无形文化遗产之丰富，在世界上首屈一指，然而伴随着现代经济的迅速发展，民族文化形态迅速消亡。村村寨寨的节庆活动没人张罗了，流行歌曲取代了地方戏，动画片挤走了民间故事和皮影戏。过去的农村姑娘个个会绣嫁妆，现在结婚时则到集市上去买廉价而缺少灵气的印花纺织品。而戏曲、秧歌、剪纸、刺绣这些东西，是活着的文化，集中体现着古老东方文化的独特、优美与神秘，表明我们中国人之所以为中国人的特质。

民间文化的消失，其速度远快于生物物种的灭亡速度，后果和生物物种的灭亡同样严重。祖先留下的千姿百态的民间文化和历经数千年的乡土艺术、民俗器物，大部分在还没有得到完整的记录和保存前就已经消失。它们一旦毁灭，就无法再生。这样下去，中国数千年的民族、民间文化将面临断裂的危险。

另一个值得重视的问题则是某些政府官员在文化理解上存在误区。不少地方斥亿万巨资生造“文化”和虚假民俗，拆掉古城而改建的粗制滥造的“仿古街”比比皆是，有些地方还把一些历史传说和文学故事中有道德污点的人物也尊为“名人”供奉。以上种种均反映了对文化的曲解，这种曲解不仅没有增加文化内涵，反而是对文化的一种伤害。

3. 时间到这里仿佛变慢了。秋天早晨的菊儿胡同刚睡醒，一家一家的院子走入，粗斜的老树仍在，院子中央整齐地码了几十盆花草。有人趿拉着拖鞋走出屋，揉着眼睛背着手浇花。两位老人坐在墙根下晒太阳。站在胡同里，市声渺远，只觉几千年几百年的日子就这么悠悠地过了下来，这里依然是风雨不动的世上人家。

这就是诗意栖居的代表作——“菊儿胡同”，是吴良镛在北京四合院基础上设计出的现代民居。1987 年，菊儿胡同还是积水、漏雨、杂乱无章的地方，早年建造的四合院已成了破旧拥挤的大杂院。吴良镛受邀设计改造。他的“有机更新”理论认为，住房是城市的细胞。新建房应自觉地顺应城市的传统肌理，于是有了“类四合院”，既保留了天井、院中的老树，又能容纳更多住户。房屋为白墙黛瓦，错落别致。吴良镛非常留意娱目之景：在坡顶修建楼阁和平台，可远眺景山、北海、白塔；在院中配置不同姿态的树种，使院落小景丰富多变；甚至楼阁的高度不一，增加建筑群轮廓线的变化，屋顶亦因此有了韵律美。如今住在高层小区里的北京人，是无法享受到郁达夫笔下“故都的秋”了。菊儿胡同里的人却仍可坐拥旧时的景色：“早晨起来，泡一碗浓茶，向院子一坐，你也能看到很高很高的碧绿的天色，听得到青天下驯鸽的飞声。”

“我并不是要所有的房子都盖成菊儿胡同，而只是探索了一条传统建筑改造的路子。”2012 年 10 月 16 日上午，在北京“2012 年中国建筑学会年会”的开幕式上，这位中国两院院士、国家最高科学技术奖获得者做了题为《人居环境与审美文化》的主题报告，讨论如何将“艺文”融入人居环境。

游客张女士说，来豫园本来只是随便逛逛，听导游讲解之后才发现好些建筑都有故事、有门道。站在豫园九曲桥上，还可以看到远处的东方明珠、环球金融中心等建筑，景观确实不错。

豫园旅游区是上海老城厢的发源地，近年来逐步形成了以豫园、城隍庙、上海老街等为中心的旅风景区，九曲桥、湖心亭尤其享有盛名。民俗工艺小商品、上海及全国特色小吃、上海本土文化及民间文化在此得到重生与发展，成为市民节庆庙会之地。豫园作为留存完好的江南古典园林，被誉为“东南名园之冠”。豫园商城于20世纪90年代初经过大规模扩建，成为规模宏伟的仿明清商业建筑群，既有历史渊源，又有民族风格，豫园被塑造成一个文化综合体。为了再现民俗风情，豫园商城推出了“豫园中国节”的概念。正月有新春民俗艺术灯会，三月有中华美食节，四五月是春季庙会和茶文化节，夏季有少数民族风情节，秋季有庙会和赏菊啖蟹节，冬季有冬至膏方节等。尤其是元宵灯会，在春节期间的上海最有人气，充分显示了民族文化强大的生命力，并因此成为上海的一项非物质文化遗产。

中国历史文化名镇枫泾镇，素有“芙蓉镇”的美誉。这里文化资源丰富，有保存完好的明清建筑；有古老质朴的蓝印花布、色彩鲜艳的刺绣；有式样各异的花灯、编织、剪纸、泥塑；有粗犷洒脱的灶壁画，特别是享誉国内外的金山农民画；有久负盛名的枫泾四宝：丁蹄、状元糕、五香豆腐干、枫泾黄酒；还有许多蕴藏在民间的传奇故事、喜闻乐见的体育项目。所有这些家乡民间文化原有的特色，为枫泾古镇增添了无穷的魅力。

人们用“枫泾寻画”四个字概括古镇的魅力，可谓一语双关，既有诗情画意，又留有悬念，充分表达了枫泾古镇美丽如画的景色，又告诉人们枫泾拥有深厚的历史文化沉淀。枫泾留下的是历史的原貌，是原来真实的景，不增加什么新东西，在保护过程中原样原修，保留原材料、原工艺、原样式、原来的风貌，从而保留了一种难能可贵的原真性。

同时枫泾不是保留一座桥、一块碑、一个房子、一座店铺，而是一条街、一条河、一个古镇的整体保留。这里的水墙门，如同周庄的前街后河、乌镇的水格房，现在已经不多见了。它与枫泾古镇引人入胜的桥、房、街、廊相得益彰，构成的是浑然的一个整体。

4. 妈祖，又称天妃、天后、天上圣母、娘妈，是历代船工、海员和渔民共同信奉的神祇。古代人们在海上航行时经常受到风浪的袭击而船沉人亡，航海者就把希望寄托于神灵的保佑，在起航前要先祭天妃，祈求保佑顺风和安全，在船上还立天妃神位供奉。

妈祖就是这样一位天神，中国沿海的地方或内陆河道，以及世界各地有华侨聚集的大小埠头，几乎都有她的宫庙。据不完全统计，全世界共有3000座妈祖庙以及2亿多崇信者，她的影响力从南方沿海辐射开去，遍及港澳台以及亚洲、北美等20多个国家和地区。

960年农历三月三十三日，妈祖出生在福建莆田一户普通的林姓人家，因为不爱啼哭，起名林默。因她识些天文，懂点医理，又急公好义，助人为乐，所以为乡人所依赖。附近渔民也渐渐相信她可以“预知吉凶”，从而一传十，十传百，渐渐将她神化成可以“逢凶化吉”的保护神。她过世不久，当地乡民便在莆田湄洲岛为她建庙祭祀，这座“落落数椽”的简陋祠庙，也是最早的妈祖庙，当时香火已经非常旺盛。

在民间有着广泛影响力的佛教也将妈祖演绎进自己的神话世界，称林默是东海龙王的女儿，有一次游玩遇险，被观音菩萨挽救，从而成为观音的侍女，并渐渐幻化为可与观音菩萨平起平坐的主神。儒家也对这一优质的“文化”载体予以高度重视，对妈祖神话进行了儒家式的“改造”，增添了惩恶扬善故事，力图去除妈祖浓厚的巫女色彩，将其塑造成为儒家的道德楷模和精神典范。

历代统治者也不断对妈祖进行加封行赏。1281 年，忽必烈便诏封妈祖为“护国明著天妃”。虽然妈祖是汉族人，可加上一个“天”字，成为天神，那就没有种族划分的界线了。元朝统治者对这位深得民心的海神推崇备至，源于对海运的重视和依赖：一方面是元朝时海外贸易的持续繁荣，另一方面则是供应京师的海上运输线。1329 年，元朝的皇帝曾派遣“天使”进行了一次规模空前的进香之旅，耗时半年，行程万里，沿途拜谒淮安、苏州、杭州、绍兴、温州、福州、湄州、泉州等重要港口的 15 座妈祖庙，并代表皇帝呈献祭文。至此，妈祖已升为国家级的航海保护神。而清代的妈祖信仰进入发展的全盛期，从康熙到同治，有六位皇帝十余次加封，妈祖的称号也由明代的天妃升至天后，封号长达 64 个字，在同时代女神中名号最长，地位之尊贵无以复加。

信仰妈祖的范围在明清时代不断扩大，很大程度上和当时的移民潮有关。譬如四川，明清时代的客家移民由广东、福建等地迁入，妈祖作为老家的神明也就在巴蜀扎根落户。清代中后期，巴蜀地区的妈祖庙已超过 200 座。

当贫瘠的土地无法提供足够的粮食时，明清时代大量广东、福建的民众不断流动，每到一处，都要兴修妈祖庙。譬如澳门妈阁庙，起初便是由漳州、泉州、潮州三地商人修建，称为三州会馆，距今已有 500 多年的历史。即便是澳门(MACAU)的名字，也与妈阁庙有关。台湾的妈祖信仰也十分普遍，全岛共有大小妈祖庙 510 座。妈祖的信仰，也随着先民的南渡遍布于南洋各地。

面朝大海、高度 42.3 米、全球最高的妈祖圣像于 2012 年 9 月 28 日落成，作为第六届天津妈祖文化旅游节的重要活动，2500 余名游客和表演家以鼓乐、舞蹈等传统民俗方式，向这位和谐女神致敬，一条从水中央建起的 6.5 公里长的通道将来自港澳台的游客带到了妈祖圣像面前。他们虔诚地站立在圣像下，见证着这座妈祖圣像的落成。

从台湾赶来的某女士说，这是她第一次看到坐落在海上的妈祖圣像。妈祖圣像的落成将加强两岸文化交流。妈祖信仰的盛行，还在于她是集无私、善良、亲切、慈爱、英勇等传统美德于一体的精神象征和女性代表。她的亲和力更是别的神灵无法比拟的。如今，海外还有游子没有归家，他们还需要神灵护佑，还需要妈祖守望。那么，就让我们借妈祖之名，以亲情的名义祈祷四海归一，天下一家吧！

5. 平阳鹤溪百年缸窑不仅有着厚重的历史，而且还曾在中国外交史上留下一段佳话。去年，平阳县公布了第一批县级历史文化村镇，鹤溪因缸窑而榜上有名。

早在商周时期，浙南先民就已经掌握了最原始的制陶技术。这一点可以从平阳长龙山石相国墓中出土的大量商周时期的陶片得到证明。瑞安陶山瓷窑、泰顺大安陶窑等均凸显了温州地区生产陶瓷历史的悠久、分布的广泛，平阳则以鹤溪缸窑的创建时间最早、历史也最富传奇色彩而闻名。

据《平阳县志》记载，明万历 47 年(1619 年)，鲁通、鲁明等人利用腾蛟凤巢的优质陶土，在后庄村建窑烧制陶器。后逐渐兴盛，发展到 18 座窑，后庄村亦改名为缸窑村。1940 年，当地人谢伯和出资创办缸窑陶瓷厂。次年，群众集资 4300 银圆，创办缸窑陶器运销合作社，共有社员 72 人，年产陶器 5 万只。1946 年，在化学专家苏步皋先生的帮助下，开始生产化学工业用的耐酸坛，产品远销南京、上海等地，深受用户欢迎。

新中国成立后，制陶工艺得到迅猛发展。1954 年，苏增财、谢如观等人带头成立了凤巢陶器生产合作小组；1957 年扩大为生产合作社；1959 年升格为平阳耐酸器材厂，属地方国营性质，职工增到 300 多人，并新建倒焰窑 1 座，开始采用机械化生产，这是缸窑烧陶工业的全盛时期，其产品畅销南京、上海、杭州等地。1964 年，我国为支援阿尔巴尼亚修建炼焦炉，需要一批质量上乘的缸砖，而在国内一时找不到合适的货源。后来，经有关部门推荐，工作人员找到了缸窑。于是，生产缸砖的重任就由缸窑耐酸器材厂承担。在上海援外部门的指导下，工人日夜奋战，缸砖试产成功。后送上海鉴定，质量完全合格。缸砖的试产成功，不仅解决了我国的援外任务，而且同时解决了上海焦化厂无缸砖的后顾之忧。这一辉煌时刻永久载入史册。

20 世纪六七十年代，缸窑烧陶在浙南地区有一定的影响，瑞安等地纷纷派人前往学习，同时缸窑也有不少烧陶师傅到周边地区传授技艺、帮他们建厂烧窑。20 世纪 80 年代，由于需求旺盛，缸窑曾一度空前繁荣，除满足温州各地日常生活所需外，产品还销往台州、丽水和福建等地。此后，由于缸窑生产设备简陋、技术落后，又恢复了私人作坊方式，并逐步走向衰落，但至今仍顽强地生存着。

鹤溪镇缸窑村位于平阳县西北部，距县城 18 公里，属半山区，以农业生产为主。境内有大溪流经。缸窑就坐落于缸窑山西麓，这里背山面水，风光秀丽，陶土资源丰富。烧陶必备的水、柴、土三个条件在这儿一应俱全，难怪缸窑村的先祖不远千里从闽迁徙于此建窑烧缸。缸窑的整个布局错落有致、依山就势。总占地面积 9000 平方米，共有三进单层简易砖木结构陶瓷作坊，每进作坊大概有 17 间房子。解放初期，缸窑共有 4 条完整的窑床，现尚保留 2 座。每座窑床长约 30 米，最多一个窑一次可烧500个左右器物。据缸窑传承人之一的谢孝夏先生介绍20世纪70年代，缸窑手工艺人达百余人，然后逐年减少，现今只剩8人。这些还在以传统工艺制陶的工人，或许是这座百年缸窑的最后守护人了。

鹤溪缸窑作为温州地区保留至今为数不多的原始活陶瓷作坊，是浙南山区传统民间手工艺的缩影，它的保留为研究浙南地区陶瓷发展只提供了鲜活的史料。

6. 作为中国民间文艺家协会赴宁夏考察团的成员之一，作家F来到了宁夏。在雄浑的贺兰山前，一幅幅原始古朴的岩画激荡着他的情绪。F看完贺兰山岩画，内心颇有感触，他特意为此题字："岁月失语，惟石能言。"逝去的无形无迹的光阴正镌刻在一幅幅粗朴的岩画中，F说："原古先民默默地以文化符号表现出他们对生活的勇气和情感，对观者内心形成强烈的冲击。"

贺兰县的皮影戏也令他感慨。他认为，贺兰皮影戏有自己的地域特色。"古迹"要素保留得非常好，表演皮影的民间艺人张进绪有优秀的禀赋，声情并茂，其家族式的传承则保证了皮影戏架构的完整。道具乐器等"老家伙"也仍保存着，很难得，政府应把贺兰县的皮影戏当宝贝保护。

谈到宁夏的文化发展和保护，F认为，经过深厚积淀的回族文化和西夏文化都是本地独有的文化优势。从这点来说，保护文化是第一位的，不要子孙后代还没有了解，独有的文化已经消失了。保护文化必须投入资金，宁夏文化首先考虑的是做精做细，只有文化做精，才有强大的可能。

作家F被人誉为"民间文化的抢救人"，对此，F说："这源于知识分子的文化责任感。"F认为，物欲横流更容易导致精神被轻视。我们的民族精神在经受着精神价值的淡漠和外来文化的冲击，坚守民族的特性、延续民族文化的血脉显得尤为重要。保护非物质文化遗产，最重要的是保护其本身蕴含的精神："我们现在所要保护、抢救的也是中华文化的神。如果我们不抢救自己文化的神，那么我们玩来玩去还是玩洋人的神，就没自己的神了。"

F认为，在民间文化遗产保护过程中一直存在困难，但每个阶段的情况不同。初期的困难是你的声音没有反响，像在空气里呐喊，没人回应，现在好了，上上下下都有了反响。但这项工作在很多地方又被政绩化了，表现出来往往是在"申遗"之前狠下功夫，"申遗"一旦成功反而不用劲了。因为不少地方喜欢做面上的、能够很快出效果的事情，而不是"申遗"以后日常的保护与政绩"解钩"。实际上文化遗产更需要"申遗"之后的保护。F提出了两个观念，第一是不应该只是政府保护或专家保护，因为文化是属于全民的，只有全民行动才能保护好，全民保护是个关键。还有一点就是科学保护，无论"申遗"前后的保护，还是后来的资源开发，只有从学科上和科学性上使出一整套的方案，遗产保护才能做好。文化遗产的保护是多方面的，比如博物馆保护、传承人保护、教育保护、法律保护等，但科学保护也是非常重要的。

此外，当国人开始普遍关注对非物质文化遗产的推介和保护的同时，也存在一个对非物质文化遗产去粗取精、批判继承的问题，其间或许昭示的是非物质文化遗产与物质性文化遗产之间的差异性。

联合国教科文组织在1972年公布的《保护世界文化和自然遗产公约》中指出，所谓文化遗产，是指从历史学、美学、人类学、艺术或科学观点看来具有突出普遍价值的文物、建筑群和名胜地。

人类的生存和发展离不开文化的多样性，正是在不同的文化长期交融和碰撞过程中产生了今天的地球文明。今天的人类正以前所未有的兴趣、规模和方式，积极开展各种旅游和探险活动，了解和接触世界文化遗产，从内心深处表现出对文化多样性的渴求。世界各地的文化遗产正是文化多样性的生动体现，人类是有记忆的，并需要不断地通过各种不同形式的"怀旧"手段，来抚慰心灵和抒发情感，历史文化遗产保留着现代都市人的历史记忆。"我们从哪里来？我们是什么？我们往哪里去?"要把握现在，走向未来，必须先理解过去。文化遗产为人类连接过去和现在架设了桥梁，也为从今天走向明天提供了不可或缺的精神食粮。

三、作答要求

1."给定资料2"中的文章作者认为："从某种意义上说，这些无形的非物质文化遗产是比长城、故宫还重要的财富。"请结合"给定资料"，谈谈你对这一说法的见解。(15分)

要求：全面、简明。不超过250字。

2.我国有不少地区在保护和发展具有地方特色的文化方面都取得了一些成功的经验。如果你是某市负责地方文化保护的工作人员，请认真阅读"给定资料3"，概括从中可以获得哪些启示。(10分)

要求：全面、准确、简明。不超过150字。

3.有关部门拟在全球最高的妈祖圣像落成周年纪念日举办妈祖文化旅游节活动，需要一批志愿者向游客讲解妈祖文化。请你根据"给定资料4"，为志愿者写一份示范性的讲解稿。(20分)

要求：

①内容具体，切合主题；

②准确全面，逻辑清楚；

③表述生动，对象明确；

④总字数400～500字。

4.假如你是平阳县的大学生村官，请根据"给定资料5"，为政府网站写一篇短文，向社会介绍鹤溪缸窑，以期促进缸窑的恢复与发展。(20分)

要求：

①内容具体，符合实际；

②通俗易懂，表达简明；

③不超过400字。

5.“给定资料6”中的题字“岁月失语，惟石能言”能触发人们许多思考和感情。请参考“给定资料”，以“岁月失语，惟石能言”为题，写一篇文章。(35分)

要求：

①自选角度，立意明确，有思想性；

②联系实际，不拘泥于“给定资料”；

③内容充实，语言畅达；

④800～1000字。

第1题参考答案：这一说法表达的内涵是：长城、故宫等是古老文明留下的躯壳，失去了实用性，是死的东西，而戏曲、秧歌、剪纸、刺绣等是鲜活的文化，集中体现着东方文化的独特、优美和神秘，传承着独有的民族精神与气质，是我们中国人的精神归属载体。它们一旦毁灭便无法再生，所以是比长城、故宫更重要的财富。然而由于民众对非物质文化遗产认识不够，致使它们在还没有得到完整记录和保存前，就已经大量消失。另外，某些政府官员在文化理解上存在的误区，不仅未能增加文化内涵，反而对这些文化遗产造成了伤害。因此，必须采取有效措施让非物质文化遗产得到更好的传承与光大。

【简析】 这道题属于综合分析类题目中的观点评析题。观点评析题在最近几年的国家公务员考试中频繁出现，以其形式的灵活性、较强的启发性等特点，深受命题者的青睐。题目要求考生谈见解(或辨析观点)的句子一般都是具有“文眼”性质的句子，或者容易产生争议的话题，对这种句子的理解能够考查考生的思想认识水平。考生作答本题的时候需要顾及两个方面：第一，要论证所引用的这句话的合理性，即为什么说“这些无形的非物质文化遗产是比长城、故宫还重要的财富”。“从某种意义上说”究竟指的是哪种意义。第二，要进一步延伸开去，结合当前相关领域的现状，说明正确理解这句话的现实意义和价值。

第2题参考答案：作为市里负责地方文化保护工作的人员，将地方文化与城市建设结合，是保护和发展地方特色文化的关键。一是自觉顺应城市的传统肌理，将“艺文”融入人居环境；二是打造本土文化和民间文化融合的旅游风景区，将历史与民族联系起来，形成文化综合体；三是将传统节日与民俗文化结合，推出概念文化，激发民俗文化强大的生命力；四是还原历史真实面貌，使地方文化形成浑然的整体。

【简评】 本题属于概括类题目，是一种传统题型。在设置题目的时候，命题人为考生提供了“如果你是某市负责地方文化保护的工作人员”的身份背景，对考生身份感的提升有很大作用。作答本题的时候需要紧密结合材料，具体来说就是结合北京"菊儿胡同"、上海豫园旅游区、历史文化名镇枫泾镇三地的具体实践，概括"保护和发展具有地方特色的文化"方面的成功经验(或者说"启示")。需要特别注意的是，本题的作答字数只有150字，因此总结相关"启示"的时候，一定要做到语言精练，层次分明。

第3题参考例文：

讲解稿

亲爱的游客朋友们：

欢迎来到天津，来到这全球最高的妈祖圣像的脚下，参加这次妈祖文化旅游节活动。下面我为大家介绍一下妈祖文化。

妈祖文化起源于古代人民的海上祭祀活动。古代人们在海上航行时经常受到风浪的袭击而船沉人亡，航海者就把希望寄托于神灵的保佑，在起航前要先祭天妃，祈求保佑顺风和安全，并在船上立天妃神位供奉。妈祖于公元960年农历三月二十三日出生在福建莆田一户普通的林姓人家，起名林默。早期因知识广博、助人为乐为乡人所信赖，继而被附近渔民神化。在她过世后，当地乡民为她建庙祭祀，坐落于莆田湄洲岛的简陋祠庙便是最早的妈祖庙。此后，妈祖文化不断发展壮大，其影响力遍及港澳台以及亚洲、北美等20多个国家和地区。

佛教和儒家均对妈祖进行了吸收、演绎和"改造"，将其塑造成为道德楷模或精神典范。历代统治者也不断对妈祖进行加封行赏。元朝时妈祖成为国家级的航海保护神；明清时期，受当时移民潮的影响，信仰妈祖的范围不断扩大，清代时妈祖信仰进入发展的全盛期。

在台湾，妈祖信仰也十分盛行。2012年9月28日，全球最高的妈祖圣像的落成有力推动了两岸文化交流。

妈祖是集无私、善良、亲切、慈爱、英勇的传统美德于一体的精神象征和女性代表。让我们借妈祖之名，以亲情的名义祈祷四海归一，天下一家！

谢谢各位，祝大家旅行愉快。

【简析】 本题的针对性非常强。"给定材料4"完全都是针对妈祖文化展开的，涉及妈祖文化人古到今的方方面面，内容非常完备，因此，考生需要做的是完全立足材料。通过精读，明确材料的重点和逻辑层次，将要点按照"妈祖文化的起源——发展历程——重要意义"的框架加工整理，最后呼吁大家祈祷四海归一、天下一家。作答本题的时候，考生要格外重视"讲解稿"这一应用文体对作答形式的要求，需要顾及基本的应用文格式，需要有一定的"穿靴戴帽"，而且语言风格上还要体现"表述生动"这一特殊要求。如果不考虑这些，直接概括内容，就会形成纯粹的概括性文字，与本题的要求显然是不符合的。

第4题参考例文：

别让鹤溪缸窑渐行渐远

平阳鹤溪缸窑有数百年的厚重历史。鹤溪镇拥有生产缸窑得天独厚的自然环境，陶土资源丰富，烧陶的必备条件一应俱全，缸窑整体布局十分合理。鹤溪缸窑更是浙南民间手工艺的缩影，是研究浙南地区陶瓷发展史的鲜活史料。

早在商周时期，浙南先民就掌握了最原始的制陶技术，平阳则以鹤溪缸窑创建时间为最早；明朝以后，鹤溪缸窑经历了村庄建窑、私人办陶、陶器合作社、化学工业阶段；新中国成立后，制陶工艺发展迅猛，经历了生产合作小组、生产合作社、国营性质的工厂等阶段。在这个时期，缸窑还完成了援外任务、解决了上海焦化厂无缸砖的后顾之忧，使缸窑烧制达到了全盛时期。

到了20世纪六七十年代，制窑烧陶在浙南地区已有很大的影响力，到了80年代，还一度空前繁荣。但后来由于缸窑恢复私人作坊方式，设备简陋，缺乏更新，缸窑的数量和继承人不断减少，并逐步走向了衰落。

缸窑的传承和发展已经到了危在旦夕的时刻，作为平阳一名大学生村官，我迫切呼吁社会各界关注鹤溪缸窑的恢复与发展，守住鹤溪的传统。百年鹤溪，百年文化，别让它渐行渐远！

【简析】本题要求考生写作的也是应用类文体，对考生的身份也进行了限定，命题的形式比较新颖。考生在作答过程中，不能忽略三方面内容：一是鹤溪缸窑的历史；二是鹤溪在发展缸窑方面的优势与困境；三是呼吁社会来鹤溪发展缸窑产业。在作答时需要注意“应用文体”和“身份”两方面的要求。应用文体要求考生在写作的时候注意“政府网站的一篇短文”的风格，要有标题，行文要有一定的逻辑性，要做到严肃、严谨，不能口语化；大学生村官这一身份要求考生写作的时候应当从平阳县当地的特色出发，不要刻意拔高。

第5题参考例文：

岁月失语，惟石能言

——传承中华文脉，守护精神家园

当千古岁月逝去，伟大的先人们却为我们留下了“能言”的各种文化瑰宝，这些文化瑰宝不仅包括“有形之宝”，更有“无形之宝”。作为历史文化的“活化石”——非物质文化遗产，是传承民族文化精神的重要载体，也积聚了一个民族优秀的智慧和高超技艺。

然而，随着经济全球化的发展，我国不少地区盲目追求经济发展的速度，使我国的非物质文化遗产遭到了严重的破坏。自然灾害、人为原因等都造成了非物质文化遗产的不完整和残缺，严重影响了其文化价值和意义。一些地方政府为了经济的发展，大肆开发利用非物质文化遗产，却不对其加以保护，造成了众多非物质文化遗产濒临危险，即将失去其原有的价值和作用，这一切都应当引起政府和社会的关注。

加强非物质文化遗产保护工作，得让民俗文化"活"起来。民俗文化是一个国家民族文明传承的重要组成部分，也是民族文化得以延续的重要来源。但当下，无论是传统婚礼习俗，还是地方戏曲、皮影戏、剪纸、刺绣等各种乡土艺术，都已逐渐没落，取而代之的是各类外来文化。在各地泛滥的"仿古潮"中，大肆夷平历史故地，斥巨资生造形象工程，生搬硬套虚假民俗和人物……这些对原有城市乡镇的破坏和重建，是对历史文脉的割裂，最终形成毫无生气的"千城一面"。拯救民俗文化，应重其内涵发扬，在融入生活、融入城市中焕发生机，在群众的记忆里传承。

加强非物质文化遗产保护工作，需要纳入社会发展的整体规划。非物质文化遗产保护是个长期、持续的过程，需要有完善细致、科学合理的保护体制和建设规划。而当前一些地方官员为了政绩指标，不惜财力"申遗"，成功之后却浮于表面，忽略"申遗"后的保护和发展。针对这些问题，国家应制定非物质文化遗产保护规划，明确保护范围、保护措施和目标。对于破坏或损毁非物质文化遗产的行为，依法进行严厉的制裁措施。

加强非物质文化遗产保护，不仅是国家和民族发展的需要，也是国际社会文明对话和人类社会可持续发展的必然要求。因此，全社会都应该充分发挥自己的力量，保护我国共同的非物质文化遗产。

【简析】 本题的命题形式在最近两年的国考中经常出现，即从材料中的一句话出发，写一篇文章。题目开放性较强，对文章内容的限定也不严格。考生在写作这一篇申论大文章的时候，需要注意：第一，题目是限定了的，不能随意另起炉灶，当然，在主标题下加副标题是可以的。第二，尤其要注意"有思想性"、"联系实际"和"语言畅达"这三个要求，不要写成内容空洞的喊口号式的文章。范文开头部分从"岁月失语，惟石能言"感悟出发，提出了"作为历史文化的"活化石"——非物质文化遗产，是传承民族文化精神的重要载体，也积聚了一个民族优秀的智慧和高超技艺"这一问题。第二段联系实际，阐明保护不当的现状。第三、四段从对策方面提出两个分论点并进行论证分析。第五段阐述文化发展对国家发展的影响，提升思想高度，并进一步指出其意义和发展目标。

附录一

党政机关公文处理工作条例

（中办发〔2012〕14号）

（2012年4月16日由中共中央办公厅和国务院办公厅联合印发）

第一章　总则

第一条　为了适应中国共产党机关和国家行政机关（以下简称党政机关）工作需要，推进党政机关公文处理工作科学化、制度化、规范化，制定本条例。

第二条　本条例适用于各级党政机关公文处理工作。

第三条　党政机关公文是党政机关实施领导、履行职能、处理公务的具有特定效力和规范体式的文书，是传达贯彻党和国家的方针政策，公布法规和规章，指导、布置和商洽工作，请示和答复问题，报告和交流情况等的重要工具。

第四条　公文处理工作是指公文拟制、办理、管理等一系列相互关联、衔接有序的工作。

第五条　公文处理工作应当坚持实事求是、准确规范、精简高效、安全保密的原则。

第六条　各级党政机关应当高度重视公文处理工作，加强组织领导，强化队伍建设，设立文秘部门或者由专人负责公文处理工作。

第七条　各级党政机关办公厅（室）主管本机关的公文处理工作，对下级机关的公文处理工作进行业务指导和督促检查。

第二章　公文种类

第八条　公文种类主要有：

（一）决议。适用于会议讨论通过的重大决策事项。

（二）决定。适用于对重要事项作出决策和部署、奖惩有关单位和人员、变更或者撤销下级机关不适当的决定事项。

（三）命令（令）。适用于公布行政法规和规章、宣布施行重大强制性措施、批准授予和晋升衔级、嘉奖有关单位和人员。

（四）公报。适用于公布重要决定或者重大事项。

（五）公告。适用于向国内外宣布重要事项或者法定事项。

（六）通告。适用于在一定范围内公布应当遵守或者周知的事项。

（七）意见。适用于对重要问题提出见解和处理办法。

（八）通知。适用于发布、传达要求下级机关执行和有关单位周知或者执行的事项，批转、转发公文。

（九）通报。适用于表彰先进、批评错误、传达重要精神和告知重要情况。

（十）报告。适用于向上级机关汇报工作，反映情况，回复上级机关的询问。

（十一）请示。适用于向上级机关请求指示、批准事项。

（十二）批复。适用于答复下级机关请示事项。

（十三）议案。适用于各级人民政府按照法律程序向同级人民代表大会或者人民代表大会常务委员会提请审议事项。

（十四）函。适用于不相隶属机关之间商洽工作、询问和答复问题、请求批准和答复审批事项。

（十五）纪要。适用于记载会议主要情况和议定事项。

第三章　公文格式

第九条　公文一般由份号、密级和保密期限、紧急程度、发文机关标志、发文字号、签发人、标题、主送机关、正文、附件说明、发文机关署名、成文日期、印章、附注、附件、抄送机关、印发机关和印发日期、页码等组成。

（一）份号。公文印制份数的顺序号。涉密公文应当标注份号。

（二）密级和保密期限。公文的秘密等级和保密的期限。涉密公文应当根据涉密程度分别标注“绝密”“机密”“秘密”和保密期限。

（三）紧急程度。公文送达和办理的时限要求。根据紧急程度，紧急公文应当分别标注“特急”、“加急”，电报应当分别标注“特提”“特急”“加急”“平急”。

（四）发文机关标志。由发文机关全称或者规范化简称加“文件”二字组成，也可以使用发文机关全称或者规范化简称。联合行文时，发文机关标志可以并用联合发文机关名称，也可以单独用主办机关名称。

（五）发文字号。由发文机关代字、年份、发文顺序号组成。联合行文时，使用主办机关的发文字号。

（六）签发人。上行文应当标注签发人姓名。

（七）标题。由发文机关名称、事由和文种组成。

（八）主送机关。公文的主要受理机关，应当使用机关全称、规范化简称或者同类型机关统称。

（九）正文。公文的主体，用来表述公文的内容。

（十）附件说明。公文附件的顺序号和名称。

（十一）发文机关署名。署发文机关全称或者规范化简称。

（十二）成文日期。署会议通过或者发文机关负责人签发的日期。联合行文时，署最后签发机关负责人签发的日期。

（十三）印章。公文中有发文机关署名的，应当加盖发文机关印章，并与署名机关相符。有特定发文机关标志的普发性公文和电报可以不加盖印章。

（十四）附注。公文印发传达范围等需要说明的事项。

（十五）附件。公文正文的说明、补充或者参考资料。

（十六）抄送机关。除主送机关外需要执行或者知晓公文内容的其他机关，应当使用机关全称、规范化简称或者同类型机关统称。

（十七）印发机关和印发日期。公文的送印机关和送印日期。

（十八）页码。公文页数顺序号。

第十条　公文的版式按照《党政机关公文格式》国家标准执行。

第十一条　公文使用的汉字、数字、外文字符、计量单位和标点符号，按照有关国家标准和规定执行。民族自治地方的公文，可以并用汉字和当地通用的少数民族文字。

第十二条　公文用纸幅面采用国际标准 A4 型。特殊形式的公文用纸幅面，根据实际需要确定。

第四章　行文规则

第十三条　行文应当确有必要，讲求实效，注重针对性和可操作性。

第十四条　行文关系根据隶属关系和职权范围确定。一般不得越级行文，特殊情况需要越级行文的，应当同时抄送被越过的机关。

第十五条　向上级机关行文，应当遵循以下规则：

（一）原则上主送一个上级机关，根据需要同时抄送其他相关上级机关和同级机关，不抄送下级机关。

（二）党委、政府的部门向上级主管部门请示、报告重大事项，应当经本级党委、政府同意或者授权，属于部门职权范围内的事项应直接报送上级主管部门。

（三）下级机关的请示事项，如需以本机关名义向上级机关请示，应当提出倾向性意见后上报。不得原文转报上级机关。

（四）请示应当一文一事，不得在报告等非请示性公文中夹带请示事项。

（五）除上级机关负责人直接交办事项外，不得以本机关名义向上级机关负责人报送公文，也不得以本机关负责人名义向上级机关报送公文。

（六）受双重领导的机关向一个上级机关行文，必要时应当抄送另一个上级机关。

（七）不符合行文规则的上报公文，上级机关的文秘部门可退回下级呈报机关。

第十六条　向下级机关行文，应当遵循以下规则：

（一）主送受理机关，根据需要抄送相关机关。重要行文应当同时抄送发文机关的直接上级机关。

（二）党委、政府的办公厅（室）根据本级党委、政府授权，可以向下级党委、政府行文，其他部门和单位不得向下级党委、政府发布指令性公文或者在公文中向下级党委、政府提出指令性要求。需经政府审批的具体事项，经政府同意可由政府职能部门行文，文中需注明已经政府同意。

（三）党委、政府的部门在各自职权范围内可以向下级党委、政府的相关部门行文。

（四）涉及多个部门职权范围内的事务，部门之间未协商一致的，不得向下行文；擅自行文的，上级机关应当责令其纠正或者撤销。

（五）上级机关向受双重领导的下级机关行文，必要时抄送该下级机关的另一个上级机关。

第十七条　同级党政机关、党政机关与其他同级机关必要时可以联合行文。属于党委、政府各自职权范围内的工作，不得联合行文。党委、政府的部门依据职权可以相互行文。部门内设机构除办公厅（室）外不得对外正式行文。

第五章　公文拟制

第十八条　公文拟制包括公文的起草、审核、签发等程序。

第十九条　公文起草应当做到：

（一）符合国家的法律法规和党的路线方针政策，完整准确体现发文机关意图，并同现行有关公文相衔接。

（二）一切从实际出发，分析问题实事求是，所提政策措施和办法切实可行。

（三）内容简洁，主题突出，观点鲜明，结构严谨，表述准确，文字精练。

（四）文种正确，格式规范。

（五）公文涉及其他部门职权范围事项的，起草单位必须征求相关部门意见，力求达成一致。

（六）深入调查研究，充分进行论证，广泛听取意见。

（七）机关负责人应当主持、指导重要公文起草工作。

第二十条　公文文稿签发前，应当由发文机关办公厅（室）进行审核。审核的重点是：

（一）行文理由是否充分，行文依据是否准确。

（二）内容是否符合国家法律法规和党的路线方针政策；是否完整准确体现发文机关意图；是否同现行有关公文相衔接；所提政策措施和办法是否切实可行。

（三）涉及有关地区或者部门职权范围的事项是否经过充分协商并达成一致意见。

（四）文种是否正确，格式是否规范；人名、地名、时间、数字、段落顺序、引文等是否准确；文字、数字、计量单位和标点符号等用法是否符合规定。

（五）其他内容是否符合公文起草的有关要求。

需要发文机关审议的重要公文文稿，审议前由发文机关办公厅（室）进行初核。

第二十一条　经审核不宜发文的公文文稿，应当退回起草单位并说明理由；符合发文条件但内容需作进一步研究和修改的，由起草单位修改后重新报送。

第二十二条　公文应当经本机关负责人审批签发。重要公文和上行文由机关主要负责人签发。党委、政府的办公厅（室）根据党委、政府授权制发的公文，由受权机关主要负责人签发或者按照有关规定签发。签发人签发公文，应当签署意见、姓名和完整日期；圈阅或者签名的，视为同意。联合行文由所有联署机关的负责人会签。

第六章　公文办理

第二十三条　公文办理包括收文办理、发文办理和整理归档。

第二十四条　收文办理主要程序是：

（一）签收。对收到的公文应当逐件清点，核对无误后签字或者盖章，并注明签收时间。

（二）登记。对公文的主要信息和办理情况应当详细记载。

（三）初审。对收到的公文应当进行初审。初审的重点是：是否应当由本机关办理，是否符合行文规则，文种、格式是否符合要求，涉及其他地区或者部门职权范围的事项是否已经协商、会签；是否符合公文起草的其他要求。经初审不符合规定的公文，应当及时退回来文单位并说明理由。

（四）承办。阅知性公文应当根据公文内容、要求和工作需要确定范围后分送。批办性公文应当提出拟办意见报本机关负责人批示或者转有关部门办理；需要两个以上部门办理的，应当明确主办部门。紧急公文应当明确办理时限。承办部门对交办的公文应当及时办理，有明确办理时限要求的应当在规定时限内办理完毕。

（五）传阅。根据领导批示和工作需要将公文及时送传阅对象阅知或者批示。办理公文传阅应当随时掌握公文去向，不得漏传、误传、延误。

（六）催办。及时了解掌握公文的办理进展情况，督促承办部门按期办结。紧急公文或者重要公文应当由专人负责催办。

（七）答复。公文的办理结果应当及时答复来文单位，并根据需要告知相关单位。

第二十五条　发文办理主要程序是：

(一)复核。已经发文机关负责人签批的公文,印发前应当对公文的审批手续、内容、文种、格式等进行复核;需作实质性修改的,应当报原签批人复审。

(二)登记。对复核后的公文,应当确定发文字号、分送范围和印制份数并详细记载。

(三)印制。公文印制必须确保质量和时效。涉密公文应当在符合保密要求的场所印制。

(四)核发。公文印制完毕,应当对公文的文字、格式和印刷质量进行检查后分发。

第二十六条 涉密公文应当通过机要交通、邮政机要通信、城市机要文件交换站或者收发件机关机要收发人员进行传递,通过密码电报或者符合国家保密规定的计算机信息系统进行传输。

第二十七条 需要归档的公文及有关材料,应当根据有关档案法律法规及机关档案管理规定,及时收集齐全、整理归档。两个以上机关联合办理的公文,原件由主办机关归档,相关机关保存复制件。机关负责人兼任其他机关职务的,在履行所兼职务过程中形成的公文,由其兼职机关归档。

第七章 公文管理

第二十八条 各级党政机关应当建立健全本机关公文管理制度,确保管理严格规范,充分发挥公文效用。

第二十九条 党政机关公文由文秘部门或者专人统一管理。设立党委(党组)的县级以上单位应建立机要保密室和机要阅文室,并按有关保密规定配备工作人员和必要的安全保密设施。

第三十条 公文确定密级前,应当按照拟定的密级先行采取保密措施。确定密级后,应当按照所定密级严格管理。绝密级公文应当由专人管理。公文的密级需要变更或者解除的,由原确定密级的机关或者其上级机关决定。

第三十一条 公文的印发传达范围应当按照发文机关的要求执行;需要变更的,应当经发文机关批准。涉密公文公开发布前应当履行解密程序。公开发布的时间、形式和渠道,由发文机关确定。经批准公开发布的公文,同发文机关正式制发的公文具有同等效力。

第三十二条 复制、汇编机密级、秘密级公文,应当符合有关规定并经本机关负责人批准。绝密级公文一般不得复制、汇编,确有工作需要的,应当经发文机关或者其上级机关批准。复制、汇编的公文视同原件管理。

复制件应当加盖复制机关戳记。翻印件应当注明翻印的机关名称、日期。汇编本的密级按照编入公文的最高密级标注。

第三十三条 公文的撤销和废止,由发文机关、上级机关或者权力机关根据职权范围和有关法律法规决定。公文被撤销的，视为自始无效；公文被废止的，视为自废止之日起失效。

第三十四条　涉密公文应当按照发文机关的要求和有关规定进行清退或者销毁。

第三十五条　不具备归档和保存价值的公文，经批准后可以销毁。销毁涉密公文必须严格按照有关规定履行审批登记手续，确保不丢失、不漏销。个人不得私自销毁、留存涉密公文。

第三十六条　机关合并时，全部公文应当随之合并管理；机关撤销时，需要归档的公文整理后按照有关规定移交档案管理部门。

工作人员调离岗位时，所在机关应当督促其将暂存、借用的公文按照有关规定移交、清退。

第三十七条　新设立的机关应当向党委、政府的办公厅（室）提出发文立户申请。经审查符合条件的，列为发文单位，机关合并或者撤销时，相应进行调整。

第八章　附则

第三十八条　党政机关公文含电子公文。电子公文处理工作的具体办法另行制定。

第三十九条　法规、规章方面的公文，依照有关规定处理。外事方面的公文，依照外事主管部门的有关规定处理。

第四十条　其他机关和单位的公文处理工作，可以参照本条例执行。

第四十一条　本条例由中共中央办公厅、国务院办公厅负责解释。

第四十二条　本条例自2012年7月1日起施行。1996年5月3日中共中央办公厅印发的《中国共产党机关公文处理条例》和2000年8月24日国务院发布的《国家行政机关公文处理办法》停止执行。

附录二

党政机关公文格式

GB/T 9704—2012

目　次

7.2.5 发文字号
7.2.6 签发人
7.2.7 版头中的分隔线
7.3 主体
7.3.1 标题
7.3.2 主送机关
7.3.3 正文
7.3.4 附件说明
7.3.5 发文机关署名、成文日期和印章
7.3.5.1 加盖印章的公文
7.3.5.2 不加盖印章的公文
7.3.5.3 加盖签发人签名章的公文
7.3.5.4 成文日期中的数字

GB/T 9704—2012

7.3.5.5 特殊情况说明
7.3.6 附注
7.3.7 附件
7.4 版记
7.4.1 版记中的分隔线
7.4.2 抄送机关
7.4.3 印发机关和印发日期
7.5 页码
8 公文中的横排表格
9 公文中计量单位、标点符号和数字的用法
10 公文的特定格式
10.1 信函格式
10.2 命令(令)格式
10.3 纪要格式
11 式样

GB/T 9704—2012

前　言

本标准按照GB/T 1.1—2009给出的规则起草。

本标准根据中共中央办公厅、国务院办公厅印发的《党政机关公文处理工作条例》的有关规定对GB/T 9704—1999《国家行政机关公文格式》进行修订。本标准相对GB/T 9704—1999主要作如下修订：

a)标准名称改为《党政机关公文格式》，标准英文名称也作相应修改；

b)适用范围扩展到各级党政机关制发的公文；

c)对标准结构进行适当调整；

d)对公文装订要求进行适当调整；

e)增加发文机关署名和页码两个公文格式要素，删除主题词格式要素，并对公文格式各要素的编排进行较大调整；

f)进一步细化特定格式公文的编排要求；

g)新增联合行文公文首页版式、信函格式首页、命令(令)格式首页版式等式样。

本标准中公文用语与《党政机关公文处理工作条例》中的用语一致。

本标准为第二次修订。

本标准由中共中央办公厅和国务院办公厅提出。

本标准由中国标准化研究院归口。

本标准起草单位：中国标准化研究院、中共中央办公厅秘书局、国务院办公厅秘书局、中国标准出版社。

本标准主要起草人：房庆、杨雯、郭道锋、孙维、马慧、张书杰、徐成华、范一乔、李玲。

本标准代替了GB/T 9704—1999。

GB/T 9704—1999的历次版本发布情况为：

——GB/T 9704—1988。

GB/T 9704—2012

党政机关公文格式

1 范围

本标准规定了党政机关公文通用的纸张要求、排版和印制装订要求、公文格式各要素的编排规则，并给出了公文的式样。

本标准适用于各级党政机关制发的公文。其他机关和单位的公文可以参照执行。

使用少数民族文字印制的公文，其用纸、幅面尺寸及版面、印制等要求按照本标准执行，其余可以参照本标准并按照有关规定执行。

2 规范性引用文件

下列文件对于本标准的应用是必不可少的。凡是注日期的引用文件，仅所注日期的版本适用于本标准。凡是不注日期的引用文件，其最新版本(包括所有的修改单)适用于本标准。

GB/T 148　印刷、书写和绘图纸幅面尺寸

GB 3100　国际单位制及其应用

GB 3101　有关量、单位和符号的一般原则

GB 3102(所有部分)　量和单位

GB/T 15834　标点符号用法

GB/T 15835　出版物上数字用法

3 术语和定义

下列术语和定义适用于本标准。

3.1

字　word

标示公文中横向距离的长度单位。在本标准中，一字指一个汉字宽度的距离。

3.2

行　line

标示公文中纵向距离的长度单位。在本标准中，一行指一个汉字的高度加3号汉字高度的7/8的距离。

4 公文用纸主要技术指标

公文用纸一般使用纸张定量为60～80 g/m² 的胶版印刷纸或复印纸。纸张白度80%～90%，横向耐折度≥15次，不透明度≥85%，pH值为7.5～9.5。

5　公文用纸幅面尺寸及版面要求

5.1　幅面尺寸

公文用纸采用 GB/T 148 中规定的 A4 型纸，其成品幅面尺寸为：210 mm×297 mm。

GB/T 9704—2012

5.2　版面

5.2.1　页边与版心尺寸

公文用纸天头（上白边）为 37mm±1mm，公文用纸订口（左白边）为 28mm±1mm，版心尺寸为 156mm×225mm。

5.2.2　字体和字号

如无特殊说明，公文格式各要素一般用 3 号仿宋体字。特定情况可以作适当调整。

5.2.3　行数和字数

一般每面排 22 行，每行排 28 个字，并撑满版心。特定情况可以作适当调整。

5.2.4　文字的颜色

如无特殊说明，公文中文字的颜色均为黑色。

6　印制装订要求

6.1　制版要求

版面干净无底灰，字迹清楚无断划，尺寸标准，版心不斜，误差不超过 1mm。

6.2　印刷要求

双面印刷；页码套正，两面误差不超过 2mm。黑色油墨应当达到色谱所标 BL100%，红色油墨应当达到色谱所标 Y80%、M80%。印品着墨实、均匀；字面不花、不白、无断划。

6.3　装订要求

公文应当左侧装订，不掉页，两页页码之间误差不超过 4mm，裁切后的成品尺寸允许误差±2mm，四角成 90°，无毛茬或缺损。

骑马订或平订的公文应当：

a）订位为两钉外订眼距版面上下边缘各 70mm 处，允许误差±4mm；

b）无坏钉、漏钉、重钉，钉脚平伏牢固；

c）骑马订钉锯均订在折缝线上，平订钉锯与书脊间的距离为 3mm～5mm。

包本装订公文的封皮（封面、书脊、封底）与书芯应吻合、包紧、包平、不脱落。

7　公文格式各要素编排规则

7.1　公文格式各要素的划分

本标准将版心内的公文格式各要素划分为版头、主体、版记三部分。公文首页红色分隔线以上的部分称为版头；公文首页红色分隔线(不含)以下、公文末页首条分隔线(不含)以上的部分称为主体；公文末页首条分隔线以下、末条分隔线以上的部分称为版记。

页码位于版心外。

7.2　版头

7.2.1　份号

如需标注份号，一般用6位3号阿拉伯数字，顶格编排在版心左上角第一行。

7.2.2　密级和保密期限

如需标注密级和保密期限，一般用3号黑体字，顶格编排在版心左上角第二行；保密期限中的数字用阿拉伯数字标注。

7.2.3　紧急程度

如需标注紧急程度，一般用3号黑体字，顶格编排在版心左上角；如需同时标注份号、密级和保密期限、紧急程度，按照份号、密级和保密期限、紧急程度的顺序自上而下分行排列。

7.2.4　发文机关标志

由发文机关全称或者规范化简称加“文件”二字组成，也可以使用发文机关全称或者规范化简称。

发文机关标志居中排布，上边缘至版心上边缘为35mm，推荐使用小标宋体字，颜色为红色，以醒目、美观、庄重为原则。

联合行文时，如需同时标注联署发文机关名称，一般应当将主办机关名称排列在前；如有“文件”二字，应当置于发文机关名称右侧，以联署发文机关名称为准上下居中排布。

7.2.5　发文字号

编排在发文机关标志下空二行位置，居中排布。年份、发文顺序号用阿拉伯数字标注；年份应标全称，用六角括号“〔〕”括入；发文顺序号不加“第”字，不编虚位(即1不编为01)，在阿拉伯数字后加“号”字。

上行文的发文字号居左空一字编排，与最后一个签发人姓名处在同一行。

7.2.6　签发人

由“签发人”三字加全角冒号和签发人姓名组成，居右空一字，编排在发文机关标志下空二行位置。“签发人”三字用3号仿宋体字，签发人姓名用3号楷体字。

如有多个签发人，签发人姓名按照发文机关的排列顺序从左到右、自上而下依次均匀编排，一般每行排两个姓名，回行时与上一行第一个签发人姓名对齐。

7.2.7　版头中的分隔线

发文字号之下4mm处居中印一条与版心等宽的红色分隔线。

7.3 主体

7.3.1 标题

一般用2号小标宋体字，编排于红色分隔线下空二行位置，分一行或多行居中排布；回行时，要做到词意完整，排列对称，长短适宜，间距恰当，标题排列应当使用梯形或菱形。

7.3.2 主送机关

编排于标题下空一行位置，居左顶格，回行时仍顶格，最后一个机关名称后标全角冒号。如主送机关名称过多导致公文首页不能显示正文时，应当将主送机关名称移至版记，标注方法见7.4.2。

7.3.3 正文

公文首页必须显示正文。一般用3号仿宋体字，编排于主送机关名称下一行，每个自然段左空二字，回行顶格。文中结构层次序数依次可以用"一、""(一)""1.""(1)"标注；一般第一层用黑体字、第二层用楷体字、第三层和第四层用仿宋体字标注。

7.3.4 附件说明

如有附件，在正文下空一行左空二字编排"附件"二字，后标全角冒号和附件名称。如有多个附件，使用阿拉伯数字标注附件顺序号(如"附件：1. ×××××")；附件名称后不加标点符号。附件名称较长需回行时，应当与上一行附件名称的首字对齐。

7.3.5 发文机关署名、成文日期和印章

7.3.5.1 加盖印章的公文

成文日期一般右空四字编排，印章用红色，不得出现空白印章。

单一机关行文时，一般在成文日期之上、以成文日期为准居中编排发文机关署名，印章端正、居中下压发文机关署名和成文日期，使发文机关署名和成文日期居印章中心偏下位置，印章顶端应当上距正文(或附件说明)一行之内。

联合行文时，一般将各发文机关署名按照发文机关顺序整齐排列在相应位置，并将印章一一对应、端正、居中下压发文机关署名，最后一个印章端正、居中下压发文机关署名和成文日期，印章之间排列整齐、互不相交或相切，每排印章两端不得超出版心，首排印章顶端应当上距正文(或附件说明)一行之内。

7.3.5.2 不加盖印章的公文

单一机关行文时，在正文(或附件说明)下空一行右空二字编排发文机关署名，在发文机关署名下一行编排成文日期，首字比发文机关署名首字右移二字，如成文日期长于发文机关署名，应当使成文日期右空二字编排，并相应增加发文机关署名右空字数。

联合行文时，应当先编排主办机关署名，其余发文机关署名依次向下编排。

7.3.5.3　加盖签发人签名章的公文

单一机关制发的公文加盖签发人签名章时，在正文（或附件说明）下空二行右空四字加盖签发人签名章，签名章左空二字标注签发人职务，以签名章为准上下居中排布。在签发人签名章下空一行右空四字编排成文日期。

联合行文时，应当先编排主办机关签发人职务、签名章，其余机关签发人职务、签名章依次向下编排，与主办机关签发人职务、签名章上下对齐；每行只编排一个机关的签发人职务、签名章；签发人职务应当标注全称。

签名章一般用红色。

7.3.5.4　成文日期中的数字

用阿拉伯数字将年、月、日标全，年份应标全称，月、日不编虚位（即 1 不编为 01）。

7.3.5.5　特殊情况说明

当公文排版后所剩空白处不能容下印章或签发人签名章、成文日期时，可以采取调整行距、字距的措施解决。

7.3.6　附注

如有附注，居左空二字加圆括号编排在成文日期下一行。

7.3.7　附件

附件应当另面编排，并在版记之前，与公文正文一起装订。“附件”二字及附件顺序号用 3 号黑体字顶格编排在版心左上角第一行。附件标题居中编排在版心第三行。附件顺序号和附件标题应当与附件说明的表述一致。附件格式要求同正文。

如附件与正文不能一起装订，应当在附件左上角第一行顶格编排公文的发文字号并在其后标注“附件”二字及附件顺序号。

7.4　版记

7.4.1　版记中的分隔线

版记中的分隔线与版心等宽，首条分隔线和末条分隔线用粗线（推荐高度为 0.35mm），中间的分隔线用细线（推荐高度为 0.25mm）。首条分隔线位于版记中第一个要素之上，末条分隔线与公文最后一面的版心下边缘重合。

7.4.2　抄送机关

如有抄送机关，一般用 4 号仿宋体字，在印发机关和印发日期之上一行、左右各空一字编排。“抄送”二字后加全角冒号和抄送机关名称，回行时与冒号后的首字对齐，最后一个抄送机关名称后标句号。

如需把主送机关移至版记，除将“抄送”二字改为“主送”外，编排方法同抄送机关。既有主送机关又有抄送机关时，应当将主送机关置于抄送机关之上一行，之间不加分隔线。

7.4.3 印发机关和印发日期

印发机关和印发日期一般用4号仿宋体字，编排在末条分隔线之上，印发机关左空一字，印发日期右空一字，用阿拉伯数字将年、月、日标全，年份应标全称，月、日不编虚位(即1不编为01)，后加“印发”二字。

版记中如有其他要素，应当将其与印发机关和印发日期用一条细分隔线隔开。

7.5 页码

一般用4号半角宋体阿拉伯数字，编排在公文版心下边缘之下，数字左右各放一条一字线；一字线上距版心下边缘7mm。单页码居右空一字，双页码居左空一字。公文的版记页前有空白页的，空白页和版记页均不编排页码。公文的附件与正文一起装订时，页码应当连续编排。

8 公文中的横排表格

A4纸型的表格横排时，页码位置与公文其他页码保持一致，单页码表头在订口一边，双页码表头在切口一边。

9 公文中计量单位、标点符号和数字的用法

公文中计量单位的用法应当符合GB 3100、GB 3101和GB 3102(所有部分)，标点符号的用法应当符合GB/T 15834，数字用法应当符合GB/T 15835。

10 公文的特定格式

10.1 信函格式

发文机关标志使用发文机关全称或者规范化简称，居中排布，上边缘至上页边为30mm，推荐使用红色小标宋体字。联合行文时，使用主办机关标志。

发文机关标志下4mm处印一条红色双线(上粗下细)，距下页边20mm处印一条红色双线(上细下粗)，线长均为170mm，居中排布。

如需标注份号、密级和保密期限、紧急程度，应当顶格居版心左边缘编排在第一条红色双线下，按照份号、密级和保密期限、紧急程度的顺序自上而下分行排列，第一个要素与该线的距离为3号汉字高度的7/8。

发文字号顶格居版心右边缘编排在第一条红色双线下，与该线的距离为3号汉字高度的7/8。

标题居中编排，与其上最后一个要素相距二行。

第二条红色双线上一行如有文字，与该线的距离为3号汉字高度的7/8。

首页不显示页码。

版记不加印发机关和印发日期、分隔线，位于公文最后一面版心内最下方。

10.2 命令(令)格式

发文机关标志由发文机关全称加“命令”或“令”字组成，居中排布，上边缘至版

心上边缘为20mm，推荐使用红色小标宋体字。

发文机关标志下空二行居中编排令号，令号下空二行编排正文。

签发人职务、签名章和成文日期的编排见7.3.5.3。

10.3 纪要格式

纪要标志由“×××××纪要”组成，居中排布，上边缘至版心上边缘为35mm，推荐使用红色小标宋体字。

标注出席人员名单，一般用3号黑体字，在正文或附件说明下空一行左空二字编排“出席”二字，后标全角冒号，冒号后用3号仿宋体字标注出席人单位、姓名，回行时与冒号后的首字对齐。

标注请假和列席人员名单，除依次另起一行并将“出席”二字改为“请假”或“列席”外，编排方法同出席人员名单。

纪要格式可以根据实际制定。

GB/T 9704—2012

11 式样

A4型公文用纸页边及版心尺寸见图1；公文首页版式见图2；联合行文公文首页版式1见图3；联合行文公文首页版式2见图4；公文末页版式1见图5；公文末页版式2见图6；联合行文公文末页版式1见图7；联合行文公文末页版式2见图8；附件说明页版式见图9；带附件公文末页版式见图10；信函格式首页版式见图11；命令(令)格式首页版式见图12。

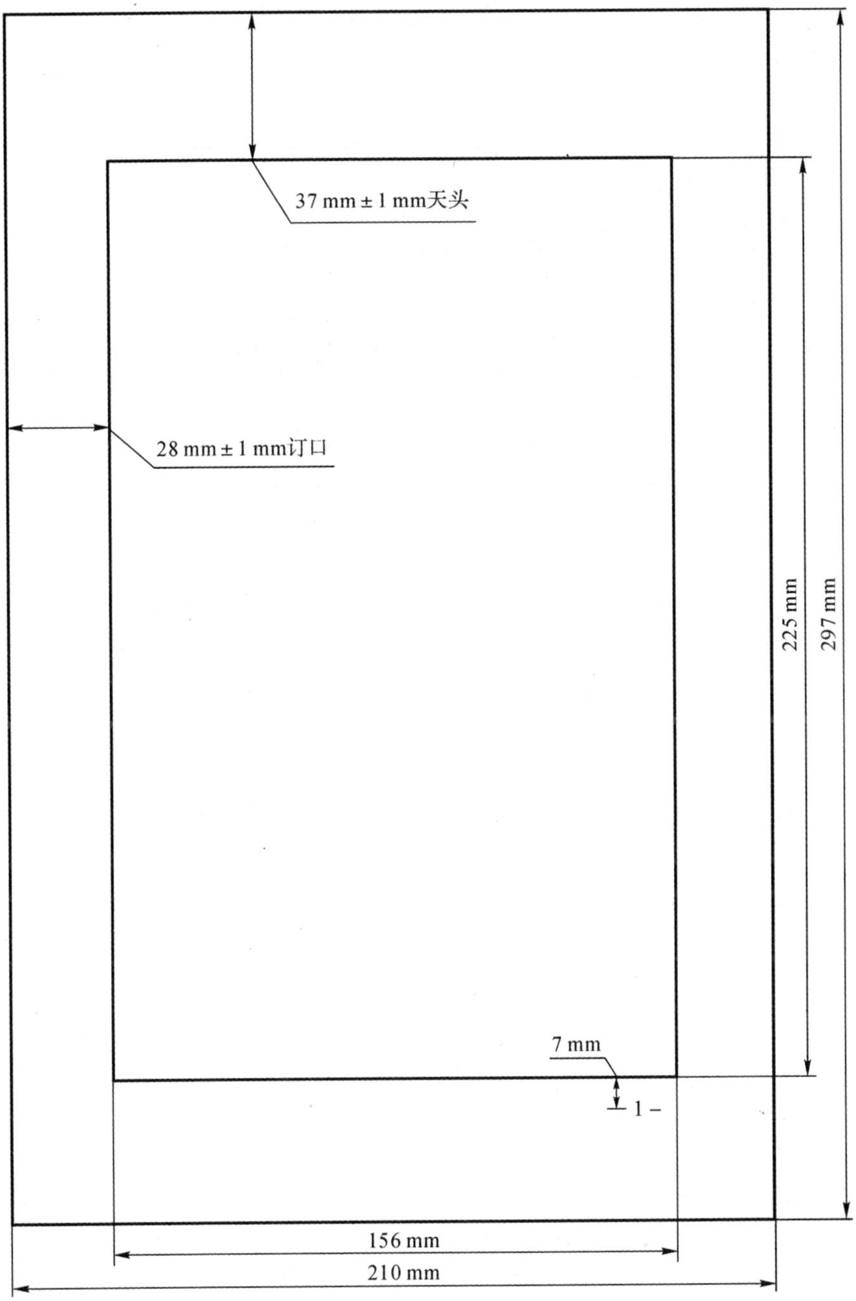

图 1　A4 型公文用纸页边及版心尺寸

000001
机密★1年
特急

×××××文件

×××〔2012〕10号

×××××关于××××××的通知

××××××××：

　　×××××××××××××××××××××××
×××××××××××××××××××××××××
×××××××××××××××××××××××。

　　×××××××××××××××××××××××
××××××××××××××。

　　×××××××××××××。

　　×××××××。××××××××××××××××
×××××××××××××××××××××××××
×××××××××××××××××××××××××
××

—1—

图2　公文首页版式

注：版心实线框仅为示意，在印制公文时并不印出。

000001
机密★1年
特急

××××××
×　　×　　×文件
××××××

×××〔2012〕10号

××××××关于××××××××的通知

××××××××：

××××××××××××××××××××××××。

×××。

××××××××××××××××××××××××××××××

—1—

图3　联合行文公文首页版式1

注：版心实线框仅为示意，在印制公文时并不印出。

000001

机　密

特　急

××××××

×　×　×

××××××

×××〔2012〕10号　　　　签发人：×××　×××
×××

××××关于×××××的请示

×××××××××：

××××××××××××××××××××××。

××。

××××××××××××××××××××××××××××××

—1—

图4　联合行文公文首页版式2

注：版心实线框仅为示意，在印制公文时并不印出。

××××××××××××××××。

　　××。

2012年7月1日

（××××××）

抄送：××××××××，××××××，××××××，××××××，××××××。

××××××××××　　　　2012年7月1日印发

—2—

图5　公文末页版式1

注：版心实线框仅为示意，在印制公文时并不印出。

××××××××××××××。

××。

××××××××××××

2012年7月1日

（××××××）

抄送：×××××××××，××××××，××××××，××××××，××××××。

××××××××××　　2012年7月1日印发

—2—

图6　公文末页版式2

注：版心实线框仅为示意，在印制公文时并不印出。

××××××××××××××。

××××××××××××××××××××××××
×××××××××××××××××××××××××
×××××××××××××××××××××。

2012年7月1日

（××××××）

抄送：×××××××××，××××××，××××××，×××××
×，××××××。

×××××××××　　　　2012年7月1日印发

—2—

图7　联合行文公文末页版式1

注：版心实线框仅为示意，在印制公文时并不印出。

××××××××××××××××××××。

　　××。

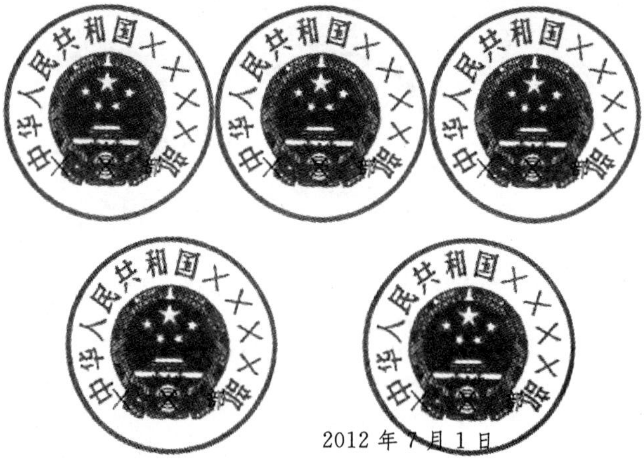

2012 年 7 月 1 日

（××××××）

抄送：××××××××，××××××，××××××，××××××，××××××。

××××××××××　　2012 年 7 月 1 日印发

—2—

图 8　联合行文公文末页版式 2

注：版心实线框仅为示意，在印制公文时并不印出。

××××××××××××××××。

　　××××××××××××××××××××××××
××××××××××××××××××××××××××
××××××××××××××××××××。

　　附件：1. ×××××××××××××××××××××
　　　　　　××××××
　　　　　2. ×××××××××××××

　　　　　　　　　　　　　　　　×××××××
　　　　　　　　　　　　　　　　×　×　×　×
　　　　　　　　　　　　　　　　2012年7月1日

　　（×××××）

—2—

图9　附件说明页版式

注：版心实线框仅为示意，在印制公文时并不印出。

附件 2

×××××××××××××

××。

××。

抄送：×××××××××，×××××××，××××××，×
××××××，×××××××。

××××××××××　　　　2012 年 7 月 1 日印发

—4—

图 10　带附件公文末页版式

注：版心实线框仅为示意，在印制公文时并不印出。

中华人民共和国××××××部

000001　　　　　　　　　　　　　　　　×××〔2012〕10号

机　密

特　急

×××××关于×××××××的通知

××××××××：

　　××。

　　××。

　　××。

—1—

图11　信函格式首页版式

注：版心实线框仅为示意，在印制公文时并不印出。

××××××令

第×××号

××××××××××××××××××××××××
××××××××××××××××××××××××××
××××××××××××××××××××××××××
××××××××××××××××××××××××××
××××××××××××××××××××××××××
××××××××××××××××××××××××××
×××××××××××。××××××××××××××
××××××××××××××××××××××××××
××××××。

部　长　　×××
2012年7月1日

—1—

图12　命令(令)格式首页版式

注:版心实线框仅为示意,在印制公文时并不印出。

公文格式变化

<table>
<tr><th>行文关系</th><th>原格式</th><th>新格式</th></tr>
<tr><td>上行文</td><td>发文机关标识上边缘距上页边为117mm。</td><td rowspan="2">发文机关标志上边缘距上页边为72mm。</td></tr>
<tr><td>下行文
（平行文）</td><td>发文机关标识距上页边为62mm。</td></tr>
<tr><td>信函格式</td><td>发文机关名称上边缘距上页边为30mm。</td><td>发文机关标志上边缘距上页边为30mm。</td></tr>
<tr><td>纪要格式</td><td>会议纪要标识由“×××××会议纪要”组成，上边缘距上页边为62mm。</td><td>纪要标志由“×××××纪要”组成，上边缘距上页边为72mm。</td></tr>
</table>

请各单位据此设计文头。

参考文献

1. 李孝华，张玲燕编著. 最新应用文写作大全. 第 6 版. 杭州：浙江古籍出版社，2001
2. 于成锟主编. 现代应用文. 上海：复旦大学出版社，2009
3. 朱琳，刘建强，李会来，张崇婉编著. 大学应用写作教程. 北京：首都经济贸易大学出版社，2002
4. 杨元华，孟金蓉等编著. 秘书写作. 上海：复旦大学出版社，2007
5. 万国邦，杨毓敏. 应用写作实训教程. 武汉：武汉大学出版社，2007
6. 孙秀秋，吴锡山. 应用写作教程. 北京：中国人民大学出版社，2008
7. 裴显生. 应用写作. 第 3 版. 北京：高等教育出版社，2010
8. 姬瑞环，张虹. 公文写作与处理. 第 3 版. 北京：中国人民大学出版社，2012
9. 岳海翔，丁洪荣. 新编公文写作一点通. 北京：中国文史出版社，2012
10. 李永新. 申论. 北京：人民日报出版社，2012
11. 胡仙芝. 申论. 北京：中共中央党校出版社，2012
12. 启政公务员录用考试教材编写中心. 申论. 北京：中共党史出版社，2013
13. 杨文丰编著. 现代应用文书写作(修订版). 北京：中国人民大学出版社，2005
14. 刘玉瑛编著. 干部常用公文格式与范例. 北京：中共中央党校出版社，2003
15. 刘池清，潘桂枝主编. 现代应用文写作教程. 长沙：中南大学出版社，2003
16. 毛信德. 大学语文新编教程(写作卷). 杭州：浙江大学出版社，2004
17. 司徒允昌，陈家桢. 秘书学教程. 上海：上海人民出版社，2003
18. 张达芝. 应用写作教程. 杭州：浙江大学出版社，2001
19. 刘明华，徐泓，张征著. 新闻写作教程. 北京：中国人民大学出版社，2002
20. 丁柏铨主编. 新闻采访与写作. 北京：高等教育出版社，2004
21. 季宗绍，石坚著. 新闻采访与写作. 南京：南京师范大学出版社，2004